21世纪高等院校行政管理专业规划教材

社会调查原理与方法

SHEHUI DIAOCHA YUANLI YU FANGFA

（第四版）

风笑天 ◎ 主编

首都经济贸易大学出版社
Capital University of Economics and Business Press
·北 京·

图书在版编目(CIP)数据

社会调查原理与方法/风笑天主编.--4版.--北京:首都经济贸易大学出版社,2019.10

(21世纪高等院校行政管理专业规划教材)

ISBN 978-7-5638-2996-5

Ⅰ.①社… Ⅱ.①风… Ⅲ.①社会调查 Ⅳ.①C915

中国版本图书馆CIP数据核字(2019)第204132号

社会调查原理与方法(第四版)

风笑天 主编

责任编辑 雪 莲

封面设计 砚祥志远·激光照排 TEL: 010-65976003

出版发行 首都经济贸易大学出版社

地　　址 北京市朝阳区红庙(邮编100026)

电　　话 (010)65976483 65065761 65071505(传真)

网　　址 http://www.sjmcb.com

E-mail publish@cueb.edu.cn

经　　销 全国新华书店

照　　排 北京砚祥志远激光照排技术有限公司

印　　刷 北京市泰锐印刷有限责任公司

开　　本 710毫米×1000毫米 1/16

字　　数 409千字

印　　张 23.25

版　　次 2008年7月第1版 2011年7月第2版
2015年7月第3版 **2019年10月第4版**
2022年11月总第18次印刷

书　　号 ISBN 978-7-5638-2996-5

定　　价 45.00元

图书印装若有质量问题,本社负责调换

目录

CONTENTS

第一章

社会调查概述

第一节　社会调查的概念与作用

一、对社会调查的一般认识

提起社会调查,我们或许并不陌生。调查不就是到社会中去了解情况,向有关的人提出一些问题,再分析所了解到的情况,得出若干条结论吗?当我们翻开各种社会科学类杂志,如《中国社会科学》《社会学研究》《中国人口科学》《人口研究》《社会》《青年研究》等,经常可以读到关于各种社会现象、社会问题的调查报告;就是在一些非专业性的、以普通读者为对象的报纸杂志上,甚至在许多通俗读物中,我们也能不时地看到"关于××问题的调查报告""对××现象的调查分析"这样的文章。

然而,究竟什么是社会调查?作为一种科学研究活动的社会调查,又具有哪些不同于人们日常生活中一般认识活动的基本特征?对于这样的问题,人们又常常是难以用几句话说清楚的。特别是当需要亲自动手做一项社会调查时,许多人往往就是凭着头脑中对社会调查的那一点点感性认识——不管这种认识正确与否、科学与否、全面与否,就大胆地去干了。调查结果自然会有,其中不少结果还发表在各种报纸杂志上,有的也送到了各级政府决策部门领导的办公桌上。可是,这些调查结果的质量究竟如何呢?它们究竟在多大程度上反映了社会的客观现实呢?它们会不会歪曲了现实、误解了现实呢?也许人们——包括调查者和调查结果的使用者——很少去认真思考这些问题,但是,现实生活中存在这类问题的社会调查却比比皆是。

有的社会调查在几千人的总体中,仅仅调查了十几个人,甚至只调查了几个人，就得出了一系列有关这个总体的结论。有的社会调查虽然发出了上千份调查问卷，可收回的只有两三百份，但研究者仍然振振有词地用这两三百份问卷所得出的结果来对社会现象进行分析和说明。有的大型社会调查做完后，调查者只能在调查报告中遗憾地说：本调查结果不能反映总体的情况；有的调查者甚至直到写出调查报告时还说不清他所描述的总体是什么。有的社会调查虽然得到了一大批资料，可是除了一些简单的百分比之外，调查者并不知道他究竟得到了什么；也有的调查者总是把表面上存在差别、而实际上并无差别的统计结果作为阐述变量间关系的依据。还有的社会调查对被调查者提出了一些很不科学、很不恰当，甚至无法回答的问题，收回的只是一堆虚假的、无用的数字，可调查者却在电子计算机上用这些数字认真地统计出一个个"精确"的结果，得出一条条"有依据"的结论。

不规范的、低质量的社会调查会干扰人们对现实世界的认识，同时还会败坏科学的社会调查的声誉。因此，对社会调查的知识体系与方法技术进行基本，但却是正确的认识和了解，既是动手做一项社会调查的前提，更是做一项高质量的社会调查的前提。本书的目的正是向读者系统地介绍现代社会调查方法的基本知识，帮助读者掌握现代社会调查方法这一了解社会、研究社会、认识社会的有用工具。

什么是社会调查？这是每一个学习社会调查方法、尝试做社会调查的人所应弄明白的第一件事。但是，对于阐释社会调查的概念，要做到准确和全面却并不是十分容易。因为不同的人所说的社会调查，其含义很不一样。这里既有广义理解与狭义理解之分，又有学术角度与非学术角度之别。因此，有必要在给出本书关于社会调查的定义之前，对现有的各种认识、各种看法作一简要的介绍。

首先，对于社会调查的名称，不同学者的叫法不完全一样：有叫"调查方法"或"社会调查方法"的，也有叫"问卷调查方法"或"抽样调查方法"的，还有叫"调查研究方法"或"社会调查研究方法"的。从总体上看，国外最常见的叫法是"调查方法"（Survey Method）或"调查研究方法"（Survey Research Method）；而国内最常见的名称则是"社会调查方法"或"社会调查研究方法"。应该说，不同学者在关于社会调查的具体名称上的分歧并不大，但在其内容体系上，不同学者之间的差别却比较明显。关于这一点，下面将会谈到。

其次，在具体定义上，不同学者之间的认识也不尽相同。比如，有的学者在比较抽象的层次上，把社会调查看作人们认识社会的一种实践活动；而有的则只在十分具体的层次上，把它看作社会研究中的一种资料收集方法；有的从非常宽泛意义上，把到社会中了解情况的各种不同形式的活动都统统冠以社会调查的名称，而有的则在十分狭义的范围内，仅仅把自填问卷和结构式访问的方法、从一个随机样本中收集资料的工作称为社会调查;有的学者认为社会调查的全部工作任务只是收集资料,而有的则认为社会调查既包括收集资料的工作,也包括分析资料的工作。总而言之,从目前情况看,社会调查的概念无论是在外延上,还是在内涵上,都很不一致,很不统一。

最后,从社会调查的知识体系的构成上看,目前的情况主要有两类基本的认识。其中,一类认识是通常将问卷法、访问法、观察法、实验法、文献法等并列作为社会调查中收集资料的几种方法,即将社会调查方法等同于社会研究方法,认为社会调查方法与社会研究方法是一回事,只是所用的名称不同而已。另一类认识则是将社会调查看作社会研究方法中的一种基本方式,社会研究方法中包含着社会调查方法,而社会调查中所指的资料收集方法,仅仅只有问卷法和结构访问法;并且,特别强调社会调查通常仅仅只是指抽样调查。本书认同第二类认识。

二、社会调查的定义和特征

本书所介绍的社会调查(Survey Research),是一种采用自填式问卷或结构式访问的方法,系统、直接地从一个总体中抽取样本,收集这些样本的资料,并通过分析这些资料来认识社会现象及其规律的社会研究方式。

从这一定义或理解出发,我们进一步指出社会调查具有以下几个突出特征:

第一,社会调查是一种系统的认识活动,它具有一定的结构和程序。社会调查活动从选择调查题目开始,直到最终以调查报告的形式得出调查结果为止,整个过程有着很强的系统性,这种系统性并非只是一种表面形式,而是调查活动所具有的某种内在规律的体现。

第二,社会调查主要采用自填式问卷与结构式访问两种方法来收集资料。或者说,它主要依靠对被调查者进行特定方式的询问来收集资料。这是社会调查在所用工具或手段上区别于其他几种社会研究方式的一个重要特征;同时,这也是现代社会调查区别于传统社会调查的一个重要特征。

第三,社会调查是从总体中的一个样本(总体中的一部分个体)里收集资料,即通过调查部分来了解总体。这使它与那种对总体中的每一个个体都进行调查的普遍调查,以及那种只对一个或少数几个个案进行调查的个案调查和典型调查区别开来。同样的,这也是现代社会调查区别于传统社会调查的又一个重要特征。

第四,社会调查要求直接从具体的调查对象那里获取信息,即直接从一个个被调查对象那里获得第一手资料。这种直接获得资料的特征又将它与某些间接的、利用第二手资料的社会研究方式区别开来。当然,需要指出的是,尽管一项社会调查的调查对象通常是一个个具体的个人,但是,它所要描述和解释的却是由一个个具体的个人所组成的群体、由众多个人的行为所构成的社会生活现象。

第五,社会调查是一种既包括资料的收集工作,又包括资料的分析工作的完整的社会研究方法。正是这种从资料收集到资料分析的全过程,使它有别于那种将其只看作一种资料收集方式的认识;同时,这一特征也是它作为一种独立的社会研究方法的基础。

根据上述社会调查的定义及特征,读者不难看出,本书的定义与目前的一些社会调查概念既有相似之处,同时又有明显的区别。一方面,它们都强调系统性,强调直接性;另一方面,本书的定义强调了从总体中抽取样本进行调查的特征,即强调了抽样调查,从而使它从普遍调查、抽样调查、典型调查和个案调查的划分中独立出来;同时,本书的定义又强调了收集资料与分析资料的统一,即调查与研究的统一、感性认识活动与理性认识活动的统一。这就使本书的定义与那些仅把社会调查看作单纯的收集资料工作的认识区分开来。另外,本书的定义还特别强调了自填式问卷与结构式访问方法的运用,强调了对被调查者的特定方式的直接询问。这就又把实验法、文献法以及观察法等社会研究方式,都严格地排除在社会调查概念的范围之外。

明确了社会调查的定义,我们进一步说明现代社会调查方法在整个社会研究方法体系中所处的位置,即社会调查与实验研究、文献研究以及实地研究并列作为社会研究中的几种主要方法,它们各自有着自己独特的性质和特点,并分别适用于不同的领域、现象和题材(参见表 1-1)。因此,无论是那种把社会调查看成是唯一的或者是无所不能的社会研究方法的认识,还是那种把社会调查与实验法、文献法、观察法混为一谈或合为一体的认识,都是不正确的。

表 1-1 社会研究的主要方法简介

研究方法	子类型	资料收集方法	研究的性质
社会调查	普遍调查 抽样调查	统计报表 自填式问卷 结构式访问	定量
实验研究	自然实验 实验室实验	自填式问卷 量表测量 结构式观察	定量
实地研究	参与观察 个案研究	无结构观察 自由式访问	定性
文献研究	内容分析 二次分析 统计资料分析 历史比较分析	目录索引 数据库	定量/定性

三、社会调查的举例

在详细介绍社会调查的原理、方法和技术之前,我们先根据上述定义,通过一个典型的例子,来说明社会调查的各个关键部分及其大致构成,以便给读者提供一个关于社会调查的粗略印象。

假设调查者对研究某所大学的学生在职业选择方面的态度很感兴趣,于是从该校10 000多名学生中抽取300名(或更多一点)学生作为调查的样本,然后设计出一份与调查者所关注的主题高度相关,并且由若干个可以直接对样本中的每个学生进行询问和测量的具体问题所构成的调查问卷。将问卷打印好后,调查者采用面对面访问的方式(或者通过邮寄问卷的方式,或者通过电话询问的方式,或者采用直接发到他们手中让他们自己填写的方式),收集被调查学生的各种特征、行为与态度等方面的资料。在问卷完成和回收后,将每个学生的答案进行量化编码,并按统一格式录入计算机,建立数据库。在专门的统计分析软件的帮助下,调查者对这一数据库中的资料进行整理、汇总、统计分析。于是,来自300名学生样本的各种结果被一一推广到由10 000多名学生所构成的总体中。调查者可以成功地描述全校学生在职业选择方面的现状;描述全校不同专业、不同性别、不同年级的学生在职业选择方面所具有的不同特点;还可以进一步解释和说明家庭背景、价值观念、同辈群体等因素与大学生职业选择倾向之间的关系。最后,将自己的研究结果用调查报告的形式加以总结、概括,并在有关刊物上发表或在有关会议上进行交流,从理论上或实践上为人们正确认识和处理这一现象提供新的材料和观点。

四、社会调查的作用

社会调查的作用,从大的方面说,主要体现在描述状况、解释原因和预测趋势三个方面。

(一)描述状况

了解和描述社会现象的状况,是人们深入认识这一现象的基础。比如说,要深入认识我国社会中的离婚现象,就必须首先对目前社会中离婚现象的状况有一个客观的、整体的了解,如离婚现象普遍到什么程度、离婚者有哪些背景特征、离婚现象在总体上具有一些什么样的特点,等等。而通过进行一项社会调查,我们就可以较为准确地描述出离婚现象在各个不同时期中的普遍程度,在城乡两种社区之间的差别,离婚者的年龄分布、文化程度分布、职业分布以及结婚时间长短的分布等基本情况。这种客观的、精确的并且是多方面综合的描述,能较好地帮助我们从多种因素、多种现象的相互关系中,找出最主要的原因。

（二）解释原因

如果说社会调查所具有的这种描述状况的作用，可以理解成是用来回答社会现象"是什么"或"怎么样"这类问题的话，那么，社会调查的第二个作用——解释社会现象发生的原因，就可以理解成是用来回答社会现象"为什么是这样"或"为什么会如此"这样的问题了。显然，这一作用比起单纯地描述状况，就要更为深入一些。它使得社会调查能够被广泛地用来探讨不同社会现象之间的关系，探讨某一现象发生的原因。比如，在上述的离婚现象调查的例子中，我们可以通过社会调查来深入探讨夫妻双方的年龄差与离婚行为间的关系，探讨夫妻双方在收入上的差别、在文化程度方面的差异与离婚行为之间的关系等，从而达到在更深入的层次上认识和理解离婚现象的目的。尽管社会调查的这种解释作用，或者说探究社会现象之间关系的作用还不如实验法那么有力，但是，它作为一种在现实生活中远比实验法行得通、办得到的社会研究方法，备受各类研究人员的青睐。尤其是随着社会统计分析方法的进一步完善和提高，社会调查在探究现象间关系方面的作用也将越来越强大。

（三）预测趋势

除了对过去的和现在的社会现象进行解释外，社会调查还可以对未来的社会现象，或者说对社会现象的发展趋势作出一定的预测。当然，这种预测同样要以对这一现象的准确描述和正确解释为基础。还是以上述的离婚现象调查为例，当研究者对离婚现象的现状、特征，以及当事人作出离婚决定的各种原因有了比较清楚明确的认识后，他就能依据社会环境中各种因素或条件发展变化的趋势，对未来社会中的离婚现象作出一定的预测。比如，如果调查表明，经济相对发达地区人们的离婚比例较高，从事脑力劳动型职业的人群离婚比例较高（这是描述作用的体现），而导致人们离婚的主要原因是与经济发展和思想解放相伴随的观念更新，以及与受教育程度和职业类型密切相关的个人自主意识增强（这是解释作用的体现），那么，就可以预言：随着我国改革开放的进一步深入，城市化进程的进一步加快，社会心理环境的进一步宽松，人们文化程度的普遍提高，整个社会中的离婚率还有可能进一步上升（这是预测作用的体现）。

第二节　社会调查的类型和题材

一、社会调查的分类

根据不同的标准，可以将社会调查划分为不同的类型。比如，根据调查对象的范围，可以分为普遍调查与抽样调查；根据收集资料的方法，可以分为问卷调查（自填问卷与邮寄问卷）和访问调查（当面访问与电话访问）；根据调查的目的或作用，可以分为描述性调查、解释性调查和预测性调查；根据调查的性质或应用领域，可以分为行政统计调查、生活状况调查、社会问题调查、市场调查、民意调查和研究性调查等。在上述分类中，前三种分类的有关内容已在前一节或将在后面一些章节中进行详细介绍，这里只对从社会调查的性质或应用领域划分出的几种类型进行简单介绍。

一是行政统计调查。它主要包括由国家和各级政府部门所进行的人口调查、资源调查、行业调查、社会概况调查等。其特点是多为宏观的、概况性的。其中一个典型的例子就是全国人口普查。这类调查对于了解一个国家、一个地区或一个行业的基本情况有很重要的意义。

二是生活状况调查。它通常是对某一时期、某一社区或某一社会群体的社会生活状况所进行的调查。与行政统计调查不同，它的着眼点主要放在了解人们日常社会生活各个方面的基本状况，以综合地反映一个时期、一个地区或一个群体中人们总的社会生活状况。比如，对某市离退休老人生活状况的调查、对某市居民生活质量的调查等，就是这种调查的例子。

三是社会问题调查。这种调查是针对社会中所存在的各种社会问题进行系统的调查、了解，找出问题的症结，为解决社会问题提供参考意见。这就像医生给病人看病一样，对各种社会问题进行“社会诊断”。如青少年犯罪调查、离婚问题调查、老年社会保障问题调查、独生子女教育问题调查等，都是常见的社会问题调查。

四是市场调查。市场调查即为拓展商品的销路，以便更好地为企业的生产和获利服务，而围绕某类产品或某种商品的市场占有率、顾客的购买情况、品牌的宣传效果等所进行的调查。它是随着市场经济的发展而逐渐普及的。目前，我国的这类社会调查已经非常普遍，如化妆品市场调查、饮料市场调查、服装市场调查、家电市场调查等。

五是民意调查。民意调查也称舆论调查，即对社会中民众的意见、态度、意识等主观意向进行的调查。最典型的民意调查如美国的总统选举民意测验等。此外，像对社会热点问题的民意调查以及各种大众传播机构对其读者或听众和观众进行的调查等，都属于这一类调查。

六是研究性调查。这类调查广泛应用于社会学、政治学、管理学、人口学、教育学、传播学等社会科学学科领域中的社会调查。这类调查的目标，往往不是针对某一具体的社会现象和社会问题得出结论，而是致力于对某类社会现象所具有的一般规律或普遍法则进行探索和研究。

二、社会调查的题材

人类社会现象的丰富性和人们社会行为的多样性，决定了社会调查题材的丰富性和多样性。正如英国著名社会学家莫泽所说:世间的各种社会现象、人们的各种社会行为,"几乎没有哪一个方面不曾被社会调查者关注过"①。但概括地说,社会调查的题材主要可分为下述三大类。

第一,某一人群的社会背景。这主要是指有关人们各种社会特征的资料。这种资料既包括某些人口统计方面的内容,如性别、年龄、职业、婚姻状况、文化程度等;也包括人们生活环境方面的内容,如家庭构成、居住形式、社区特点等。这类题材客观性很强,在社会调查中收集这方面的资料往往比较容易,较少出现问题。并且,几乎所有的社会调查都或多或少地包括这一题材中的内容。

第二,某一人群的社会行为和活动。这主要是指有关人们"做了些什么"以及他们"怎样做"等方面的资料。比如,人们每天几点钟上班、每周看几次电影、在家中谁辅导孩子学习等。这类题材也是客观的,它通常构成大部分社会调查的主体内容。

第三,某一人群的意见和态度。这主要是指有关人们"想些什么""如何想的"或"有什么看法""持什么态度"等方面的资料。比如,人们怎么看待离婚现象,人们对住房制度改革有什么意见,人们选择配偶的标准是什么,等等。这类题材属于观念性、主观性的,它是构成各种民意测验、舆论调查、社会心理调查的主要内容。在其他一些类型的社会调查中,它往往也是十分重要的一部分。

第三节　普遍调查与抽样调查

在前面的表 1-1 中提到,社会调查有普遍调查和抽样调查两个子类别。而从本书关于社会调查的定义中可知,本书介绍的主要是抽样调查。但是,为了便于我们更好地了解和认识抽样调查,有必要先对社会调查的这两种类型进行简要地介绍和比较。

一、普遍调查的概念与方式

普遍调查简称为普查,它指的是对构成总体的所有个体无一例外地逐个进行调查。一般来说,普遍调查的规模往往非常大,属于宏观的调查,如全国范围的普查、全省普查、全市普查、全县普查或某一行业、系统的普查等。普遍调查最典型的例子是人口普查,例如,我国 1982 年、1990 年进行的两次全国人口普查,就是对全国所有人口逐个进行调查。

普遍调查主要采取两种方式进行,一种称为统计报表,它是由普查部门(通

① Moser C A, Kaltor G. Survey Methods in Social Investigation[J]. Richard Clay Ltd. 1971.

常是国家行政部门)制定普查表,由下级有关部门根据所掌握的资料进行填报。例如,国家统计局发布关于全国工农业总产值的数据,就是由涉及这一项目的每一个具体单位根据统一的报表填报汇总得来的。另一种是建立专门的普查机构,组织专门的调查员,制定专门的调查表,对总体中的每一个成员进行直接的调查登记。例如,全国人口普查、全国残疾人普查等,采取的就是这种方式。

二、普遍调查的特点

由于普查涉及的对象多,范围广,所以这一调查方式有下列一些突出的特点。

(一)工作量大,费时,费力,费钱

由于调查对象人数众多,并且他们的空间分布通常又十分宽广,因此,一方面使得普查的工作量往往很大,无法在短期内把资料收集齐全并对大量数据进行处理,得出结果;另一方面,进行普查所需要的人力、物力和资金也要比其他调查方式所需要的多得多。例如,我国第三次人口普查,从 1979 年底国务院人口普查领导小组成立起,到 1985 年 11 月宣布正式结束止,历时共约 6 年。正式参加这次普查工作的人员总计有:518 万名普查员,109 万名普查指导员,13 万名编码员,4 000 多名电子计算机录入人员,1 000 多名电子计算机工作人员,并得到 1 000 多万名基层干部群众和积极分子的配合和协助。这次普查共花费人民币约 4 亿元,另外,联合国还资助了1 560万美元。大部分普查人员的工资、劳务费等尚未计入经费之中。由于人力、资金、时间的消耗如此之大,一般个人和单位是无法实施普查的。普查只能由政府部门作为一项重要工作出面主持,组织专门的调查工作领导部门,调拨专门经费,进行社会动员,由各部门通力合作才能完成。同时,由于普查所花的代价太大,所以不能频繁进行。一般是按一定周期,间隔较长的时间进行,以便前后资料的对比,预测总的发展趋势。例如,美国人口普查就定为 10 年一次,而每年都进行一次抽样调查来补充 10 年间的空白。我国的人口普查也是 10 年左右进行一次,如 1953 年、1964 年、1982 年、1990 年、2000 年、2010 年(十年动乱期间中断)。

(二)资料准确,适于了解总体的基本情况

由于普查资料是从总体中的所有对象那里收集的,它包括了各种不同的情况,对事物、现象的各个方面、各个层次都有所反映,十分全面。因此,它是了解国情、省情、市情和大规模总体概况的最基本的资料,是各级政府部门制定各种政策的重要依据,也是各种科学研究,尤其是社会科学研究的重要参考资料。以人口普查资料为例,它集中反映了一个国家在一定时期内的人口数量、人口结构、人口发展变化趋势等,是有计划地进行社会主义现代化建设,统筹安排人民物质文化生活,制定合理的人口政策的基本依据。

(三)需要高度集中的组织和高度统一的安排

由于普查的地域范围一般很广,整个调查过程的时间相对又较长,再加上参加调查的人员往往又很多,因此,必须有一个高度集中的组织系统和协调班子,以保证调查工作的一致性和条理性。同时,对调查的时间、步骤、规划、内容等每一个细节都要作出统一明确的安排,以便普查能顺利进行,并保证调查结果的质量。

(四)调查项目不能多,只能了解某一方面必不可少的基本情况

在通常情况下,调查范围的大小、调查对象的多少,与调查项目的多少是呈反比关系的,它们互相制约,互相影响。如果范围较小,对象较少,则调查项目相对可以较多;反之,如果范围较大,对象较多,那么调查项目只能限制在一定的数目之内。由于普查具有范围广、对象多的特点,因此,普查的内容一般只限于在了解最基本的情况,不可能作十分深入、十分全面地了解。比如,我国第一次人口普查所了解的项目只有 6 项,1982 年第三次全国人口普查所了解的项目也只有 19 项,主要包括姓名、性别、年龄、民族、文化程度、行业、职业、婚姻状况、妇女生育状况、待业人口状况、住址、家庭人口等。

三、抽样调查的概念

抽样调查就是从所研究的总体中,按照一定的方式选取一部分个体进行调查,并将在这部分个体中所得到的调查结果推广到总体中去。简言之,调查部分以反映整体,这就是抽样调查的基本思想和逻辑。抽样调查是在 20 世纪初期,随着抽样理论、统计分析方法、问卷技术以及计算机技术的发展、完善和普及而逐步发展起来的。它是现代社会调查的主要方法之一。由于抽样调查具有许多明显的优点,因而在现代社会调查研究中的应用越来越广泛。

一般来说,如果能对某个总体作全面的、普遍的调查,那么所得到的结果应该说是最准确、最全面的。但是,在现实生活中,往往由于人力、财力、时间及其他客观条件的限制,不可能作全面调查,而只能作抽样调查。例如,要了解一批灯泡的寿命,就不可能把每只灯泡都进行试验,因为灯泡的寿命试验是将灯泡一直长期试点,直到灯丝烧断为止。因此,在这种情况下,往往只需通过科学地抽取少量样本进行试验,就可达到了解全部产品质量的目的。

四、抽样调查的优点

与普遍调查相比,抽样调查具有下列突出的优点。

(一)调查费用较低

当总体包含的研究数目较大时,普查所需要的费用高昂。例如,我国 1982 年第三次人口普查,动用普查人员 500 多万人,共花费人民币约 4 亿元。而抽

样调查,由于调查的范围仅是总体的一部分,因此,所需要的费用就比普查要少得多。特别是当研究对象数目相当大时,由于只是从中抽取一个小样本就能够保证足够的精确度,因而,可以节省相当可观的费用。例如,美国进行的最重要的全国性抽样调查所使用的样本是185 000人,即每1 240人中调查1人;而在美国全国进行一次态度方面的调查,如预测总统选举结果的民意测验,仅需2 000人左右的一个小样本即可。

(二)速度快

显然,调查全部研究对象比调查它的一部分要费时得多,而时间往往是很重要的,某些社会现象需要及时了解,随时掌握。例如,国家制订年度预算计划需要掌握一年内人口变动的情况,普查就无法满足这一要求,因为一次人口普查往往需要数年时间才能完成,例如,我国第三次人口普查就用了6年之久。在迅速提供有关信息和掌握变动的社会现象方面,抽样调查具有很大的优越性。

(三)应用范围广

由于上述两个特点,抽样调查可广泛用于各个领域、各个部门、各个课题,而不像普查那样只限于统计部门或政府部门。在某些种类的调查中,必须使用受过专业训练的人员或专用设备。在这类人员和设备有限、难以进行普查的情况下,只能通过抽样调查来获取信息。因此,就取得信息的种类来说,抽样调查可以发挥作用的范围更广,而且更灵活。1986年中国进行的残疾人调查,即为一例。这种调查由医疗卫生人员进行,并需要专门的医疗设备。若进行普查,在当时情况下根本无法进行。但为了提高人口素质,制定人口政策,这一项资料又是必不可少的,因此,只有通过抽样调查来获取。此外,前面所介绍的各个领域中的社会调查,基本上也都是采用抽样调查的方法进行的。

(四)可获得内容丰富的资料

为了节省费用,减少工作量,以及适合各地区的情况,整体调查通常只了解少量项目,并且多是一些行政管理上需要的基本资料,很少有关于行为、态度意见方面的内容,无法对其进行深入的调查分析。抽样调查因调查对象的数目远比普查少,因此,可以设置较多和较复杂的调查项目,并能集中时间和精力进行详细的分析。

(五)准确性高

普查的实施需要大批调查员,而这些调查员中有许多是缺乏经验和没有接受过专业训练的,这往往会降低调查质量。抽样调查则可以使用少量素质较高的工作人员并对他们进行充分的训练,还可以在实地调查中给予更仔细的检查监督,调查资料的处理亦能较好地完成。因此,与普查相比,抽样调查所得到的资料更准确、更可靠(关于这一点,在本书第三章中会作进一步阐述)。比如,美国的盖洛普等民意测验中心利用抽样调查所进行的总统选举民意测验,结果十分准确。在自1948年起到1980年止的时间内,该类民意测验不仅对每一届总统选举的获胜者,而且对他得票的百分比都进行了正确的预测。以1968年美国总统选举为例,盖洛普民意测验中心预测尼克松将获得43%的选票,哈里斯民意测验中心预测为41%,而他的实际得票率为42.9%。这样准确的预测却是在近7 300万名投票者中仅仅抽取2 000人作为样本得到的。

当然,抽样调查在应用上也存在一定的局限性。这种局限性主要体现在对样本资料进行较细的分组时,调查的精确度就会由于各组样本单位数的大大减少而明显下降。这往往会限制我们对调查资料的进一步分析。比如,一个包括300名大学生的样本,当我们进一步将它划分为不同的系和专业时(如20个左右的专业),则平均每个专业可能只有10几个人甚至更少。这样对于进行各组参数的估计就远远不能满足精度的要求。同样的道理,一个全市样本的资料在划分成街道、社区一级后,则可能由于每个街道、社区所包含的样本单位数量太少而无法进行统计推论,使得样本资料对街道、社区一级单位的代表性很低,失去应用意义。因此,如果抽样调查资料要在分析中进行分组的话,则应事先确定分组规模的下限,再根据分组数来确定相应的整个调查的样本规模。一般来说,每个分组中不应少于30个样本单位,对于重要的分组来说,一般应不少于100个样本单位①。

第四节 传统社会调查与现代社会调查

无论是在中国还是在世界范围内,社会调查都有着悠久的历史。但是,比较系统的社会调查则是在近代形成和发展起来的。如果对社会调查从传统与现代的角度进行区分,那么,通常的做法是依据时间的顺序:某个时期以前的属于"传统的";而某个时期以后的则属于"现代的"。在本节中,我们先按这种方式简要地介绍社会调查的发展状况,然后再结合我国的实际,谈谈本书对传统社会调查与现代社会调查的区分和理解。

一、社会调查发展简介

早期的社会调查,在类型上多以较大规模的行政统计调查为主。从数千年前古中国和古埃及以课税和征兵为目的的人口统计调查,到17世纪法国人柯尔柏主持的法国社会概况普查、法国制造业调查和不定期的人口状况调查,都是这种类型的调查;从19世纪开始,直至20世纪初,社会调查所关注的现象逐渐从行政统计调查领域扩大到现实社会中人们的生活条件、生活状况等社会生

① 郭志刚.社会调查研究的量化方法[M].北京:中国人民大学出版社,1989:39.

活领域以及诸如贫困问题、犯罪问题等社会问题领域上来。在这一时期中，世界范围内出现了许多著名的社会调查。比如，英国学者查尔斯·布思(Charles Booth)从1886年开始，苦心奋斗18年，对英国伦敦的市民生活和社会概况进行了深入的实地调查，写成了17卷本的《伦敦居民的生活和劳动》。1890年，美国社会学家芮斯对美国纽约的贫民窟做了大量的调查，写出了《其他一半如何生活》一书，接着又出版了《向贫民窟开战》，反映了美国工人阶级生活条件的恶劣情况。1909年美国的施特文斯对美国七个大城市的公务员的腐败行为进行了调查，出版了《城市的耻辱》一书，引发了美国社会中调查和揭发可耻行为的运动。

从20世纪二三十年代开始，社会调查进入了一个新的发展时期。这种发展一方面体现在社会调查所涉及的领域进一步扩大上，另一方面，也体现在新的调查方法和技术的出现和运用上。

从所涉及的领域来看，在原有的基础上又进一步向民意调查(也称民意测验或舆论调查)、市场调查和研究性调查等领域扩展和渗透。民意调查是随着西方社会的发展，尤其是在政治方面的需要而逐渐发展起来的。其最典型的应用是美国的总统选举投票预测，而其中最有代表性的民意测验机构当属乔治·盖洛普在1935年创办的"盖洛普民意测验所"。在1936年的总统选举中，盖洛普民意测验所只调查了3 000人，就对投票结果作出了准确的预测。此后，其名声大振，逐渐发展成为一个世界性的民意调查机构，盖洛普的名字也成了"民意测验"的代名词。民意测验除了用来进行总统选举预测外，还越来越多地用于社会热点问题的调查，听众、观众和读者调查以及其他舆论调查。以盖洛普为代表的各国、各类民意测验机构，也常常定期或不定期地在各种大众传播媒介上发表调查结果。我国目前也有许多这样的机构在从事这类调查活动。

市场调查则主要适应了现代社会中经济发展的需要。由于现代化的大批量商品生产和不同厂家、不同品牌间的竞争日趋白热化，制造商和销售商往往希望更多地了解哪类人会购买或者不买他们的产品，消费者对产品的质量、价格、装潢、款式等方面的看法，以及怎样才能改变消费者的态度等信息。因此，许多大的企业已经设置专门的市场调查部门，而许多专门的调查研究机构也经常接受有关厂家和商家的委托，调查各类顾客的购买习惯、各种产品广告的宣传效果等。

研究性调查是指应用于社会学、政治学、人口学、教育学、心理学、大众传播学等社会科学领域中的调查。这些调查试图建立一种有关社会生活中各种人群的态度、意见和行为的概括性知识。这类调查多由社会科学研究人员进行，它们服务于理论与实践两种领域，同时兼顾社会科学各个学科的发展需要和社会中各个实际部门的需要。

从调查方法和技术上看，20世纪40年代到70年代可以说是社会调查的数量化方法发展最为迅速的时期,也可以说是现代社会调查方法不断完善、逐渐走向成熟的时期。在这一时期中,社会调查的程序更加标准化,调查的方法也更加规范化。无论是抽样技术、测量技术、问卷设计技术、量表制作技术,还是统计分析技术、计算机应用技术等,都朝着越来越科学化、越来越精密化的方向发展。社会调查成为各门社会科学和社会各个具体领域中被广泛运用的研究方法和手段。

二、“传统的”和“现代的”社会调查

如果说上面的介绍主要涉及国外的情况、主要偏重于时间顺序的话,这里我们将主要介绍国内的情况,并且将偏重于调查方法的内涵区别。

近代中国的社会调查开始于20世纪初由外国传教士主持或指导的一些社会调查,如1914年由美国传教士伯吉斯主持的“北平305名洋车夫生活状况调查”等。1923年由清华大学陈达教授带领学生对北平海淀地区居民和清华校工所做的生活状况调查,则是这一时期最早由中国人所主持的社会调查。从20世纪20年代直到新中国成立前,国内主要有两类社会调查:一类是以老一辈社会学家陈达、李景汉、陶孟和、吴文藻、严景耀、史国衡,民族学和人类学家吴泽霖、费孝通、张之毅等为代表的学术界的社会调查;另一类是以毛泽东、张闻天等为代表的中国共产党人在革命斗争中所做的社会调查。从内容上看,两类调查都紧紧围绕着中国社会的现实状况;从方法上看,两类调查都以深入实地进行访问和观察为主;并且两类调查者还都从各自的实践中,总结出比较系统、同时又符合中国国情的调查研究方法。特别是毛泽东同志在长期的调查实践中,摸索和总结的“深入实地”“开座谈会”“典型调查”“解剖麻雀”等方法,以及“不做调查没有发言权”“不做正确的调查同样没有发言权”“实事求是”“走群众路线”等观点,对我们今天学习和从事社会调查仍然有着重要的指导意义。

新中国成立后不久,随着高等学校院系调整和社会学学科被取消,学术界的社会调查基本中断,为各级政府制定政策提供依据和材料的社会调查则在原来的框架内继续进行。直到十一届三中全会后,社会学专业于1979年恢复和重建,学术界的社会调查才逐渐恢复和发展。纵观30多年来国内所进行的各类社会调查,可以看出,无论是在思想认识上,还是在具体方法上,国内学者都受到两个不同来源的影响:一个来源是以毛泽东农村社会调查和国内老一辈社会学家所作社会调查为代表的“传统的”社会调查方法;另一个来源则是以现代西方社会学的调查研究方法为代表的“现代的”社会调查方法。

之所以对上述两个来源作如此的区分(即传统的和现代的区分),除了时间上、空间上的原因外,更重要的是两者所具有的内在差别所致。这些差别比较突出地体现在以下几个方面。

其一，从调查的方式上看，前者（指传统调查）以典型调查和个案调查为主要特征，而后者（指现代调查）则以抽样调查为主要特征。

其二，从调查对象的选取方式上看，前者往往选取少数几个个案或典型作为调查对象，并且这种选取所依据的也主要是研究者的主观分析和判断；而后者则往往采取从总体中随机抽样的方法，抽取一定数量的个案构成总体的一个子集作为调查对象，并且这种抽取所依据的也是某种客观的规则或程序。

其三，从调查资料的收集方法上看，前者往往采取无结构的自由访问、座谈会等方式，而后者则主要采取以封闭式问题为主的自填式问卷或者结构式访问的方式。

其四，从调查资料的分析方法上看，前者主要依靠定性分析的方法，即依靠主观的、思辨的、领悟的和归纳的方法；而后者则主要依靠定量分析的方法，即依靠客观的、实证的、统计的和演绎的方法。

其五，从社会历史的角度看，可以说前者所适应的是以封闭性较强、同质性较高、流动性较小、变动速度较慢为特征的“传统”社会；而后者所适应的则是以开放性较强、异质性较高、流动性较大、变动速度较快为特征的“现代”社会。

其六，从方法论的角度来看，这两个有着不同来源的调查方法类型，则反映着社会学中人文主义与实证主义这两种不同的传统、不同的背景、不同的基础之间的区别。

我们在本书中所介绍的主要是“现代的”社会调查方法（若无特殊说明，本书中的“社会调查方法”都是指“现代社会调查方法”）。

第五节　社会调查的一般程序

作为一种系统的、科学的认识活动，社会调查有着一种比较固定的程序，这种固定的程序可以说是社会调查自身所具有的内在逻辑结构的一种体现。从大的方面看，我们可以将社会调查的程序分为五个阶段：选题阶段、准备阶段、调查阶段、分析阶段和总结阶段。

一、选题阶段

选择一个合适的调查问题在初学者看来也许并不困难，但在实际操作上却并非是一件十分简单的事情。从程序上看，选择调查问题是一项社会调查活动的起点，是整个调查工作的第一步。调查问题一旦确定，整个调查活动的目标和方向也就随之确定。调查问题选择得如何，在一定程度上决定着整个调查工作的成败，决定着调查成果的优劣。因此，应当对选题阶段的工作给予高度的重视。选题阶段的主要任务包括两个方面：一是从现实生活中存在的大量现象、问题和焦点中,恰当地选出一个有价值的、有创新的、可行的调查问题;二是将比较含糊、比较笼统、比较宽泛的调查问题具体化和精确化,明确调查问题的范围,澄清调查工作的思路。

二、准备阶段

如果说选择调查问题的意义在于确定调查的目标,那么准备阶段的全部工作就可以理解成为实现调查的目标而进行的道路选择和工具准备。所谓道路选择,是指为达到调查的目标而进行的调查设计工作。它包括从思路、策略到方式、方法和具体技术的各个方面。就像实施一项工程之前必须进行工程设计一样,要保证一项社会调查工作的顺利进行,保证调查目标的完满实现,也必须进行周密的调查设计(有关调查设计的内容,我们将在第二章中详细介绍)。这里所说的工具准备,主要是指调查所依赖的测量工具或信息收集工具——问卷的准备,当然,同时还包括调查信息的来源——调查对象的选取工作。

三、调查阶段

调查阶段也被称为收集资料阶段或调查方案的实施阶段。这个阶段的主要任务是具体贯彻调查设计中所确定的思路和策略,按照调查设计中所确定的方式、方法和技术进行资料的收集工作。在这个阶段,调查者往往要深入实地,接触被调查者,调查工作中所投入的人力也最多,遇到的实际问题也最多。因此,需要很好地组织和管理。另外需要注意的是,由于社会现象的复杂性,或者由于现实条件的变化,我们事先所考虑的调查设计往往会在某些方面与现实之间存在一定的距离或偏差,这就需要我们根据实际情况进行修正或弥补,发挥研究者的灵活性和主动性。

四、分析阶段

分析阶段在有的书中也称为研究阶段。这一阶段的主要任务是,对实地调查所收集到的原始资料进行系统的审核、整理、统计、分析。就像从地里打下的粮食,要经过很多道加工工序,才能最终成为香甜可口的食品一样,从实地调查中所得到的众多信息和第一手资料也要经过调查研究者的多种“加工”和“处理”,才能最终变成调查研究的结论。这里既有对原始资料的整理、转换和录入计算机等工作,也有利用各种方法对资料进行分析的工作。需要特别指出的是,这种加工、处理的方式及手段主要是定量的统计分析,这是由现代社会调查的特定方式、方法,以及所收集的资料的性质所决定的。

五、总结阶段

总结阶段的任务主要是撰写调查报告、评估调查质量、应用调查成果。调查报告是一种以文字和图表将整个调查工作所得到的结果系统、集中、规范地反映出来的形式。它是社会调查成果的集中体现。撰写调查报告也可以说是对整个社会调查工作进行全面的总结，从调查的目的、方式，到资料的收集、分析方法，以及调查得出的结论、调查成果的质量，都要在调查报告中进行总结和反映。同时，还要将社会调查的成果以不同的形式应用到社会实践中去，真正发挥社会调查在认识社会现象、探索社会规律中的巨大作用。

图 1–1 所反映的就是社会调查从选择调查问题开始，直到报告调查结果为止的全部过程，以及这一过程的五个主要阶段和每一阶段的基本内容。

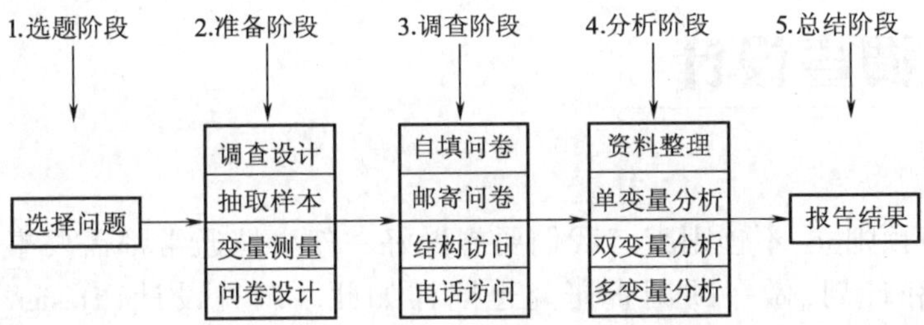

图 1–1　社会调查的基本过程和主要阶段

本书在结构上正是按照图 1–1 所示过程和阶段来安排的，这样做既可以使读者了解整个社会调查知识体系的结构，明白每一部分的知识在整个社会调查知识体系中的位置；又可以使读者在学习社会调查具体知识的同时，熟悉和掌握社会调查的具体程序，便于联系实际动手操作，达到学以致用的目的。

思考与实践

1.联系实际说明社会调查的三种主要作用。

2.列举你所知道的社会调查的例子，并根据其性质或应用领域说明它们分别属于哪一类社会调查。

3.分别找几篇发表在学术刊物、通俗杂志、一般报纸上的社会调查报告进行阅读，看看它们之间有什么异同。

4.什么是抽样调查？为什么实际生活中抽样调查的应用远比普遍调查广泛？

5.陈述社会调查的一般程序，并用图示法画出这一过程及其主要内容。

第二章

调查设计

"凡事预则立,不预则废。"我们要想做好一件事情通常都需要事先做好充分的准备和计划,做一项调查研究也同样如此。调查设计(Design of Survey Research)作为调查研究的行动指南,就是在明确研究目的的前提下,针对需要研究的问题制订研究分析的策略,并选择适当的调查途径和方法,以保证调查资料的收集和分析过程规范且科学。

比如,我们想进行住房消费状况调查,那么我们首先要明确自己的研究目的:是想了解住房消费的整体水平,还是分析独生子女家庭和非独生子女家庭在住房消费上的差异状况;是想研究影响住房消费水平的因素,还是研究住房消费状况对居民生活质量的影响。我们明确了自己的研究目的后才能获得明确的研究问题,进而才能针对这一研究问题确定自己的研究内容,寻求自己的理论出发点,建构相应的概念和假设,选择相应的资料收集和分析方法。下面将按照调查设计的先后顺序逐一予以阐述。

第一节　研究目的

研究目的就是调查者为何要进行这一调查研究,准备通过调查研究解决什么问题。不同的人做调查研究会有各不相同的目的,既可能是为了获取某类认识,也可能是为了满足实践需要,甚至纯粹是由于个人的喜好。不过从认识的一般性质而言,研究目的可以归结为四种类型,即探索性研究、描述性研究、解释性研究和预测性研究①。

---

① 当然,这样的划分是为了便于我们的理解。在实际的调查研究中并没有如此纯粹单一的研究目的,更多的是偏重于某种目的。

一、探索性研究

我们在实际的社会调查中,往往会遇到一些自己所不熟悉的现象或问题,或者对自己将要进行的大型调查研究心中没底,不知道自己掌握的情况是否充分,设计的资料收集工具是否与现实相吻合,抑或自己想研究的问题是前人没有或很少涉及的领域,这时候我们可以做探索性研究。

假设我们现在要研究新农村建设中存在的问题,但由于这一问题涉及层面众多,非常复杂,而且因为新农村建设的相关政策出台时间并不久,相关的研究成果也不太多,我们研究起来比较困难。此时,我们可以先采取探索性研究的方法,任意选择一两个农村进行访问和观察,看看主要存在哪些方面的问题,以便对新农村建设中存在问题的基本特征、内容或范围有个初步的了解,为在这一领域的后期深入研究打下基础。

因此可以说,探索性研究(Exploration Survey Research)着眼于对所要研究的现象或问题进行尝试性的观察,以达到对这一现象或问题的初步了解,进而为深入、系统的研究提供基础和先导。从方法上来说,探索性研究的弹性较大,可以根据研究者的主观判断和方便调查的原则选取调查对象,样本规模可以相对较小。在资料收集中,探索性研究既可采取无结构式的访问和观察的方法,也可采取自填式问卷或结构式访问的方法。在实际运用中,探索性研究多是采取无结构式的访问或观察的方法收集资料,较少采取严格意义上的自填式问卷或结构式访问法。因此,从这一点上来看,多数探索性研究都不是严格意义上的社会调查。

二、描述性研究

我们在认识事物或问题的过程中,总是希望对事物或问题的整体概况能有所把握,并希望知道这些事物或问题的特征的分布状况是怎样的,这时候描述性研究就可以满足我们这一需要。

描述性研究(Descriptive Survey Research)只关注事实状况是怎样的(What/How),但不关心事实状况为什么会这样(Why)。比如,我们想知道现在大学生就业情况怎么样,哪些专业或学校的学生就业情况相对比较好,大学生的就业观念呈现什么样的特征,对去基层就业有什么样的看法等,这时候我们就可以做描述性研究。但是如果我们想知道大学生就业情况为什么会这样,为什么会是有些专业或学校的就业情况比较好而另外一些比较差,为什么大学生会有这样的就业观念,为什么对去基层就业有那样的看法等,这些就不是描述性研究所要达到的目标了。

其实,无论是在日常生活中还是在科学研究中,描述都很重要。没有描述我们很难将自己周围的情况了解清楚，没有描述我们就难以知道老百姓的生活质量怎么样，他们对国家政策落实情况是否满意。描述性研究不仅可以通过大家都熟悉的百分比和平均数让我们了解事物或问题的一般特征，还可以通过不同群体、组织、社区乃至国家等形式的组间比较，使我们发现差异，为寻求事物或问题演变的原因找到起点。在实际的调查研究中，如果没有严格的假设条件，我们能做的也只是用数字对问题或现象的一般特征及差异状况进行描述。

描述性研究的例子在生活中随处可见，比如，民意调查、人口普查、员工满意度调查、居民生活消费水平调查，等等。相比于探索性研究，描述性研究的样本规模较大，样本选取严格遵循概率抽样的原则，具有全面、系统的特征，可以根据其调查结果描述总体的相应状况。

描述性研究比探索性研究前进了一步，但科学研究的目标绝不仅仅是停留于描述，它还追求对事实的解释和预测。

三、解释性研究

解释通常都被理解成对一种因果关系的说明，回答为什么会发生这样的问题（寻找原因）。知其然且知其所以然有助于我们加深对某问题或现象的理解。解释性研究（Explanatory Survey Research）正着眼于此，注重探求现象背后的原因，揭示某类现象或事物为什么会出现以及其差异与变化的一般规律。

比如，为什么会出现房地产价格快速上涨的情况，为什么来自城市家庭的大学生和来自农村家庭的大学生就业观念存在差异，为什么从事同一职业的流动民工地域特征明显，对这些问题的研究都可以视作解释性研究。

相比于描述性研究，解释性研究需要有明确的假设作为前提。我们通过对所作假设的检验才可以证实或证伪，才能发现对事物现象的解释是否合理。而且，这要依据先前假设赖以建立的理论来进行，同时要看这一解释是否符合逻辑和日常生活的经验。也就是说，假设的建立通常都需要有一定的理论依据，并且符合逻辑和经验的一致性原则，判断它是否成立的标准也是如此。除此之外，解释性研究与描述性研究都有严格的抽样和问卷设计要求。但解释性研究不需要像描述性研究那样在问卷内容上面面俱到，它追求调查内容的有效针对性，将焦点集中在可能说明原因或自己所关注的原因变量上。

比如，对影响移民社会适应性的原因进行解释性研究，由于影响移民社会适应性的因素很多，可能有文化习俗的因素，有当地政府政策的因素，有自身能力和主观态度的因素等，但我们关心的是关系网络对移民的社会适应状况有无影响，也就是说关系网络的差异是否会影响他们的社会适应性。因此，我们可以将内容集中在我们关心的关系网络上，而不需要像做描述性调查那样对移民的性别、民族、所享受的政策待遇等因素都涉及。

不过需要注意的是,社会科学中的解释性研究有一定的局限性。这种解释所探讨的因果关系是变量间存在的概率性因果关系,并非自然科学中所阐述的绝对的因果关系,有时候,这种所谓的原因解释更多的是一种相关关系的阐述。毕竟社会事实是既定的,容不得我们像在实验室一样通过严格地控制变量来确定影响因素。

例如,我们要研究是否是独生子女这一因素对中学生社会适应能力的影响,我们就不可能让一个中学生既是独生子女又不是独生子女,只能找一组独生子女中学生,一组非独生子女中学生,在他们各种背景条件都比较相似的情况下进行比较,如果分析发现在是否是独生子女这个变量被控制以后,中学生之间社会适应能力的差异明显缩小,我们一般会认为是否是独生子女是影响中学生社会适应能力的可能因素之一。

理想的解释性研究是时间维度上的纵向研究,特别是一段时间内对固定研究对象进行的追踪研究。这样的解释性研究接近于实验研究(Experimental Research),不过由于这样的调查难度很大,在实际研究中并不多见。另外,解释性研究都注重对两个或多个变量之间关系的研究,尽管这种分析一个或多个变量对另一个或多个变量的影响主要是基于概率基础上的推理判断。

四、预测性研究

人们认识世界的最高目标就是能够对未来进行预测,以便进行干预和控制。例如,国家每隔一段时间都会进行人口预测,估计未来的老年人口会有多少,以便制定相应的养老保障措施;房地产公司会根据老年人的养老意愿来判定市场容量,确定未来投资老年公寓型房产项目是否有利;老年人则会根据自己一直以来的健康状况估计自己的寿命有多长,以计算自己购买老年公寓是否经济实惠。预测在生活中似乎也随处可见,不管这种预测是否具有科学性。

预测性研究(Forecast Survey Research)就是希望能够像自然科学那样可以在描述性研究和解释性研究的基础上,发现某类现象或事实的一般规律,对其未来作出科学的判断。预测性研究有两种基本类型:一是直接调查别人的主观意愿和看法,比如,调查人们的养老意愿,即未来选择什么样的养老方式,调查人们愿意选择什么样的人做人大代表等民意调查;二是根据不同时点上收集的资料,在描述性研究或解释性研究的基础上,按照归纳或演绎的逻辑进行推测。第一个类型更多地接近于描述性研究,第二个类型则更多地靠近解释性研究。正是因为这样,很多教材并没有将预测性研究作为一种类型单独列出来。不过从整体上看,由于预测性研究要求立足于对事物或现象的发展规律有清楚的分析,其涉及的内容往往更为丰富,变量的数量及关系更加复杂,同时也更注重时间维度上的纵向研究,对统计方法的要求相对较高。

我们清楚了上述四种研究的目的之后,在调查研究中就有了努力的方向和评价的尺度。但需要明白的是,在现实研究中,特别是在比较大型的研究课题中,研究目的往往是多种组合或有所侧重的,并不会如上述分类一样界限清晰。因此,我们要学会在研究中始终明确自己的研究目的。

第二节 研究问题

明确了研究目的之后,我们在研究中还要选择自己的研究问题(Research Problem)。所谓研究问题就是我们在一项研究中所试图回答的具体问题。它比研究主题(Research Subject or Research Topic)更为明确。研究主题是调查研究中所研究现象或问题的范围与领域类属,同一个研究主题中可以包含多个研究问题[①]。比如,甲、乙两人都将"职业流动"作为研究的主题,但是甲关心的可能是"大学生群体呈现出何种职业流动特征"的问题,而乙关心的是"影响农民工职业流动的障碍因素"问题;甲、乙两人都将移民作为自己的研究主题(对象),但甲关心的是"关系网络对移民家庭经济发展状况有何种影响",乙关心的是"地方政府的政策支持与移民的社区归属感有何种关系"。

一些刚涉足调查研究的人往往容易选择一个比较宽泛、模糊或笼统的问题作为自己的研究问题,但事实上,他们找到的可能是自己的研究主题。这种类似于研究主题的问题如果放到实际的调查研究中仍需要问题的明确化(Focus the Problem),即通过对研究主题进行某种界定,给予明确的陈述,以达到将最初头脑中比较含糊的想法变成清楚明确的研究问题;将最初比较笼统、比较宽泛的研究范围或领域,变成特定领域中的特定现象或特定问题[②]。只有这样,我们才能像上述例子一样,将研究问题与研究主题分开,让立足于经验资料收集的调查研究变得易于操作,而非停留于思辨。

一、问题明确化的方法

第一,问题明确化可从限定问题的时空范围着手,将研究对象所处的具体时空范围陈述清楚。比如,对"大学生求职意愿"的研究,可以首先将研究的对象"大学生"予以明确化,即在时空范围上加以限定。如果我们想在同一时间段了解不同年级的大学生在求职意愿上有何差异,或探求随着大学四年间学习时间的增长,他们求职意愿有什么变化,那么这个"大学生"就包括了从一年级到

① 我们有时候将研究主题、研究问题,甚至还包括反映研究问题或研究主题特点的标题(Title)都称为研究题目。调查设计中最好不要使用研究题目一词,如果用,则一定要说清楚研究题目确切所指的内容。

② 风笑天.社会学研究方法[M].北京:中国人民大学出版社,2001:56.

四年级的所有在校大学生，研究问题也可相应地具体化为“不同年级的大学生在求职意愿上有何差异”。又如，对“农村养老问题”研究，因为中国地区间差异大，各地农村发展情况不一样，我们可以将农村的空间范围具体化，限定在经济条件相似的区域，如苏南地区，那么这时候问题就可以具体化为“苏南农村养老问题”研究。不过“养老问题”依然是涉及多个方面的问题集合，需要对其进一步具体化，这就需要我们采取问题明确化的第二个方法。

第二，将一般的宽泛性问题转换成特定领域的问题，将问题涉及的内容具体化。例如，前面提及的“苏南农村养老问题”研究，由于“养老问题”依然比较宽泛，可以将其内容进一步具体化为“老年人养老意愿”，或“居住安排与养老方式选择”，这样研究问题就明确化为“苏南农村老年人养老意愿研究”或“苏南农村老人的居住安排对其养老方式选择的影响”。

不过需要注意的是，研究问题需要明确化，但也不能过于简单。研究问题至少要满足两点要求，即体现研究的目标、表明研究的内容。如果一个问题简单到不能反映研究的目标，涵盖的内容过于单薄，则不适合也不必要单独作为研究问题。比如，“苏南农民家庭平均有几口人”和“苏南农民家庭多数有几代人”等问题，这些可以作为“居民安排与养老方式选择”这一研究问题中的具体小问题，或者说作为变量之一，但却不适合单独作为研究问题。因为它们只是一个可直接观察到的变量，只反映了家庭规模和家庭代际结构，不能体现研究目标。

其实，当面对一个比较陌生的问题领域，我们既要进行问题的明确化，又要避免问题过度简化，这就必须有一个比较稳妥的前期工作，即进行文献回顾。文献回顾是指研究者对自己所研究问题领域既有的相关文献资料进行梳理分析，以便发现可以借鉴的研究思路和方法，了解哪些研究问题别人已经做过了，或现在看来已经过于粗浅，没有作为研究问题的价值，没必要再研究了，哪些问题虽然已经研究过，但需要进一步深究，哪些还没有研究过，可以进行探索性研究。这样我们就可以为研究问题的明确化找到出发点和方向。

二、问题的评价

问题的提出是反复思考的出发点，也是科学研究的第一要素。在对问题进行明确化以后，还需要对提出的研究问题进行评价，以判断其是否符合进行科学经验研究的要求。

首先，要考虑问题是否具有重要性。这主要是指研究问题是否具有理论意义或实践价值，即对该问题的研究能否形成理论化的结果，对科学知识的增长是否有推进作用，或能否有助于解决现实社会中的问题。理论和实践本身是不可分割的，但在实际的研究中，有侧重理论方面的经验研究，也有侧重解决社会实际问题的应用研究。寻求理论和应用价值能平衡兼顾的研究问题则是研究者应该持续努力的方向。一般情况下,我们在评价一个研究问题时,如果该问题的研究在理论或实践价值上两者居其一,我们就认为它具有重要性。比如,对"某网络虚拟社区交流规则如何形成"的研究,或许其实践价值不大,但它有助于我们分析网上虚拟社区秩序形成的一般机制,检验社会互动理论在网络社区中是否成立。

其次,要看问题是否具有创新性。创新性的研究问题并不等同于完全没有人涉足过的研究问题。现在,在社会科学研究中找到别人从未研究过的问题的可能性非常小,即完全属于"拓荒性"或"填补空白型"的研究问题很难发现。毕竟与自然科学中的研究问题相比,社会科学中研究问题本身存在与否,会更多地受到社会发展的特定情境的限制。研究问题的创新性一般有赖于该问题在研究中所采取的理论视角、运用的方法在某一方面或几方面与既往研究有所不同,有自己的独到和新颖之处。

仅就问题本身而言,研究问题的创新性包含三层含义:第一层次是同一问题领域,研究问题涉及的研究对象不同;第二层次是同一问题领域,研究问题涉及的研究内容不同;第三层次是同一问题领域,涉及的研究对象、研究内容都有差异。以前面关于"农村养老问题"的研究为例,如果在查阅相关文献后发现,关于发达地区农村的养老问题研究已经比较多,但对于欠发达地区的农村养老问题没有涉及,那么我们可以选择经济比较落后的农村地区加以研究,如"革命老区农村养老问题研究",这时候虽然研究问题的领域都是"养老问题研究",但研究对象有了改变。如果我们进一步分析既有的文献发现,过去关于农村养老问题的研究主要集中在政府政策支持或家庭关系对老年人生活质量影响等方面,那么我们可以把研究的内容转向家庭居住安排对老年人养老方式选择的影响,即"农村老人的居住安排对其养老方式选择的影响",这时候,在同一问题领域中虽然研究对象上没有差异,但研究的具体内容有了创新。如果我们通过仔细的文献回顾还发现,随着外出打工的农民工数量的上升,农村空巢家庭增多,这些老人的养老问题值得关注;另外,农村独生子女家庭老人的养老问题也逐渐凸显出来,但这些问题是由客观条件造成的,过去尚未呈现出来,所以也没有被关注和研究,现在我们可以将研究问题放在这些方面,即"农村空巢家庭老人养老问题研究"或"农村独生子女家庭老人养老问题研究",这些虽然仍属于"养老问题"研究的领域,但研究的内容和对象都有了创新。

再次,要看问题是否具有可行性。前面说了研究问题需要有创新性,不能做纯粹的简单重复研究,不过需要注意的是,实际研究中不能为了创新而创新,要根据理论或实践的实际需要,还要考虑新问题的研究是否可行。可行性是指对于研究者而言其是否具备完成该研究问题的主客观条件。这不仅包括研究者自身条件方面的限制,如研究经验、知识储备、所掌握的研究方法、生活经历,乃至所熟悉的语言等,还包括研究者所处的特定环境,如研究者所拥有的研究经费、能否获取相关的文献资料、研究的对象及所涉及的组织和群体是否予以支持、研究的执行在法律和伦理上是否存在障碍等因素。例如,一个尚未毕业的女大学生想把"黑恶势力组织的内部互动模式和犯罪行为特征"作为自己的研究问题,其可行性就比较差。尽管去研究这一问题可能富有新意,但无论其个人所具备的条件、安全因素,还是与这些研究对象的接触、资料的获取,都存在很大困难,因而她不适合将此问题作为自己的研究问题。

最后,要看问题是否具有科学性。作为科学认识活动的先导,研究问题中的变量及变量间的关系须陈述清晰、可以测量,能够经受经验事实的检验(Empirical Testing)。有些研究问题或许具有研究的价值,但不具备科学性,并非调查研究所能为。比如,"农民工应不应该得到政府的政策照顾","同性恋是否可以合法化"是伦理道德或哲理层面上的问题,不能作为科学的经验研究。另外,如"我们可以做些什么来防止流动儿童失学现象出现","读书越多的人越有灵气"等问题,前者涉及范围太大,陈述过于模糊,后者涉及的变量难以测量,都不适合作为研究问题。如果根据研究目的来分,我们在描述性的问题研究中,需要着眼于提供全面、准确的描述,也需要对所涉及的众多概念和变量有清楚的界定,对问题指涉的范围有明确的说明。在解释性研究和预测性研究中,则同时还须注重两个或多个变量间关系的阐述。简言之,就科学性的要求而言,无论是哪种目的的研究问题,都需要清楚明确,可以通过经验材料的支撑给予证实或证伪。

第三节 分析单位

在明确了研究目的和研究问题后,我们需要对社会调查中所使用的分析单位进行确认。社会调查中的分析单位(Unit of Analysis)就是被研究的社会实体,它包括四种类型,即个人、群体、组织和社区。这四种类型并不同属一个层次,较高层次上的分析单位可能包括一个或多个较低层次上的分析单位,如社区之中可能有个人、群体和组织。

由于分析单位有上述不同层次之分,此处就需要注意两点。一是分析单位可能与调查的对象相同,也可能不相同,两者不可混为一谈。因为不同类型层次的分析单位反映了社会现象中存在的不同层次的差异。当我们的研究目的不是要分析个人之间的差异时,调查对象尽管仍然是个人,但分析单位却不是个人。比如,我们想研究"一年级大学生的就业观念和四年级大学生的就业观念有何差异”时，尽管调查对象仍然是大学生个人，但分析单位却是群体，即一年级的大学生和四年级的大学生。也就是说我们此时进行的是群体之间的比较分析，而非单个大学生之间的比较分析。再如，我们想研究“城市社区和农村社区在邻里互动模式上的差异”，调查对象是作为个体的城市和农村的居民，分析单位则是“社区”。这里的研究目的是通过观察城市和农村社区的居民在与邻居交往方式上的不同表现，比较城市社区的邻里交往方式和农村社区的邻里交往方式有何差异，属于不同社区间的比较。二是分析单位也容易与抽样单位混淆。一般情况下，分析单位和抽样单位两者都相同，但也有不相同的情况。比如，我们想了解“某农村老年人的养老意愿”，我们可以随机抽取一个个老年人，抽样单位和分析单位都是老年人个体，但如果我们想了解“农村家长对未成年子女教育的态度”，分析单位和抽样单位就有了差异，分析单位是“家长”，抽样单位则是“户”。

一、分析单位的类型

在调查设计中强调分析单位的目的，就是让我们在研究分析中注意对调查资料的使用，利用分析单位所解释的差异须与资料所能反映的社会现象的差异吻合，否则就容易得到背离调查资料的错误结论。

通常，调查所收集的资料可以直接描述分析单位中的每个个体。比如，我们研究“城市居民的养老观念”，分析单位是居民个人，收集的资料可以直接描述不同年龄、性别、文化程度和职业的城市居民有什么样的养老观念。再如，我们研究“城市家庭的消费特征”，分析单位是家庭，所收集的调查资料还是可以直接描述不同规模、结构和收入水平的家庭在消费结构上有何种特征、整体消费水平如何。但是，如果我们研究“城市社区和农村社区在邻里互动模式上的差异”，此时收集的则是居民个人或家庭层面上的资料，要想得到“社区”（分析单位）层面上的资料就需要对这些个人或家庭层面上的资料重新组合。我们可以通过计算百分比来组合个人或家庭层面的资料，从而得知有多大比例的城市居民（家庭）和农村居民（家庭）与各自邻居的交往比较密切，在社区层面上形成了何种邻里互动模式，两者之间有无差异。也就是说，当调查中收集资料的单位和研究中的分析单位不一致时，我们可以借助统计手段化解两者之间的层次差异，合理利用资料进行描述和解释，但不能直接将两者混为一体。为了对分析单位的各个类型有进一步的了解，下面将对社会调查中的各类分析单位逐一加以说明。

（一）个人

个人是调查研究中最常见的分析单位类型，大部分的调查研究都要通过分析个人特征来描述或解释各种社会现象。这里的个人可能有很多类型，不同的调查研究中可以选择不同特征的个人作为对象。这些个人可能是打工青年、在校大学生、军人,也可能是农民、干部、教师或私营企业主,还可能是农村居民、城市居民、国企员工、外企员工,等等。正是通过对这些个体的描述,以及利用统计方法对这些个体层次的资料进行重新组合,我们才能够描述和解释由个人所组成的各类群体、组织和社区,以及由个人行为和态度所构成的各种社会现象。当然,个人和群体是相互依存的,个体层面的描述在很多时候也要借助于群体的特征。我们从上述个人的称谓中可以发现,这些个人特征的说明(称谓),不仅利用了其本身的特性的定义,还利用了其所从属的群体或组织的特征来加以说明,也就是我们通常所说的角色、身份。个人和群体可以利用相互指涉和说明来呈现自己的特征。

因此,我们在研究中要始终清楚所采取分析单位的层次。比如,我们对一个人的描述可以是"自由职业者""外企白领""IT 业精英""清洁工人",也可以是"富裕家庭出身的人""贫困家庭出身的人",基于这种特征的描述,我们在研究分析中,或许会发现富裕家庭出身的人比贫困家庭出身的人更可能获得较好的职业,如成为 IT 业精英的软件开发工程师等。不过需要注意的是,此时的分析单位始终是个人,而不是作为群体的"家庭"。

(二)群体

社会生活中有各种各样的群体,这些由不同个人组成的群体本身也可以作为调查研究中的分析单位。比如,由有着共同兴趣爱好的学生所组成的社团、俱乐部,由若干有着共同地缘关系的打工者组成的同乡会,由若干具有姻缘和血缘关系的人组成的家庭,由一些致力于环境保护的人士组成的环境保护者协会等,都可以作为调查研究中的分析单位。

这些以群体作为分析单位的调查研究与那些以个人作为分析单位的调查研究,在所描述和解释的对象上有些差异。比如,我们想研究"大学生村干部的工作表现",大学生村干部既是我们的调查对象也是我们的研究对象。但是,如果我们要了解"有大学生村干部的乡村和没有大学生村干部的乡村在经济发展上有什么样的差别",此时分析单位就是"村庄",村庄成了描述和解释的对象,而不是大学生村干部。换言之,我们在以群体为分析单位的研究中,群体就是资料描述和解释的最小单位,而非群体中的个人。

需要注意的是,在以群体为分析单位的调查研究中,由于群体与个人密切相关,有时候可以从个人的特征中提取群体的特征,但很多时候群体特征与个体特征存在差距,不能利用一方的特征去描述另一方的特征。比如,如果我们想了解一个创业团队是否具备相应的文化水平,就可以通过了解该团队所有成员的受教育程度来加以判断。也就是说,作为分析单位的创业团队,其文化水平可以从团队成员的个人受教育程度状况获知,两者密切相关。不过,如果我们想了解创业团队的组织结构、规模、启动资金、团队绩效等情况,我们就不能用个人的特征来加以描述,同样,团队的这些特征也不能用来描述团队中的个人。

(三)组织

在调查研究中,正式的各类社会组织同样可以作为分析单位,如公司、学校、医院、政府机关等。如果我们想对各地的乡镇政府进行一项调查,那么每个乡镇政府都可以用"大学及以上文化程度的干部所占比例""每年招商引资的项目数量""每年的财政收入""公共服务设施的建设"等特征加以描述。由此我们可能会发现,相比于干部中大学文化程度比例较低的乡镇,干部中大学文化程度比例较高的乡镇在获得招商引资项目的数量上也相对比较多。不过,我们并不能就此得出结论,有大学文化程度的干部比没有大学文化程度的干部更容易获得招商引资的项目,或者说,拥有较高比例大学文化程度的干部,是乡镇获得较多招商引资项目的原因。为何不能如此说,可见下文中关于"区群谬误"的论述。

这些以组织为分析单位的调查研究与那些以群体为分析单位的调查研究一样,都和以个人为分析单位的调查研究在描述和解释的对象上存在差异,但也存在联系。因为组织同群体一样都是由个人所组成的,作为分析单位的组织所具有的某些特征,也常常与组成它的个人密切相关。正因为如此,我们在对同一个复杂社会现象的调查研究中,可以根据调查资料的侧重点不同而使用不同的分析单位。当然,这样无疑会增加分析单位的复杂性,更容易在分析中犯错误。比如,我们研究"有大学文化程度的乡镇政府官员是否比没有大学文化程度的乡镇政府官员更容易在乡镇招商引资活动中赢得项目",此时的分析单位就是作为个人的"政府官员";如果我们研究"在招商引资活动中赢得较多项目的乡镇是否比赢得较少项目的乡镇拥有更多具有大学文化程度的政府官员",此时的分析单位则是作为组织的"乡镇政府"。

(四)社区

社区是人们在一定的自然地域或行政区域中的生活共同体,如村庄、乡镇、城市等,它们同样可以作为调查研究中的分析单位。对于作为分析单位的社区,我们可以用邻里交往方式、地理位置、空间范围、人口密度和规模、居民的同质性和异质性等各类特征加以描述,也可以通过对不同特征的社区进行比较来解释和说明相应的社会现象。

比如,我们想了解什么样的城市比较安全,经过调查发现,城市的流动人口越多,城市的犯罪率往往越高。于是我们可以说,流动人口比较少的城市犯罪率较低,相对比较安全。再如,我们想了解为什么甲社区比乙社区更受该城市居民的喜爱,通过分析调查资料发现:两个社区虽然整体的地理位置、自然环境以及其他各种情况都很相近,但甲社区相比于乙社区,前者的邻里互动比较频繁,居民间交往比较密切,能够互帮互助,而后者的居民间相对比较封闭,居民间交往很少、彼此陌生,社区中没有互帮互助的氛围。由此我们可以说,城市居民更喜爱邻里间交往密切、互帮互助的社区。

其实,与以个体作为分析单位一样,以社区作为分析单位时,从每一个具体的社区中收集的调查资料,既可用来描述和解释这一社区自身的具体特征,又可以作为一组社区中的一个个体,参与到对这组社区的整体特征的描述和解释中去。也正是这样,我们才可以通过对不同社区的研究分析推及整个社会的状况,实现从微观研究到宏观研究的衔接。

二、层次谬误

如前所述,调查研究中的分析单位有多种类型,分属于不同层次。如果在调查研究中混淆了分析单位和调查对象,我们往往会在对社会现象的解释中得到错误的结论。其中一种常见的错误叫作层次谬误。

层次谬误(Ecological Fallacy)又称为生态学谬误或区群谬误,是指研究者用一种较高层次的分析单位做研究分析,却用一种较低层次的分析单位得出结论的错误现象。换言之,就是研究者在一个较高层次的分析单位上收集和分析资料,但却在较低层次的分析单位得出分析结论的现象。比如,甲班同学的平均成绩比乙班同学的平均成绩好,同时甲班同学谈恋爱的比例比乙班同学谈恋爱的比例高,如果我们由此得出结论说,学习成绩好的同学比学习成绩差的同学更容易谈恋爱,那就犯了层次谬误。我们在前面提及的一项研究中发现,“相比于干部中大学文化程度比例较低的乡镇,干部中大学文化程度比例较高的乡镇在获得招商引资项目的数量上也相对较多”,我们并不能就此得出结论,有大学文化程度的乡镇干部比没有大学文化程度的乡镇干部更容易在招商引资中赢得项目,或者说,拥有较高比例大学文化程度的干部,是乡镇获得较多招商引资项目的原因。因为我们此处收集和分析资料的分析单位是乡镇政府,只能对乡镇政府层面的情况加以描述和解释,并得出结论。如果我们想知道大学文化程度的乡镇干部在获取招商引资项目中的作用,就要以乡镇干部为分析单位去收集和分析资料。

再如,我们在一项研究中发现,外来人口较多的社区比外来人口较少的社区犯罪率更高,但我们并不能据此就说,外来人口更容易犯罪。因为此处社区是分析单位,犯罪率的高低只能说明社区是否安全,但不能说明社区中的哪些成员更有可能犯罪。或许在外来人口较多的社区里,外来人口成为犯罪分子的人很少,更多的是成为犯罪者的侵害对象。

第四节 具体方案

研究目的、研究问题和分析单位三个方面是我们在调查设计中需要重点注意的策略层面。但一套完整的行动方案并不仅限于此,在整个调查设计中,还包括更多的环节。按照调查研究实施的基本流程来叙述,行动方案的这些环节可以归纳为确定研究问题、界定概念与设计问卷、收集数据资料,以及分析数据资料四个主要步骤(如图 2-1 所示)。

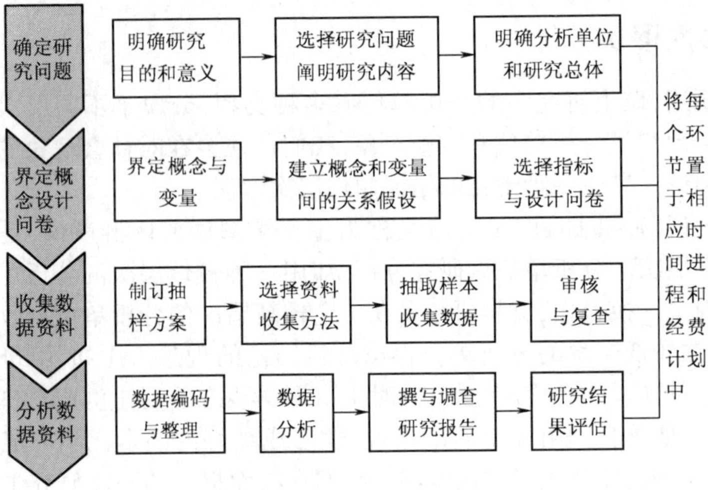

图 2-1 具体方案基本构成

一、确定研究问题

首先,确定研究问题是调查研究的起点。确定研究问题首先需要我们清楚自己的研究目的和意义。换言之,我们必须能够说明自己为何进行这项调查研究,我们在何种背景下进行这项调查研究,以及实施这项调查研究可以产生哪些理论或实践上的价值。我们只有在对自己的研究目的、意义和背景有清楚的认识后,才能更好地实施自己的研究计划,找准自己的研究方向。而且,这在研究结束后也有助于我们对调查研究的结果进行评估。

其次,确定研究问题也意味着我们需要根据问题阐明研究内容,因为研究内容是对研究问题的进一步细化和具体分解。在调查设计中,调查内容的阐明,有助于我们将研究问题落到实处,进一步明确研究方向。毕竟研究问题指向的只是一个大概方向,而研究内容则是将研究问题具体化成几个维度和更为细致的研究方向。比如,我们要研究农民工进城后的社会适应问题,就可以将这一问题具体化为“职业适应”“生活适应”“关系适应”“文化问题”等几个方面的内容，进行具体分析。

最后，确定研究问题还需要我们对研究总体和分析单位有一个明确的判断。研究总体是我们试图借助调查数据进行研究分析的对象总体。明确研究总体有助于我们寻找合适的调查对象，而明确分析单位则可以告诉我们可以在什么样的层面上收集数据，以及这种数据解释的范围和局限性。

二、界定概念和设计问卷

确定了研究问题，接下来就需要我们利用一定的理论和经验将研究内容变成可以测量的问卷。首先，我们需要对所涉及的关键概念进行界定。界定概念可以帮助我们将研究问题置于相应的理论分析框架中，并能找到研究内容在实际生活中对应的可观察指标。这是设计问卷的前提。

其次，设计问卷前，还需要清楚自己的研究假设。研究假设可以告诉我们不同概念或变量之间的关系假定，有助于我们确定需要收集哪些方面的资料，以及用何种结构的问卷去收集资料，或者说如何系统性地收集资料。虽然并不是每一项调查研究都需要研究假设，但作为以解释为目的的调查研究，这一环节必不可少。

最后，设计调查问卷。调查问卷是让研究问题最终与社会实际相连接的重要工具。问卷质量的高低直接影响研究结论的准确性。因此，在问卷设计的环节中不仅要注意概念和变量的操作化，还需要注意围绕研究假设所确立的逻辑关系来组合具体的指标，建立具有内在逻辑结构的问卷。这是我们在调查研究中将理论落到实处的核心环节。

三、收集数据资料

设计好问卷并不能保证收集到好资料。问卷只是收集资料的工具，我们还需要选择恰当的收集资料的方法。

首先，我们可以确定自己的抽样方案，即设计选取调查样本的方法和程序。如果我们试图通过对调查对象的了解来推论总体，那么，这些样本必须对总体具有代表性，也就是说，我们的抽样必须是随机的。如果我们并不指望通过对所选少数对象的调查来分析总体的情况，那么，我们就不必对抽样方法进行严格的限定。在具体抽样方案的设计中，我们第一步可以明确调查对象的总体。第二步，根据调查对象总体的规模与特性，确定采用什么样的方法和程序进行抽样。第三步，根据利用样本推论总体的准确性要求和抽样设计效应来确定样本规模的大小。事实上，我们选择一种抽样方案就在一定程度上决定了调查对象对总体是否具有代表性，或有多大程度的代表性。设计抽样方案同设计调查问卷一样,既系统又具体而烦琐。因此,这些环节在调查设计中需要我们尽可能地做到细致和准确。

其次,我们可以确定收集资料的具体方式或方法。随着网络通信技术的发展,调查研究中的资料收集方法越来越丰富。我们不仅可以采取面对面的当面结构式访问法、CATI 法,还可以采取多种形式的自填式问卷法。不过显而易见的是,每种具体的资料收集方法都有其特定的优点和不足之处。在调查设计中,我们就是要依据自己所研究问题的具体情况,选择比较契合的资料收集方法,以达到最佳的调查效果。在选择具体的资料收集方法中,我们既要考虑到调查总体的特性、样本规模的大小、调查内容的难易等因素,还要考虑到调查研究的时间进程安排,以及研究者所拥有的人力、物力等客观条件的限制。

最后,我们还需要组织和培训相应人员抽取样本、收集资料,并确定资料收集的审核与复查方法。无论是边调查边审核与复查,还是调查后对所收集的原始资料进行集中审核与复查,以及选择哪些人进行怎样的审核与复查,我们都需要认真对待。资料收集方法是否适合是影响调查数据质量的关键因素之一,对所收集资料的审核与复查方法的得当与否同样也很重要。在调查设计中,具体资料收集方法的选择还可以与问卷设计结合起来加以考虑。

四、分析数据资料

分析数据资料首先需要我们对数据进行编码与整理,然后在此基础上,按照一定理论框架的指引进行分析。不同类型的调查研究,对资料的分析方法也有不同的要求。描述性研究主要侧重于单、双变量的描述统计和推论统计,解释性研究和预测性研究主要依赖于双变量与多变量的相关分析、回归分析,以及事件分析等多种量化分析方法,而探索性研究则往往倾向于定性分析方法。当然,对于具体分析方法的选择,同样还需要紧密结合调查研究的目标和内容来进行。

分析数据的最后一步就是将数据分析结果呈现出来,撰写调查报告。不同类型的调查研究,有不同的调查报告撰写方式。但不管哪种形式的调查报告,都要简洁、准确和明了,坚持用数据说话。数据分析结束后,还需要按照既定的准则对这一研究结果进行评估。

至此,从调查研究的基本流程来说,行动方案已经完成。但在具体的执行中,我们还需要对这一行动方案进一步细化,即需要将具体的时间进程和人力、物力安排考虑进来,将其作为行动方案的一部分。毕竟在一项正式的调查研究中,从研究问题的确定到调查报告的撰写,通常都会有相应的时间限定和人力、物力限制。我们需要在有限的时间和人力、物力条件下,同他人合作共同完成既定的任务,可能还需要制订比较完备的管理和培训方案,挑选、培训调查员。

所以,要想有条不紊地执行上述四个步骤,同时又富有成效,并非易事。

为达到这一目标,我们通常可以就此撰写研究计划书,即将具体的行动方案一一阐述清楚,并配以相应的时间进程表,将可能涉及的调查员挑选、培训和组织管理等问题纳入其中,通盘考虑。同时,制订比较详细的研究经费使用计划和研究结果评估方法。

思考与实践

1.描述性调查关注的焦点是什么?列举两个常见的描述性调查的例子。

2.调查研究的课题为什么要具有创造性和可行性?

3.举例说明社会调查中的分析单位和调查对象,并讨论两者之间的关系。

4.从社会科学刊物中找出几篇社会调查报告,分析和说明它们各自的分析单位是什么?

5.选定一项调查课题,并为这一课题设计一套具体方案。

第三章

抽样的原理与类型

从本书关于社会调查的定义可知,我们所说的"调查",实际是上指"抽样调查",即对取之于某个总体的一部分个体所进行的调查。我们所希望得到的,不仅仅是这一部分个体的情况,而是渗透在、折射在、体现在这一部分个体身上的总体的情况。现代社会调查方法优于传统社会调查方法的特点之一,就是它借助了在现代统计学和概率论基础上发展起来的抽样理论与方法,使现代社会调查方法更能适应现代社会高异质性、高流动性、高变动性的现实。由于抽样对于社会调查来说既十分重要,同时其内容又相对较多。因此,我们将用两章篇幅来介绍。在本章中,我们先对抽样的基本概念、原理和程序进行介绍,而具体的抽样方法和操作实例则将在下一章中进行介绍。

第一节　抽样的意义与作用

社会调查作为一种特定的社会研究方式,一方面决定了它所依赖、所需要、所利用的资料必须直接来自调查对象,特别地,来自社会中那些接受调查的个人;另一方面,也决定了它通常不能从总体中的所有个体那里收集资料,而只能从总体中的一部分个体那里收集资料。因此,对于一项具体的社会调查来说,选择能够代表调查总体的一部分调查对象,是它必须解决的主要问题之一。这就是本章所要介绍的抽样问题。

一、抽样及其相关的概念

(一)总体与元素

总体(Population)通常与构成它的元素(Element)共同定义:总体是构成它

的所有元素的集合,而元素则是构成总体的最基本单位。在社会调查中,最常见的总体是由社会中的某些个人组成的,这些个人便是构成总体的元素。比如,当我们做一项有关某省大学生择业倾向的社会调查时,该省的每一个在校大学生便是构成总体的元素,而该省所有在校大学生的集合就是调查的总体。总体中所包含的元素数目常用大写字母 N 表示。

应该注意,按上述要求定义的总体称为目标总体。在实地调查过程中,目标总体中常常有一些元素由于各种客观原因而无法接触到。比如,在调查实施期间,某校的一部分学生到外省进行实习,还有少数学生因其他原因不在学校,等等。他们虽然都属于调查的目标总体,但由于客观上无法接触到,所以实际上我们无法对他们进行抽样和调查。又如,在按门牌号码抽取居民样本时,可能会遇到原住宅已拆除、住户不存在,或所抽取的号码为军事驻地,无法进入等,都会形成一部分无法接触的元素。从目标总体中去掉这一部分无法接触的元素后的总体称为调查总体。一般来说,调查总体总是略小于目标总体。由于从无法接触的那一部分元素中我们不能抽到样本进行调查,所以,严格地说,样本所能推论的只是调查总体。只有当无法接触的那一部分元素在目标总体中所占的比例非常小,可以忽略不计时,推论才能基本上达到目标总体。无论是哪种情况,研究者在最后的报告中最好都加以说明。

(二)样本

样本(Sample)就是从总体中按一定方式抽取出的一部分元素的集合。比如,从某省总共 32 万名大学生的总体中,按一定方式抽取出 1 000 名大学生进行调查,这 1 000 名大学生就构成该总体的一个样本(当然,从一个总体中可以抽取出若干个不同的样本)。在社会调查中,资料的收集工作或者说调查的实施正是在样本中完成的。样本中所包含的元素数目通常用小写字母 n 表示。

(三)抽样

明白了总体和样本的概念,再来理解抽样(Sampling)的概念就十分容易了。所谓抽样,指的是从组成某个总体的所有元素的集合中,按一定的方式选择或抽取一部分元素(总体的一个子集)的过程,或者说,抽样是从总体中按一定方式选择或抽取样本的过程。比如,从 3 000 名工人所构成的总体中,按一定方式抽取 200 名工人的过程;或者从 1 000 户家庭构成的总体中,按一定方式抽取一个由 100 户家庭构成的样本的过程,都是抽样。

(四)抽样单位

抽样单位(Sampling Unit)就是一次直接的抽样所使用的基本单位。抽样单位与构成总体的元素有时是相同的,有时又是不同的。比如,上面所举的例子中,单个的大学生既是构成某省 32 万名大学生这一总体的元素,又是我们从总体中一次直接抽取出 1 000 名大学生的样本时所用的抽样单位;但是,当我们从这一总体中一次直接抽取出40个班级，而以这40个班级中的全部学生（假定正好1 000名）作为我们的调查样本时，抽样单位（班级）与构成总体的元素（学生）就不一样了。

（五）抽样框

抽样框（Sampling Frame）又称做抽样范围，它指的是一次直接抽样时总体中所有抽样单位的名单。比如，从一所中学的全体学生中，直接抽取200名学生作为调查的样本，那么，这所中学全体学生的名单就是这次抽样的抽样框；如果是从这所中学的所有班级中抽取部分班级的全体学生作为调查的样本，那么，此时的抽样框就不再是全校学生的名单，而是全校所有班级的名单了。因为此时的抽样单位已不再是单个的学生，而是单个的班级了。

一份合格的抽样框必须元素与号码一一对应。或者说抽样框要满足穷尽性和互斥性的要求，即一方面总体中的每一个元素都必须包含在名单中，另一方面，每一个元素又都只对应于名单中的一个号码。只有满足了这两条，才能保证总体中的每个元素具有相同的中选机会。然而，也应该注意到，在实际抽样中，要得到一份合格的抽样框有时是一件十分困难的事情。研究者在得不到合格的抽样框时，往往就只能改变自己的抽样设计。

（六）参数值

参数值（Parameter）也称为总体值，它是关于总体中某一变量的综合描述，或者说是总体中所有元素的某种特征的综合数量表现。在统计中最常见的参数值是总体某一变量的平均数，比如，某市待业青年的平均年龄、某厂工人的平均收入等，它们分别是关于某市待业青年这一总体在年龄这一变量上的综合描述，以及某厂工人这一总体在收入这一变量上的综合描述。其他的参数值还包括百分比、相关系数、回归系数等。需要说明的是，参数值只有对总体中的每一个元素都进行调查或测量才能得到。

（七）统计值

统计值（*Statistic*）也称为样本值，它是关于样本中某一变量的综合描述，或者说是样本中所有元素的某种特征的综合数量表现。统计值是从样本中计算出来的，它是相应的参数值的估计量。比如，样本平均数是通过调查样本中的每一个元素后计算出来的，它是总体平均数的估计量，两者是一一对应的。按照习惯，参数值通常以希腊字母表示，而统计值通常以罗马字母表示。例如：总体平均数用μ表示，而样本平均数则用$\bar{X}$表示；总体标准差用σ表示，而样本标准差则用S表示。参数值和统计值之间有一个重要的区别：参数值是确定不变的、唯一的，并且通常是未知的；而统计值则是变化的，即对于同一个总体来说，不同样本所得的统计值是有差别的；同时，对于任一特定的样本来说，统计值是已知的，或者说是可以通过计算得到的。从样本的统计值来推论总体的参数值,或者说,用样本的统计值来对未知的总体参数值进行估计,正是社会调查的一项重要内容。

(八)置信度

置信度(Confidence Level)又称为置信水平,它指的是总体参数值落在样本统计值某一区间内的概率,或者说,是总体参数值落在样本统计值某一区间中的把握性程度。它反映的是抽样的可靠性程度。比如,置信度为95%,指的是总体参数值落在样本统计值某一区间的概率为95%,或者说,在对某一总体进行的同样形式的100次抽样调查中,总体参数值将有95次落在样本统计值周围的某一区间内。

(九)置信区间

上面介绍置信度时所说的“某一区间”,就是置信区间(Confidence Interval)。它是指在一定的置信度下,样本统计值与总体参数值之间的误差范围。置信区间反映的是抽样的精确性程度。置信区间越大,即误差范围越大,抽样的精确性程度就越低;反之,置信区间越小,即误差范围越小,抽样的精确性程度就越高。

二、抽样的作用

从抽样的定义中不难看出,抽样主要涉及或处理有关总体与部分之间的关系问题。抽样作为人们从部分认识整体这一过程的关键环节,其基本作用是向人们提供一种实现“由部分认识总体”这一目标的途径和手段。实际上,抽样早就在人们的认识活动中发挥着这种作用。抽样的基本思想或基本逻辑早就被人们自觉或不自觉地运用着。在日常生活中,人们同样经常用到抽样的方法。比如,厨师在做菜时,常常从一大锅汤中舀一勺汤尝一尝,以便知道整锅汤的味道如何;顾客在买米时,往往先从一大袋米中随手抓一把看看,便知道这批米的质量好不好;等等。当然,抽样方法也广泛地应用在各种形式的社会科学研究、自然科学研究以及生产、销售等经济活动中。例如,对社会热点问题进行民意测验、对不同水稻品种的产量进行估计、对各种商品的质量进行检验或评比,都少不了抽样方法的运用和帮助。需要说明的是,在前面同质性极高的例子里,只需要很少的元素(如一勺汤、一把米),就能很好地代表总体、反映总体。但对于研究社会现象来说,情况就大不相同,其中一个重要的原因是,社会现象的研究往往与人有关,并且常常是以人为对象的,而任何一个总体中的个人相互之间在许多方面都存在着很大的差异。

在社会调查中,抽样主要解决的是调查对象的选取问题,即如何从总体中选出一部分对象作为总体的代表的问题。我们知道,一项社会调查若能对总体中的全部个体都进行调查(即采取普查的方式),那么,它所得到的资料,显然是最为全面、最为理想的。但是,从前面我们关于普查的优缺点的介绍中可以知道,这种做法往往并不可行。广大调查研究人员常常会在时间、经费、人力等方面遇到难题,甚至陷入困境,从而不得不在庞大的总体与有限的时间、人力、经费这两者之间寻求新的途径。以现代统计学和概率论为基础的现代抽样理论,以及不断发展、不断完善的各种抽样方法,正好适应了现代社会调查的发展和应用的需要,成为社会调查知识体系中必不可少的一部分内容。可以说,抽样方法是架在研究者十分有限的人力、财力、时间与庞杂、广阔、纷繁、多变的社会现象之间的一座桥梁。有了它的帮助,研究者可以方便地从较小的部分推论到很大的整体。

为了综合地说明抽样所具有的神话般的作用,我们来看一个实际的例子:

1984 年 11 月,罗纳得・里根以 59%比 41%的优势当选为美国新一任总统。正式投票选举的前夕,一些政治民意测验机构就已根据他们抽样调查的结果预言了里根的胜利。表 3-1 就是美国的一些全国性的民意测验机构在当年 10 月底或 11 月初所作出的预测与实际投票结果的比较。

表 3-1　1984 年美国总统选举预测与实际结果比较

	里根	蒙代尔
《时代》/《扬基拉维齐》	64	36
《今日美国》/《黑蛇发女怪》	63	37
哥伦比亚广播公司/《纽约时代周刊》	61	39
盖洛普民意测验/《新闻周刊》	59	41
美国广播公司/《华盛顿邮报》	57	43
哈里斯民意测验	56	44
罗珀民意测验	55	45
实际投票结果	59	41

资料来源:Babbie. The Practice of Social Research[M]. Belmont, CA: Wadsworth Publishing Compay, 1986:137.

从表 3-1 中可以看出,尽管各种民意测验的结果互不相同,但是,一方面他们都正确地预言了谁将获胜;另一方面,他们所预言的结果基本上都是紧紧围绕在实际投票结果的周围。那么,在将近 1 亿名美国选民中,他们究竟调查了多少人才得到这种结果的呢?他们的调查对象还不到 2 000 人!这就是抽样所具有的力量和效率。

第二节　抽样的类型与抽样程序

一、抽样的类型

根据抽取对象的具体方式，我们把抽样分为各种不同的类型。从大的方面看，各种抽样都可以归纳为概率抽样与非概率抽样两大类。这是两种有着本质区别的抽样类型。概率抽样是使总体中的每一个个体都有一个已知不为零的被选机会进入样本。概率抽样又可以分为两类，即等概率抽样和不等概率抽样。所谓等概率抽样，指的是总体中每一个个体被抽中的机会都相等；而不等概率抽样，则指的是总体中不同个体被抽中的机会不相等。在概率抽样中，一般都采用等概率抽样，因为等概率抽样在计算样本值以及抽样误差时不用加权，比较简单。当然，在有些情况下（如后面将介绍的不按比例分层抽样），也可能需要采用不等概率抽样。概率抽样是依据概率论的基本原理，通过随机化的操作程序来抽取个体，组成样本，因而它能够避免抽样过程中人为因素的影响及其所造成的误差，保证样本的代表性；而非概率抽样则主要是依据研究者的主观意愿、判断或是否方便等因素来抽取对象，它不考虑抽样中的等概率原则，因而往往会产生较大的误差，难以保证样本的代表性。

在概率抽样与非概率抽样这两大类中，我们还可细分出若干不同的形式。具体情况参见图 3-1。

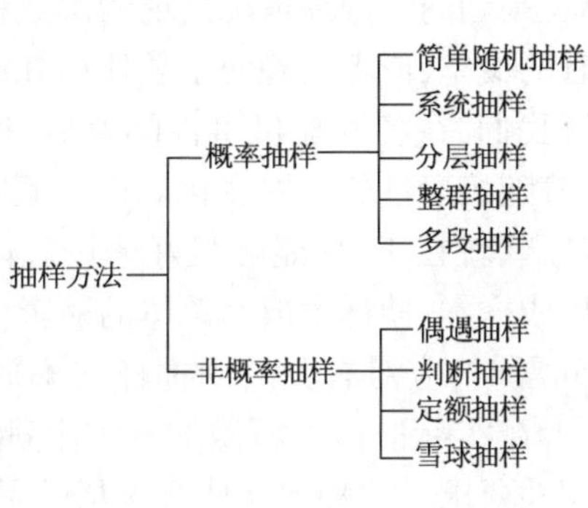

图 3-1　基本抽样方法分类图

本章和下一章将主要介绍概率抽样的方法，因为它是目前用得最多、也是最有用的抽样类型，而对于非概率抽样方法的介绍只占很小的篇幅。

二、概率抽样的基本原理

为了理解概率抽样的原理，我们需要对社会群体的同质性与异质性作一点探讨。社会中由不同的个人所组成的各种各样的群体、组织、阶层等,经常构成社会调查中所研究的总体。如果某个总体中的每一个成员在所有方面都相同,那么,我们说这个总体具有百分之百的同质性。在这种情况下,抽样也就没有必要了,因为只要了解了一个个体,就可以了解到整个总体的情况。这当然只是一种十分极端的例子。现实社会中的绝大多数总体并不具备这种特征,相反,它们通常都存在着程度不同的异质性,即它们所包含的个体相互之间总是存在着这样或那样的差别。"世界上没有两片完全相同的树叶",现实社会中也没有两个完全相同的人。在社会各种总体都普遍存在异质性的现实面前,严格的概率抽样程序与方法就必不可少。概率样本所要反映的正是总体本身所具有的那种内在的异质性。

抽样的最终目的是通过对样本的统计值的描述来准确地勾画出总体的面貌。概率抽样的方法可以帮助我们实现这一目标,并且可以对这种勾画的准确程度作出估计。在概率抽样的过程中,我们总是要保证总体中的每一个个体都有同等的机会入选样本,而且,任何一个个体的入选与否,与其他个体毫不相关,互不影响。或者说,每一个个体的抽取都是相互独立的,是一种随机事件。而要解释事件的随机性与事件发生的概率的关系,最好的例子也许是投掷硬币。

对于投掷硬币的结果(总体)来说,只有正面和反面(个体)两种可能,每次投掷硬币相当于一次抽样过程(从两种可能性中抽取一种)。这种抽样是随机的(两种可能性都可能出现,且出现的机会均等),尽管一次具体的随机抽样(一次投掷)只会有一种结果,或者说出现某一种情况(正面或反面)的概率为100%;但是若干次不同的抽样的结果,却总是趋向于两种情况出现的次数各为50%——即趋向于两种不同结果本身所具有的概率,或者说趋向于总体内在结构中所蕴含的随机事件的概率。这个例子告诉我们,在各种随机事件的背后,存在着事件发生的客观概率,正是这种概率决定着随机事件的发展变化规律。概率抽样之所以能够保证样本对总体的代表性,其原理就在于,它能够很好地按总体内在结构中所蕴含的各种随机事件的概率来构成样本,使样本成为总体的缩影。

在讨论概率抽样的问题时,应对有关放回抽样与不放回抽样的问题略作说明。严格地说,由于研究者在实际抽样中所做的基本上都是不放回抽样,因而并没有完全满足抽样的独立性要求。这种独立性要求指的是:任何一个元素的抽取都不会影响到其他元素被抽取的概率(这一要求是本书后面几章中讨论的统计检验所必须依据的假定)。然而,只要总体相对于样本来说要大得多,我们就可以忽略这种不放回抽样所产生的微小改变。因为事实上对于一个相当大的总体来说,缺少一个元素可以说基本上并不改变总体中其他众多元素被抽中的概率,同样的,即使将抽中的元素放回总体中,它也基本上不会有第二次被抽取的机会。

三、抽样分布

为了更好地理解概率抽样的原理,有必要对抽样分布作一简要介绍(更为详细的介绍可参见各种概率统计教材)。抽样分布是根据概率的原则而成立的理性分布,它显示出从一个总体中不断抽取样本时,各种可能出现的样本统计值的分布情况。

我们先来看一个总体为10个元素的平均数抽样分布。假设10个人受教育的年限分别为6,7,8,9,10,11,12,13,14,15年,那么这一总体中的成员平均受教育年限为10.5年。如果我们从总体中随机抽取一个人作为样本来估计总体的平均数,那么估计结果可能是6~15年。全部可能的10个"样本"所得到的估计值可用图3-2表示。

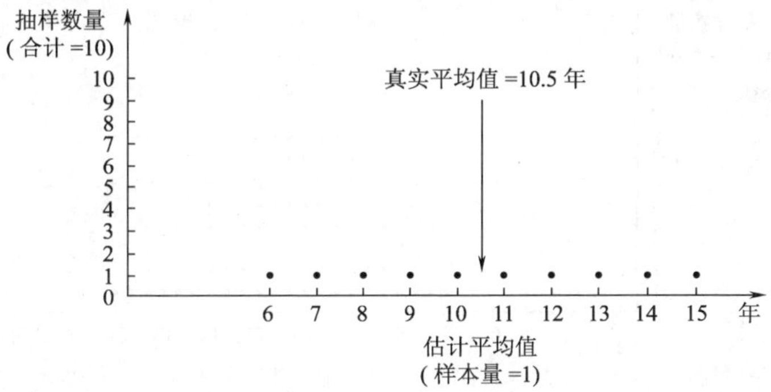

图3-2　容量为1的样本的抽样分布(总数=10)

当样本容量为2时,我们总共可以抽取45个不同的样本[根据组合公式计算$C_{10}^{2}=(10\times9)/(2\times1)=45$]。这些样本的平均数范围是6.5~14.5年,但其中会产生一些相同的平均数。比如,6年和14年、7年和13年、8年和12年、9年和11年这四个样本的平均数都是10年。在图3-3中,10年那一列的四个点就是这四个样本的平均数。这45个样本的平均数分布如图3-3所示。

当样本容量增至3时,我们就会得到120个样本[$C_{10}^{3}=(10\times9\times8)/(3\times2\times1)=120$]。这些样本的平均数范围是从7年到14年,其中相同的平均数更多。全部样本的平均数分布如图3-4所示。

当样本容量继续增大(越来越接近总体的1/2时),样本平均数的分布会进一步发生变化。这种变化的趋势是:平均数的范围将逐步缩小(即底部越来越窄);相同的平均数会相应增多;全部平均数的分布向总体平均数集中的趋势也会越来越明显。从图3-5,图3-6中,我们可以很清楚地看到这种变化(它们分

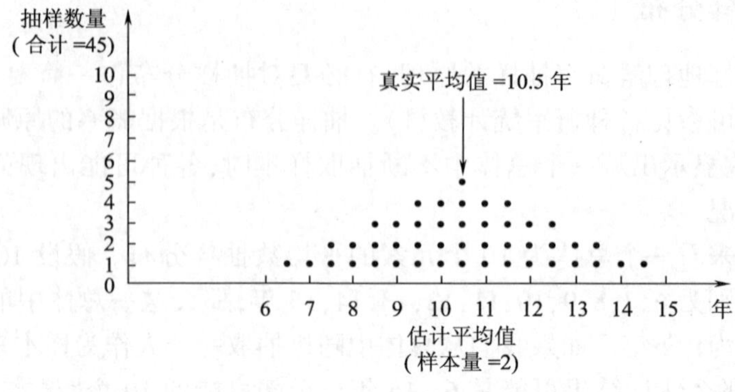

图 3-3 容量为 2 的样本的抽样分布(总数=45)

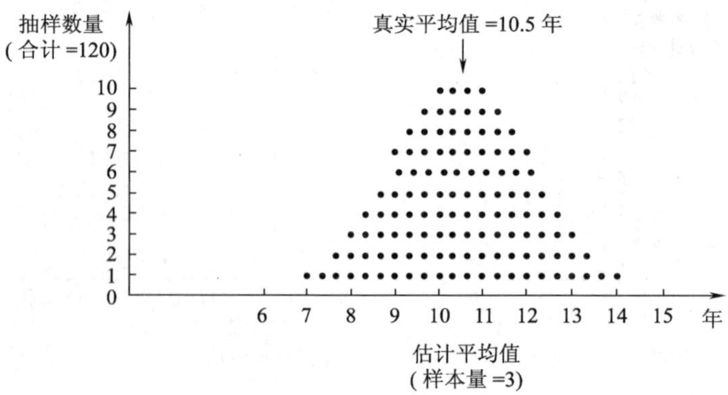

图 3-4 容量为 3 的样本的抽样分布(总数=120)

别是样本容量为 4 和 5 时的分布)。

在概率统计中,有一个对抽样分布十分有用的“中心极限定理”。这一定理指出:在一个含有 N 个元素且平均数为 μ、标准差为 σ 的总体中,抽取所有可能含有 n 个元素的样本[根据组合计算全部可能的样本数目为 $m=C_N^n=\frac{N!}{(N-n)!\,n!}$]。若用 $X_1,X_2,\cdots,X_m$ 来分别表示这 m 个样本的平均数,那么,样本平均数 X_i 的分布将是一个随 n 增大而越来越趋于具有平均数 μ 和标准差 $\frac{\sigma}{\sqrt{n}}$ 的正态分布。

这一定理说明:当 n 足够大时(通常假定大于 30),无论总体的分布如何,其样本平均数所构成的分布都趋于正态分布。它的形状如图 3-7 所示。

这种抽样分布具有单峰和对称的特点,因而其平均数、众数和中位数都相

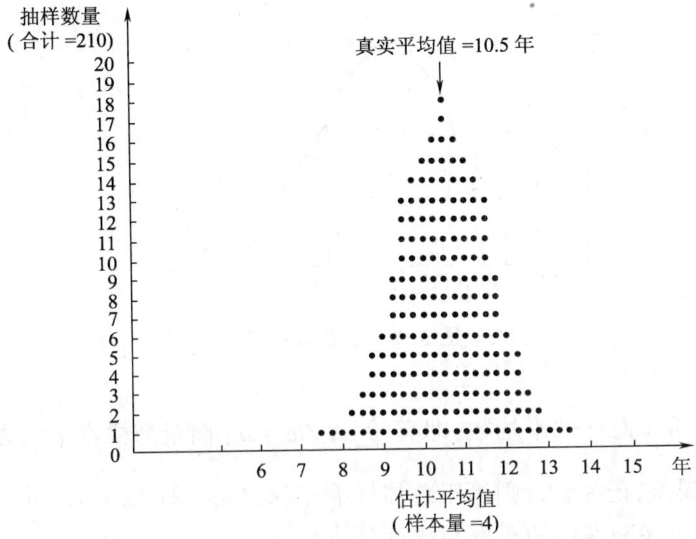

图 3-5　容量为 4 的样本的抽样分布(总数=210)

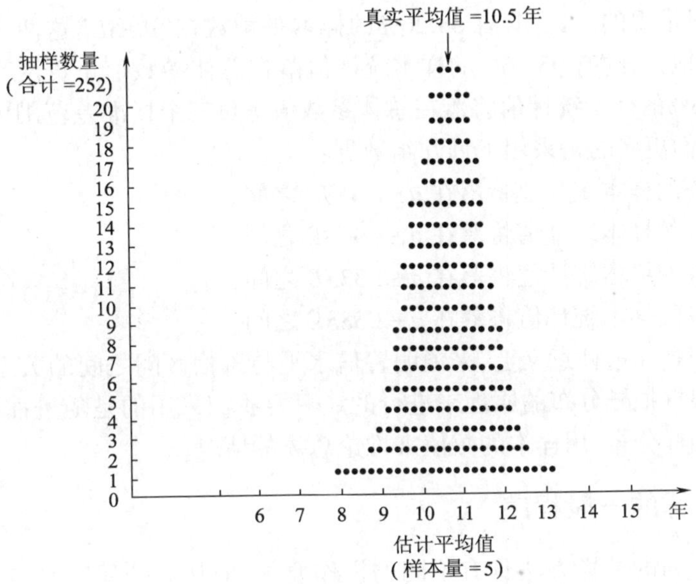

图 3-6　容量为 5 的样本的抽样分布(总数=252)

同。这就是说,图 3-7 中的 μ 既是抽样分布的平均数,也是次数最多的值(众数),而且其两边的个体数目相同(即中位数)。还可以证明,全部样本平均数的

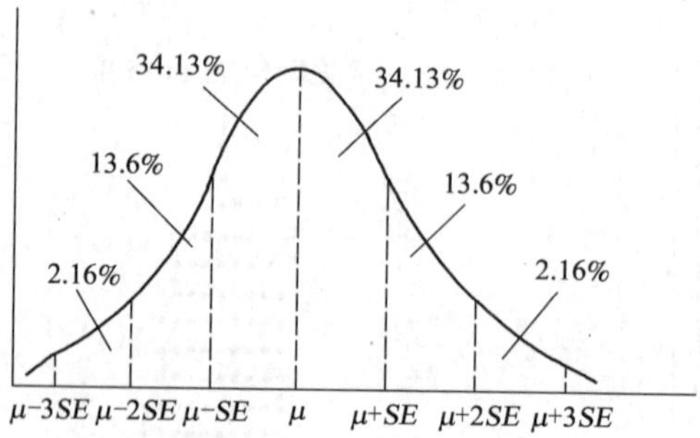

图 3-7 正态分布图

平均数正好等于总体的平均数,即有 $\sum_{i=1}^{m} X_i/m = \mu$;而全部样本平均数的标准差(称为标准误差,记为 SE)则等于总体标准差除以 $\sqrt{n}$,即 $SE = \sigma/\sqrt{n}$(证明从略,详细的证明可参阅专门的概率与统计著作)。

更为重要的是,由于平均数的抽样分布是正态分布,其平均数的次数就是正态曲线下的面积。而根据概率统计理论,正态分布曲线下的任何部分的面积是可以用数学方法推算的。因此,任何两个数值之间的样本平均数次数所占的比例是可以求得的。比如,有 68.26%的样本平均数在"$\mu \pm SE$"这两个数值的范围内;类似地,大约有 95.46%的样本统计值落在总体参数值正负两个标准差范围内;99.76%的样本统计值将落在总体参数值正负三个标准差范围内。在实际应用中,人们更多的是采用下列几组数据:

有 90%的样本统计值将落在 $\mu \pm 1.65SE$ 之间;

有 95%的样本统计值将落在 $\mu \pm 1.96SE$ 之间;

有 98%的样本统计值将落在 $\mu \pm 2.33SE$ 之间;

有 99%的样本统计值将落在 $\mu \pm 2.58SE$ 之间。

我们正是在这种意义上,来说明置信水平与置信区间之间的关系。而统计推论也是根据抽样分布的原理来进行的。只要我们采用的是随机抽样方法,就可以根据抽样分布,用样本的数值来推论总体的情况。

四、抽样的一般程序

虽然不同的抽样方法具有不同的操作要求,但从大的程序看,它们通常都要经历以下几个步骤。

(一)界定总体

界定总体就是在具体抽样前,首先对从中抽取样本的总体范围与界限作明确的界定。这一方面是由抽样调查的目的所决定的。因为抽样调查虽然只对总体中的一部分个体实施调查,但其目的却是为了描述和认识总体的状况与特征,是为了发现总体中存在的规律,所以必须事先明确总体的范围。另一方面,界定总体也是达到良好的抽样效果的前提条件。如果不能清楚、明确地界定总体的范围与界限,那么,即使采用严格的抽样方法,也可能抽出严重缺乏代表性的样本来。

在这方面最为著名的例子是1936年美国总统大选的民意测验。总统选举投票前,《文摘》杂志寄出1 000万张询问投票倾向的明信片,然后依据收回的200万份调查结果就极其自信地预测共和党候选人兰登将以领先15%的得票率战胜民主党候选人罗斯福而当选总统。然而,选举结果使预测者们大失所望:获胜者不是兰登,而是罗斯福,并且其得票率反超过兰登20%!《文摘》杂志因此而声誉扫地,不久就关了门。

是什么原因导致《文摘》杂志的预测失败了呢?除了抽样方法以及邮寄方式上的原因外,对抽取样本的总体缺乏清楚的认识和明确的界定也是极为重要的原因。因为它当时抽样所依据的并不是美国全体已登记的选民名单,而是依据电话号码簿和汽车登记簿来编制抽样范围,再从这些号码上进行抽取的。这样一来,那些没有家庭电话和私人汽车的选民就被排除在其抽样的总体之外了。而在当时,由于1933年开始的美国经济大萧条的影响,一方面大量人口滑落到下等阶层,另一方面,此时的劳动阶层选民希望选个民主党人当总统,因而很多人出来投票。结果,这些未被抽到民意测验样本中的较穷的选民绝大部分投了罗斯福的票,使《文摘》杂志的预测遭到惨败。

这一实例告诉我们,要有效地进行抽样,必须事先了解和掌握总体的结构及各方面的情况,并依据研究的目的明确地界定总体的范围。样本必须取自明确界定后的总体,样本中所得的结果也只能推广到这种最初已作出明确界定的总体范围中。

(二)制定抽样框

制定抽样框的任务就是依据已经明确界定的总体范围,收集总体中全部抽样单位的名单,并通过对名单进行统一编号来建立起供抽样使用的抽样框。例如,如果我们要在某大学进行一项该校大学生职业观的抽样调查,那么,第一步就要先对总体进行界定,可以界定为:本次调查的总体是该大学所有在读的全日制本科生和研究生。这样,该校的专科生、夜大生以及其他一些不符合上述界定的学生就被排除在总体之外。而制定抽样框这一步的工作,就是要收集全校各系所有在读本科生及研究生的花名册,并按一定的顺序将全部花名册上的名单统一编号,形成一份完整的、既无重复又无遗漏的总体成员名单,即抽样框,从而为下一步抽取样本打下基础。

需要注意的是,当抽样是分几个阶段、在几个不同的抽样层次上进行时,则要分别建立起几个不同的抽样框。比如,为了调查某市小学生的学习情况,需要从全市全部500所小学中抽取10所小学,再从每所抽中的小学中抽取3个班级,最后从每个抽中的班级中抽取10名小学生。那么,就要分别收集并排列全市500所小学的名单、每所抽中的小学中所有班级的名单,以及每个抽中的班级中所有学生的名单,形成三个不同层次的抽样框。

(三)决定抽样方案

从前面有关抽样类型的介绍中,我们已经了解到具体的抽样方法有好几种。而从下一章对这些方法的介绍中我们将会看到,各种不同的抽样方法都有自身的特点和适用范围。因此,对于具有不同研究目的、不同调查范围、不同调查对象和不同客观条件的社会调查来说,所适用的抽样方法也不一样。这就需要我们在具体实施抽样之前,依据研究的目的和要求,依据各种抽样方法的特点以及其他有关因素,来决定具体采用哪种抽样方法。除了抽样方法的确定以外,还要根据调查的要求确定样本的规模以及主要目标量的精确程度。

(四)实际抽取样本

实际抽取样本的工作就是在上述几个步骤的基础上,严格按照所选定的抽样法,从抽样框中抽取一个个的抽样单位,构成调查样本。依据抽样方法的不同,以及抽样框是否可以事先得到等因素,实际的抽样工作既可能在实地调查前就完成,也可能需要到达实地后才能完成,即既可能先抽好样本,再下去直接对预先抽好的调查对象进行调查,也可能一边抽取样本,一边就开始调查。

比如,在一所大学中抽取200名学生进行调查,若这所学校学生总数不是很大,且全校学生的花名册很容易得到,那么就可以事先从这份花名册中(即抽样框中)抽取出200名学生的名单;然后等其他准备工作均已做好,正式开始调查时,再按照事先已抽好的名单找到这200名学生进行调查。有时调查的总体规模较大,且抽样是采取多阶段方式进行时,就得边抽样边调查了。例如,前述的调查某市小学生学习情况的课题项目,虽然500所小学中全体学生的名单并非完全不能得到,但其数量实在太大,实际抽样也十分麻烦,这时往往采取多阶段抽样的方法。那么,从500所小学中抽取10所小学的工作可以事先完成,而从每所抽中的小学中抽取3个班级,以及从每个抽中的班级中抽取10名小学生的工作,则往往是到了实地(即具体小学)后再进行。

到实地进行抽样时,往往是直接由调查员按预先制定好的操作方式或具体方法执行。比如,要抽取居民家庭时,往往是先抽好居委会,然后制定出具体操作方式:"楼房按单元抽,一个单元抽一户;平房按排抽,一排抽一户;两种抽样都采取简单随机抽样的方法,每个调查员随身携带20张写好号码的小纸片装在口袋中,根据随机摸到的号码调查该号码所对应的家庭。"这样,调查员就可以一边抽样一边调查了。

(五)评估样本质量

一般情况下,样本的抽出并不是抽样过程的结束。完整的抽样过程还应包括样本抽出后对样本进行的评估工作。所谓样本评估,就是对样本的质量、代表性、偏差等进行初步的检验和衡量,其目的是防止由于样本的偏差过大而导致调查的失误。评估样本的基本方法是:将可得到的反映总体中某些重要特征及其分布的资料与样本中的同类指标的资料进行对比。若两者之间的差别很小,则可认为样本的质量较高,代表性较好;反之,若两者之间的差别十分明显,那么样本的质量和代表性就一定不会很高。举例来说,如果我们从一所有4 000名学生的大学中抽取200名学生作为样本,同时,我们从学校有关部门那里得到下列统计资料:全校男生占学生总数的78%,女生占22%;本省学生占64%,外省学生占36%。那么,我们可以对抽出的200名学生进行这两方面分布情况的统计。假定样本得到的结果为:男生占76%,女生占24%;本省学生占67%,外省学生占33%。两相对比,不难发现两者之间的差距很小。这在一定程度上说明,样本的质量和代表性比较高,从这样的样本中得到的结果就能较好地反映和体现总体的情况。当然,用来进行对比的指标越多越好,各种指标对比的结果越接近越好。

五、抽样设计的原则

从上述抽样的程序中我们可以看到,研究者在进行抽样设计时,通常要完成定义抽样的总体及抽样单位、确定抽样框、确定样本规模、确定抽样方法等一系列任务。为了更好地完成抽样设计的任务,研究者应该遵循下列几条基本原则。

(一)目的性原则

我们知道,调查设计是从调查的总目标出发,对整个调查过程的每一个环节、具体的操作方式、所使用的工具等所作的考虑和计划,而抽样设计只是整个调查设计中的一个部分,因此,抽样设计首先应该服从于整项调查的总目标。要根据调查的目的、对象、内容、方式等方面的特征来确定抽样的方式和方法。当然,在实际操作中,抽样设计与调查设计两者之间却又是相互影响的。抽样设计中遇到的问题常常会引起调查设计的某些改变。因此,研究者常常需要不断地在调查设计和抽样设计之间反复"交换意见",使两者最终达到既切实可行,又协调一致。

(二)可行性原则

抽样作为调查研究中一项非常具体、操作性非常强的任务,在实践中遇到的困难和障碍往往也非常多。因此,研究者在抽样方案的设计中要始终坚持可行性的基本原则,随时注意所设计的抽样方案是否切实可行、易于执行。要对抽样过程的每一个环节、每一个步骤所面临的现实状况有所了解和估计，对具体实施抽样的各种操作条件要做到心中有数，不能仅仅从理论上考虑。当遇到现实情况与理想的抽样方案发生冲突和矛盾时，要在尽量兼顾理想方案的前提下设计出符合现实条件的、实践中行得通的抽样方案来。而当具体的抽样过程要由其他人来执行时，抽样方案的设计者就要编制出一份专门的“抽样操作指南”，将抽样过程中的每一个操作环节、每一环节具体的操作步骤、在各个环节中可能出现的例外情况以及相应的解决办法等，逐一进行说明，使得不熟悉抽样理论和方法的调查人员也能依据这种指南，在实地抽样过程中明白该干什么和怎样干，从而尽量减少实地抽样操作中的失误。

（三）高效性原则

抽样调查的目标是通过样本的结果推论总体的状况。推论的精确性是抽样设计者在设计样本时的主要考虑之一。为了达到所要求的精确度，在其他条件不变的情况下，最基本的设计是扩大样本规模。但是，由于实地调查工作是一项十分耗时、费力，同时也十分费钱的工作，因而，一味地靠扩大样本规模并不是解决问题的办法。为了解决这一矛盾，抽样设计要达到的目标就是要设计出高效率的样本，即既要保证尽可能高的精确度，又要抽取尽可能少的调查对象。换句话说，就是要在调查结果的精确性和调查所需的费用之间寻求平衡，在规定的费用之内达到尽可能高的精确度。

第三节　样本规模与抽样误差

一、样本规模及其计算

样本规模（Sample Size）又称为样本容量，它指的是样本中所含元素的多少。确定样本规模也是每一项具体的社会调查所必须解决的问题之一。统计学中通常以 30 为界，把样本分为大样本（30 个元素及以上）和小样本（30 个元素以下）。之所以这样区分，是因为当样本规模大于 30 时，其平均数的分布将接近于正态分布，从而许多统计学的公式就可以运用，也可以用样本的资料对总体进行推论。但是，需要注意的是，30 个元素的样本对于社会调查来说却常常是不够的。统计学中的大样本与社会调查中的大样本并不是一回事。

根据一些社会调查专家的看法，社会调查中的样本规模至少不能少于 100 个元素。这是因为，在社会调查中，研究者不仅仅需要以样本整体为单位来计算平均数、标准差等统计量，同时，他们更经常地需要将样本中的元素按不同的指标划分为不同的类别，进而分析不同类别之间的差别，分析不同变量之间的关系。因此，要保证所划分出的每个子类别中都有一定数量的元素，就必须扩大整个样本的规模。比如,要计算某企业职工的平均收入,也许大于 30 个元素的样本就可以了;但是,如果要进一步计算不同年龄的职工群体(青年工人、中年工人、老年工人)的平均收入,那么,30 个元素的样本显然就不能满足统计的需要了。如果将样本中的元素按性别和年龄进一步划分为“青年男性、中年男性、老年男性和青年女性、中年女性、老年女性”六类,再分别计算每一类元素中的平均数、标准差时,所需的样本规模就更要成倍地增加了。

许多书中都给出了样本规模的计算公式。例如,简单随机抽样中推论总体平均数的样本规模计算公式为:

$$n=\frac{t^2\times\sigma^2}{e^2}$$

式中,t 为置信度所对应的临界值;σ 为总体的标准差;e 为抽样误差。

而推论总体成数(或百分比)的样本规模计算公式为:

$$n=\frac{t^2\times\rho(1-\rho)}{e^2}$$

式中,ρ 为总体的成数或百分比;t,e 含义同上。

在上述计算公式中,t 可从标准正态分布表中查出,e 是研究者根据需要事先确定的,但是总体的标准差、成数或百分比却往往是难以得到的。因此,在实际抽样过程中,研究者往往无法直接运用上述公式计算所需的样本规模,而只能采取一种变通的办法。一般情况下,由于简单随机抽样的总体方差 σ^2 近似等于 $\rho(1-\rho)$,当$\rho=0.5$时,总体方差 $\sigma^2=0.25$ 达到最大值。因此,即使我们对 ρ 一无所知,也可以采取比较保险的办法,取 $\rho=0.5$,这样,上式变为:

$$n=\frac{t^2}{4e^2}$$

它可以保证样本规模足够大。表 3-2 就是根据上面的公式所计算的、在 95%的置信度($t=1.96$)条件下的最小样本规模(表中为计算简便,取 $t=2$)。

表 3-2　95%置信水平下不同抽样误差所要求的样本规模

抽样误差%	样本规模	抽样误差%	样本规模
1.0	10 000	5.5	330
1.5	4 500	6.0	277
2.0	2 500	6.5	237
2.5	1 600	7.0	204
3.0	1 100	7.5	178
3.5	816	8.0	156
4.0	625	8.5	138
4.5	494	9.0	123

续表

抽样误差%	样本规模	抽样误差%	样本规模
5.0	400	9.5	110
		10.0	100

转引自:德奥斯. 社会研究中的调查方法.1986:63.

二、影响样本规模确定的因素

一般情况下,社会调查中样本规模的确定主要受到以下四个方面因素的影响:①总体的规模;②抽样的精确性要求;③总体的异质性程度;④调查者所拥有的经费、人力和时间。

(一)总体的规模

样本规模与总体规模有关,这不难理解。按一般的想法,总体越大时,则样本也要越大,这样才能保证一定的精确度。但是,这种想法只在一定的程度上是正确的。当总体规模大到一定程度时,样本规模的增加与总体规模并不保持同等的增长速度。图3-8表明,在其他有关因素一定时,样本规模的增加速度大大低于总体规模的增加速度。换句话说,当总体规模达到一定程度时,样本规模的改变量是很小的。

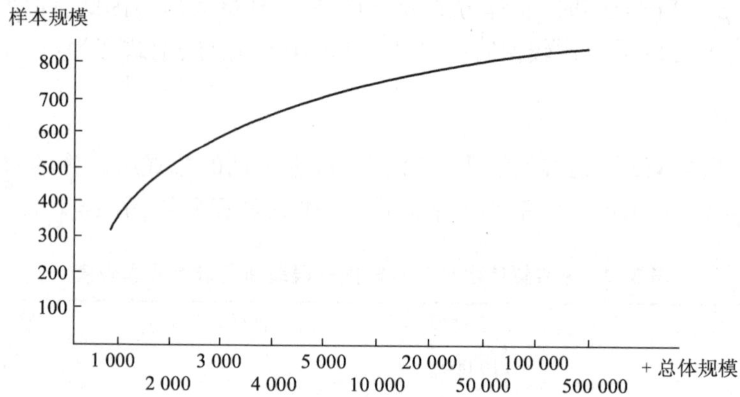

图3-8 不同的总体规模所需要的样本量(相对于95%的置信度、±3%的置信区间和总体参数值以50%对50%比例均分的假定而言)

资料来源:林南.社会研究方法[M].北京:农村读物出版社,1987:182.

(二)抽样的精确性要求

抽样的目的往往是要根据样本去推论总体。影响样本规模确定的第二个因素，就与这种推论的可靠性和精确性密切相关。在社会调查中，我们用置信度与置信区间这两个概念来说明样本规模与抽样的可靠性及精确性之间的关系。一般来说，在其他条件一定的情况下，置信度越高，即推论的可靠性越大，则所要求的样本规模就越大。比如，在同样的条件下，99%的置信度所要求的样本规模，就比95%的置信度所要求的样本规模要大。另外，在其他条件一定的情况下，置信区间越小，即样本统计值与总体参数值之间的误差范围越小，则所要求的样本规模就越大。比如，对一个总数为20 000的总体，置信度确定为95%，此时，若要求置信区间为±5%，需要377个回答者，若要求置信区间为±4%，则需要583个回答者，而当要求置信区间为±1%时，则需要6 849个回答者。换句话说，此时的样本规模已相当于总体规模的1/3①。

（三）总体的异质性程度

总体的异质性程度对所需样本规模的影响也十分明显。总体中成员相互之间不存在差别时，只要了解其中之一就行了。这当然是极端的情况。一般来说，要达到同样的精确性，在同质程度高的总体中抽样时，所需要的样本规模就小一些；而在异质程度高的总体中抽样时，所需要的样本规模就大一些。其主要原因是：同质性越高，表明总体在各种变量上的分布越集中，波动性越小，同样规模的样本对总体的反映就越准确；而异质性程度越高，表明总体在各种变量上的分布越分散，波动性越大，同样规模的样本对总体的反映就会越不准确。比如，当总体中的个体在收入上的差别比较小，或者说分布比较集中时，所抽取的样本中人均收入值的随机波动就很小，因而抽样误差也就会很小，抽样的精度就会比较高。

与总体异质性程度有关的另一个因素是，当总体中的大部分成员对某个问题的回答或选择与小部分成员的回答或选择不同时，比如，70%的成员选择甲，30%的成员选择乙，则所需要的样本规模要小一些；而当选择两种不同回答的成员比例相差无几时，比如，选择甲、乙的比例都为50%左右时，则所需要的样本规模为最大。表3-3反映的就是这种差别。

表3-3　根据总体异质性程度和精确性要求所需要的样本规模

可接受的抽样误差	所期望的给予特定回答的总体百分比（%）					
	5/95	10/90	20/80	30/70	40/60	50/50
1%	1 900	3 600	6 400	8 400	9 600	10 000
2%	479	900	1 600	2 100	2 400	2 500
3%	211	400	711	933	1 066	1 100

① 参见：林南.社会研究方法[M].北京：农村读物出版社，1987：183.

续表

可接受的抽样误差	所期望的给予特定回答的总体百分比(%)					
	5/95	10/90	20/80	30/70	40/60	50/50
4%	119	225	400	525	600	625
5%	76	144	256	336	370	400
6%	—	100	178	233	267	277
7%	—	73	131	171	192	204
8%	—	—	100	131	150	156
9%	—	—	79	104	117	123
10%	—	—	—	84	96	100

注:①置信水平为95%;②样本规模小于表中短横线上的数字时,难以进行有意义的分析。

资料来源:德奥斯．社会研究中的调查方法.1986:64.

(四)调查者所拥有的经费、人力和时间

除了上述几种因素外,调查者所拥有的经费、人力和时间,也会对样本规模的大小产生影响。从样本的代表性、抽样的精确性考虑,则样本规模当然是越大越好;但抽样所得到的样本是要用来进行调查的。样本规模越大,同时也意味着调查所需要投入的人力、物力和时间越多;意味着调查所可能受到的限制和障碍也越多。因此,从调查的可行性、简便性考虑,样本规模又是越小越好。究竟选择多大规模的样本,调查者往往需要作出选择。而这种选择的一个重要砝码,就是调查者所拥有的经费、人力和时间。

总之,样本规模的确定需要综合考虑各方面因素,没有一成不变的规定。考虑到初学者实践的需要,笔者在这里根据自己多年的观察与实践,将现实中各种调查的样本规模进行归类,提出下列常见样本规模的类别。从事各种不同的社会调查项目的读者也可以参考这一标准来确定自己的样本规模:

小型调查类,样本规模在100~300;

中型调查类,样本规模在300~1 000;

大型调查类,样本规模在1 000~3 000。

小型调查通常用于非正式的或要求不高的、总体规模较小的情况。比如,大学生上调查方法课需要做调查实践时,或者硕士研究生采用调查方法收集论文资料时,或者在一所中学作调查时。正式的调查研究一般要达到中型调查类的样本规模。这也是目前实践中采用最多的一类样本规模。在一般情况下,它兼顾到了样本的误差大小、研究者的人力、财力、时间,以及调查的组织和实施等多方面因素。而大型调查的样本规模则主要用于全国性的调查项目中。当然,这种归纳和划分只是笔者个人的看法,并且只是对于一般情况而言,如果你

的调查项目十分特殊，那么就另当别论了。

三、样本规模与抽样误差

抽样误差（Sampling Error）就是用样本统计值去估计总体参数值时所出现的误差，它是由于抽样本身的随机性所引起的误差，无论采取什么样的抽样方式，这种误差都是不可避免的。但是，抽样误差的大小是可以在样本设计中事先进行控制的。

抽样误差主要取决于总体的分布方差和抽样规模，这两个因素都可以导致抽样误差的增加或降低。当样本规模增加时，样本统计量的随机波动程度就会降低，从而使抽样误差也降低。在简单随机抽样中，人们正是以扩大样本规模的方式来达到降低抽样误差的目的的。而分层抽样则是着眼于缩小总体的异质性程度或分布的方差，即通过将总体划分为不同的类别或层次，既使得这些不同类别或层次在样本中都有代表，又使得抽样误差中不存在层间变差成分，而只存在层内变差成分，其效果相当于降低了总体分布的方差，从而降低了样本统计量的随机波动程度，提高了用样本统计量估计总体参数的精确度。

有关抽样规模与抽样误差之间的关系问题，我们还应该注意以下两点。第一，对于比较小的样本来说，样本规模上的很小的一点增加，便会带来精确性方面很明显的增加。仍以表3-2为例，在前面表3-2中，当样本规模从100增加到156时（仅仅增加了56个元素），抽样误差就由10%下降到8%。第二，而对于比较大的样本来说，同样增加这么多个元素，却收效甚微。比如，要使抽样误差从2%下降到1.5%，则需要增加2 000个元素。因此，许多调查公司通常将他们的样本规模限制在2 000之内，因为当样本规模超过了这一点时，花费在所增加的样本规模上的人力、物力，相对于增加估计的精确性来说，就有些得不偿失。

除了抽样误差以外，抽样调查中还存在另外一种误差，即度量误差，也称作非抽样误差。它指的是在整个调查过程中所产生的，在调查访问、回答、记录、填写、汇总、录入等工作中所出现的各种误差。一项调查的总误差中，既包含抽样误差，又包含非抽样误差。而这两者又都同时与样本规模有关。前面提到，随着样本规模的扩大，抽样误差会减小；但是，实际调查同样表明，随着样本规模的扩大，非抽样误差又会增大。因此，如果我们不能同时减小非抽样误差，那么，当样本规模大到一定程度后，一味地通过扩大样本规模来减少抽样误差就会变得毫无意义。因为此时由样本规模的扩大所带来的非抽样误差可能会使得调查的总误差成倍地增加。正确的做法是在抽样误差与非抽样误差之间保持适当的平衡。如果将调查的总误差看作是抽样误差和非抽样误差的函数，三者构成一个直角三角形，抽样误差和非抽样误差作为两条直角边，总误差作为斜边。那么最有效的总设计应当是使三角形的两腰相等。当然,由于非抽样误差通常是难以估计的,我们无法实际对三者的关系进行精确计算。但是,记住三者之间的这种内在关系,对于我们确定样本规模的大小无疑是十分重要的。

我们还可以将上述道理应用到普遍调查与抽样调查结果的准确性比较上。在第一章中我们曾经说过,抽样调查常常比普遍调查更准确。这是因为,虽然抽样调查的总误差中包含两类误差,而普遍调查的总误差中仅包含非抽样误差,但抽样调查的总误差还是可以小于普遍调查的总误差。原因是:一方面抽样误差可以通过样本设计事先控制在预定的范围内,这种抽样误差在数量上往往比普遍调查中的非抽样误差要小得多;另一方面,在抽样调查中,由于工作量相对于普遍调查来说要小得多,参加调查的人员要少得多,因此,各种人为误差也会少得多,即抽样调查中的非抽样误差也会比普遍调查的非抽样误差小得多。

思考与实践

1.目标总体与调查总体有什么差别?

2.抽样可以分为哪两大类?这两大类抽样最重要的不同是什么?

3.概率抽样所得到的样本为什么能保证对总体具有较好的代表性?

4.抽样的一般程序是什么?

5.抽样设计的基本原则有哪几方面?

6.在实际社会调查中,影响研究者对样本规模确定的因素有哪些?

第四章

抽样方法

我们在第三章简要介绍了抽样的两种基本类型，即概率抽样和非概率抽样，指出两者的本质差别是样本对总体的代表性有所不同，并对概率抽样的原则进行了说明。在本章中，我们将着重从操作层面对这两大类抽样中的各种具体方法进行详细介绍。

第一节 概率抽样方法

概率抽样是按照概率原理进行的，它要求样本的抽取具有随机性。所谓随机性，就是总体中的每一个成员都具有同等的被抽中的可能性，或者说，总体中的每一个成员被抽中的概率相等（被抽中的机会相等）。前面已经提到，概率抽样有若干种不同的形式，而每一种具体的形式有着各自不同的特点。并且，对它们的选择涉及调查研究问题的性质、良好的抽样框的获得、调查研究经费的多少、样本精确性的要求以及调查资料的收集方法等因素。下面我们就结合这些因素对常用的几种概率抽样方法逐一进行介绍。

一、简单随机抽样

简单随机抽样（Simple Random Sampling）又称纯随机抽样，是概率抽样的最基本形式。它是按等概率原则直接从含有 N 个元素的总体中抽取 n 个元素组成样本（$N>n$）。常用的办法是抽签，即把总体的每一个单位都编号，将这些号码写在一张张小纸条上，然后放入一个容器如纸盒、口袋中，搅拌均匀后，从中任意抽取，直到抽够预定的样本数目为止。这样，由抽中的号码所代表的单位组成的就是一个随机样本。比如，某系共有学生 360 人，系学生会打算采用简单随机抽样的办法,从中抽取出 60 人进行调查。为了保证抽样的科学性,他们先从系办公室拿到一份全系学生的名单,然后对名单中的所有学生进行编号(从 001 到 360)。之后,他们又在 360 张小纸条上分别写上 001,002,…,360 的号码。他们把这 360 张写好不同号码的小纸条放在一个盒子里,搅拌均匀后,随意地摸出 60 张写有不同号码的小纸条,按这 60 张小纸条上所写的号码找到学生名单上所对应的 60 位同学。这 60 位同学就构成了他们本次调查的样本。这种方法简便易学,但当总体单位很多时,写号码的工作量就很大,搅拌均匀也不容易,因而此法往往在总体单位较少时使用。

对于总体单位很多的情形,我们采用随机数表来进行抽样。本书附录中就有一张随机数表,表中的数码和排列都是随机形成的,没有任何规律性,故也称为乱数表。利用随机数表进行抽样的具体步骤是:

第一,先取得一份调查总体所有元素的名单(即抽样框)。

第二,将总体中所有元素一一按顺序编号。

第三,根据总体规模是几位数来确定从随机数表中选几位数码。

第四,以总体的规模为标准,对随机数表中的数码逐一进行衡量并决定取舍。

第五,根据样本规模的要求选择出足够的数码个数。

第六,依据从随机数表中选出的数码,到抽样框中去找出它所对应的元素。

按上述步骤选择出来的元素的集合,就是我们所需要的样本。举例来说,某总体共3 000人(4 位数),需要从中抽取 100 人作为样本进行调查。首先,我们要得到一份总体成员的名单,然后对总体中的每一个人从 1 到 3000 进行编号,再根据总体的规模,确定从 5 位数一组的随机数表中选择 4 位数。具体的选法既可以是后 4 位,也可以是前 4 位。选择的起点可以任意指定,即可以从表中任意一行和任意一列开始。顺序既可以从左到右,也可以从右到左;既可以从上到下, 也可以从下到上。然后以 3000 为标准对随机数表中的数码进行取舍,凡小于或等于 3000 的数码就选出来,凡大于 3000 的数码以及已经选出的数码则不要,直到选够 100 个号码为止。最后按照所抽取的号码,从总体名单中找到它们所对应的 100 个成员。这 100 个成员就构成一个调查的样本。表 4-1 就是对 3 000 人的总体进行抽样时,我们采用后 4 位数码进行取舍的例子。

表 4-1 随机数表应用实例

随机数表中的数码	选用的数码	不选用的原因
90906	0906	
73020		后面四位数大于 3000

续表

随机数表中的数码	选用的数码	不选用的原因
10041	0041	
22507	2507	
04310		后面四位数大于 3000
66042		后面四位数大于 3000
12683	2683	
82507		与所选的第三个数码重复
51176	1176	

如果采用前 4 位数字，那么从表 4－1 中我们又可以抽取出 1004，2250，0431，1268 这 4 个号码。

二、系统抽样

系统抽样（Systematic Sampling）又称等距抽样或间隔抽样。它是把总体的元素进行编号排序后，再计算出某种间隔，然后按这一固定的间隔抽取元素来组成样本的方法。它和简单抽样一样，需要有完整的抽样框，样本的抽取也是直接从总体中抽取元素，而无其他中间环节。

系统抽样的具体步骤是：

第一步，给总体中的每一元素按顺序编上号码，即制定出抽样框，这与简单随机抽样的做法一样。

第二步，计算出抽样间距。计算方法是用总体的规模除以样本的规模。假设总体规模为 N，样本规模为 n，那么抽样间距 K 可由下列公式求得：

$$K(\text{抽样间隔})=\frac{N(\text{总体规模})}{n(\text{样本规模})}$$

第三步，在最前面的 K 个元素中，采用简单随机抽样的方法抽取一个元素，记下这个元素的编号（假设所抽取的这个元素的编号为 A），它称作随机的起点。

第四步，在抽样框中，自 A 开始，每隔 K 个元素抽取一个元素，即所抽取元素的编号分别为 $A, A+K, A+2K, \cdots, A+(n-1)K$。

第五步，将这 n 个元素合起来，就构成了该总体的一个样本。

例如，要在某大学总共 3 000 名学生中，抽取一个容量为 100 的大学生样本。我们先将 3 000 名学生的名单依次编上号码，然后按上述公式可求得抽样间距为：

$$K=\frac{3\ 000}{100}=30$$

即每隔 30 人抽一名。为此,我们先在 1~30 的数码中,采用简单随机抽样的方法抽取一个数字,假如抽到的是 12,那么就以 12 为第一个号码,每隔 30 名再抽一个。这样,我们便可得到 12,42,72,…,2982,总共 100 个号码。我们再根据这 100 个号码,从总体名单中一一对应地找出 100 名学生,这 100 名学生就构成本次调查的一个样本。

从上面的过程中我们不难看出,系统抽样较之于简单随机抽样来说,显然简便易行多了,尤其是当总体及样本的规模都较大时更是如此。这也正是社会调查较少采用简单随机抽样而较多采用系统抽样的原因。

值得注意的是,系统抽样的一个十分重要的前提条件是,总体中元素的排列相对于所研究的变量来说应是随机的,即不存在某种与研究变量相关的规则分布。否则,系统抽样的结果将会产生极大的偏差。因此,我们在使用系统抽样方法时,一定要注意抽样框的编制方法,特别要注意下列两种情况。

一是总体名单中,元素的排列具有某种次序上的先后、等级上的高低的情况。比如,我们要从总体为 2 000 户家庭的社区中,抽出一个 50 户家庭的样本进行消费状况调查。而这 2 000 户家庭的名单是按每个家庭总收入的多少,由高到低的顺序排列的。根据系统抽样的方法,我们可算出抽样间距:

$$K=\frac{2\ 000}{50}=40$$

这样,如果有两个研究者都采取系统抽样的方法从这个总体中进行抽样,一个抽到的初始号码为 3,另一个抽到的初始号码为 38。那么,从前一个研究者所抽样本中算出的家庭平均收入,一定大大高于从后者所抽样本中算出的家庭平均收入。因为第一个样本中的每一个家庭都要比第二个样本中的每一个家庭在收入等级中靠前 35 个位置,即前者中的每一个家庭都比后者中的每一个家庭在总收入上高出 35 户家庭。如果我们事先注意到这种情况,就可以采取措施,打乱其原来的顺序,重新编制总体名单,或者改用其他的抽样方法。

二是在总体名单中,元素的排列上有与抽样间隔相对应的周期性分布的情况。比如,前面关于大学生调查一例中,我们计算出间距为 30,如果此时总体名单是按教学班排列、每班正好也是 30 个左右的学生,并且每班的名单都是按学生学习成绩高低排列,或是按班干部、普通学生的顺序排列的。那么,当所抽的初始号码靠前时,比如,抽到的是 2 号,样本就由各班上成绩优秀的学生组成,或是全由各班的班干部组成;而当所抽的初始号码靠得较后时,比如,抽到的是 25 号,样本就会由各班中成绩较差的学生,或是各方面表现较差的学生组成。显然,无论是哪种情况,都不符合总体的全面情况,都是一个有着严重偏差的样本。

三、分层抽样

分层抽样(Stratified Sampling)又称类型抽样,它是先将总体中的所有元素或个体按照某种特征或标志(如性别、年龄、职业或地域等)划分成若干个子总体或层次,这些子总体或层次应当是相互排斥的又是穷尽的,即总体中的每一个元素都可以分配到一个并且只分配到一个子总体或层次中。然后,在各个子总体或层次中采用简单随机抽样或系统抽样的办法抽取一个子样本。最后,将这些子样本合起来构成总体的样本。

例如,在一所大学抽取学生进行调查时,我们可以先把总体分为男生和女生两大类;然后,采用简单随机抽样或系统抽样的方法,分别从男生和女生中各抽取 100 名学生,这样,由这 200 名学生所构成的就是一个由分层抽样所得到的样本。当然,我们还可以按年级、系或者专业来对总体进行分层。

分层抽样方法有两个突出的优点,具体如下:

分层抽样方法的第一个优点是在不增加样本规模的前提下降低抽样误差,提高抽样的精度。前面我们曾经指出,总体的同质性程度越高,样本就越容易反映和代表总体的特征与面貌;而总体的异质性程度越高,样本对总体的反映和代表就越困难,对抽样的要求也越高。采用分层抽样的最基本目的,正是在于把异质性较强的总体分成一个个同质性较强的子总体,以便提高抽样的效率,达到更好的抽样效果。

分层抽样方法的第二个优点是非常便于了解总体内不同层次的情况,便于对总体中不同的层次或类别进行单独研究,或者进行比较。比如,在《中国妇女社会地位调查》中,研究者"为了能分析比较城乡差别,提高抽样精度,并能保证城市分析具有足够的样本容量",他们采取了在各个调查省内进一步按城乡分域(实际上是作为研究域的层)、分别进行抽样的做法,并使城乡两域的样本规模相等。这表明,该调查采用的是不按比例分层的抽样方式。

在实际运用分层抽样的方法时,研究者需要考虑以下两个方面的问题。

一是分层的标准问题。同一个总体可以按照不同的标准进行分层,或者说,根据不同的标准可以将一个总体分成不同的类别或层次。那么,在实际抽样中究竟应该按什么标准来分层呢?通常采用的原则有以下几个。

第一,以调查所要分析和研究的主要变量或相关的变量作为分层的标准。比如,若要调查研究居民的消费状况和消费趋向,可以以居民家庭人均收入作为分层标准;又如,要调查了解社会中不同职业的人员对社会经济改革的看法,可以以人们的职业作为分层的标准。

第二,以保证各层内部同质性强、各层之间异质性强、突出总体内在结构的变量作为分层变量。比如,在工厂进行调查,可以以工作性质作为分层标准,将全厂职工分为管理人员、工人、技术人员、勤杂人员等几类,再进行抽样。

第三,以那些已有明显层次区分的变量作为分层变量。比如,在社会调查中,性别、年龄(当然是分段以后,如老、中、青)、文化程度、职业等就经常被用作分层的标准。其他如学生按年级、专业、学校分层,城市按规模分层等。

在实践中,出于实际操作和调查费用上的考虑,研究者通常只会采用一到两个变量来进行分层,而使用两个以上变量来进行分层的情况十分少见。虽然分层的数目也是判断精度的一个标准,但经验告诉我们,分层数一般不要超过6个。如果超过了6层,精度上的任何增加都会由于分层费用的增加和抽样难度的增加而被抵消掉了①。

二是分层的比例问题。分层抽样中有按比例分层和不按比例分层两种方法。

按比例分层抽样是指按各种类型或层次中的单位数目同总体单位数目间的比例来抽取子样本的方法,即在单位多的类型或层次中所抽的子样本就大一些,在单位少的类型或层次中所抽的子样本就小一些。比如,某厂有工人600人,按性别分层则有男工500人,女工100人。两类工人人数与总体人数的比例分别为5∶6与1∶6。因此,若要抽60人作样本,那么,按比例的抽法就是根据上述比例,分别从500名男工中随机抽取50人,而从100名女工中随机抽取10人。这样,样本中男女工人之比与总体中男女工人之比完全相同,均为5∶1。可以说,样本的性别结构是总体中性别结构的一种缩影。

采取按比例分层抽样的方法,可以确保得到一个与总体结构完全一样的样本。但是,在有些情况下,又不宜采用这种方法。一种情况是,当研究者可以判断出不同层内的个体相互之间的差异明显不同时,即有的层中个体之间差异较小,而有的层中个体之间差异较大。那么,对于那些层内个体相互之间差异相对较小的层来说,所抽取的个体数目就可以相对小于该层在总体中的比例,而对于那些层内个体相互之间差异相对较大的层来说,所抽取的个体数目就可以相对大于该层在总体中的比例。例如,假定我们按居民的收入将调查总体分为高收入层、中收入层和低收入层,而在试调查中发现,高收入层中的个体在消费方式方面差异很大,而中、低收入层的个体在消费方式方面的差异较小。此时,我们就可以适当扩大高收入层的抽样比例,而适当缩小中、低收入层的抽样比例,以便在同样的样本规模条件下达到对三部分对象的更好的代表性。还有一种情况是,总体中有的类型或层次的个体数目太少,若以按比例分层的方法抽样,则有的层次在样本中个案太少,不便于了解各个层次的情况,这时往往要采取不按比例抽样的方法。如前例中,我们可以在500名男工中抽30人,在100

① 柯惠新.民意调查实务[M].北京:中国经济出版社,1996:190.

名女工中也抽 30 人。这样，样本就能很好地反映出男女两类工人的一般状况，我们也能很好地对男女两类工人的情况进行比较和分析。

但需要注意的是，我们采用不按比例分层抽样的方法，主要是便于对不同层次的子总体进行专门研究或进行相互比较，但若要用样本资料推论总体时，则需要先对各层的数据资料进行加权处理，即通过调整样本中各层的比例，使数据资料恢复到总体中各层实际的比例结构。比如前例中，若要用 30 个男工、30 个女工的收入资料去推论全厂工人的平均收入时，就需要在男工的收入后乘以 5/3，而在女工的收入后乘以 1/3，再加总平均，否则就会导致推论的偏误。

四、整群抽样

整群抽样（Cluster Sampling）是从总体中随机抽取一些小的群体，然后由所抽出的若干个小群体内的所有元素构成调查的样本的方法。整群抽样与前几种抽样的最大区别在于，它的抽样单位不是单个的元素，而是成群的元素。这种小的群体可以是居民家庭、学校中的班级，也可以是工厂中的车间，还可以是城市中的居委会，等等。整群抽样中对小群体的抽取可采用简单随机抽样、系统抽样或分层抽样的方法。

举例来说，假设某大学共有 100 个班级，每班都是 30 名学生，总共有 3 000 名学生。现要抽 300 名学生作为样本进行调查。如果我们采用整群抽样的方法，就不是直接去抽一个个的学生，而是从全校 100 个班级中，采取简单随机抽样的方法（或是系统抽样、分层抽样的方法）抽取 10 个班级，然后由这 10 个班级的全部学生构成调查的样本。

采取整群抽样的方法，不仅可以简化抽样的过程，更重要的是，它可以降低调查中收集资料的费用，同时还能相对地扩大抽样的应用范围。在简单随机抽样和系统抽样中，都要求有一份总体所有成员的名单，即抽样框。但在实际调查过程中，这样的名单往往难以获得，有时即使可以获得，真正运用起来也十分麻烦。因此，上述两种抽样方法的应用范围受到一定限制。例如，要在一个有 10 万户家庭的城市中抽取 1 000 户家庭进行调查，若按上述两种方法，就必须首先得到一份这 10 万户家庭的排列名单。而在实际调查中，这样的名单往往是很难得到的。这时，如果采用整群抽样的方法，就可以省去这种麻烦，使抽样变得简单易行。比如，我们可以按居民委员会来编制抽样框，假设全市共有 200 个居委会，每个居委会有 500 户左右的家庭，那么我们只需得到一份 200 个居委会的名单，并按上述两种方法之一，从中抽取两个居委会，然后将这两个被抽中的居委会中的所有家庭户作为我们调查的样本就行了。从这一事例中，我们不难看出整群抽样所具有的优点。许多较大规模的社会调查往往从节省经费和人力以及从调查的可行性等方面考虑,而采用整群抽样的方法。例如,20 世纪 80 年代中期由中国社会科学院社会学所等单位组织进行的《五城市婚姻家庭调查》,就是采用这种整群抽样的方法,从五个调查城市中抽取了 8 个居民点,以这 8 个居民点所包括的总共 4 385 户家庭作为样本进行调查。

但是,应该看到,整群抽样所具有的简便易行、节省费用的优点,是以其样本的分布面不广、样本对总体的代表性相对较差等缺点为代价的。由于整群抽样所抽样本中的个体相对集中,而涉及的面相对缩小,故在许多情况下会导致样本的代表性不足,使得调查结果的偏差较大。拿上面的例子来说,从 200 个居委会中抽出的任何两个居委会所包含的 1 000 户家庭,显然受着具体的地理、职业等社区条件和环境的限制,往往难以体现出整个城市的不同地段、不同职业区、不同生活区居民家庭的特点。这 1 000 户家庭对全市家庭的代表性,比起用简单随机抽样或者系统抽样和分层抽样的方法,从全市 10 万户家庭中直接抽取的 1 000 户家庭来说,显然要差一些。

为了更好地理解整群抽样的特点,我们可以将整群抽样与前述几种抽样方法,特别是分层抽样方法作一比较。假设我们调查的总体是全国所有城市的集合,我们要抽取一个规模为 40 个城市的样本。若按简单随机抽样或系统抽样的方法,则首先需要弄到一份全国城市的名单,然后根据随机数表或通过计算抽样间距,直接从抽样框中抽取城市;若按分层抽样的方法,则可以先按城市规模将总体分为特大城市、大城市、中等城市和小城市四类,然后分别从每一类中抽取若干城市,并将这些城市合起来构成样本;而如果采用整群抽样的方法,则可以以省(自治区、直辖市)为抽样单位,从全国所有省(自治区、直辖市)中随机抽取 3~5 个省(自治区、直辖市),再以所抽中的这些省(自治区、直辖市)中所包含的全部城市的集合作为调查的样本。

整群抽样方法的运用,尤其要与分层抽样的方法相区别。当某个总体是由若干个有着自然界限和区分的子群(或类别、层次)所组成,同时,不同子群相互之间差别很大,而每个子群内部的差异不大时,则适合于分层抽样的方法;反之,当不同子群相互之间差别不大,而每个子群内部的异质性程度比较大时,则特别适合于采用整群抽样的方法。

五、多段抽样

多段抽样(Multistage Sampling)又称多级抽样或分段抽样,它是按抽样元素的隶属关系或层次关系,把抽样过程分为几个阶段进行。在社会调查中,当总体的规模特别大,或者总体分布的范围特别广时,研究者一般采取多段抽样的方法来抽取样本。多段抽样的具体做法是:先从总体中随机抽取若干大群(组),然后再从这几个大群(组)内抽取几个小群(组),这样一层层抽下来,直至抽到最基本的抽样元素为止。

比如,为了调查某市青年工人的状况,需要从全市青年工人这一总体中抽取样本。我们可以把抽样过程分为下述几个阶段进行。首先,以企业为单位抽样,即以全市所有企业为抽样框,从中随机抽取一部分企业;然后在抽中的企业里,以车间为抽样单位抽样,即从全部车间中抽取若干个车间;最后,在抽中的车间内抽取青年工人。需要说明的是,在上述每个阶段的抽样中,都要采用简单随机抽样或等距抽样或分层抽样的方法进行。

在运用多段抽样方法时,有一点要注意,即要在类别和个体之间保持平衡。或者说,保持合适的比例。比如,要抽 1 000 名工人作调查样本,那么,我们既可以抽 20 个工厂,每个工厂抽 50 名工人;也可以只抽 5 个工厂,每个工厂抽 200 名工人。如何确定每一级抽样的单位数目呢？主要考虑的因素有三个方面:一是各个抽样阶段中的子总体同质性程度;二是各层子总体的人数;三是研究者所拥有的人力和经费。一般来说,类别相对较多、每一类中个体相对较少的做法效果较好。

多段抽样适用于范围大、总体对象多的社会调查。由于它不需要总体的全部名单,各阶段的抽样单位数一般较少,因而抽样比较容易进行。但由于每级抽样时都会产生误差,故这种抽样方法的误差较大,这是它的主要不足。在同等条件下减少多段抽样误差的方法是:相对增加开头阶段的样本数而适当减少最后阶段的样本数。

六、PPS 抽样

在多段抽样中,其实暗含了一个假定:在每一个阶段抽样时,其元素的规模是相同的。比如,第一阶段抽取街道时,暗含了每个街道规模相同;第二阶段从街道抽取居委会时,也是暗含了每个居委会的规模相同。在这样的假定下,采取前述几种随机抽样的方法,最终每户居民被抽中的概率相等。但问题是,现实生活中,不仅每一个街道包含的居委户数不同,而且每一个居委会中所包含的居民户数也不同。因而按照上述多段抽样的方法来抽取样本时,最终每户居民被抽中的概率实际上是不同的。

为了简单地说明这种情况,我们以两阶段抽样为例。第一阶段从全市所有居委会中抽一部分居委会,第二阶段再从抽中的居委会中抽取一部分居民户。假设一个城市有 100 000 户居民,分属 200 个居委会。如果要从总体中抽取 1 000 户居民构成样本。我们可能会先从 200 个居委会中随机抽取 20 个居委会(这里暗含了每个居委会规模一样大);然后,在所抽取的 20 个居委会中,每个居委会随机抽取 50 户居民。这样,我们总共抽到 1 000 户居民。

当居委会的规模大小不一时,情况就发生变化。比如说,甲居委会比较大,有800户居民,乙居委会比较小,有200户居民。那么,当它们在第一阶段都被抽中后,第二阶段分别从它们中抽取50户居民。此时,甲居委会中居民户被抽中的概率为(20/200)×(50/800)=1/160。而乙居委会中居民户被抽中的概率则为(20/200)×(50/200)=1/40。乙居委会中居民户被抽中的概率是甲居委会中居民户被抽中概率的4倍。

又如,要从全市100家不同规模的企业(总共20万名职工)中抽取1 000名职工进行调查。我们采取多段抽样的方法,先从100家企业中随机抽取若干家企业,如抽取20家;然后再从这20家企业中分别抽取50名职工(50×20=1 000)构成样本。由于这100家企业的规模是不同的:最大的企业有多达16 000名职工,而最小的企业则只有200名职工。如果这样的两个企业都入选第一阶段的样本(即都进入20家企业的样本),那么它们在第一阶段的入选概率是相同的,即都为20/100=20%;但第二阶段从每家企业中抽取职工时,这两家企业中每个职工被抽中的概率却大不一样:前者的概率为50/16 000=0.312 5%,而后者的概率则为50/200=25%。这样,规模大的企业中每个职工被抽中的概率则为(20/100)×0.312 5%=0.062 5%;而规模小的企业中每个职工被抽中的概率为(20/100)×25%=5%。可见,规模大的企业中的职工相对于规模小的企业中的职工来说,他们被抽中的概率要小得多(后者是前者的80倍)。

在社会调查中,有一种常用的不等概率抽样方法,叫作"概率与元素的规模大小成比例的抽样"(Sampling with Probability Proportional to Size),简称PPS抽样。PPS抽样的方法正是为了解决上述问题而设计的。其原理可以通俗地理解成以阶段性的(或暂时的)不等概率换取最终的、总体的等概率。其做法是:在第一阶段,每个群按照其规模(其所含元素的数量)被给予大小不等的抽取概率(群越大,其被抽中的概率也越大)。但到了抽样的第二阶段,从每个抽中的群中都抽取同样多的元素(实际上也是不等概率的)。正是通过这样两个阶段上的不等概率抽样,使得总体中的每一个元素最终都具有同样的被抽中的概率。其实质是:第一个阶段中,大的群被抽中的概率大,而小的群被抽中的概率小;这样到了第二阶段,被抽中的大的群中的元素被抽中的概率显然就小于被抽中的小群中的元素了。正是这一大一小,平衡了由于群的规模带来的概率差异。我们还可以用下列公式来说明PPS抽样的这种原理:

$$\text{每一个元素被抽中的概率} = \text{所抽取的群数} \times \frac{\text{群的规模}}{\text{总体的规模}} \times \frac{\text{平均每个群中所要抽取的元素}}{\text{群的规模}}$$

比如,前述居委会的例子中,甲居委会包含800户居民,那么,它在第一阶段被抽中的概率是:

$$800/100\ 000=1/125$$

而乙居委会比较小,只有200户居民,那么它在第一阶段被抽中的概率是:

$$200/100\ 000=1/500$$

因而，第一阶段两个居委会中的居民被抽中的概率是不同的，甲居委会的居民被抽中的概率更大。

在第二阶段，甲居委会中每一户居民被抽中的概率是：

$$50/800=1/16$$

而乙居委会中每一户居民被抽中的概率是：

$$50/200=1/4$$

因而，第二阶段两个居委会中的居民被抽中的概率也是不同的，甲居委会的居民被抽中的概率更小。

那么，这两个居委会中每一户居民最终的被抽中的概率分别是：

甲居委会中居民被抽中的概率＝20（所选择的居委会数目）×1/125×1/16＝1/100

乙居委会中居民被抽中的概率＝20（所选择的居委会数目）×1/500×1/4＝1/100

这里我们可以看到，无论一个居委会的规模是大是小，每一户居民始终都具有同样大的被抽中的概率。读者也可以用同样的方法计算一下前面调查青年工人的例子的结果。其实，从上述公式中也可以看到，PPS 抽样的做法已经排除了群的规模这一因素的影响（第一个分子与第二个分母相互约掉了），每一个元素的被选概率变成了所抽取的群数乘以从每个群中所抽取的元素数目，再除以总体的规模。这实际上就是样本规模除以总体规模。

PPS 抽样的方法可以扩展到多阶段的情形，只要在中间的每一个阶段都同样依据概率与规模成比例的原则，除了最后一个阶段以外。比如，下面是先抽街道、再抽居委会、最后抽居民户的三阶段抽样的公式：

$$\text{每一户居民被抽中的概率}=\text{所选择的街道数}\times\frac{\text{街道的规模}}{\text{总体的规模}}\times\text{所选择的居委会数}\times\frac{\text{居委会的规模}}{\text{街道的规模}}\times\frac{\text{每个居委会中所要抽取的户数}}{\text{居委会的规模}}$$

明白了 PPS 抽样的原理，再来看看它的具体操作方法，我们可以用前面调查青年工人的例子来说明。

先将各个元素（即企业）排列起来，然后写出它们的规模，计算它们的规模在总体规模中所占的比例，将它们的比例累计起来，并根据比例的累计数依次写出每一元素所对应的选择号码范围（该范围的大小等于元素规模所占的比例，详见表 4-2 中第一、二、三、四、五列）。然后采用随机数表的方法或系统抽样的方法选择号码，号码所对应的元素入选第一阶段样本（见表 4-2 第六、七列）。最后再从所抽取样本中进行第二阶段抽样（即从每个被抽中的元素中抽取 50 名职工）。由于规模大的企业所对应的选择号码范围也大，而选择号码范围大时，被抽中的概率也大（有些特别大的企业还可能抽到不止一个号码，如企业 3 就抽到两个号码，那么在第二阶段抽样时，就要从企业 3 中抽取 50×2＝100 名职工）。由于规模大的企业在第一阶段抽样时被抽中的概率大于规模小的企业,这样就补偿了第二阶段抽样时规模大的企业中每个职工被抽中的概率小的不足,使得无论是在规模大还是规模小的企业中,每个职工总的被抽中的概率都是相等的。所以,这种方法最终抽出的样本对总体的代表性也大。

表 4-2　用 PPS 方法抽取第一阶段样本举例

序号	规模	所占比例	累计	选择号码范围	所选号码	入样元素
企业 1	3 000	1.5%	1.5%	000～014	012	元素 1
企业 2	2 000	1%	2.5%	015～024		
企业 3	16 000	8%	10.5%	025～104	048,095	元素 2,3
企业 4	200	0.1%	10.6%	105		
企业 5	1 200	0.6%	11.2%	106～111		
企业 6	6 000	3%	14.2%	112～141	133	元素 4
企业 7	800	0.4%	14.6%	142～145		
企业 8	600	0.3%	14.9%	146～148	148	元素 5
企业 9	1 400	0.7%	15.6%	149～155		
企业 10	4 200	2.1%	17.7%	156～176	171	元素 6
企业 11	1 200	6%	18.3%	177～182		
⋮	⋮	⋮	⋮	⋮		
企业 98	400	0.2%	98.8%	978～987		
企业 99	1 800	0.9%	99.7%	988～996	995	元素 20
企业 100	600	0.3%	100%	997～999		

当然从实践上看,由于 PPS 抽样需要知道每一个群的规模,所以做起来并不十分容易。如果我们无法知道每一个街道的居民户数和每一个居委会的居民户数,或者无法得到总体中所有企业各自的职工人数,我们就无法运用 PPS 抽样。

七、户内抽样

在介绍多段抽样时,有必要对社会调查中一种常用的"户内抽样"方法略作说明。

举例来说,当研究者以家庭作为分析单位,以入户进行结构式访谈的方法收集资料，试图研究城乡家庭的结构、关系、生活方式或其他内容时，他们往往采用多段抽样的方法，从某一市（县）中抽取区（乡），从区（乡）中抽取街（村），从街（村）中抽取居委会（居民组），然后从居委会（居民组）中抽取家庭户，最后从家庭户中抽取一位成年人作为调查对象。从这些调查对象那里得到的有关其家庭的资料，被用来描述这些家庭的特征和类型。在这种研究中，我们不仅需要抽出家庭户的样本，同时还要进行户内抽样——从所抽中的每户家庭中抽取一个成年人，以构成访谈对象的样本。在抽取家庭中的成年人之前的每个抽样阶段中，我们可以采用前面所介绍的某种方法来操作，而这最后一个阶段的抽样则可以采取一种被称作"Kish 选择法"的方式进行。根据这种方法，每户家庭中所有的成年人（如 18 岁以上者）都具有同等的被选中的概率（机会）。

Kish 选择法的具体做法是：研究者先将调查表分为（编号为）A，B1，B2，C，D，E1，E2，F 八种，每种表的数目分别占调查表总数的 1/6，1/12，1/12，1/6，1/6，1/12，1/12，1/6。同时，印制若干套（一套八种）"选择卡"发给调查员，每人一套。"选择卡"的形式如表 4-3 所示。

表 4-3　Kish 选择表

A 式选择表	
如果家庭户中 18 岁以上人口数为	被抽选人的序号为
1	1
2	1
3	1
4	1
5	1
6 或以上	1

B1 式选择表	
如果家庭户中 18 岁以上人口数为	被抽选人的序号为
1	1
2	1
3	1
4	1
5	2
6 或以上	2

B2 式选择表	
如果家庭户中 18 岁以上人口数为	被抽选人的序号为
1	1
2	1
3	1
4	2
5	2
6 或以上	2

C 式选择表	
如果家庭户中 18 岁以上人口数为	被抽选人的序号为
1	1
2	1
3	2
4	2
5	3
6 或以上	3

D 式选择表	
如果家庭户中 18 岁以上人口数为	被抽选人的序号为
1	1
2	2
3	2
4	3
5	4
6 或以上	4

E1 式选择表	
如果家庭户中 18 岁以上人口数为	被抽选人的序号为
1	1
2	2
3	3
4	3
5	3
6 或以上	5

E2 式选择表	
如果家庭户中 18 岁以上人口数为	被抽选人的序号为
1	1
2	2
3	3
4	4
5	5
6 或以上	5

F 式选择表	
如果家庭户中 18 岁以上人口数为	被抽选人的序号为
1	1
2	2
3	3
4	4
5	5
6 或以上	6

调查员首先要对每户家庭中的成年人进行排序和编号,排序的方法是男性在前,女性在后;年纪大的在前,年纪小的在后。最年长的男性排第一,次年长的男性排第二,以此类推;最年长的女性排在最年幼的男性后面,其他女性也按年纪从大到小接着排列。参见表 4-4。

表 4-4 家庭内成年人排序表

序号	年龄和性别特征
1	最年长的男性
2	次年长的男性
⋮	⋮
n	最年幼的男性
$n+1$	最年长的女性
$n+2$	次年长的女性
⋮	⋮
$n+m$	最年幼的女性

然后,调查员随机地选择一种调查表,并按照调查表上的编号找出编号相同的那种“选择表”,根据家庭人口数目从“选择表”中查出应选个体的序号,最后对这一序号所对应的那个家庭成员进行访谈。比如,某家庭 18 岁以上的成年人共有 4 人:祖母、父亲、母亲、儿子。其排序则为:①父亲;②儿子;③祖母;④母亲。若调查表为 D 类,则应抽取祖母,而调查表为 F 类时,则抽取母亲。

按这种方法抽取被访对象的另一个好处是,它不仅可以使研究者收集到样本家庭的资料,同时也可以收集到由这些被访者所构成的个人样本的资料,这种资料可以用来描述这一地区所有成年人所构成的总体。因为按这种方法抽选出来的人所组成的样本,在年龄、性别、文化程度等方面的分布与总体的分布往往十分接近。

在实际调查中,研究者也经常采用另一种十分简便的户内随机抽人的方法——生日法。这种方法的具体操作步骤是:首先,随机确定一年中的某一天为标准日期,为便于计算,通常抽取每个月的第一天,比如说6 月 1 日,或者7 月 1 日等。第二步,与 Kish 方法相似,需要了解所抽中的家庭户中 18 岁以上的人口数,以及每人的生日是几月几号。第三步,计算出每人的生日距离标准日期的天数。第四步,从中选出生日距离标准日期最近的人(当然也可以选最远的人)作为调查对象。比如,一项调查确定的标准日期是 8 月 1 日,所抽中的某户家庭共有 5 口人,老年夫妇两人,青年夫妇两人,一个上小学的儿童。那么,就询问 4 个成年人的生日。假设分别为老年男性 2 月 9 日、老年女性 9 月 27 日、年轻男性 6 月 18 日、年轻女性 5 月 6 日。那么,四人的生日距离标准日期的时间分别为 172 天、57 天、43 天、86 天。因此,就应该抽取年轻男性作为调查对象。由于每一户家庭中人们出生的日期是随机分布的,标准日期也是随机确定的,因而这种按生日抽取个人的方法也具有随机性。其所抽取的个人样本也能够用来推论总体的情况。

第二节　非概率抽样方法

在实际调查中,人们有时还采用非概率抽样的办法来选取样本。非概率抽样不是按照概率均等的原则,而是根据人们的主观经验或其他条件来抽取样本。因而,其样本的代表性往往较小,误差有时相当大,而且这种误差又无法估计。所以,在正式调查中,一般很少用非概率抽样,常常只是在探索性研究中采用。常用的非随机抽样有以下几种。

一、偶遇抽样

偶遇抽样(Accidental or Convenience Sampling)又称方便抽样或自然抽样,

是指研究者根据现实情况,以自己方便的形式抽取偶然遇到的人作为调查对象,或者仅仅选择那些离得最近的、最容易找到的人作为调查对象。例如,为了调查某市的交通情况,研究者到离他们最近的公共汽车站,把当时正在那里等车的人选作调查对象。其他类似的偶遇抽样还有:在街头路口拦住过往行人进行的调查;在图书馆阅览室对当时正在阅览的读者进行的调查;在商店门口、展览大厅、电影院等公共场所向进出往来的顾客、观众进行的调查;利用报纸杂志向读者进行的调查;老师以他所教的班级的学生作为调查样本的调查;等等。

这种碰到谁就选谁的简单方法往往被有些人误认为就是随机抽样,仅从表面上看,两者的确有些相似,都排除了主观因素的影响,纯粹依靠客观机遇来抽取对象。但两者有一个根本的差别,那就是偶遇抽样没有保证使总体中的每一个成员都具有同等的被抽中的概率。那些最先被碰到的、最容易见到的、最方便找到的对象具有比其他对象大得多的机会被抽中。正是因为这一点使我们不能根据偶遇抽样得到的样本来推论总体。

二、判断抽样

判断抽样(Judgmental or Purposive Sampling)又称立意抽样,它是调查者根据研究的目标和自己的主观分析,来选择和确定调查对象的方法。进行典型调查时,确定典型的方法就在一定程度上与判断抽样类似。这种抽样首先要确定抽样标准。因为标准的确定带有较大的主观性,所以此法的运用结果如何往往与研究者的理论修养、实际经验以及对调查对象的熟悉程度有很大关系。

判断抽样的主要优点在于可以充分发挥研究人员的主观能动性,特别是当研究者对所研究的总体情况比较熟悉、研究者的分析判断能力较强、研究方法与技术十分熟练、研究的经验比较丰富时,采用这种方法往往十分方便。但是,因为它仍然属于一种非概率抽样,所以其所得样本的代表性往往难以判断。在实际调查中,这种抽样多用于总体规模小、调查所涉及的范围较窄,或调查时间、人力等条件有限而难以进行大规模抽样的情况。

三、定额抽样

定额抽样(Quota Sampling)又称为配额抽样,它是一种比偶遇抽样复杂一些的非概率抽样方法。进行定额抽样时,研究者要尽可能地依据那些有可能影响研究变量的各种因素来对总体分层,并找出具有各种不同特征的成员在总体中所占的比例。然后依据这种划分以及各类成员的比例去选择调查对象,使样本中的成员在上述各种因素、各种特征方面的构成和在样本的比例尽量接近总体情形。如果把各种因素或各种特征看作不同的变数的话,那么,定额抽样实际上就是依据这些变数的组合。下例中,我们以性别、年级和专业三个因素来解释这种变数的组合及定额抽样的实施办法。

假设某高校有 2 000 名学生，其中男生占 60%，女生占 40%；文科学生和理科学生各占 50%；一年级学生占 40%，二年级、三年级、四年级学生分别占 30%、20%和 10%。现要用定额抽样方法依上述三个变数抽取一个规模为 100 人的样本。依据总体的构成和样本规模，我们可得到定额表，参见表 4-5。

表 4-5　100 个人的定额样本分布表　　单位：人

男生(60)			女生(40)	
文科(30)		理科(30)	文科(20)	理科(20)
年级	一 二 三 四	一 二 三 四	一 二 三 四	一 二 三 四
人数	12 9 6 3	12 9 6 3	8 6 4 2	8 6 4 2

表 4-5 的最下面一行就是样本中具有各种特征的学生数目。这一数目是依据总体中的结构分配的，它使得样本在这几个方面与总体保持了一致。可以想象，如果所依据的类似特征（即变数）越多，样本中成员的分类也将越细，与总体的结构也将越接近。同时我们也可以看出，每增加一个分类特征，这种分布就会复杂一层，抽样就会困难一步。

许多书中都谈到定额抽样与分层抽样十分相似，或把定额抽样称为分层抽样在非概率抽样中的对应方法。实际上，两者同样具有本质上的差别。两者虽然都依据某些特征对总体进行分层，但两者的目的不同，抽样方法也不同。定额抽样之所以分层分类，其目的在于要抽选出一个总体的“模拟物”，其方法则是通过主观的分析来确定和选择组成这种模拟物的成员。也就是说，定额抽样注重的是样本与总体在结构比例上的表面一致性；而分层抽样进行分层，一方面是要提高各层间的异质性与同层中的同质性，另一方面，也是为了照顾到某些比例小的层次，使得所抽样本的代表性进一步提高，误差进一步减小。分层抽样的方法是完全依据概率原则，排除主观因素，客观地、等概率地到各层中进行抽样，这与定额抽样中那种“按事先规定的条件，有目的地寻找”的做法是完全不同的。

四、雪球抽样(Snowball Sampling)

当我们无法了解总体情况时，可以从总体中的少数成员入手，对他们进行调查，向他们询问还知道哪些符合条件的人；再去找那些人并再询问他们知道的人。如同滚雪球一样，利用这种方法我们可以找到越来越多具有相同性质的群体成员。如果总体不大，有时用不了几次就会接近饱和状况，即后访问的人再介绍的都是我们已经访问过的人。例如，要研究退休老人的生活，可以清晨到公园去结识几位散步的老人，再通过他们结识其朋友，不用很久，我们就可以交上一大批老年朋友。但是这种方法的偏误也很大,那些不好活动、不爱去公园、不爱和别人交往、喜欢一个人在家里活动的老人,就很难被包括进去,而他们却代表着另外一种退休后的生活方式。

思考与实践

1.什么是抽样中的随机性?为什么概率抽样的方法能够保证样本对总体的代表性?

2.分层抽样与整群抽样的具体操作方法是怎样的?两者之间有何异同?什么情况下应选用分层抽样?什么情况下则应选用整群抽样?

3.如果条件允许,多段抽样中应尽可能扩大哪一级样本的规模?为什么?

4.某市有 300 所小学,共 240 000 名学生。这些小学分布在全市 5 个行政区中。其中重点小学有 30 所,一般小学有 240 所,条件较差的小学有 30 所。现在要从全市小学生中抽取 1 200 名学生进行调查,以了解全市小学生的学习情况。请设计一种抽样方案。

5.从社会科学期刊中选择几篇调查研究报告,分析并评价这些调查研究中所采用的抽样方法。

第五章

变量测量

社会调查实际上就是对社会现象或社会活动进行观察与测量的过程。测量是社会调查的重要环节,是社会调查的关键内容和步骤之一。社会调查资料的获得和社会调查成果的质量,与测量的手段和测量的质量直接相关,测量是决定社会调查成功与否的关键。因此,在社会调查的过程中,调查研究人员都应高度重视测量工作。在本章中,我们将对测量的概念与特征、测量的层次、操作化过程、量表以及测量的信度和效度等内容进行介绍。

第一节 测量的概念与特征

在日常生活中,我们对于测量并不陌生。比如,人们总是用人体的各种器官对外部世界进行测量:皮肤测量周围的温度、湿度;耳朵测量各种声音的类型、高低、方向;鼻子测量空气中的各种气味;眼睛测量物体的大小、颜色、形状、距离等。因为人体各器官的测量能力十分有限,测量的结果往往不够精确,所以人们在科学研究中发明了许多专门的测量仪器,规定了各种测量的程序和规则,创造了许多规范的测量方法,极大地提高了测量的水平和效果。人们不仅有了米尺、磅秤等一些基本的测量工具来测量物体的长短、高低、大小、轻重,还发明了温度计来精确测量空气、水和人体的温度,发明了望远镜来测量宇宙中不同行星之间的距离,发明了显微镜来测量人眼所无法看到的细胞的数目、形状和变化情况等。

在社会生活中,人们也进行着各种形式的社会测量,例如,用人口登记的方法了解一个国家的人口数量和人口结构,用电话访问的方法了解人们对不同政党候选人的支持率,用自填问卷的方法了解某高校大学生的学习情况、生活情况等。这些都是社会调查中测量的具体应用。

邓肯认为,“所有的测量……都是社会测量。物理测量也是以社会为目的的”[①]。社会科学感兴趣的并不是简单地对桌子的高度或者水的温度进行测量,社会科学感兴趣的是那些不能直接观察到的人们的行为、态度和看法。虽然各种测量的内容、方式等千差万别,但它们在测量的科学内涵上却是一致的。那么,什么是测量?

一、测量的概念

美国学者史蒂文斯(S. S. Stevens)认为:“测量就是依据某种法则给物体安排数字。”这一定义被一些社会科学研究人员所采用[②]。但不同的研究者也提出了不同的看法,邓肯认为史蒂文斯的定义并不完善,测量不仅仅是数字的分配,还应包括遵循某一物体或事件的属性……或品质的不同程度进行的数字分配[③]。本书中则采用以下定义对测量的含义作进一步解释:所谓测量(Measurement),就是根据一定的法则,将某种事物或现象所具有的属性或特征用数字或符号表示出来的过程。

通过对一个分析单位的特定属性的类别或水平进行量度,可以将抽象的概念或者命题转化为具体的可以观测和量度的问题或指标,通过对这些具体指标的分析,建构社会科学研究的理论模型。在实际的调查过程中,测量不仅可以对事物的属性作定性的说明(即确定分析单位特定属性的类别),也可以对其作定量的分析(即确定分析单位特定属性的水平)。在社会调查中,研究者所进行的大多数测量往往是对事物的类别进行的说明。

二、测量的要素

正如在自然科学的研究中,人们进行测量时要使用恰当的工具,遵循特定的规则和程序一样,要想使社会调查中的测量顺利进行,也要注意某些特定的规则或程序。社会测量中的基本要素主要有四个:测量客体、测量内容、测量法则和测量结果。

(一)测量客体

测量客体,也就是测量的对象。它是社会生活中存在的客观事物或现象,是社会调查研究中要用数字或符号来表达、解释和说明的对象。比如,要测量一杯水的温度,那么,这杯水就是我们测量的客体或对象。在社会调查中,最常见的测量客体是个人,以及由若干个人所组成的社会群体、社会组织等。在测

① 德威利斯.量表编制:理论与应用[M].2版.魏勇刚,等,译.重庆:重庆大学出版社,2006:4.

② 风笑天.现代社会调查方法[M].3版.武汉:华中科技大学出版社,2006:84.

③ 德威利斯.量表编制:理论与应用[M].2版.魏勇刚,等,译.重庆:重庆大学出版社,2006:7.

量的四个要素中，测量客体所对应的是“测量谁”的问题。

（二）测量内容

测量内容，也就是测量客体或对象的某种属性或特征。实际上，在任何一种测量中，我们所测量的对象虽然是某一客体，但所测量的内容却是这一客体的特征或属性。比如，水是我们的测量客体或对象，但水本身我们却无法测量，我们只能测量它的各种特征，如它的温度、颜色、密度等，这些就构成我们测量的内容。同样，社会调查中调查的对象虽然是个人、群体、组织以及社区等，但我们所测量的却并不是这些个人、群体、组织以及社区本身，而是他们各方面的特征，例如：测量一个人的社会背景（性别、年龄、文化程度）、行为（是否使用电脑、是否参加选举）和态度（对独生子女政策的看法，对女性阶段性就业的看法）等；测量群体或组织的规模、结构和管理模式等；测量社区的人口构成、人口密度和人际关系等。他们的这些特征才是我们的测量内容。在测量的四个基本要素中，测量内容所对应的是“测量什么”的问题。

（三）测量法则

测量法则，就是采用数字或符号表达测量客体的各种属性或特征的规则。也可以说，它是某种具体的测量程序和区分各种不同特征或属性的标准。例如，测量一个桌子的高度时，“将桌子放置在水平的地面，然后用直尺从地面垂直地靠近桌子的边缘，桌面所对应的直尺上的刻度即是桌子的高度”，这句话所陈述的就是测量桌子高度时应该遵循的规则。又如，在社会调查中，我们要测量某社区的人口数量，那么，“在该社区内有固定住房，户口属于该社区的常住人口”，就是我们对该社区人口的界定，也是一个测量法则。在测量的四个基本要素中，测量法则所对应的是“怎么测量”的问题。

（四）测量结果

测量结果，所指的是测量结果的表示形式，一般用数字或符号表示测量的结果。比如，“10℃，20℃”等是测量水的温度所得到的结果；“3 500 元、4 600 元”等是测量人们收入的结果；“初中、高中”等是测量人们文化程度的结果。在社会调查中，研究者进行测量的结果，许多是用数字来表示的，如被调查者的年龄、收入、家庭人口数、购买计算机的费用、社区的规模等。另外，还有一些事物的属性或特征是用文字来表示的，如性别（男、女）、婚姻状况（未婚、已婚、离婚、丧偶）、被调查者对现在住房的态度（非常满意、比较满意、一般、不太满意、不满意）等。尽管许多文字表达的测量结果在数据整理和统计分析时都转换成了数字，但这种数字并不能像数学中的数字那样可以进行加、减、乘、除运算，数字表示的只是不同类别的代号，“用数字表示的、通过回答类别而反映的观察客体本身的差异性，也许是定性的，也许是定量的"①。在测量的四个基本要素中，测量结果所对应的是"怎么表示"的问题。

三、社会测量的特点

我们知道，自然科学是最早研究测量问题的，测量在自然科学的研究中应用十分广泛、十分普遍，已达到非常专门化、精确化的程度。虽然自然科学的研究方法适用于社会科学的研究，但相比之下，社会科学中对测量的应用就显得比较落后。形成这种状况的原因是多方面的，社会现象的特殊性、复杂性以及社会测量的特殊性无疑是其中十分重要的原因。

（一）社会测量的复杂性

各种社会现象都是建立在人及其活动的基础之上，以人及其社会行为作为测量的对象，具有与自然现象非常不同的特点。

1.人的主、客体矛盾性。人，一方面是测量的客体或对象，另一方面，又是测量过程的主体，因而给社会现象的测量带来了无法回避的主、客观矛盾。与自然科学测量中的测量不同，无论是作为测量主体的人，还是作为测量客体的人，都具有主观意识、思想感情、思维能力和价值观念，都会对测量的过程和方式作出种种反应。此外，人与人之间还存在着各种各样、错综复杂的社会关系，这些都使得对社会现象的测量在很大程度上取决于人们的认识水平和价值取向，并有明显的主观色彩。

2.人的行为的双重性。社会测量的内容常常是社会中人们的行为，以及由人们的行为所构成的各种社会现象。然而，人们对各种社会现象所进行的测量活动本身，既是一种社会行为，也是一种社会现象。两者相互联系，也相互影响，就像自然科学中的"测不准原理"那样，给实际的测量工作带来了难以克服的困难。

（二）测量的不可重复性

在自然科学中，由于测量的对象相对单一和稳定，因而测量的可重复性强、量化程度高，这种测量常常可以建立起某种公认的、通用的单位标准，比如，长度用厘米、分米、米或英尺为单位来测量，时间用小时、分、秒为单位来量度，重量用克、千克或磅做单位来量度等。但是，在社会科学中，由于测量的对象十分复杂，因而测量的量化程度比较低，可重复性也比较差。对许多的社会现象，如人的同情心、社会群体的凝聚力、社会分层的标准等，社会科学家还没能（或者根本不可能）建立起某种公认的、适用于多种不同情况的测量单位和测量标准，以及与之相应的测量工具和测量方法。

---

① 林南.社会研究方法[M].北京：农村读物出版社，1987：191.

第二节　测量层次

与自然科学的测量一样,对社会现象的测量并不是主观任意的,它必须依据某种能客观地、科学地反映测量客体的属性的精确标准才能顺利进行。这个标准就是测量的层次。由于社会调查研究中涉及的社会现象或社会事物具有各种不同的性质或特征,这些性质或特征既有质的差异,也有量的不同,既有连续的特性,也有间断的特性,因而对它们的测量也就具有不同的层次和标准。1951 年,史蒂文斯创立了被广泛采用的测量层次(Levels of Measurement)分类法,他将测量层次分为四种,即定类测量、定序测量、定距测量和定比测量。不同层次的测量方法所对应的测量对象则分别称作定类变量、定序变量、定距变量和定比变量。

一、定类测量

定类测量(Nominal Measures),也称为类别测量或定名测量,它是测量层次中最低的一种。定类测量在本质上是一种分类体系,也就是将调查对象的不同属性或特征加以区分,标以不同的名称或符号,以确定其类别。定类测量的数学特征主要是“等于”与“不等于”(或者“属于”与“不属于”)。在社会调查中,对人们的性别、职业、婚姻状况、宗教信仰等特征的测量,都是常见的定类测量的例子。比如,性别、婚姻状况、宗教信仰等在测量时分别被调查者划分为“男性与女性”,“未婚者、已婚者、离异者、丧偶者”,以及“信佛教、信天主教……不信教”等各种不同的群体或类别,每一个被调查者则分别属于或者不属于其中某一类别。

由于定类测量实际上是一种分类体系,因此,必须注意所分的类别既要具有穷尽性,又要具有互斥性。所谓穷尽性,指的是所有被测事物的每一种情况都必然有一个合适的类型归属,不能有任何一种情况在分类的时候被剩下来,或者无法被分到适合的类型中去。所谓互斥性,指的是被测事物的每一种情况只能有一种合适的类型归属,不能既属于此,又属于彼。在测量的过程中,要求所分的类型既要相互排斥、互不交叉重叠,又要包含所有可能的情况。这样就可以使测量的每一个对象都会在我们的分类体系中占据,且仅仅占据一个类别,例如,将性别分为“男性和女性”,婚姻状况分为“未婚、已婚、离异和丧偶”。

定类测量还有两种属性:对称性和传递性。所谓对称性,是指甲对乙的关系也是乙对甲的关系。如果甲与乙是同类,则乙也一定与甲同类。反之,如果甲与乙不同类,则乙也一定不会与甲同类。例如,“男性”(甲)和“女性”(乙)都是对被调查者的性别的测量,那么甲乙是同类的;而“男性”(甲)是对性别的测量,“初中”(乙)则是对被调查者文化程度的测量,那么,这时甲乙属于不同的划分类型。所谓传递性,则指的是如果甲与乙同类,而乙与丙同类,那么,甲一定与丙也同类。例如,“小学”和“初中”都是对文化程度的测量,“初中”和“高中”也是对文化程度的测量,所以,同为测量文化程度的“小学、高中”也是同类型的。

对于任何一门科学来说,分类都是基础,定类测量在本质上是一种分类体系,它的意义和功能仅在于确定一事物和其他事物的属性或类别上的差异,而不能确定一类比另一类大或小,更谈不上大多少或小多少。用来表示每一类的数字或符号,只是分类的标志,而没有数学意义上数字的特征,不能进行加减乘除运算。因此,定类测量是社会测量中最简单、最基本的测量类型,测量水平和测量层次最低,其他几种层次的测量都将分类测量作为其测量的最基本内容。在对社会现象的测量中,大量的变量都是定类变量,因此,分类是最基本的目标和最经常使用的测量方法。在社会统计中,频数、百分比、交互分析、χ^2 检验等都是适用于定类测量层次的统计方法。

二、定序测量

定序测量(Ordinal Measures),又称为等级测量或顺序测量,指的是测量对象的属性或特征的类别可以进行鉴别,并能比较类别大小的一种测量方法。定序测量的取值可以按照某种逻辑顺序将调查对象排列出高低或大小,确定其等级及次序。比如,城市规模、生活水平、文化程度等就是这种层次的测量。

在这里,将城市规模划分为特大城市、大城市、中等城市和小城市,是一种由大到小的等级排列;将生活水平划分为贫困、温饱、小康和富裕,是一种从低到高的等级排列;将文化程度划分为文盲/半文盲、小学、初中、高中、大专、大学及以上等,也是一种从低到高的等级排列。在社会调查中,研究者还可应用定序测量对人们的社会地位、住房条件、工作能力、生活满意度等特征进行等级排序测量。

定序测量不仅能像定类测量一样,将不同事物或现象的属性或特征区分为不同的类型,而且还能反映出事物或现象的高低、大小、强弱等等级序列上的差异。它的数学特征比定类测量的数学特征高一个层次,其数学特征是大于或小于(>或<)。因此,定序测量的变量值之间的次序可以作质或量的比较。由此可见,定序测量所得到的信息比定类测量更多。

从定序测量的属性来看,它除了具有定类测量的对称性和传递性之外,还具有不对称性的属性。不对称性指的是甲对乙具有某种关系时,并不等于乙对甲也具有这种关系。例如,大于的关系(或小于的关系)就是不对称的,甲>乙时,就不会有乙>甲;大城市的人口数量(甲)多于中等城市(乙),我们不能反过来说，中等城市的人口数量多于大城市。但甲>乙，乙>丙时，那么，一定有甲>丙，也就说传递性属性依然存在。例如，我们在测量城市的规模时，大城市的人口规模大于中等城市，中等城市人口规模大于小城市，则大城市的人口规模肯定大于小城市。

定序测量中，这些变量中的等级顺序是显而易见的，在用数字表示的测量中，其所使用的数字仅是显示等级顺序而已，并不表示真正的量值，并且等级之间的间隔也不一定相等。究竟大多少或小多少，高多少或低多少，其具体的数值往往是不能确定的，比如，不能说"小学-文盲=大专-高中"，"富裕-小康=温饱-贫困"。在统计分析中，中位数、四分位差、等级相关等都是适用于定序层次测量变量的统计方法。

三、定距测量

定距测量(Internal Measures)，也称为间距测量或区间测量，是一种能测量事物属性或特征的差异程度的测量方法。它不仅能够将社会现象或事物分成不同的类型、不同的等级，还可以确定它们之间的间隔距离和数量差异。比如，智商、温度就是这样的测量。

在定距测量中，我们不仅可以说明哪一种类别的等级较高，而且还可以说明这一等级比另一等级高出多少单位，也就是说，定距测量所测出来的结果可以进行加减运算。如果测得张三的智商是105，李四的智商是95，那么105-95=10。从这一测量中，我们不仅可以了解到张三和李四的智商不同(定类测量的测量结果)，了解到张三的智商比李四的智商高(定序测量的测量结果)，还可以了解到张三的智商比李四的智商高10分(定距测量的测量结果)。

需要注意的，定距测量的结果不能进行乘除运算，我们不能说智商为120分的人与智商为60分的人相比，其智商高一倍。同时，定距测量所得的值虽然可以是0，但这个0却不具备数学中的0的含义。比如，我们测得某天的温度为0°C，并不表示这一天"没有温度"，只能表示这一天的气温达到了"水的结冰点的温度"；测得一个人的智商为0，并不表示这个人"没有智商"。从测量的角度看，定距测量中的"0"并不是绝对的"无"，而是以某种人为的标准而定的标志值，是人们主观认定和选取的。统计分析中的算术平均数、方差、积矩相关等都是适用于定距测量资料分析的方法。

四、定比测量

定比测量(Ratio Measures)，也称为等比测量或比例测量，是一种能够测量事物间比例、倍数关系的测量方法。定比测量除了具有上述三种层次测量的全部性质之外，还具有一个固定的、绝对的0点(符合数学特征的，有实际意义的0

点)。因此,这种测量方法除了具备前三种测量方法的所有特征外,还能对测量所得的数据进行乘除运算,是四种测量类型中测量层次最高的一种类型。符合定距测量基本要求的大部分变量,也都符合定比测量的基本要求。

比如,年龄、身高和工资收入都有绝对的0值,这里的0表示真实的“无”,因而可以对其进行乘除的数学运算。例如,测得张三的收入是500元,李四的收入是1 000元,从这个测量中,我们既可以知道张三和李四的收入(500元和1 000元),可以知道李四的收入高于张三(1 000元>500元),也可以知道李四的收入比张三的收入高500元(1 000元-500元=500元),还可以知道李四的收入是张三收入的2倍(1 000÷500=2)。因此,定比测量的数学特征最多,不仅能进行分类和次序高低比较,还可以对其测量结果进行加、减运算,进行乘、除运算。

是否有一个具有实际意义的零点(绝对零点),是定比测量与定距测量的唯一区别。“由于当前的社会研究中所应用的统计方法很少要求达到定比测量层次”①,在统计中定比测量往往作为定距测量看待,因此,后面的统计分析中,主要介绍定类、定序和定距测量变量的统计方法。

五、测量层次小结

定类测量、定序测量、定距测量和定比测量,是社会测量中最常用的四种类型。这四种测量的层次由低到高,依次上升,高层次的测量具有低层次测量的所有功能,也就是说高层次的测量既可以测量低层次测量可以测量的内容,也可以测量低层次测量无法测量的内容。例如,定序测量具有定类测量的分类功能,因此,可以作为定类测量使用;同样,定距测量具有定序测量的排序功能与定类测量的分类功能,因此,可以作为这两种测量使用,反之,则不行。为了更清楚地说明这四种测量层次的差别,可以将它们各自的数学特征总结在表5-1中。

表5-1　四种测量层次的数学特征总结

	定类测量	定序测量	定距测量	定比测量
类别区分(=,≠)	√	√	√	√
次序区分(>,<)		√	√	√
距离区分(+,-)			√	√
比例区分(×,÷)				√

① 李沛良.社会研究的统计应用[M].北京:社会科学文献出版社,2010:22.

还需要注意的是,对同一被测对象,由于测量的目标不同,可以使用不同的测量尺度。例如,对人们生活水平的测量,既可以对其作“贫”和“富”的定类测量,也可以作“贫困、温饱、小康、富裕”的定序测量,还可以根据家庭生活费分别为800元、1 000元、1 200元、1 400元等作定比测量。所以,在测量的具体操作化过程中,要根据被测对象的属性或特征以及测量的目标,灵活、准确地选择相应的测量方法。到底应该用哪一种测量较为合适?我们知道,一般来说,测量的层次越高,获得的信息越多,测量也越精确。因此,在社会调查研究中对变量的测量可以采取“就高不就低”的原则,即尽可能作较高层次的测量。当然,这也不是一概而论的,研究者可根据实际需要对其作不同层次的测量,例如,把年龄、身高、工资这些可做定比测量的变量,作定距处理。同样,定距测量可作为定序测量乃至定类测量处理,定序测量可作为定类测量处理。还要注意的是,因为各种测量层次的数学特征不同,在对调查资料进行整理和分析的过程中,应该根据不同测量层次的数学特征来选择不同的统计分析方法。

第三节　概念的操作化

社会科学中使用的概念与自然科学中的概念有很大的不同,社会科学中的概念往往是抽象的、模糊的、含义不清的,如“爱情”“生活方式”“自我认同”等。事实上,爱情、生活方式、自我认同等可能并不存在,我们从来没有看到过它们。什么是爱情,什么是生活方式?也没有人能说清楚,这些“只是我们用来与他人交流所采用的一个有共识的术语而已;这个术语被用来表示在社会上观察到的相似现象”①。而在社会调查中,我们要测量的是那些具体的、可知的事物或现象,测量的是某一概念或理论在“社会上观察到的相似现象”。对社会现象的测量是从抽象概念的操作化开始的。操作化(Operationalization)是社会调查中常用的概念,也是社会调查过程中最困难、最关键的步骤之一。本节我们主要介绍操作化的含义及操作化的步骤。

一、概念、变量与指标

为了更好地理解操作化的概念和方法,我们先对概念、变量和指标做一简要说明。

(一)概念

概念(Concepts)是对现象的抽象,它是一类事物的属性或特征在人们主观上的反映。概念是在日常生活中通过感性认识和互相交流形成的,如智商、人

① 艾尔·巴比.社会研究方法基础[M].8版.邱泽奇,译.北京:华夏出版社,2002:94.

际关系等概念。在日常交往中,人们大致知道这些概念是指什么,但又不确切知道它们的具体含义,人们只能根据自己的经验观察或经历来了解它们。由于现实生活中事物和现象的类型、结构不同,复杂程度不同,所以,概念的抽象程度也有高有低。比如,"生活质量""同情心""人际关系"这样的概念,其抽象层次就比"苹果""椅子""书"这类概念的抽象层次要高。抽象层次高的概念往往包含多个抽象层次低的概念,并且往往是难以直接观察和描述的。这是因为概念的抽象层次越高,其涵盖的面越大,特征就越含糊。相反,一个概念的抽象层次越低,其涵盖面也就越小,特征也越明确。这一点可通过图 5-1 来简单说明。

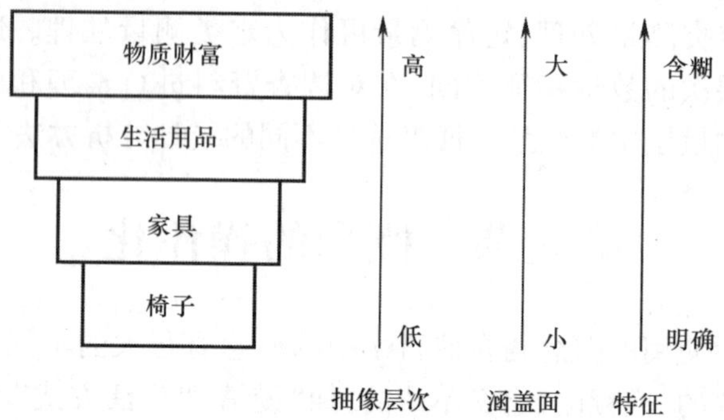

图 5-1　概念及其特征

资料来源:风笑天.现代社会调查方法[M].2 版.武汉:华中科技大学出版社,2001:98.

(二)变量

许多概念往往包括若干个范畴、值或亚概念,比如,"性别"这一概念就包括"男性"和"女性"两个范畴;"文化程度"这一概念就包括"文盲、小学、初中、高中、大专及以上等"多个范畴;"年龄"这一概念则包括"1 岁,2 岁,3 岁……"更多的范畴。正是因为概念具有这种多值的特性,因此,在社会调查中,人们借用了数学术语,把所研究的概念称作"变量"。

所谓变量(Variable),就是指具有一个以上取值的概念,或者说,就是包括一个以上范畴的概念;而那些只有一个固定不变的值的概念,则叫作常量。那么,我们可以说"性别"这一概念包括两个取值,"男性"和"女性"。人们对国家的某项政策所持的态度,分为"非常赞成、比较赞成、无所谓、不太赞成,很不赞成",则可以说包含了五个取值。

变量具有两个重要的性质:第一,变量取值的穷尽性。构成变量的值必须是穷尽的,每个被调查者的情况都应能归于某个取值中。如果"文化程度"这一变量中只设"初中、高中、大专"3 个取值,那么,这个变量的取值就不是穷尽的,因为它没有涵盖所有文化程度分类上的类型，比如，“文盲、大学本科”都不能归于这3类中的某一类，它们被漏掉了。第二，变量取值的互斥性。构成变量的取值必须是互斥的，每个被调查者的情况仅属于一个取值，而不能同时属于两个或多个取值。比如，“职业”这一变量取值中，如果既有管理人员又有经理、局长、处长等，那么它的取值就不是互斥的，而是相互包含的了。

在社会调查研究中，根据变量取值的性质和变量之间的关系，可以对其进行不同划分。

1.根据变量取值的性质不同，可以将变量分为定类变量、定序变量、定距变量和定比变量，它们是根据不同层次的测量方法而得到的变量，其特点与性质来自于不同的测量方法，可以参照测量层次一节，在此不再赘述。

2.根据变量之间的关系，又可将变量分为自变量、因变量和中间变量（也称为中介变量）。所谓自变量是指不受外界因素的影响而自身变化的变量，如“年龄”“性别”，一般被看作自变量。所谓因变量，是指其变化是因为受到外界因素的影响而产生变化的变量。一般来说，使因变量产生变化的变量为自变量，也就是说因变量是受自变量的影响而变化的。比如，人们对某一事物的看法或态度，往往受性别、年龄、文化程度、职业等因素的影响，在这里，对某一事物的看法或态度就是“因变量”，性别、年龄、文化程度、职业等因素则为“自变量”。应该注意的是，自变量和因变量的划分并没有固定的标准，往往根据研究者的需要而定。因此，自变量和因变量并不是固定不变的，有些变量既可看作自变量，也可看作因变量。例如，在“文化程度不同的青年就业时的职业不同”“职业不同的青年的收入存在较大差异”这两个命题中，“职业”既是前一命题的因变量，也是后一命题的自变量。所谓中间变量，就是介于自变量和因变量之间的变量。例如，人们社会地位的差异（因变量），可能是因为职业不同（中间变量）；之所以人们的职业会不同，可能是因为人们所受的教育不同（自变量）。在这里，它们之间的关系是：文化程度（自变量）→ 职业（中间变量）→社会地位（因变量）。那么，“职业”则是“文化程度”和“社会地位”之间的中间变量。

（三）指标

指标（Indicators）表示一个概念或变量含义的一组可观察到的事物。指标是反映社会现象特征的范畴。概念是抽象的，而指标则是具体的；概念是人们的主观印象，而指标反映的则是客观存在的事物；概念只能抽象，而指标则可以观察和辨认。比如，“性别”是一个抽象的概念，而“男性”和“女性”则是我们可以看到或者通过询问得知的。

我们研究社会现象，就是把社会现象所涉及的概念当作变量，通过操作化为具体的指标去进行测量。每一项指标反映着某一个特定的社会现象，不同的社会现象可以用不同的指标来反映。比如，“社会阶层”是一个抽象概念，通过操作化,我们可以用一组指标来测量它,如职业、收入、文化程度等指标。由于指标是变量在经验层次上的一种体现,因而它也具有变量的特性,也就是说,一个指标也会有若干个不同的取值。例如,“职业”是变量“社会阶层”的一个测量指标,它具有“工人、农民、军人、教师等”多个不同的取值;同样,“文化程度”也是“社会阶层”的一个测量指标,它也有“文盲、半文盲、小学、初中、高中、大学等”不同取值。

因为测量时所依据的事实不一样,任何一个变量都可能有许多不同的指标。如年龄,可以用实际年龄来测量,也可以用分组年龄(5 岁以下,5 ~ 10 岁……)来测量,还可以用年龄段(如少年、青年、中年、老年)来测量;一个企业的规模,可以用企业职工数来测量,也可以用企业的固定资产来测量,还可以用企业的总产值和利润等来测量。当一个变量有多个指标时,可以从中挑选出若干个指标来测量,挑选指标的原则是方便与适当,例如,测量性别时可以用看的方式,企业规模可以用企业职工数这个指标等。

二、操作化的含义

所谓操作化(Operationalization),就是将抽象的概念或命题转化为可观察的具体指标的过程,或者说,是对那些抽象层次较高的概念进行具体测量时所采用的程序、步骤、方法、手段等的详细说明。比如,将“生育意愿”转化成“生育子女数量”、“生育的性别偏好”及“生育时间”等指标,就是一个操作化的例子。“社会调查课程学生的最终成绩主要由三部分组成:平时成绩(包括课堂发言、平时作业)占 20%,调查研究设计占 40%,最后考试成绩占 40%”,也是对学生“课程成绩”的一个操作化的例子。

操作化在社会调查研究中有着十分重要的作用。第一,存在于研究者头脑中的构建理论大厦的各种概念和命题,只有通过合适的操作化之后,才能成为在社会生活中普通人可以看得见、摸得着的社会事实,才能使社会调查得以进行。第二,操作化也是具有定量取向的社会研究的关键。通过操作化,可以将抽象的概念或命题变成具体的可以测量的指标,将抽象的概念用量化的指标表示出来,从而可以对一些有关社会现实的理论假设进行检验,尤其是在解释性的研究中。这也就是说,只有通过操作化的过程,将思辨色彩很浓的理论概念转变成、“翻译成”经验世界上人人可见的具体事实,假设检验才成为可能。第三,操作化的定量研究方法是从对社会现象的定性出发,经过量化过程,再回到定性的理论大厦的建造,通过操作化,社会理论经过“定性→定量→定性”的过程,可以使社会理论的发展建立在科学的基础上,而不是一种主观的臆断。

因此,可以说操作化是社会调查研究中由理论到实际、由抽象到具体这一过程的“瓶颈”,而操作化的过程,就是架在抽象的理论概念与具体的经验事实之间的一座桥梁,它为社会调查研究中测量抽象的概念提供了一种方法。例如,"歧视"是我们在生活中常常会听到,也能感受到的概念,但什么是"歧视"?它的形状如何?我们却不能在现实中看到。然而,我们常常会遇到或听到这样的说法:"招聘单位只要男性","要求年龄不超过26岁"等。这些都是"歧视"这一概念在现实生活中的反映,也可以说是对"歧视"这一概念的操作化。操作化的作用正是让那些通常只存在于我们头脑中的抽象概念,最终在我们所熟悉、所生活的现实生活中"现出原形"。社会调查研究的目的则是通过对这些具体的日常生活中常见的指标的测量,抽象出具有普遍意义的概念和理论。

三、操作化的步骤

概念是一个抽象的定义,但变量的测量是出现在经验层次的,要进行测量,就要将抽象定义转化为操作定义。对概念进行操作化处理,首先要给出概念的操作定义。所谓操作定义,就是要建立一些具体的程序或指标来说明如何测量一个概念(变量)。那么,如何将一个抽象的概念操作化为具体的可闻可见、可以测量的指标呢?概括来看,主要包括两方面的工作:一是明确与界定概念;二是发展测量指标。

(一)明确与界定概念

抽象的概念往往包含着大量不同的成分,而以这种概念组织起来的资料则通常存在较大的差异,如果不同的研究者用同一个概念(词语)来表达不同的含义,那么,这样的概念也就没有意义了。这也就是说,除非用同样的词语来表达相同的事物,否则交流也就是不可能的。默顿指出:"概念澄清的一个功能,是弄清包摄于一个概念之下的资料的性质。"①因此,在研究的过程中首先要做的就是对要测量的概念进行明确的界定。关于同一事物或现象的不同概念,往往具有某些实质性的差异,因此,在研究中需要对主要的概念进行某种澄清和界定。通过明确和界定概念,不仅可以为我们提供分析和测量的指导框架,还可以使各项经验研究的资料具有一致性和可比性。界定概念的过程可以分成以下两个步骤。

第一,明确概念的确切含义。因为人们认识事物的视角不同,所以即使是对同一事物,所给出的概念也会有很大的不同。因此,在采用或给出某个具体的定义之前,可以先看看其他的研究者对这一概念所下的定义是怎样的。而对于那些并未对该概念下正式定义的研究来说,我们就需要从这一概念的运用中确定对这一概念的界定。我们通过收集和查询,了解有关这一概念的各种不同的定义,并对这一概念进行分析和理解,可以形成对这一概念的总的理解和

① 罗伯特·默顿.论理论社会学[M].北京:华夏出版社,1990:186.

把握。

第二,确定一个定义。既然概念的界定不同,那我们列出了有关这一概念的各种定义,或者总结出各种定义中最具共同性的元素后,就该决定采取哪一种定义了。这时,我们面临各种不同的选择:既可以从现有的各种定义中选择一个比较科学、确切的,也可以在现有定义的基础上自己创造出一个新的定义;既可以采用一个经典的定义,也可以选择一个比较现代的定义。到底选择怎样的定义,应该以研究者进行具体研究的需要为标准,哪种定义方式最适合研究的目的,就应该重点考虑这种定义方式。

(二)发展测量指标

概念的明确和界定,解决的是概念定义的内涵和外延问题,即在我们的研究中确定这一概念的内涵和外延的具体范围。这只是对概念认识的第一步。在社会调查研究中,最重要的是将这些抽象的概念操作化,使其转化为具体的可观察和可测量的事物。接下来的任务就是用指标来说明概念的含义。用哪些经验指标来说明抽象的概念,是概念操作化的最重要,也是最难的一步。通常的做法如下:

1.列出概念的维度。许多比较抽象的概念往往具有若干个不同的方面或维度,或者说,一个抽象的概念往往与现实生活中的一组复杂的现象相对应,而不仅仅只对应于一个单纯的、可直接观察到的现象。比如,“社会地位”就是一个具有多个不同维度的概念。社会地位,可以包括经济地位、政治地位、法律地位等不同的方面。因此,我们在界定概念时,也应该同时指出概念所具有的不同维度。概念维度的确定有利于概念的操作化,也有利于测量指标的选择。要测量某一概念,往往是先将这一概念的主要维度列举出来。比如,有研究者在研究个人的工作和家庭关系时,提出了工作家庭冲突的概念,指出这一概念包含三个维度:时间冲突、行为冲突和情感冲突。我们在测量某一群体的生存状况时,也往往从其就业、教育、健康、家庭、安全等方面进行考虑。

2.发展测量指标。指标是否能反映要测量的概念,是社会调查研究的关键因素之一。对有些概念,建立一个测量指标比较简单,如人们的“性别”“年龄”“文化程度”这样的概念;但是,对于一些比较复杂、比较抽象的概念,发展和建立测量指标就不是一件容易的事。通常,我们采取以下两种方式来发展概念的指标。

(1)利用已有的指标。在心理学和社会学的研究中使用的一些测量人的性格、态度方面的量表,往往经过了多次的运用和修改,常常可以成为我们可用的指标。用前人已用过的指标的好处在于研究所得的结果可以进行比较,同时,这种做法也有利于社会知识的积累和形成。因此,我们在建立指标之前,就需要对相关的研究,特别是定量的研究进行梳理,注意整理和积累他人研究中所使用的指标,为以后的研究积累资料。但是,因为每项研究涉及的研究主题、研究对象和抽样范围存在较大的差异,因此,前人的许多指标不一定完全适合我们的概念,在实际应用时,需要作一定的修改和补充。

(2)研究者自己发展指标。如果研究者所作的研究是别人没有或较少涉及的内容,研究者可以自己为相关概念发展指标。当然,研究指标的创建并不是凭空想象出来的,也同样是来自现实生活。研究者在创建指标之前,一般先要进行一段时间的探索性研究。通常采用实地观察和无结构式访问的方式进行资料的收集,尤其是与被研究者中的关键人物、实际工作者或相关的专家,进行比较深入的交谈,从这些人那里获得较为符合实际的答案。这样做可以帮助研究者从不同的角度,用不同的眼光来看待要研究的事物,更深入地了解要分析的问题,使创建的指标更能反映人们日常生活中的行为。

但应该注意的是,有些抽象概念往往很难,甚至不可能在具体现象中找到其所对应的指标,而且在许多情况下,一个操作性定义往往不能够完全代表所要测量的概念,这也是社会调查有时受到批评和指责的原因之一。另外,在概念操作化的过程中,也往往会存在同一概念在测量的时候,会出现不同指标的问题。例如,同样是在对家庭生活质量的研究中,卢淑华从人们的“主观感受或评价”出发,构筑了一个以“婚姻满意度、家务满意度、吃的满意度、交友满意度、业余生活满意度和穿的满意度”为主要因素的家庭生活满意度的分析框架①。风笑天等人的研究中则注意了从主、客观两个方面进行测量:既有家庭收入、家庭伙食消费、住房面积、住房设施、家庭物质生活设备、家庭精神生活设备、报纸杂志数、家务劳动时间这样的客观指标,又有对住房状况、邻里关系、家庭成员关系、婚姻生活、闲暇生活等方面的满意程度的主观评价指标②。同样是对“中国妇女社会地位”的调查,在1990年的调查中,包括法律权利、生育与健康、教育、劳动就业、社会参与和政治参与、婚姻家庭、自我认知与社会认同、生活方式八个方面的内容③;而在2000年的调查中,则主要测量了女性的经济、政治、教育、婚姻家庭、健康、生活方式、法律和社会性别观念八个方面④。研究的维度不同,所使用的指标也就存在差异。

四、操作化的两个例子

前面我们对操作化的概念和步骤进行了简单说明,下面我们通过两个例子进一步详细说明。

---

① 卢淑华.中国城市婚姻与家庭生活质量分析[J].社会学研究,1992:(4).

② 风笑天,易松国.城市居民家庭生活质量:指标及其结构[J].社会学研究,2000:(4).

③ 陶春芳,蒋永萍.中国妇女社会地位概观[M].北京:中国妇女出版社,1993:18-19.

④ http://www.stats.gov.cn/tjgb/qttjgb/qgqttjgb/t20020331_15816.htm.

例1:在对“夫妻权力”的测量中,研究者通常将这一概念界定为“夫妻在家庭中的决策权”。美国学者布拉德等率先提出8个指标进行测量:丈夫的职业选择、妻子是否外出工作、买汽车、房子、人寿保险、闲暇安排、看病选医生和每周食品开销由谁决定。①

上面例子中所列出的有些还不是真正意义的指标,只能算作维度或子维度,因此,需进一步操作化为具体的指标。同时,我们也看到,对同一概念的操作化在不同时期和不同国家和地区会存在较大的不同,在美国适用的指标,不一定适合中国。由此可见,社会研究中概念操作化的结果不是唯一的,各种不同的操作化结果在反映概念内涵的准确性和涵盖面上存在着较大的差别。

伊庆春、蔡瑶玲在1988年的研究则通过以下15个指标来进行测量:①丈夫的职业或工作选择;②妻子是否外出工作或改变工作;③家用支出分配;④储蓄、投资、保险等;⑤参加婚丧喜庆活动时礼金的数额;⑥买房子或房地产;⑦要不要搬家;⑧是否与上一代同住;⑨生几个孩子;⑩用哪种避孕方法;⑪小孩上哪所学校;⑫小孩教育;⑬请哪些客人吃饭;⑭娱乐休闲活动的计划;⑮家中的布置及买家具。②

例2:徐安琪等在对婚姻质量的研究中,将“婚姻质量”定义为夫妻的感情生活、物质生活、余暇生活、性生活及双方的凝聚力在某一时期的综合状况,从主观和客观两个方面六个维度测量了已婚者的婚姻质量,其基本的操作化框架如图5-2所示。③

---

① Blood, Robert O Jr., Donald M Wolfe. Husbands and Wives[M]. New York: The Free Press, 1960.

② 伊庆春,蔡瑶玲. 台北地区夫妻权力分析:以家庭决策为例//伊庆春、朱瑞玲主编. 台湾社会现象的分析——家庭、人口、政策与阶层[M]. 台北:“中央研究院三民主义研究所”, 1989.

③ 徐安琪,叶文振. 婚姻质量:度量指标及其影响因素[J]. 中国社会科学, 1998(1): 145-159.

- 婚姻质量
  - 主观指标
    - 对配偶评价
      - 外貌风度
      - 生活能力
      - 尊重、体贴、理解、信任本人
      - 家庭角色合格
    - 婚姻关系评价
      - 感情生活满意
      - 性生活满意
      - 两性平等
      - 个人独立自由
      - 夫妻和谐
      - 婚姻幸福
      - 夫妻感情深度
      - 爱情维系婚姻
    - 物质生活评价
      - 住房满意
      - 收入满意
      - 物质生活满意
      - 余暇生活满意
  - 客观指标
    - 夫妻互动
      - 浪漫性
      - 亲密性
      - 平衡性
      - 沟通性
    - 性生活体验
      - 性快感体验
      - 性抚爱时间
      - 性感受交流
    - 冲突与离异意向
      - 否定、指责
      - 冲突频率
      - 冲突程度
      - 失望感
      - 离异意向

图 5-2　婚姻质量的操作化框架图

第四节　量表

在社会调查研究中，有些问题比较简单，用一个指标进行测量就可以了，例如，用“你今年多大了？”来确定被调查者的年龄。但不少概念非常复杂，涵盖的范围很广，如人际关系、社会分层等就包含很多方面的内容，只用一个指标进行测量是不行的。因此，在许多社会调查问卷中，常看到以综合指标或量表的形式出现的复合测量。这些复合测量，通过将多项指标或量表概括成一个数值，可以有效地缩减资料数量，并有效地区分出人们在某些观念或态度上的程度差别。本节我们将对量表测量法进行简要介绍。

量表(Scales)是社会调查研究中用来测量复杂概念的一种复合测量法,也是社会科学研究中广泛应用的一种测量工具。量表是一种具有结构强度顺序的复合测量方法,其全部陈述或项目都是按一定的结构顺序来安排,以反映所测量的概念或态度具有的各种不同的程度。量表在心理学和社会学的研究中使用较为普遍,在社会调查及其他社会研究中,主要是运用量表来测量人们的态度。

量表的结构形式有很多种,它们的制作方式和设计方式各有不同,社会调查研究中主要使用的量表有总加量表、李克特量表、社会距离量表和语义差异量表。

一、总加量表

总加量表(Summated Rating Scales),也称作总和量表,它是由一组反映人们对事物的态度或看法的陈述构成。回答者分别对这些陈述发表同意或不同意的看法,根据回答者的回答计分,然后再把回答者在全部陈述上的得分加起来,即得到了该回答者对这一事物或现象的态度得分。得分的高低反映了个人在态度量表上的位置。表 5-2 就是一个总加量表的例子。

表 5-2 家庭亲密度量表(节选)

	同意	不同意
1.我们家庭成员总是给予最大的帮助和支持	1	0
2.在家里我们不会感到无聊	1	0
3.家庭成员愿意花很大的精力做家里的事	1	0
4.在我们家,有一种和谐一致的气氛	1	0
5.家里有事儿时,大家抢着去做	1	0
6.家庭成员总是衷心地相互支持	1	0
7.家庭成员的集体意识很强	1	0
8.家庭成员彼此之间一直都合得来	1	0
9.家庭的每个成员都一直得到充分的关心	1	0

资料来源:中国心理卫生杂志社.心理卫生评定量表手册[J].增订版.中国心理卫生杂志社,1999:140-142.

家庭亲密度量表测量的是家庭成员的亲密程度。它由方向相同的(强调成员之间的亲密)九个陈述构成,每一陈述句后都有两种答案,凡回答“同意”记 1 分,回答“不同意”记 0 分。这样,将一个回答者对这九个陈述的得分相加就得到他在这一问题上的态度的总得分。得分越高,则表示家庭成员的亲密度越高,得分越低则表示家庭成员的亲密度越低。通过得分的高低可以得知不同回答者家庭的亲密度。需要特别注意的是,表中每个陈述所表达的态度方向与记分的方向应保持一致。如果上述陈述中出现了相反的陈述,如"2.在我们家感到无聊",这时在计算总得分时,它的计分方法则正好相反,同意则应该为"0",不同意为"1"。

这种指数的计算存在一个潜在的假设,也就是说每一个指标在反映人们的态度方面都具有同等的效果,是"等值"的,不存在程度上的差别。只有在这样的假设前提下,我们才能对不同得分者进行比较,例如,可以知道得分为"7"的回答者的家庭具有同样程度的家庭亲密度。

二、李克特量表

李克特量表(Likert Scale)是在总加量表的基础上修改而成的,是总加量表的一种特定形式,也是社会调查中用得最多的量表。李克特量表是由美国社会心理学家李克特(R.A.Likert)于1932年在原有的指数形式量表基础上改进而成的。李克特量表也由一组对某事物的态度或看法的陈述组成,与上述总加量表不同的是,回答者对这些陈述的回答不是被简单地分成"同意"和"不同意"两类,而是被分成"非常同意、同意、不知道、不同意、非常不同意"五类,或者"赞成、比较赞成、说不清、比较反对、反对"五类。答案类型的增多,人们在态度上的差别就能更清楚地反映出来。表5-3是一个李克特量表的例子。

表5-3 关于孩子对婚姻/家庭影响的态度(请在每一行相应的空格打"√")

	非常同意	比较同意	说不清	不太同意	很不同意
1.孩子减少了夫妻相处的时间	□	□	□	□	□
2.孩子增加了家庭乐趣	□	□	□	□	□
3.孩子增加了家庭冲突	□	□	□	□	□
4.生育孩子增加了家庭负担	□	□	□	□	□
5.孩子使得家庭结构完整	□	□	□	□	□
6.孩子降低了夫妻婚姻生活质量	□	□	□	□	□

表5-3中六条陈述表达的都是生育孩子对婚姻或家庭的影响的不同方面,但这六条陈述所代表的态度的倾向是不同的,认为孩子对婚姻/家庭有正面影响的,我们可以按"5=非常同意,4=比较同意,3=说不清,2=不太同意,1=很不同意"来赋值,而认为孩子对婚姻/家庭是负面影响的陈述,我们可以按"1=非常同意,2=比较同意,3=说不清,4=不太同意,5=很不同意"来赋值。这样,上例中六条陈述的赋值见表5-4。

表 5-4 关于孩子对婚姻/家庭影响的态度的赋值得分

	非常同意	比较同意	说不清	不太同意	很不同意
陈述①	1	2	3	4	5
陈述②	5	4	3	2	1
陈述③	1	2	3	4	5
陈述④	1	2	3	4	5
陈述⑤	5	4	3	2	1
陈述⑥	1	2	3	4	5

将每一个回答者在表 5-4 中六个陈述的得分（每行一个答案所对应的码值）加起来，就构成他关于孩子对婚姻/家庭影响的态度得分。根据我们确定的上述赋值方式，一个回答者在该量表上的得分越高，表明他的态度越倾向于认可孩子对婚姻/家庭的积极影响，而得分越低则表明其越倾向于认可孩子对婚姻/家庭的消极影响。

李克特量表的特点，在于它清楚地表达了回答者的态度差异，我们通过回答者在每一项目上对“非常同意、比较同意、说不清、不太同意、很不同意”的选择，可以知道回答者的相对回答程度。除此之外，它能计算对每一项陈述表示同意的指数平均分数。上例中，如果我们调查发现陈述①的指数平均数为 4.2，陈述③的指数平均数为 2.0，根据不同指数的得分情况，来判断每一项陈述在量表中的分辨力，这是研究者在设计量表时确定量表项目的主要依据。其基本程序如下：

第一，根据要测量的内容或主题，收集大量与这一主题有关的问题，初步筛选出一组问题（一般为 10~30 条）作为量表草案。

第二，确定问题的类别和计分标准。回答的类别可以分为五个等级，也可以分为三个等级或七个等级，在社会调查中，以五个等级最为常见。例如，对每一陈述都给予五个答案：非常同意、同意、说不清、不同意、很不同意，根据每个陈述赞成或反对的方向分别赋以 1，2，3，4，5 分。一般来说，在一个量表中，正向和负向提问应各占一半，以便使回答者集中精力认真回答，防止敷衍了事或误答。

第三，在所要测量的总体中，选择一部分对象（一般不能少于 20 人）进行试测。统计每位受测者在每条陈述上的得分以及每人在全部陈述上的总分，检查每个陈述的分辨能力。分辨能力，指的是一个陈述是否能区别出人们的不同态度或不同程度，假如一个指标是“政府部门的职责应该是为人民服务”，那几乎 100%的被调查者都会回答“同意”，那么，这一题目就没有分辨力。

第四，统计每位被调查者在每条陈述上的得分以及每人在全部陈述上的总分。

第五，计算每一条陈述的分辨力，删除分辨力不高的陈述，保留分辨力高的陈述，形成正式的量表。

分辨力的计算方法是：先对受测对象全体进行总分排序；然后取出得分最高的25%的人和得分最低的25%的人，并分别计算这两部分人在每一条陈述上的平均分；将这两个平均分相减，所得到的数值就是这一条陈述的分辨力系数。该系数的绝对值越大，说明这一陈述的分辨力越高；分辨力系数越小，就说明这一陈述的分辨力低，这样的题目应当删除。表5-5是一个计算分辨力的例子。

表5-5 分辨力的计算

题目 被调查者		(1)	(2)	(3)	(4)	(5)	(6)	(7)	(8)	(9)	(10)	(11)	(12)	个人总分
得分最高的25%人	工人1	4	5	5	4	3	5	4	4	3	5	2	5	49
	工人2	5	4	4	5	5	4	3	2	5	4	1	4	46
	工人3	5	4	3	3	4	5	4	3	4	4	2	4	45
	工人4	4	4	4	4	5	3	3	3	4	5	1	5	45
	工人5	5	5	3	2	4	4	3	4	5	2	2	4	43
	工人6	4	3	2	5	4	5	4	4	2	3	1	5	42
	工人7	4	4	4	4	2	3	3	4	4	3	2	4	41
	工人8	3	3	4	4	2	3	5	4	2	3	2	5	40
	⋮	⋮	⋮	⋮	⋮	⋮	⋮	⋮	⋮	⋮	⋮	⋮	⋮	⋮
	工人14	2	3	2	3	3	2	3	4	4	3	2	4	36
	工人15	2	4	2	3	2	2	3	4	4	3	1	4	34
得分最低的25%人	工人16	2	2	4	2	3	3	2	1	4	2	2	5	32
	工人17	2	2	2	3	4	2	4	1	3	3	2	4	32
	工人18	1	3	2	4	1	3	3	2	1	2	2	5	29
	工人19	1	1	2	2	2	3	2	3	4	1	1	4	26
	工人20	1	1	1	2	1	2	1	2	3	2	2	3	21
得分最高的25%的平均数		4.6	4.4	3.8	3.6	4.2	4.2	3.4	3.2	4.2	4.0	1.6	4.4	
得分最低的25%的平均数		1.4	1.8	2.2	2.6	2.2	2.6	2.4	1.8	3.0	2.0	1.8	4.2	
分辨力系数		3.2	2.6	1.6	1.0	2.0	1.6	1.0	1.4	1.2	2.0	−0.2	0.2	

资料来源：袁方.社会研究方法教程[M].北京：北京大学出版社，2005：302.

从表5-5中的分辨力系数可以看出，(11)题、(12)题的分辨力只有0.2，它们的分辨力较低，因此，在组成正式量表时，应该删除这两个题目。

李克特量表的主要特点在于：容易设计；适用的范围较广，可以用来测量一些比较复杂的概念和态度；并且，李克特量表的五种回答维度使回答者能够很方便地标出自己所持的态度。实际上，李克特量表的项目格式（五等分测量法）是问卷设计中最常用的一种方式，这种格式还常常用于建立一些简单的指标。但不足之处在于，相同的态度得分者往往具有不同的态度结构，虽然李克特量表通过计算各项目的总加得分可以得知一个人赞同程度的高低，但无法进一步描述他们的态度结构。

三、鲍格达斯社会距离量表

鲍格达斯社会距离量表（Bogardus Social Distance Scale），是由美国社会心理学家鲍格达斯在1925年创用的，主要用来测量人们相互之间交往的程度、相互关系的程度或者对某一群体所持的态度及所保持的距离等。这种量表是由一组表示不同社会距离或社会交往程度的陈述组成，这些陈述从内容来看具有某种趋强的逻辑结构，不同的陈述代表了人们在态度上的不同程度。在社会调查中，研究者往往借鉴鲍格达斯社会距离量表的逻辑结构，改编相应的社会距离量表，表5-6就是社会距离测量的一个例子。

表5-6　居民与村/居委会的社会距离量表

	同意	不同意
1.我知道村/居委会在哪里	□	□
2.我认识村/居委会主任或书记	□	□
3.遇到困难，我会去找村/居委会主任或书记	□	□
4.我经常向村/居委会主任或书记反映村/区的问题	□	□

在表5-6中，蕴含着一种趋强的逻辑结构，不同的问题所表达的人们相互间的距离不同，表中的四个问题，一个比一个距离更近。显然，能接受高强度内容的人必定能接受低强度内容；反之，则不然。知道村/居委会在哪里的人不一定与村/居委会主任或书记有过交往，但经常向村/居委会主任或书记反映问题的人肯定知道村/居委会在哪里。

四、语义差异量表

语义差异量表（Semantic Differential Scale）也称为语义分化量表，它主要用来测量人们对某一特定概念或事务的不同意识或感受。这种量表最初是美国心理学家奥斯古德(Charles E. Osgood)等人在1957年提出来的。语义差异量表主要用于文化的比较研究、个人及群体间差异的比较研究,以及人们对周围环境或事物的态度、看法的研究等等。

语义差异量表的形式由处于两端的两个意义相反的形容词构成,每一对意义相反的形容词中间一般分为七个或九个等级,要求回答者根据自己的看法和感觉在每一对陈述或形容词之间的适当位置画上记号,比如画×号,以表示在这一问题上,自己觉得被评价的事物更接近于两端陈述中的哪一个。研究者通过对这些记号所代表的分数进行统计分析,来研究人们对某一概念或事物的看法或态度,或者进行个人或团体间的比较分析。

语义差异量表的计分有两种方式:一种是将两陈述或形容词之间的七个或九个等级从一端到另一端分别记为1到7分或1到9分;另一种则是分别记为-3、-2、-1、0、1、2、3分(以七等级为例)。每一对陈述的记分方向要根据整个量表的方向来决定。在计算时,根据回答者的选择,不仅可以计算回答者在每项陈述上的平均分,还可以根据测量的内容分成不同的维度,并计算各维度上的总平均分。例如,要反映男性和女性的性格特征,我们可以用下面的量表来测量,参见表5-7。

表5-7 语义差异量表

你的性格								
	+3	+2	+1	0	-1	-2	-3	
坚强的:	____:	____:	____:	____:	____:	____:	____:	脆弱的
自信的:	____:	____:	____:	____:	____:	____:	____:	自卑的
粗放的:	____:	____:	____:	____:	____:	____:	____:	温柔的
外向的:	____:	____:	____:	____:	____:	____:	____:	内向的
好动的:	____:	____:	____:	____:	____:	____:	____:	文静的
独立的:	____:	____:	____:	____:	____:	____:	____:	依赖的
胆大的:	____:	____:	____:	____:	____:	____:	____:	胆小的

表5-7关于性格特征的测量中,在记分的方式上采用了"+3、+2、+1、0、-1、-2、-3",通过计算男性和女性在不同项目上的得分,以及在全部项目上的总平均得分,反映他们性格上的差异。例如,测得第一项"坚强的、脆弱的",男性得分为2.8,女性的得分为2.0,我们可以得知,在坚强性这一项目上,男性比女性要更坚强。

语义差异量表作为一种有用的研究工具而被研究者广泛采用。它的实施程序简单,作答方便,被调查者容易填写。同时,其评分方法固定,方便计算。

其主要的问题在于，量表中所使用的形容词通常放在对立的两端，无形中假设两极端到中间位置的距离都是相等，而中间位置，处于不好不坏位置所代表的意义则很难解释清楚。

第五节 测量的信度与效度

通过前面的介绍我们知道，社会调查研究的事物或现象也可以像自然科学一样，通过特定的工具和方法进行测量，但社会调查的测量与自然科学的测量有很大的差别，社会调查中测量的事物多数都是不以实体存在的。虽然我们仍可以对其进行测量，但也会涉及这样一些基本问题：测量所得的结果是否正是人们所希望测量的东西？测量结果是否是可信的？当这种测量的时间、地点及操作者发生改变时，测量的结果将会受到什么样的影响？等等。这就涉及测量的信度和效度问题。

一、信度

信度（Reliability）即可靠性，指的是采取同样的研究方法对同一对象进行重复测量时，所得结果的一致性程度。换句话说，信度是指重复测量时，测量结果的一致性或稳定性，即测量工具能否稳定地测量所测的事物或变量。比如，用一条米尺去量一个物体的长度，量了几次都得到相同的结果，我们可以说这条米尺的信度很高。如果几次测量的结果不同，则可以说米尺的信度很低，这一测量工具是不可信的。

社会调查也一样，对同一社会现象用某种方法多次研究相同的问题，几次回答都不相同，说明这一方法的信度有问题，不可靠。在社会调查的测量中，导致测量信度问题的原因主要有：①被调查者因素。被调查者是否耐心、认真、不受情绪的影响。如果被调查者的态度和行为受到影响，不同的调查者会从同一个被调查者那里得到不同的答案。一般来说，调查的时间越长，提出的问题越多、越复杂，测量的信度越低。②调查者因素。例如，调查者是否按照规定的程序和标准，是否有意或无意地对被调查者施加影响，是否认真记录等，都会影响测量的信度。③测量内容。如果提问措辞含混不清、不易理解，各个题目的一致性低、问题复杂，测量的是与被调查者完全无关的题目等，也会影响测量的信度。④调查的环境与时间因素。例如，调查者对被调查者的影响，在场其他人的影响，以及调查的时间太长等，都会影响测量的信度。

那么，测量中的信度问题如何解决呢？幸运的是，研究者们已经创造了许多方法来处理信度的基本问题。在社会调查研究中，常用的信度类型主要有以下三类。

（一）再测信度

再测信度，又称重测信度或前测—后测信度，指的是对同一群调查对象采用同一种测量方法，在不同的时间先后测量两次，根据两次测量的结果计算出相关系数，这个相关系数就叫作再测信度。

信度系数的计算是以变异理论为基础的，信度通常以相关系数来表示。假设第一次调查时的观测值是 x，第二次的观测值是 y，那么，再测信度就是 x 和 y 之间的相关系数，即：

$$r_{xy} = \frac{\sum(x_i - \bar{x})(y_i - \bar{y})}{\sqrt{\sum(x_i - \bar{x})^2 \sum(y_i - \bar{y})^2}}$$

再测信度是一种最常用、最普遍的信度检查方法。使用这种方法时，要求两次测量所采用的方法、所使用的工具是完全一样的。再测信度的缺点是容易受到时间因素的影响。如果两次调查的时间间隔太短，被调查者可能还记得上一次调查时的答案，所以测量的可能是他的记忆，而不是第二次调查时的态度；如果时间隔得太长，两次测量之间则可能会受到某些事件、活动的影响，而导致后一次测量的结果客观上发生改变，使两次结果的相关系数不能很好地反映两次测量的实际情况。例如，被调查者在第一次调查时，对自己的工作很满意，但第二次调查时，因为下岗、失业，可能对自己的工作很不满意。因此，在使用时要注意两次调查的时间要恰当。

（二）复本信度

复本信度是对于原本而言的，它是原本的复制品。采用复本信度的思路是：对一项调查，让被调查者接受问卷调查的同时，也接受问卷复本的调查，然后根据两个测量所得的分数来计算其相关系数。比如，学校考试时出的 A，B 卷就是这种复本的一个近似的例子。

在社会研究中，研究人员可以设计两份研究问卷，每份使用不同的项目，但两份问卷在问题的数量、形式、内容、难度等方面都是一致的，只是在问法和用词方面不同。尽管复本信度可以避免上述再测信度的缺点，但在实际研究中，真正使研究问卷或其他类似的测量工具达到这种要求往往是一件十分困难的事情。

（三）折半信度

折半信度，是将研究对象在一次测量中所得的结果，按测量项目的单、双号分为两组，根据这两部分的得分，计算其相关系数，这种相关系数就叫做折半信度。比如，一个态度测量包括 30 个项目，若采用折半法来了解其内在一致性，则可以将这 30 个项目分为相等的两部分，再求其相关系数。

通常，研究者为了采用折半信度来检验测量的一致性，需要在测量表中增加一倍的测量项目。这些增加的项目与前半部分的项目在内容上是重复的，只是表达形式不同而已。它要求前后两个部分的项目的确是在测量同一个事物或概念。如果两者所测量的并不是同一个事物或概念,那么,研究者就无法用它来评价测量的信度了。如果被研究者在前后两部分项目上的得分之间高度相关,则可以认为这次测量是可信的。

二、效度

测量的效度(Validity),也称测量的有效度或准确度。它是指测量工具或测量手段能够准确测出所要测量的变量的程度,或者说能够准确、真实地量度事物属性的程度。换句话说,效度指的是测量标准或所用的指标能够如实反映某一概念真正含义的程度。当一项测量所测的正是其要测量的对象的真正特征或属性时,我们就说这一测量具有效度,或者说它是一项有效的测量;反之,则称为无效的测量或称其不具有效度。

比如,我们通过测验来看一下学生学习社会调查课程的情况。如果采用的是一份普通社会调查试卷来进行测验,每个学生在测验时得到的分数可以表示他们这学期的学习成果,那么,这一测量是有效的;但是,如果我们采用的是一份英文的测试试卷,那么,当我们用所得到的分数来表示他们的学习成果时,我们的测量可能就不具有效度,因为此时我们所测量的可能并不是学生学习社会调查课程的情况,而是他们的英文水平了。

那么,我们怎样才能确定测量是不是有效呢?在实际的社会调查研究中,我们经常用到的是三种类型的效度,即内容效度、准则效度和构造效度。它们分别从不同的方面反映了测量的准确程度。

(一)内容效度

内容效度,也称为表面效度或逻辑效度,它指的是测量内容或测量指标与测量目标之间的适合性和逻辑相符性,简单来说,就是测量在多大程度上反映了所要测量的概念的含义。

内容效度旨在系统地检查测量内容的适当性,并依据我们对概念的了解去鉴定测量内容是否反映了这一概念的基本内容。正如K.D.贝利在《社会研究方法》中所提到的"考虑两个主要问题:①测量工具所测量的是否正是调查人员要测量的那种行为?②测量工具是否提供了有关那种行为的适当样品?"[①]因此,评价一种测量是否具有内容效度,首先,必须知道所测量的概念是如何定义的;其次,需要知道这种测量所收集的信息是否和该概念密切相关。然后,评价者才能作出这一测量是否具有内容效度的结论。检查内容效度就是检查由概念到指标的经验推演是否符合逻辑,是否有效。比如,用问卷去测量人们的生育

① 袁方.社会研究方法教程[M].北京:北京大学出版社,2005:193-194.

观念,那么,首先要弄清“生育观念”的定义,然后看问卷中的问题是否都与人们的生育观念有关。如果问卷中所使用的指标或量表明显是有关其他方面的,如职业意愿和职业流动,则这一测量在测量生育意愿方面就不具有内容效度。如果所使用的指标或量表都是有关生育观念方面的内容,而看不出与生育观念无关的其他观念时,则可以说这一测量具有内容效度。

(二)准则效度

准则是被假设或被定义为有效的测量标准,符合这种标准的测量工具可以作为测量某一特定现象或概念的效标。因此,准则效度指的是用一种不同以往的测量方式或指标对同一事物或变量进行测量时,将原有的一种测量方式或指标作为准则,用新的方式或指标所得到的测量结果与原有准则的测量结果作比较,如果新的测量方式或指标与原有的作为准则的测量方式或指标具有相同的效果,那么,我们就说这种新的测量方式或指标具有准则效度。

准则效度有多种形式。如果准则或效标是根据将来发生的情况而建立的,那么,这种准则效度也称为预测效度;如果准则是与某种测量方式同时被证明为有效的,则称为共变效度;如果准则是以实际经验判断为准的,也称为实用效度。因为社会调查研究中的很多测量,在过去的测量中并没有一定的标准,所以只能依据经验来检验测量工具的有效性,因此,在社会调查研究中,准则效度又被称为实用效度。

准则效度可以用两种测量工具得出的观测值之间的相关系数来衡量,而不是靠主观的判断。但是它的局限性在于,有些测量的准则只是假定有效的,它本身是否有效并没有得到证明或者并没有理论依据。

(三)构造效度

构造效度,主要是要了解测量工具是否反映了概念和命题之间的内部结构,它涉及一个理论的关系结构中其他概念(或变量)的测量。由于它是通过理论假设来检验的,因此,也称为理论效度。

比如,假定我们设计了一种测量方法,来测量人们的“婚姻满意程度”。为了评价这种测量方法的效度,我们需要用到与婚姻满意程度有关的理论命题或假设中的其他变量。假定我们有下列假设:婚姻满意程度与配偶对自己的尊重程度有关。配偶对自己的尊重程度越高,婚姻满意度越高。如果我们的测量结果在婚姻满意程度与配偶尊重程度上具有一致性,则称我们的测量具有结构效度;如果配偶尊重程度不同的被调查者的婚姻满意度相同,那么,我们的测量的结构效度就面临挑战,也就是说,我们的测量工具与理论不具有结构效度。

三、信度与效度的关系

测量的信度与效度都是科学的测量工具必须满足的条件。信度和效度之间存在着某种既相互联系又相互制约的关系。两者的关系表现为：

第一，信度低，效度不可能高。也就是说，缺乏信度的测量肯定也是无效度的测量。如果收集的资料不可信、不可靠，那么，它肯定不能有效地说明要研究的对象。

第二，信度高，效度未必高。也就是说，只有很高信度的测量并不意味着也是高效度的测量，即它也许是有效度的，也许仍然是无效度的。如果经过几次测量，我们都测得一个人的经济收入很高，但是不能说明它的消费水平也很高。

第三，效度低，信度可能很高。如果一项研究中，即使不能有效地说明导致人们不想结婚的原因，但却有可能精确、可靠地测量出不同时期、不同人口的婚姻状况。

第四，效度高，信度可能不高。问卷调查往往在对复杂概念的说明上是有限的，如“亲情”的概念可能很难用指标将其测量出来，如果我们采用观察的方法，虽然可以实实在在地看到不同家庭中的亲情流露，但却可能丧失了观察结果的一致性。

由此可见，测量的信度和效度在测量的过程中，往往不能两全其美，研究者在追求测量的信度时，往往会在一定程度上损害或降低测量的效度；而当研究者努力提高测量中的效度时，其测量的信度同样会受到影响。

需要特别注意的是，测量的效度与信度都是一种相对量，而不是一种绝对量，即它们都是一种“程度事物”。对于同一种对象，人们常常会采取各种不同的测量方法，常常会采用各种不同的测量指标。也许这些方法和指标都没有错，但它们相互之间一定会在效度与信度这两方面存在程度上的差别。我们对它们进行评价和选择的标准是：准确性和一致性程度越高的方法和指标，就越是好的测量方法，就越是高质量的测量指标。

思考与实践

1.根据测量的不同层次，说明对以下问题的测量分别属于哪个测量层次：年龄、婚姻状况、个人职业、月收入、家庭人口数、家庭结构。

2.简要说明概念、变量、指标三者之间的关系。

3.什么是操作化？举例说明操作化在社会调查中的作用和地位。

4.试对“社会流动”“生育意愿”“家庭养老”等概念进行操作化。

5.什么是量表？请设计一份量表，用来说明夫妻生活满意度。

6.请简要说明测量的信度和效度之间的关系。

第六章

问卷设计

社会调查的结论来自对真实反映社会现象的资料的科学分析，而问卷设计则是在收集这种“真实反映社会现象的资料”的过程中，具有重大影响的关键环节之一。同时，它也是整个社会调查过程的难点之一。这是因为，社会调查方法与实验、观察、文献等方法的一个主要区别就在于，研究所需要的资料既不是靠研究者亲自耳闻目睹得到的，也不是靠查阅文献资料获得的，而是靠研究者以问卷为工具从被调查者那里获得的。所以，作为社会调查活动中一种中介物的问卷，其质量好坏将直接影响到调查资料的真实性、适用性，影响到问卷的回收率，进而影响到整个调查的结果。另外，由于社会调查中的资料收集工作往往具有“一次性”的特点，一切问题都必须在正式调查前考虑好，一旦问卷发出，就难以更改和补救。因此，问卷设计在社会调查过程中占有十分重要的地位。在本章中，我们将详细介绍问卷设计的原则、步骤、方法和具体技术。

需要说明的是，本章的问卷设计与前面一章中的测量和操作化有着非常密切的联系。社会调查中，研究者所关注的理论和命题是由抽象概念构成的，而经验研究要求把抽象的概念与经验材料结合起来。测量和操作化就是为构造出能够反映概念内涵的测量工具所做的准备工作。研究者在调查的实施阶段正是利用这些测量工具，根据这些测量程序与方法收集经验材料的。因而，在一定程度上，我们可以把概念的操作化看作是进行问卷设计的“依据”“思路”“提纲”；而本章所介绍的问卷设计则是操作化的具体结果的体现。换句话说，问卷设计是在概念的操作化的“引导”下进行的。

第一节　问卷的概念及其结构

一、问卷的含义与类型

问卷是社会调查中用来收集资料的一种工具，一种类似于体温表、测力器、磅秤、米尺那样的工具。只不过与这些工具不同的是，问卷在形式上是一份精心设计的问题和表格，而其用途则是用来测量人们的行为、态度和社会特征，它所收集的则是有关社会现象和人们社会行为的各种资料。

根据社会调查中使用问卷的方法，我们可以把问卷划分为两种不同的类型：一种称为自填式问卷，即由调查员发给（或邮寄给）被调查者，由被调查者自己填写的问卷；另一种称为访问式问卷，即由调查员按照问卷向被调查者提问，并根据被调查者的回答进行填写的问卷。这两种类型的问卷在设计程序、设计原则、内容与结构等方面都是相同或相似的，只是在设计方法与使用方法上有一定差别。

二、问卷的一般结构

尽管实际调查中所用的问卷各不相同，但是它们往往都包含：封面信、指导语、问题、答案、编码等几个部分。下面我们逐一进行介绍。

（一）封面信

封面信，即一封致被调查者的短信。它的作用在于向被调查者介绍和说明调查的目的、调查单位或调查者的身份、调查的大概内容、调查对象的选取方法和对结果保密的措施等。封面信的语言要简明、中肯，篇幅宜小不宜大，短短两三百字最好。虽然封面信的篇幅短小，但在问卷调查过程中却有着特殊的作用。研究者能否让被调查者接受调查，并使他们认真地填写问卷，在很大程度上取决于封面信的质量。特别是对于采用邮寄问卷的方式进行的社会调查来说，封面信的好坏对调查效果的影响就更大。因为有关调查的一切情况，都得靠封面信来说明和解释。

在封面信中，我们应该说明哪些方面的内容呢？

首先，要说明调查者的身份，即说明“我是谁”。比如，“我们是武汉市委政策研究室的工作人员，为了……”当然，调查者的身份也可以通过落款来说明，比如，落款为：天津市委政策研究室《物价问题调查组》。但是，如果落款只写“婚姻家庭调查组”和“物价问题调查组”，而不注明具体单位，则是不妥的。因为被调查者看到这样的署名，仍不知调查者是哪里的，是些什么人，这就会增加他们的疑虑和戒备心理。因此，在这方面调查者应该“襟怀坦白”、大大方方，让被调查者越清楚越好。除了写清单位、组织外，最好还能附上单位的地址、电话号码和联系人的姓名等，以便消除被调查者的疑虑，体现调查的正式性。本书附录中所附问卷的封面上，就印上了调查单位的地址、电话、邮政编码和负责人姓名。

其次，要说明调查的大致内容，即"调查什么"。但要注意的是，一方面对调查内容的介绍不能欺骗被调查者，不能在封面信中说调查甲类问题，而问卷中却调查乙问题；另一方面，对调查内容的说明，既不能含含糊糊，甚至完全不谈，也不能过于详细地去谈。通常的做法是用一两句话概括地指出其内容的大致范围就行了。比如，"我们正在我市居民中进行物价改革方面的调查"，或者"我们这次调查主要想了解全市人民对我市交通问题的看法"等。

再次，要说明调查的主要目的，即"为什么调查"。对于调查的目的，应尽可能说明其对于整个社会，尤其是对于包括被调查者在内的人民群众的实际意义，而不能只谈"为了进行科学研究"等。比如："我们这次调查的目的，是要摸清我市目前市场物价的现状和存在的问题，以便为市政府制定物价改革的有关政策提供科学的依据，为进一步改善我市居民的生活服务。"

最后，要说明调查对象的选取方法和对调查结果保密的措施。对于来访和调查，一般人或多或少会存在一定的戒心。为了消除被调查者的这种戒心，应该在封面信中简明扼要地进行说明。比如："我们按照科学的方法挑选了一部分居民作为全市居民的代表，您是其中的一位。本调查以不记名方式进行，并且，根据国家的统计法，我们将对统计资料保密。所有个人资料均以统计方式出现。"另外，还应该明确地说明："本次调查不用填写姓名和单位，答案无对错之分，请您不必有任何顾虑。"

在信的结尾处，一定要真诚地感谢被调查者的合作与帮助等。下面是一份实际调查问卷的封面信。

中国儿童发展研究（CCS——1990）家长调查表

学生编号□□□□□□□□□□□

亲爱的家长：

您好！

首先请原谅打扰了您的工作和休息！

儿童是祖国的未来，儿童的成长和教育是家长们十分关心的问题。为了探索儿童成长和教育的规律，我们在北京、湖南、安徽、甘肃等地开展了这项调查，希望得到家长们的支持和帮助。

本调查表不用填写姓名和工作单位，各种答案没有正确、错误之分。家长们只需按自己的实际情况在合适的答案上打"√"或者在___中填写。请您在百忙之中抽出一点时间填写这份调查表。

为了表示对您的谢意，我们为您的孩子准备了一份小小的礼物，作为这项调查活动的纪念。

祝您的孩子健康成长！

祝您全家生活幸福！

北京大学社会学系《儿童发展研究》课题组

1990 年 3 月

（二）指导语

指导语是用来指导被调查者填答问卷的各种解释和说明，其作用和仪器的使用说明相似。有些问卷的填答方法比较简单，指导语很少，常常只在封面信中用一两句话说明即可。比如："请根据自己的实际情况在合适的答案号码上打圈或者在空白处直接填写。"有些指导语则集中在封面信之后，并标有"填表说明"的标题，其作用是对填表的方法、要求、注意事项等作一个总的说明。举例如下：

填表说明

（1）请在每一个问题后适合自己情况的答案号码上划圈，或者在__处填上适当的内容。

（2）问卷每页右边的数码及短横线是录入计算机用的，你不必填写。

（3）若无特殊说明，每一个问题只能选择一个答案。

（4）填写问卷时，请不要与他人商量。

另外，有些指导语则分散在某些较复杂的调查问题后，对填答要求、方式和方法进行说明。

（三）问题及答案

问题及答案是问卷的主体，也是问卷设计的主要内容。问卷中的问题从形式上看，可分为开放式与封闭式两大类。所谓开放式问题，就是那种只提出问题，但不为回答者提供具体答案，由回答者根据自己的情况自由填答的问题。简言之，就是只提问题不给答案。封闭式问题是在提出问题的同时，还给出若干个答案，要求回答者根据实际情况进行选择。比如："你最喜欢看哪类电视节目？"就是一个开放式问题。但是，当我们在这个问题下面列出了若干个答案，要求回答者选择其一作为回答时，就变成了封闭式问题。比如：

你最喜欢看哪类电视节目？

（1）新闻节目　（2）体育节目　（3）文艺节目　（4）其他节目

开放式问题的主要优点是允许回答者充分自由地发表自己的意见，因而，所得资料丰富生动；其缺点是资料难于编码和统计分析，对回答者的知识水平和文字表达能力有一定要求，填答所花费的时间和精力较多，还可能产生一些无用的资料。

封闭式问题的优点是填答方便,省时省力,资料易于作统计分析;其缺点是资料失去了自发性和表现力,回答中的一些偏误也不易发现。

根据开放式问题与封闭式问题的不同特点,研究人员常常把他们用于不同的调查中。比如,在探索性调查中则常常用开放式问题构成的问卷;而在大规模的正式调查中,则主要采用以封闭式问题构成的问卷。

(四)编码及其他资料

在较大规模的统计调查中,研究者常常采用以封闭式问题为主的问卷。为了将被调查者的回答转换成数字,以便输入计算机进行处理和定量分析,往往需要对回答结果进行编码。所谓编码就是赋予问题的每一个答案一个数字作为它的代码,并在每一个问题的末尾处预留相应的方框,以便于将回答结果转录成数据。因此,编码也就成了问卷的一个部分。编码框一般放在问卷每一页最右边,有时还可用一条竖线将它与问题及答案分开。下面就是编码及编码框的一个例子。

问题	编码框
(1)您的年龄:___ 岁	□□
(2)您的性别:①男	□
②女	
(3)您的文化程度:①小学以下	□
②初中	
③高中或中专	
④大专以上	
(4)您每月的收入为多少? _____ 元	□□□□

对于第一个问题来说,一般人们的年龄都在 100 岁以内,故编码中给出两栏。(对于极个别大于 99 岁的人往往记为 99 岁)。第二、第三个问题都只可能选择一个答案,且答案数目小于 10,故分别只给一栏。第四个问题的答案往往处于 10 000 之内,故给四栏。

除了编码以外,有些访问问卷还需要在封面印上访问员姓名、访问日期、审核员姓名、被调查者住地等有关资料。

第二节　问卷设计的原则

在实际动手设计问卷之前,我们的头脑中应该牢记下面的几条基本原则。这些原则虽然并不直接涉及问卷设计的具体方法和技术,但在某种意义上,它的重要性并不亚于具体方法的介绍。

一、明确问卷设计的出发点

问卷作为调查者用来收集资料的工具,对其进行设计时,自然要考虑调查者的需要。这一点是不容置疑的。也就是说,问卷设计要紧紧围绕所研究的问题和所要测量的变量来进行,要尽可能做到所收集的正是所需要的资料,不多也不少,既不漏掉一些必需的资料,也不包含一些无关的资料。但是,如果仅从研究者的需要来考虑,而不考虑到被调查者的多种实际情况,那么,所设计的问卷往往会存在一些不妥的地方。比如:有些问卷长达40页,问题数目多达几百个;有些问卷中的问题设计得过于复杂,一个问题中包含着156个子问题;有些问卷中的问题还需要回答者进行难度较大的回忆和计算等。这些情况都是设计时没有为回答者着想,没有从回答者的角度进行考虑的结果。

我们知道,社会调查实质上是调查者通过问卷向被调查者了解情况的过程。这一过程可以简单表示为:"调查者——问卷——被调查者"。"调查者——问卷"这一环节,指的是调查者按照研究的目的和意图设计出问卷。如果仅从这一点考虑,问卷设计的出发点当然就是调查者,即问卷设计时要一切为满足调查者的需要;但是,这个过程还有另外的一半。在"问卷——被调查者"这一环节中,被调查者则是依据问卷来回答问题。尤其应该认识到,我们所调查的对象不是机器,而是具体的人。不同质量、不同形式的问卷,对被调查者提出的要求和产生的影响也各不相同。因此,要使我们的调查取得好的效果,设计问卷时不能只把注意力放在编制什么问题上,还要注意问卷调查过程中人的因素。要多为回答者着想,多从回答者的角度考虑,尽量为他们填答问卷提供方便,减少困难和麻烦。

二、明确阻碍问卷调查的各种因素

由于问卷调查需要被调查者的密切合作,因此,在设计问卷时,我们必须对那些在问卷调查过程中可能出现的阻碍因素有清楚的认识。阻碍被调查者合作的因素主要有以下两个方面。

(一)主观上的障碍

主观上的障碍是指被调查者心理上和思想上对问卷产生的各种不良反应所形成的障碍。比如,当问卷内容太多,问卷表太厚,或者问卷中需要花时间思考、回忆、计算的问题太多时,回答者就容易产生畏难情绪;当问卷中的问题涉及个人隐私等敏感的内容时,回答者就容易产生种种顾虑;当问卷的封面信对调查的目的、内容、意义解释不够时,回答者就可能对问卷调查不重视,缺乏积极合作的责任感;而当问卷内容脱离被调查者的生活实际,或者所用的语言与被调查者的文化背景不协调,或者问卷形式设计得呆板、杂乱时,被调查者就可能对问卷调查毫无兴趣、置之不理,甚至将问卷表弃如废纸。

(二)客观上的障碍

客观上的障碍是指由被调查者自身的能力、条件等方面的限制所形成的障碍。比如,阅读能力带来的限制,一个被调查者起码要能看得懂问卷才能作出他的回答。如果问卷的格式较复杂、问题较抽象或者语言不通俗易懂,那么,有些文化程度较低的被调查者就很难看懂问卷的内容和要求。又如,理解能力的限制,无论是对于问题的内容还是对于填写问卷的方法,常常会有一些被调查者理解不了的内容,因而,对他们来说,问卷调查就是不可行的。还有记忆能力、计算能力所带来的限制。在问卷中,研究者常常询问有关被调查者过去的经历或生活的问题,也常常询问诸如每年的收入、每月的生活费用、每天用于某件事的时间等问题,这些问题常常要求被调查者进行一定的(有时甚至是困难的)回忆、思考和计算,然而并不是每个人对自己所经历过的各种事情都能回忆得起来,也并不是每个人都能按调查者的要求进行计算的。如果调查者不设身处地地为被调查者考虑,那么,一些被调查者就会由于上述种种客观条件的限制而放弃答卷,从而降低了调查问卷的回收率,影响到调查质量。

三、明确与问卷设计紧密相关的各种因素

一份问卷的设计工作远远不只是列出一组问题,它还涉及许多在问卷上看不到的因素,并受这些因素的影响和制约。这些因素包括:调查的目的、调查的内容、样本的性质、问卷的使用方式等。

(一)调查的目的

对于任何一项问卷设计工作来说,调查的目的就是其灵魂,因为它决定着问卷的内容和形式。如果调查的目的只是为了了解被调查者的一般情况,那么,问卷设计就应该主要围绕着被调查者各个方面的基本事实来进行。如果其目的不是一般的描述,而是要作出解释和说明,那么,问卷设计就要紧紧围绕着研究假设和关键变量来进行,问卷中必须问什么、不必问什么都将严格受到研究假设的制约。

(二)调查的内容

调查的内容也是影响问卷设计工作的一个主要因素。对于那些被调查者比较熟悉的调查内容、容易引起被调查者参与兴趣的调查内容、不会对被调查者产生心理压力的调查内容来说,问卷设计的工作就相对容易一些。这时,问卷的内容可相对详细、深入,提问可以比较直接,问题的数目可以适当多一点。但是,当调查的内容被调查者不熟悉,或者调查内容比较枯燥,不易引起他们的兴趣时,特别是涉及一些敏感的内容时,问卷设计工作就要困难一些,这时问卷中的问题相对来说就只能问得概略一些、浅显一些、间接一些,问题的数量也应少一些,而问卷的封面信和指导语就要比较详细,措辞也得更加小心。

(三)样本的性质

样本的性质即样本的构成情况,它对问卷设计工作同样有着较大的影响。

构成调查样本的被调查者是些什么样的人,他们的职业、文化程度、性别、年龄的分布状况如何,相互之间差异大小等,都是设计者应该有所了解的。因为即使是同样的调查目的和同样的调查内容,用于工人样本中的问卷和用于大学生样本中的问卷在设计上的要求也是不尽相同的。用于工人样本的问卷,其语言应该更通俗、简单和口语化一些,问题的数量也应少一些;而用于大学生的问卷,语言就可以书面化一些,问题可以复杂一些,数量也可以多一些。

(四)问卷的使用方式

最后,问卷设计还要充分考虑到问卷的使用方式和资料的分析方式,因为不同的使用和分析方式对问卷有着不同的要求。若对资料主要进行定性分析,就应以开放式问题为主;反之,若进行定量分析,则应以封闭式问题为主。对于自填式问卷来说,设计应该尽量简单明了,便于阅读,便于理解,便于填写;若是访问问卷,则可相对复杂一些。用于邮寄方式进行调查的问卷,要特别注意封面信的设计。

除上述各种因素外,当然还不能忽视调查经费多少、调查人员多少、调查时间长短等对问卷设计工作的限制。

第三节　问卷设计的步骤

一、探索性工作

要设计一份调查问卷,第一步工作并不是马上动手去列所要调查的问题,而是要先做一定的探索性工作,即先摸摸底,熟悉和了解一些基本的情况,以便对各种问题的提法和可能的回答有一个初步的认识。做这种探索工作的常见方式,是设计者围绕所要调查的问题,自然、随便地与各种调查对象交谈,并留心观察他们的特征、行为和态度。通过交谈,常常可以避免在设计问卷时出现许多含糊的问题,也可以避免设计出不符合客观实际的答案来。这是因为,当我们在交谈中提出的问题含糊不清时,回答者必然会提出疑问。而熟悉和了解各种类型的调查对象对某一问题所给予的具体回答,就为设计者根据实际情况恰当地设计出这一问题的各种答案奠定了基础。

二、设计问卷初稿

经过了探索性工作后,我们就可以动手设计问卷初稿了。具体做法有两种,一是卡片法,二是框图法。

卡片法的第一步是根据探索性工作所得到的印象和认识,把每一个问题写在一张卡片上。第二步是根据卡片上问题的主要内容,将卡片分成若干堆,即把询问相同事物的问题卡片放在一起。第三步是在每一堆中,按合适的询问顺序将卡片前后排序。第四步是根据问卷整体的逻辑结构排出各堆的前后顺序,使卡片联成一个整体。第五步是从回答者阅读和填答问题是否方便、是否会形成心理压力等角度,反复检查问题前后顺序及连贯性,对不当之处逐一调整和补充。最后把调整好的问题卡片依次写到纸上,形成问卷初稿。

框图法和卡片法不同,它的第一步是根据研究假设和所需资料的内容,在纸上画出整个问卷的各个部分及前后顺序的框图。第二步是具体地写出每一个部分中的问题及答案,并安排好这些问题相互间的顺序。第三步是根据回答者阅读和填写问卷是否方便等方面,对所有问题进行检查、调整和补充。最后将调整的结果重新抄在另一张纸上,形成问卷初稿。

卡片法和框图法的差别在于前者是从具体问题开始,然后到部分,最后到整体;而后者相反,先从总体结构开始,然后到部分,最后到具体问题。由于前者采用卡片形式,故很容易着手进行,尤其是在调整问题的前后顺序和修改问题方面,卡片法十分方便。但同时又由于每一问题散见在一张张卡片上,故又往往难于从整体上进行安排、调整和修改。为了吸收两者的长处,避免两者的不足,可以将两种方式结合进行。具体方法是:先根据调查内容的结构,在纸上画出问卷总体的各个部分及其前后顺序;然后将每一部分的内容编成一个个具体的问题,写在一张张小卡片上;调整问题间的顺序;将整理好的问题卡片打印出来,形成问卷初稿。

三、试用

问卷初稿设计好后,不能直接将它用于正式调查,而必须对问卷初稿进行试用和修改。试用这一步在问卷设计的过程中至关重要,对于大型调查来说更是必不可少的。试用问卷初稿的具体方法有两种,一种叫客观检验法,另一种叫主观评价法。客观检验法的具体做法是,将问卷初稿打印若干份,然后采取非随机抽样的方法选取一个小样本,用这些问卷初稿对他们进行调查,最后认真检查和分析试调查的结果,从中发现问题和缺陷并进行修改。检查和分析的方面有以下几个:

其一,回收率。如果回收率较低,比如,在60%以下,就说明问卷设计上有较大的问题。

其二,有效回收率,即扣除各种废卷后的回收率。它比回收率更能反映问卷初稿的质量。因为收回的废卷越多,说明回答者填答完整的就越少,这也就意味着问卷初稿中的毛病可能较多。

其三,填写错误。填写错误有两类,一类是填答内容的错误,即答非所问。这是由于对问题含义不理解或误解造成的。对于这种情况,一定要仔细检查问题的用语是否准确、清晰,含义是否明确具体。另一类是填答方式的错误,这主要是由于问题形式过于复杂,指导语不明确等原因所致。

其四,填答不完全。填答不完全的情形主要也有两类。一是问卷中某几个问题普遍未做回答;二是从某个问题开始,后面部分的问题都未回答。对于前一种情况,就要仔细检查这几个问题,分析出大部分被调查者未做回答的原因,然后改进;对于后一种情况,则要仔细检查中断部分的问题,分析出回答者"卡壳"的原因。

主观评价法的具体做法是,将设计好的问卷初稿抄写或复印若干份,分别送给该研究领域的专家、研究人员以及典型的被调查者,请他们直接阅读和分析问卷初稿,并根据他们的经验和认识对问卷进行评论,指出不妥之处。比如,我们准备进行一项有关城市交通问题的社会调查,当设计好调查问卷后,我们采用主观评价法对问卷进行试用。我们可以将复印的问卷初稿分别送到城市交通管理部门的有关人员、公共汽车公司的司售人员、公安局的交通民警等人手中,请他们从各自的角度对问卷中的问题进行检查和评论,提出他们的具体意见。

四、修改定稿并印制

根据上述方法找出问卷初稿中所存在的问题后,逐一对问卷初稿中的毛病进行认真分析和修改,最后才能定稿。在对修改后的问卷进行印制的过程中,同样要十分小心和仔细。无论是版面安排上的不妥,还是文字、符号上的印刷错误,都将直接影响到最终的调查结果。只有经过了试用和修改,并对校样反复检查后,才能把问卷送去印刷,并用于正式调查中。

第四节　问卷中问题的形式及答案的设计

一、问题的形式

(一)填空式

填空式,即在问题后划一短横线,让回答者直接在空白处填写。举例如下:

例 1:请问您家有几口人? ____口

例 2:您的年龄多大? ____周岁

例 3:您有几个孩子? ____个

例 4:您每天上班在路上需要多少时间? ____分钟

填空式一般只用于那些对回答者来说既容易回答又容易填写的问题,通常只需填写数字。

(二)是否式

是否式,即问题的答案只有是和不是(或其他肯定形式和否定形式)两种。回答者根据自己的情况选择其一。举例如下:

例5:您是共青团员吗?　　是□　不是□

例6:您是否住在本市?　　是□　不是□

例7:您家有电视机吗?　　有□　没有□

例8:您是否赞成民主选举厂长?　　赞成□　不赞成□

是否式这一问题形式在民意测验和市场调查所用的问卷中是用得最多的一种。其特点是答案简单明确,可以严格地把回答者分成两类不同的群体。但其缺点是,对于有些问题它所得到的信息量太小,如在例8中,两种极端的回答类型不能了解和分析回答者中客观存在的不同的态度层次。另一方面,这种问题形式也会使得原本处于中立状态的回答者不好回答或唯心地偏向一方。因此它在一定程度上带有强迫的性质。

(三)多项选择式

多项选择式,即给出的答案至少在两个以上,回答者根据自己的情况选择其一。这是各种调查问卷中采用得最多的一种问题形式。在设计上,这种问题形式的关键之处是要保证答案的穷尽性和互斥性。其答案的具体表达方式又有几种不同类型。举例如下:

例9:您的文化程度是:(请在合适的答案号码上打"√")

①小学以下　②初中　③高中或中专　④大专以上

例10:您的婚姻状况是:(请在合适的答案后的方框中打"√")

①未婚□　②已婚□　③离婚□　④丧偶□　⑤其他□

例11:您最喜欢看哪类电视节目?(请在合适的答案后的括号里打"√")

①新闻节目(　)　②电视剧(　)　③体育节目(　)　④广告节目(　)　⑤其他(请写明)____(　)

(四)矩阵式

矩阵式,即一种将同一类型的若干个问题集中在一起,构成一个问题的表达方式。举例如下:

例12:您觉得下列现象在您所在学校是否严重?(请在每一行适当的方框内打"√")

	很严重	比较严重	不太严重	不严重	不知道
①迟到	□	□	□	□	□
②早退	□	□	□	□	□
③请假	□	□	□	□	□

	很严重	比较严重	不太严重	不严重	不知道
④旷课	□	□	□	□	□

矩阵式的优点是节省问卷的篇幅,同时由于同类问题集中在一起,回答方式也相同,因此,也节省了回答者阅读和填写的时间。

(五)表格式

表格式,其实是矩阵式的一种变体,其形式与矩阵式十分相似。比如,与上述矩阵式问题对应的表格式问题就是:

例13:您觉得下列现象在您所在学校是否严重?(请在每一行适当的格中打"√")

	很严重	比较严重	不太严重	不严重	不知道
①迟到					
②早退					
③请假					
④旷课					

表格式的问题除了具有矩阵式的特点外,还显得更为整齐、醒目。但是应当注意的是,这两种形式虽然具有简单集中的优点,但也容易使人产生呆板、单调的感觉。在一份问卷中这两种形式的问题不宜用得太多。

二、答案的设计

由于社会调查中的大多数问卷主要由封闭式问题构成,而答案又是封闭式问题非常重要的一部分,因此,答案设计得好坏就直接影响到调查的结果。关于答案的设计,除了要与所提的问题协调一致以外,特别要注意做到使答案具有穷尽性和互斥性。

(一)答案的穷尽性

所谓答案的穷尽性,指的是答案包括了所有可能的情况。比如,下列问题的答案就是穷尽性的。

例14:您的性别是:(请选一项打"√")

①男　②女

因为对于任何一个被调查者来说,问题的答案中总有一个是符合他的情况的,或者说每个回答者都一定是有答案可选的。但是,如果有某个回答者的情况不包括在某个问题所列的答案中,那么,这一问题的答案就一定不是穷尽的,或者说是有所遗漏的。比如,下列问题的答案就不是穷尽的。

例15:您最喜欢看哪类电视节目?(请在合适的答案号码上打"√")

①新闻节目　②体育节目　③电视剧　④教学节目

之所以说它是不穷尽的,是因为所列的答案并不是全部电视节目种类,所以肯定会有许多回答者无法填答这样的问题。因为答案中并没有包括他们最喜欢的节目,比如,有的人喜欢广告节目,有的人喜欢少儿节目等。解决这类问题的办法是,在所列举的若干个主要答案后面,再加上一个"其他"类,这样,那些无法选择所列举答案的人,总是可以选择这一答案的。当然,应该注意的是,如果一项调查结果中,选择"其他"一栏的回答者人数相当多,那么,说明问卷中所列答案的分类是不恰当的,即有些比较重要的答案类别没有单独列出。

(二)答案的互斥性

所谓答案的互斥性,指的是答案互相之间不能交叉重叠或相互包含,即对于每个回答者来说,最多只能有一个答案适合他的情况。如果一个回答者可同时选择属于某一个问题的两个或更多的答案,那么,这一问题的答案就一定不是互斥的。例如,下列问题的答案就不是互斥的。

例16:您的职业是什么?(请在合适答案号码上打√)

①工人　②农民　③干部

④商业人员　⑤医生　⑥售货员

⑦专业人员　⑧教师　⑨其他

答案中的"商业人员"与"售货员"、"专业人员"与"教师"和"医生"都不是互斥的。

第五节　问卷中问题的语言及提问方式

语言是问卷设计的基本材料,要设计出含义清楚、简明易懂的问题,必须注意问题的语言。问题措辞的基本原则是简短、明确、通俗、易懂。在问卷设计中,对问题的语言表达和提问方式有以下几种常用的规则。

其一,问题的语言要尽量简单。无论是设计问题还是设计答案,所用语言的第一标准应该是简单。要尽可能使用简单明了、通俗易懂的语言,而不要使用一些复杂的、抽象的概念以及专业术语,如"核心家庭""社会分层""政治体制""开拓精神"等。

其二,问题的陈述要尽可能简短。问题的陈述越长,就越容易产生含糊不清的地方,回答者的理解就越有可能不一致;而问题越短小,产生这种含糊不清的可能性就越小。有的社会学家提出,短问题是最好的问题。因此,我们在陈述问题时,最好不要用长句子,要使问题尽可能清晰、简短,使回答者能很快看完,很容易看懂,一看就明白。那种啰嗦的、繁杂的问题只会引起被调查者的反感,只会影响调查的顺利进行。

其三,问题要避免带有双重或多重含义。双重(或多重)含义指的是在一个问题中,同时询问了两件(或几件)事情,或者说,在一句话中同时问了两个(或几个)问题。比如,“您的父母退休了吗?”就是一个带有双重含义的问题。它实际上同时询问了“您的父亲退休了吗?”和“您的母亲退休了吗?”这两件事情。由于一题两问,就使得那些父母中只有一个人退休的被调查者无法回答。

其四,问题不能带有倾向性。问题的提法和语言不能使被调查者感到应该填什么,或者感到调查者希望他填什么。这也就是说,问题的提法不能对回答者产生某种诱导性,应保持中立的提问方式,使用中性的语言。比如,同样是询问人们是否抽烟,问题“您抽烟吗?”和问题“您不抽烟,是吗?”就有所不同。前者是人们日常生活中习惯的问法,而后者则带有一种希望被调查者回答“是的,我不抽烟”的倾向。此外,在问题中引用或列举某些权威的话,或者运用贬义或褒义的词语,都会使问题带有倾向性,都会对回答者形成诱导。

其五,不要用否定形式提问。在日常生活中,除了某些特殊情况外,人们往往习惯于肯定形式的提问,而不习惯于否定形式的提问。比如,习惯于“您是否赞成进行工资改革?”而不习惯于“您是否赞成不进行工资改革?”当以否定形式提出问题时,由于人们不习惯,因而许多人常常容易漏掉问题中的“不”字,并在这种理解的基础上来进行回答,这样就恰恰与他们的意愿相反了。而且,这种误答的情形在问卷结果中常常又难以发现。因此,在问卷设计中,尽量不要用否定式提问。

其六,不要问回答者不知道的问题。我们所问的问题都应该是被调查者能够回答的,或者说,被调查者确实具有回答这些问题的知识能力。如果向被调查者询问一个他们一无所知的问题,那么被调查者是无法回答的。比如,如果我们提出的问题是:“您对我国的社会保障制度是否满意?”那么,普通公民中的大部分人将无法回答。因为他们并不知道什么叫社会保障制度,也不知道我国的社会保障制度是怎样的。

其七,不要直接询问敏感性问题。当问及个人隐私或对顶头上司的看法这样一些问题时,人们往往具有一种本能的自我防卫心理。因此,如果直接提问,将会出现很高的拒答率。因此,对这些问题最好采取某种间接询问的形式,并且语言要特别委婉。

第六节 问题的数量与顺序

一、问题的数量

一份问卷应该包括多少个问题,这要依据调查的内容,样本的性质,分析的方法，拥有的人力、财力、时间等各种因素来决定，没有固定的标准。但一般来说，问题不宜太多，问卷不宜太长。通常以被调查者在 20 分钟以内完成为宜，最多也不要超过 30 分钟。问卷太长往往引起被调查者心理上的厌倦情绪或畏难情绪，影响填答的质量和回收率。当然，若是研究的经费和人员相当充足，能够采取结构式访问的方式进行，并付给每一位被调查者一份报酬或赠送一点纪念品，问卷本身的质量又比较高，调查的内容又是回答者熟悉的、关心的、感兴趣的事物，那么，此时问卷长一点也无妨。反之，当调查的内容是回答者不熟悉、不关心、没有兴趣的事物，采用的是自填式问卷的方式，研究者的经费又相当有限，除了两句感谢的话以外，不可能给被调查者更多的东西，而只可能占用被调查者的休息和娱乐时间，那么，此时的问卷一定不宜过长，一定要尽可能简短。

二、问题的顺序

问卷中问题的前后顺序及相互间的联系，既会影响到被调查者对问题的回答结果，又会影响到调查的顺利进行。如何安排问卷中问题的次序呢？一般来说，有以下几种常用的规则。

其一，把简单易答的问题放在前面，把复杂难答的问题放在后面。问卷最开头的几个问题一定要相当简单，回答起来一定要非常容易。这样可以给被调查者一种轻松的、方便的感觉，以便于他们继续填答下去。如果一开始填写，被调查者就感到很费力，很难填写，就会影响他们的情绪和积极性。

其二，把能引起被调查者兴趣的问题放在前面，把容易引起他们紧张或产生顾虑的问题放在后面。如果开头的一批问题能够吸引被调查者的注意力，引起他们对填答问卷的兴趣，那么，调查便可能较顺利地进行。相反，如果开头部分的问题比较敏感，一开始就直接触及人们的心灵深处，触及有关伦理、道德、政治态度、个人私生活等方面的问题，那么，往往很容易导致被调查者产生强烈的自我防卫心理。被调查者的这种自我防卫心理将会引起他们对问卷调查的反感，有碍他们对调查的合作，阻碍调查的顺利进行。

其三，把被调查者熟悉的问题放在前面，把他们感到生疏的问题放在后面。这是因为，任何人对自己熟悉的事物总能谈些看法；而对不熟悉的事物，则往往难以开口，说不出什么来。如果以被调查者熟悉的内容开头，就不至于使调查一开始就卡住而无法进行。

其四，一般先问行为方面的问题，再问态度、意见、看法方面的问题。这是由于行为方面的问题涉及的只是客观的、具体的事实，因此，往往比较容易回答。而态度、意见方面的问题则主要涉及回答者的主观因素，多为回答者思想上的东西，内心深处的东西，更不易在陌生人面前表露的东西。如果一开始就问这方面的问题,常常引起被调查者心理上的戒备情绪和反感情绪,引起较高的拒答率。

其五,个人背景资料,一般放在结尾,但有时也可以放在开头。这是因为,个人背景资料虽然也是事实性的,也十分容易回答,但是,由于它们是除回答者姓名以外的其他主要个人特征(如年龄、性别、文化程度、婚姻状况、职业等),也属于较敏感的内容,所以不宜放在开头,而适合放在结尾。但是,由于个人背景资料通常都是社会调查中最常用、最主要的自变量,如果一份资料缺少这些变量,实际上也就成了废卷。因此,只要调查的内容不涉及比较敏感的问题,并在封面信中作出较好的说明和解释,这一部分问题也可以放在问卷的开头。

其六,若有开放式问题,则应放在问卷的最后面。这是因为回答开放式问题要比回答封闭式问题需要更多的思考和书写。无论是把它放在问卷开头,还是放在问卷的中部,它都会影响回答者填完问卷的信心和情绪。而将它放在问卷的结尾处时,由于仅剩这一两个问题了,绝大多数回答者是能够完完整整地填答完它们的。退一步说,即使被调查者不愿意填答开放式问题,放弃了回答,也不会影响到前面问题的回答。

三、相倚问题

在问卷设计中,常常会遇到这样的情况:有些问题只适用于样本中的一部分调查对象。比如,“您有几个孩子?”这一问题就只适合于那些已结婚的调查对象;“您对电视剧《渴望》中的刘慧芳这一人物如何评价?”这一问题就只适合于那些看过电视剧《渴望》的调查对象。因此,为了使我们设计的问卷适合每一个调查对象,我们在设计时必须采取相倚问题(或称为后续性问题)的办法。

所谓相倚问题,指的是在前后两个(或多个)相连的问题中,被调查者是否应当回答后一个(或后几个)问题,要由他对前一个问题的回答结果来决定的。前一个问题称作“过滤性问题”,后一个问题则称作“相倚问题”。

在问卷设计中,根据不同的情况,可以采取下列几种不同形式的相倚问题:

例 17:你是个体经营者吗?

(1)是 ——→

请问你是哪一年开始从事个体经营的?
19___年;
一般情况下,你每天工作多长时间?
____小时

(2)不是

例 18:你有孩子吗?

<table><tr><td rowspan="4">(1)有——→</td><td>请问你有几个孩子？</td></tr><tr><td>______个；</td></tr><tr><td>你最小的孩子上学了吗？</td></tr><tr><td>①上了　　②没上</td></tr></table>

(2)没有

例19：请问你的婚姻情况是：

(1)未婚——→请跳过问题12~18，直接从问题19回答；

(2)已婚

(3)离婚

(4)丧偶

第七节　问卷设计中的常见错误

初学问卷设计的人往往会在设计问卷时出现各种毛病和错误，即使是那些做过多次社会调查、多次设计过问卷的研究者，有时也会出现一些小的疏忽，犯一些错误。尽量减少和避免问卷设计中的错误，对于保证社会调查成果的质量有着十分重要的作用。在本节中，我们将通过实例列举实际社会调查问卷中所存在的各种错误，分析其原因，以帮助读者在设计调查问卷时，及时发现和尽量避免犯类似的错误。

一、概念抽象

在第五章我们专门讨论过概念的操作化问题，并指出它是社会调查的关键环节之一，是问卷设计的前提条件和基础。现实社会调查中的一些问卷设计，正是由于在这一方面注意不够，产生出这样或那样的毛病。

例20：从总体上看，您认为我国的政治体制如何？

(1)基本合理　　　　(2)存在一些弊端

(3)存在严重弊端　　(4)不了解

问卷设计者忽略了一个重要事实，这就是：一个国家的"政治体制"并不像日常生活中那些看得见、摸得着的具体事物那样人人皆知，它是一个抽象的概念。普通被调查者往往不清楚什么是我国的政治体制，因而他们无法作出合适的回答。如果我们在调查中所得到的都是类似于"不了解""不清楚""不知道"这样的回答，那么这种调查又有什么意义呢？

例21：请问你们家属于下列哪一类家庭？

(1)核心家庭　　　　(2)主干家庭

(3)单亲家庭　　　　(4)联合家庭

例21中所列的家庭类型都是社会学中的专业术语，这是概念抽象这一毛病的另一种表现形式。对于普通的被调查者来说，什么是核心家庭？什么又是主干家庭？他们往往是不清楚的，甚至是从未听说过的。问卷中出现这样的问题，自然会得到虚假的资料。

二、问题含糊

所谓问题含糊，指的是问题的含义不清楚、不明确，或者问题有歧义。对于这种问题，有些是由于设计者对所提问题的目的和用意不明确造成的；有些则是由于问题的语言表达不当，或对问题的用语推敲不够造成的。比如：

例22：您认为我国现在最需要(　　)？

(1)全面迅速地改变　　(2)全面缓慢地改变

(3)部分迅速地改变　　(4)部分缓慢地改变

在例22的问题中，究竟是什么东西需要变？哪些方面需要变？是我国的政治体制、经济体制，还是人们的生活方式、思想观念？答案中的“全部”包括哪些方面？“部分”又是指哪些方面？都不清楚。含糊的问题所得到的也只能是含糊的答案。

例23-1：有人说，以前青年人对老年人很尊重，现在青年人越来越不尊重老年人了。您认为这种变化发展得(　　)？

(1)太快了　　(2)比较快　　(3)比较慢　　(4)太慢了

例23-1的前后两部分说的不是一回事。前部分是某些人的“看法”，后一部分问的却是“这种变化”。看法并不等于客观现实，即并不一定存在“这种变化”。因此，这一问题实际上是在把某些人的看法当作客观现实的条件下来询问的。它把下列两个完全不同的问题混在了一起：

例23-2：有人说，以前青年人对老年人很尊重，现在青年人越来越不尊重老年人了。您的看法如何？

(1)的确是这样　　(2)不完全是这样　　(3)完全不是这样

例23-3：以前青年人对老年人很尊重，现在青年人越来越不尊重老年人了。您认为这种变化是(　　)？

(1)正常的　　(2)不大正常　　(3)很不正常

三、问题带有倾向性

问卷作为社会调查中的一种测量工具，应该具有客观性。这就要求问卷中的每一个问题都是中性的，即不带有某种倾向性。否则，问卷的信度和效度都将受到影响，问卷也不能客观地测量回答者的行为和态度。

例24：您认为，全国职工的平均工资水平是否应当提高呢？

(1)工资偏低,应当大幅度提高

(2)应当小幅度增加

(3)虽然偏低,但为了国家经济建设,可以暂时不增加

(4)和劳动生产率相比,工资不算低,不应该增加

例24的这种提法无疑带有明显的肯定倾向,形成对回答者的一种诱导。如果改为"您认为全国职工的工资水平如何?"就可以消除这种倾向性,而且与答案也更为一致。

例25-1:有人认为,工资改革的结果最终将有利于国家的经济繁荣。您的看法是什么?

(1)同意　　(2)不同意　　(3)不知道

例25-1这种单向列举的看法,在客观上对被调查者是一种刺激,同样容易形成对回答的诱导,使被调查者作出肯定的回答。如果把问题改为:

例25-2:一些人认为,工资改革的结果最终将有利于国家的经济繁荣;另一些人认为,工资改革的结果将引起国家经济的混乱。您的看法如何?

(1)同意前者　　(2)同意后者　　(3)不知道

例25-2要求被调查者在不同的意见中作出自己的选择。这种两面的陈述比原来那种单向的陈述能更好地保证问题的客观性和中立性。

四、问题提法不妥

问题提法不妥通常是由于研究者在设计问卷时,没有很好地为被调查者着想,或者忽视了被调查者填答问卷时所面临的各种主、客观障碍,提出的问题不尽合理、不大妥当造成的。

例26:请您判断下列说法是否正确。

	正确	错误	不知道
(1)打和骂是家庭教育不可缺少的方式	(　)	(　)	(　)
(2)对孩子应该多表扬,少批评	(　)	(　)	(　)
(3)越多做练习,孩子的学习就会越好	(　)	(　)	(　)

要求被调查者"判断正确与否",就等于把他们推进了考场,对他们进行考试一样。这无疑会对被调查者造成一种较大的压力。尤其是当被调查者对某些说法没有把握,或不十分清楚时,这种压力就更大。因此,把这种提法改为"你是否同意下列看法",再把答案改为"同意、不同意、不知道"就比较合适。

例27:您现在的实际文化程度相当于:

(1)小学　　(2)初中　　(3)高中或中专　　(4)大学

设计者的原意是,由于各种原因的影响,使得一大批初中、高中和大学毕业生的实际知识水平并没有达到相应的程度。因此,他们的"实际"文化程度往往

低于其“名义上”的文化程度。设计者用这一问题是想了解被调查者实际的文化程度,这种动机是无可厚非的,它考虑到了我国的现实情况。然而,设计者却没有考虑到,这样的问题在实际调查中却是难以回答的。因为,衡量一个人“实际”文化程度的标准和依据是不清楚、不确定的。一旦标准不确定、不统一,调查所得到的结果自然也就不可信了。

五、问题有多重含义

前面我们曾谈到问题不能有多重含义,即在一个问题中不能同时询问几件不同的事情。但是,在实际设计问卷的时候,许多设计者常常会不自觉地出现这样的错误。

例 28:实行责任制以来,您觉得您和您家里人的文化水平及生产技术能否满足生产需要?

(1)能　　(2)不能　　(3)不知道

例 28 的毛病在哪里呢?先看看“您和您家里人”,再想想“文化水平和生产技术”,读者就会明白毛病所在了。实际生活中,有的被调查者可能觉得他本人的文化水平和生产技术能满足生产需要,而他家里人不能满足,或者家里某些人不能满足;有的被调查者可能觉得自己的生产技术能满足生产的需要,但他的文化水平却不能,或者反之,等等。这一问题实际上包含着一批问题,包括:“您觉得您的文化水平能满足生产的需要吗?”“您觉得您的生产技术能满足生产需要吗?”“您觉得您爱人(或您父亲、您母亲)的文化水平能满足生产的需要吗?”“你觉得您爱人的生产技术能满足生产的需要吗?”等等。

例 29:你们班同学尊敬老师吗?

(1)很尊敬　　(2)比较尊敬　　(3)不大尊敬　　(4)很不尊敬

例 29 是笔者在一次中学生状况调查时所用问卷中的一个问题。当时我并没有意识到问题中所存在的毛病。直到问卷收回后发现有的同学在问卷上写道:“有的比较尊敬,有的很不尊敬”时,我才发现这是一个多重含义的问题,即在一个问题中,同时询问了几十个学生的情况。

六、问题与答案不协调

在封闭式问题中,问题和答案是一个不可分割的整体,两者之间必须相互协调,密切配合。简单地说,就是提什么问题,就准备什么答案,而不能形成“答非所问”的情况。

例 30:您认为您是否有调离的可能?

(1)十分困难　　(2)比较困难　　(3)不太困难　　(4)十分容易

例 30 问的是“有无调离的可能”,回答则应该是“有可能、没有可能、有一定可能”等；若问的是“调离是否困难”，才应该用上述答案。

例 31：您最喜欢看哪一类报刊？

	经常看	有时看	很少看
时事政治类			
科普常识类			
人物传记类			
体育娱乐类			

很显然，问题与答案不协调，问题问的是报刊的类别，而答案则是每一类报刊的阅读频率。因此，应该去掉频率，将答案改为“(1)时事政治；(2)科普常识；(3)人物传记；(4)体育娱乐；”如果想要了解每一类报刊的阅读情况，就必须将问题改为：“您对下列报刊的阅读情况如何？”

第八节　如何提高问卷设计的质量

由于问卷在整个调查工作中具有举足轻重的作用，因此，努力提高问卷设计的质量，对提高社会调查的科学性无疑有着十分重要的意义。那么，什么样的问卷才是高质量的问卷呢？这是我们首先应该明确的事情。

一、优良问卷的标准

评价一份问卷质量高低的标准，实际上就是我们设计问卷时应努力达到的目标。根据前面所介绍的问卷的性质和用途，我们可以从以下几个方面来评价一份问卷的质量，这些方面也可以说是判断一份问卷质量高低的标准。

(一)具有较高的信度和效度

问卷是我们在社会调查中用来测量人们的行为、态度和特征的一种工具。对于任何一种测量来说，都有一个测量的信度和效度问题。要使我们所设计的问卷在整体上具有比较高的信度和效度，关键在于提高问卷中的每一个问题的信度和效度。一方面要努力使问卷中的每一个问题都是在测量着我们所要测量的变量(做到具有效度)；另一方面，还要努力做到使这种测量不受时间、地点和对象变化的影响(即具有信度)。

(二)适合研究的目的和内容

问卷作为社会调查中收集资料的一种工具，其使命是尽可能圆满地为整个调查研究服务。因此，评价一份问卷的优劣，十分重要的一点就是看它是否适合研究目的的要求，看它所包含的问题与所研究的内容的关系是否密切。在一份问卷中，与研究目的和内容不相关的问题越多，调查结果中所得到的对研究有用的资料就越少,这份问卷对研究的价值就越小。要使问卷中的每一个问题都紧紧围绕研究目的,都与研究内容密切相关,除了在设计前明确研究目的的要求,并根据研究假设确定所需要的资料的内容和范围外,在问卷初稿设计出来以后,还要逐一进行检查,去掉那些似是而非的问题。

(三)适合调查对象

由于我们设计的问卷是给被调查者看的,所以,在某种意义上,问卷是为被调查者而设计的:为他们能够看,也为他们愿意看。要做到这一点常常不是一件容易的事情,尤其在被调查者的构成十分复杂时,就更是如此。因为在一个成分复杂的样本中,人们在职业、经济状况、文化程度、生活方式、心理状态、价值观念等众多方面都存在着差别,这些差别既会在对问卷的态度上反映出来,也会在完成问卷的能力上反映出来。同一份问卷,既可能被一些调查对象视为"档案表",从而如临大敌,过分紧张;也可能被另一些被调查者视为废纸,从而不屑一顾,过分轻视。填写同样一份问卷,有的被调查者可能不费吹灰之力,而另一些被调查者却可能不知如何动笔。所有这些都告诉我们,要使一份问卷适合样本中的每一个被调查者,的确需要设计者在各方面都动脑筋,下功夫。

(四)问题少而精

我们所说的少,当然不是无条件的越少越好,而是指在获得必要的资料的前提下,问卷中包含的问题越少越好。因为,问卷设计中最常犯的毛病就是问题太多,问卷太长。研究者所问的问题总是比该问的问题要多。正如一位美国学者所指出的:实际上,所有的问卷都包含一些多余的问题。我们所说的精,指的是问题的质量高。它体现在问卷中问题含义明确、概念具体、答案恰当、形式简单、语言通俗易懂、填答方便等方面。在某种意义上,一份高质量的问卷应该具备法律条款那样的性质:清楚、明确、适合于所有对象。

二、如何设计出高质量的问卷

要设计出一份高质量的问卷,我们应该明确以下几点:

第一,要对问卷的特点和适用范围有明确的认识。问卷只是社会调查中用来收集资料的一种工具,运用得当则可以发挥巨大的作用;用得不恰当,也可能收效甚微。

第二,设计问卷的人,头脑中一定要想着被调查者,要记住问卷是给人看的,它的对象是有思想、有感情、形形色色、各不相同的人们。

第三,问卷设计也是一门严肃的科学,它同样需要精益求精的治学态度,问卷设计中的任何一点马虎、轻率,都会给整个调查工作带来巨大损失。

第四,问卷设计的原则和方法都不是僵死的教条,丝毫不能改变,恰恰相反,在问卷设计中,一定要具体情况具体对待,要有灵活性。

第五，学习问卷设计不能只从书本上学，还要从设计实际调查问卷的实践中学。

要提高设计问卷的水平，除了掌握上述有关知识外，还要在以下三个方面打下坚实的基础。

一是语文基础知识。很多问卷之所以出现各种毛病，很多情况下是由于设计者的语文水平太低，语句不通、词不达意、层次不清、结构混乱、重复啰唆等造成的，这都反映出设计者的语言文字修养太差。因此，对于主要依靠书面文字来表达思想、进行交流的问卷设计者来说，较高的语言文字能力、扎实的语文基础知识，是十分重要的基本功。

二是社会调查研究方法的知识。问卷设计既然是整个社会调查研究工作中的一部分，那么，它必然和社会调查研究工作中的其他部分有着不可分割的联系。正是这种联系决定了每一个问卷设计者不能仅仅了解和掌握有关问卷设计的知识，还必须对整个社会调查研究方法都有一定的了解。对问卷与社会调查的关系认识得越清楚，对问卷在社会调查中的地位和作用认识得越清楚，具体的问卷设计工作才能做得越好。

三是社会生活知识。社会现象的复杂性，决定了社会调查研究工作的复杂性。我们所设计的问卷是探索这种复杂的社会生活时所使用的工具。因此，作为问卷的设计者，如果不具备一定的社会生活知识，就很难设计出符合社会生活实际的问卷来。我们只有像作家深入生活那样，熟悉、了解现实生活，才可能设计出科学、实用的问卷来。

思考与实践

1.问卷的封面信中应说明哪些内容？试设计一份问卷的封面信。

2.根据第五章练习中所得到的操作化指标，设计若干个实际问卷中使用的问题。

3.结合实际例子说明问卷设计时为什么要为被调查者着想。

4.问卷设计中，对问题的语言表达和提问的方式有哪些常用的规则？

5.安排问卷中问题的顺序时，应按照什么样的规则？并说明这样做的理由何在。

6.找几份实际社会调查中所用的问卷，结合本章的内容，对这些问卷进行分析和评价。

第七章

资料收集方法

社会调查在完成准备阶段的任务之后,就进入调查的具体实施阶段,即按照调查设计的具体要求进行资料收集工作。资料收集是整个社会调查工作中最复杂、最辛苦,投入的时间、人力、财力相对较多的工作,同时也是最吸引人的工作。研究者在准备阶段所拟订的各种计划、所准备的各种工具、所制订的各种方案,都将在实地的资料收集过程中得到运用和实施。资料的收集工作同样要按照严格的程序与科学的方法进行。在本章中,我们将对各种资料收集方法进行介绍。

第一节　资料收集方法的分类与特点

一、资料收集方法的分类

根据调查问卷由谁来填写,社会调查中的资料收集方法可分为两种类型:一是自填问卷法,二是结构访问法。自填问卷法是调查问卷完全由被调者自己来填答的方法,也就是调查员将事先设计好的问卷发送给(或者邮寄给)被调查者(或者将问卷制作成网页,发布在某网站上),由被调查者自己阅读和填答,然后再由调查员按统一的方式回收的资料收集方法。结构访问法又称标准化访问、问卷访谈,它的最大特点是整个访谈过程是严格控制和标准化的。调查问卷完全由调查员来填写,也就是调查员根据事先设计好的调查问卷,采用口头提问的方式,向被调查者了解社会情况、收集有关社会现象资料的方法。在这两个大的类型中,根据具体操作方法与程序的不同,又可以进一步划分出不同的子类型。比如,自填问卷法中又可分为个别发送法、集中填答法、邮寄调查法和网络调查法;结构访问法又可分为当面访问与电话访问等。我们可以用图7-1来说明。

- 资料收集方法
  - 自填问卷法
    - 个别发送法
    - 邮寄调查法
    - 网络调查法
    - 集中填答法
  - 结构访问法
    - 当面访问法
    - 电话访问法

图7-1　资料收集方法分类

各种具体的资料收集方法在操作程序上互不相同,具有不同的特点,同时也适用于不同的调查对象和不同的调查课题。社会调查研究人员应该对各种不同的资料收集方法都十分熟悉和了解,以便在进行一项具体的调查课题时,能根据实际情况灵活运用,达到更好的调查效果。

二、自填问卷法的优缺点

自填问卷法的主要特征在于完全依靠问卷,完全依赖于被调查者,也正是这种对问卷、对被调查者的高度依赖,决定了自填问卷法的优缺点。

(一)自填问卷法的优点

首先,具有很好的匿名性。由于自填问卷法一般不要求署名,填写地点又可在被调查者家中或由其自己选择,被调查者独自进行填答,不受他人干扰和影响;即便填写的过程中调查员在场(如集中填答法),但被调查者也不用将自己的情况向调查员口头报告,不用“说出来”,而是“默默填写”,同样可以大大减轻被调查者的心理压力,有利于他们如实填答问卷,从而收集到客观真实的资料。正是因为自填问卷法有很好的匿名性,所以对于某些比较敏感的社会现象或者有关个人隐私、社会禁忌等被调查者难以同陌生人交谈的敏感性问题,采用自填问卷法收集资料会取得相对较好的效果。

其次,节省时间、经费和人力。由于自填问卷法不用与被调查者就问卷中的每一个问题逐一进行询问和交谈,可以在很短的时间内同时调查很多人的情况,因此,十分省时省力;若采用邮寄的方式或借助于网络,还不受地域范围的限制。因此,采用这种方法收集资料具有很高的效率。

最后,可减少不同的调查员所带来的影响。由于每一位被调查者得到的都是一份统一设计和印制的问卷,所以无论是在问题的表达、答案的类型方面,还是在问题的前后顺序、填答方式方面,都具有高度的一致性。因此,每一位被调查者受到的刺激和影响都是相同的,这样就在很大程度上减少了不同调查人员所带来的不同影响,尽可能地避免因调查员所造成的偏误。

（二）自填问卷法的缺点

自填问卷法本身也还存在着一些不足和缺点，主要表现在以下几个方面。

首先，对调查对象的文化水平有一定的要求。由于自填问卷是由被调查者自己填写的问卷，所以要求被调查者能看得懂问卷，能够阅读和理解问题及答案的含义，能够正确理解填答问卷的方式。而对一些文化程度较低的被调查者，往往不具备这种能力，达不到这种程度，就不宜使用自填问卷的方法。这样一来，自填问卷法的适用对象范围就常常受到限制。

其次，问卷的回收率有时难以保证。由于自填问卷法十分依赖于被调查者的合作，因此，当被调查者对该项调查的兴趣不大、态度不积极、责任心不强、合作精神不够时，或者被调查者由于受时间、精力、能力等方面的限制，就有可能无法有效完成问卷填答工作，从而影响问卷的有效回收率。

最后，问卷的质量难以保证。这主要是因为采取自填问卷法时，被调查者往往是在没有调查人员在场指导的情况下进行问卷的填答工作的，对于理解不清的问题，他们无法及时向调查人员询问，各种错答、误答、缺答、乱答的情况时有发生。采用自填问卷法时，调查员不能对被调查者填答问卷的环境进行有效的控制，被调查者既可能同别人讨论着填写，也可能完全交给别人代填。所有这些，都会导致问卷调查所得资料的质量比较差，可信度不高。也正是由于自填问卷法所收集的资料的质量难以保证，许多研究者不得不放弃这种方法，而采用成本高、代价大的结构访问法。

根据自填问卷法的上述特点，我们在运用自填问卷法收集资料时，应注意以下两点。

第一，这种方法在发达的调查地区和文化程度较高的被调查群体中比较适用。比如，在城市地区就比在农村地区适用；在东部发达地区就比在西部欠发达地区适用；在专业技术人员、知识分子、干部群体中就比在普通工人、农民群体中适用等。

第二，这种方法在成分单一的总体中比在成分复杂的总体中适用。比如，在全部是工人、全部是学生、全部是青年中就比在全体居民中适用。这是因为在成分单一的总体中，由于被调查者的社会背景、行为特征、社会态度等方面相同或相似的成分较多，可以减少许多问卷设计中的困难和麻烦。在一个构成复杂的总体中，被调查者的社会背景、行为特征、社会态度等方面的差异往往比较大，相互之间共同的或相似的情况往往比较少，因此，要设计出一份适合每部分人情况的问卷，就会更困难一些。

三、结构访问法的优缺点

与自填问卷法相比，结构访问法有一个十分突出的特点，它是以口头语言为中介、调查员与被调查者的交往和互动过程。调查员与被调查者之间的相互作用和相互影响贯穿资料收集过程的始终,并对调查结果产生影响。正是因为调查者与被调查者之间的互动使得结构访问法具有一些与自填问卷法不同的优点和缺点。

(一)结构访问法的优点

1.调查的回答率较高。由于结构访问法通常是在调查员与被调查者直接接触、两者面对面交流的环境中进行的,因此,被调查者拒绝合作或者半途而废的情况比较少,调查的回答率和成功率普遍比自填问卷法高。

2.调查资料的质量较好。在访问过程中,由于调查员在场,因而可以对访问的环境和被调查者的表情、态度进行观察,由此估计其回答的信度;可以对问题或答案做适当的解释,减少各种错答、误答、缺答、乱答的情况;可以对访问的环境进行有效的控制,被调查者既不可能同别人讨论着回答,也不可能完全交给别人回答。所有这些都使得调查资料的真实性和准确性大大提高。

3.调查对象的适用范围广。由于结构访问法主要依赖于口头语言,而对书面语言的阅读、理解和表达能力没有要求,因此,它适用的调查对象范围十分广泛,既可以用于文化水平比较高的调查对象,也可以用于文化水平比较低的调查对象。

(二)结构访问法的缺点

1.调查员和被调查者之间的互动有时会影响到调查的结果。由于参与访问过程的双方都是有知觉、有感情、有思想、有反应的人,因此,双方在访问过程中往往难以做到完全客观,这样就会导致一些访问偏差,影响到访问资料的质量和效果。例如当访问员听到访问对象表示同意自己强烈反感的某种看法时,若在表情上或手势上流露出不以为然的样子或对被访问者进行启发,就会影响被访者对后面类似问题的回答。

2.结构访问法的匿名性比较差。由于结构访问法通常是在调查员与被调查者面对面交流、一问一答的环境中进行的,因而匿名性较差。所以,对于一些涉及人们的隐私(如个人婚姻、私生活)、社会的禁忌、人与人之间利害关系等敏感性内容的社会调查来说,往往难以采用结构访问的方法来收集资料。

3.结构访问法的成本高。由于结构访谈需要与每一个被调查者就问卷中的每一个问题逐一进行询问和交谈,不像自填问卷法可以在很短的时间内同时对多个被调查者进行调查。因而,从总体上看,结构访问法在时间、人力以及经费上,都大大高于自填问卷调查,这样,它在客观上就限制了调查样本的规模和调查的空间范围,在它的具体运用上造成了一定的局限性。

4.结构访问法对调查员的要求更高。尽管自填问卷法也会用到调查员,但其作用相对较小,结构访问法则可以说完全离不开调查员,或者说完全依赖于调查员。调查员对调查资料的质量、对调查结果的质量影响更大,因此,调查员具有比较高的访问技巧和比较强的应变能力,是成功地完成访问调查的必不可少的条件。

第二节 自填问卷法

一、个别发送法

个别发送法又可称为分别发送法、逐个发送法,它的具体做法是研究者将问卷印制好以后,派调查员依据所抽取的样本,将问卷逐个发送到被调查者手中,同时讲清调查的意义与价值,问卷的填写方法、要求及注意事项,请他们合作填答,并约定收取的时间、地点和方式。例如,约定三天后由谁上门收取,或几天内被调查者自行投入设在某处的回收箱(类似信箱、投票箱)内,或给被调查者留一个已经写好回邮地址、收信人(或收信单位)且贴好足够邮资的信封,让被调查者在完成这份问卷之后,将问卷寄给研究者。

举例来说,假设我们进行一项城市最低生活保障状况的社会调查。如果采用个别发送法,就可以派调查员根据所抽样本中被调查者的地址,逐一登门将问卷发送到符合要求的被调查者手中,请被调查者当场填答,并由调查员当场收回。或者调查员将问卷留下,约定时间(如三天后)再由调查员登门取回。还可以给被调查者留一个已经写好回邮地址、收信人(或收信单位)且贴好足够邮资的信封,让被调查者在完成这份问卷之后,将问卷寄给研究者。

(一)个别发送法的优点

个别发送法作为一种自填问卷收集资料方法,除了具备自填问卷法所具有的各种优点之外,与其他自填问卷法相比,还有自身的优点。

1. 与邮寄调查法、网络调查法相比,可以保证相对较高的质量。在采用邮寄自填法、网络自填法收集资料时,调查员与被调查者完全不见面,无法就调查的目的、意义,问卷的填写方法、注意事项等向被调查者进行解释和说明;而在采用个别发送法收集资料时,调查员要将问卷分别发送到被调查者手中,在发送的过程中可以将调查的目的、意义,问卷的填写方法、注意事项等向被调查者进行解释和说明,这样有助于提高问卷的质量。

2. 与邮寄调查法、网络调查法相比,可以保证比较高的回收率。邮寄调查法、网络调查法完全依赖于被调查者的积极性和主动性,但因种种原因,例如,有的对调查不感兴趣,有的被调查者因工作太忙没有时间填答或邮寄问卷,有的被调查者因为邮寄或上网不方便等,都会降低问卷的回收率。而采用个别发送法收集资料时,每一份问卷都有调查员一定程度的协助,其回收率要相对高一些。

3. 与集中填答法相比，可以避免被调查者之间的互动而影响所收集资料客观性。在采用集中填答法收集资料的过程中，将多名被调查者集中在一起时，可能会出现“相互讨论”“相互抄袭”的现象，从而不利于表达被调查者个人真实的情况，影响到资料的客观性。而在采用个别发送法时，被调查者相互不见面，甚至互不认识，从而就避免了被调查者之间的互动对资料客观性的影响。

4. 与集中填答法相比，它可以让被调查者有比较充分的时间阅读和思考问卷，还可以在方便的时候进行填答。在采用集中填答法收集资料时，要将被调查者集中在一个地点，在规定的时间完成问卷填答，这实际上对被调查者阅读、思考问卷有一定程度的限制。而采用个别发送法收集资料时，调查员将问卷发送到被调查者手中之后，被调查者可以在约定的期限内，根据自己的实际工作、学习、生活情况，在他们方便的时候，利用空闲时间、闲散时间从容不迫地填答问卷。

（二）个别发送法的缺点

与其他自填问卷法相比，个别发送法也存在一些缺点或不足，主要表现在以下几个方面。

1. 与集中填答法相比，要费时、费力、费钱一些。比如，同样是调查 30 名工人，若采用个别发送法，由调查员一个个发送，再一个个回收，比采用集中填答法，将他们集中起来，当场发放问卷，当场填答，当场回收，要费时、费力、费钱一些。

2. 与邮寄调查法、网络调查法相比，调查的范围依然受到一定的限制。个别发送法要将问卷逐一发送到被调查者手中，在发送的过程中，要投入人力、物力、财力，花费的时间、精力相对较多。这样也就限制了它的调查地域范围，不可能像邮寄调查法、网络调查法那样在非常宽广的地域范围内收集资料。

总的来说，个别发送法的优点相对多一些，而缺点相对少一些。因此，可以认为，个别发送法是一般的社会调查中最应该选用和推广的资料收集方法。

（三）个别发送法的运用

根据个别发送法的上述特点，在实际运用过程中，要注意以下几点。

1. 精心挑选调查员，并对其进行统一的培训。与邮寄调查法、网络调查法不同，采用个别发送填答法时，调查员要将问卷逐一送到被调查者手中，向被调查者介绍调查的意义与价值，问卷的填写方法、要求及注意事项等。调查员与被调查者之间这种短暂的接触、互动也会在一定程度上影响到问卷的填答质量及回收率。为了减少不同的调查员对资料收集的影响，需要精心挑选调查员，并对其进行统一的培训。如何挑选调查员，如何培训调查员将在第八章进行专门介绍。

2. 约定好问卷的回收方式与时间，并自觉遵守。为了保证匿名性，最好采用回收箱来回收问卷。问卷的回收时间既不能太短也不能太长。时间太短被调查者没有足够的空闲时间填答问卷；时间太长会导致被调查者的懈怠，同样会影响问卷的填答质量和问卷的回收率。

二、邮寄调查法

邮寄调查法是研究者经由邮局，采用信件的形式发放和回收调查问卷的一种资料收集方式。其具体操作方法是：研究者把印制好的问卷装入信封，通过邮局寄给被调查者，待被调查者填答后再将问卷寄回调查机构或调查员。在寄给被调查者问卷时，一般应该同时附上已写好回邮地址和收信人（或收信单位）且贴好足够邮资的信封，以便于被调查者将填答好的问卷顺利寄回。邮寄调查法在资料的收集过程中，调查者与被调查者完全不直接接触，因此，是一种比较特殊的资料收集方法。

举例来说，假设我们进行一项社会学专业毕业生社会适应状况的社会调查。如果采用邮寄调查法，就可以从有关高校社会学系学生工作部门收集一份已毕业的社会学专业学生的通讯录，调查者根据这份通讯录将调查问卷邮寄给被调查者，并随同问卷寄出一封短信，讲明调查的意义和要求，请他们合作填答，并约定在规定的时间内将填答好的问卷寄给调查者或调查单位。

（一）邮寄调查法的优点

邮寄调查法作为自填问卷法的一种类型，除了具有自填问卷法的各种优点外，还具有以下几个方面的优点。

1. 特别的省时、省力、省钱。采用邮寄调查法，可以将问卷同时寄给所有被调查者，并且被调查者在一周左右的时间内一般都可以收到，寄回的时间虽然要晚一些，但多数在两周左右都可以寄回，因此，比较省时、省力；而且，采用邮寄法可以省去聘请及培训调查员的大量费用，只需花点邮资，所以比较省钱。

2. 问卷发放不受地域的限制，调查的范围更广。由于邮政通信四通八达，遍布各地，不管被调查者住在何地，只需付一定的邮资，研究者便可将问卷寄送给他，几乎没有调查不到的地方。

3. 方便回答。被调查者收到邮寄给他的问卷之后，可以根据自己的实际工作、生活情况，在他们方便的时候，从容不迫地填答问卷。例如，可以按自己的时间情况，放在闲暇时间填答或工作的间隙填答问卷；也可以先易后难地填答问题，而对较难回答的问题可以利用自己闲散时间充分思考之后再继续回答。

（二）邮寄调查法的缺点

我们应当清楚地认识到，如果邮寄调查法在实践中能充分发挥它的潜能，那么，毫无疑问，研究者将不会去使用成本相对较高、代价相对较大的个别发送法了。然而,由于一些主客观因素的影响和制约,邮寄调查法的实际使用效果往往不太理想,可行性较差。邮寄调查法除具有上述突出优点和自填问卷法所共有的缺点的同时,还具有下列难以克服的缺点。

1. 问卷的回收率较低。邮寄调查法虽然在寄出问卷的同时,也说明了将问卷寄回的方法,规定了寄回问卷的时间,但是许多的主、客观因素会导致被调查者拖延甚至放弃问卷填答、寄回等工作,使问卷迟寄甚至寄不回来。

根据美国社会学家的经验,邮寄调查法的回收率有时低到 10%,达到 50% 的回收率就被认为是"足够的"(这样的回收率在个别发送法、集中填答法、当面访问法等资料收集方法中,一般是不会出现的,也是较难接受的),而达到 70%~80%的回收率就会被认为是相当好的了。

邮寄调查问卷回收率的计算公式是:

$$RR=TRL/(n-CD)$$

式中,TRL 为回收问卷总数;n 为分发问卷总数;CD 为无法投寄的问卷数,如因地址错误、被调查者迁移或死亡等。

例如:一次邮寄问卷调查中,寄出 110 份问卷,其中有 6 份问卷由于地址不详和人员变动等原因被退回,最后回收有效问卷 87 份。则根据上述公式计算有效回收率为:

$$87\div(110-6)=84\%$$

2. 样本难以抽取,样本的代表性难以判断。邮寄调查法需要有调查对象的详细通信地址、姓名和邮政编码,然而对于许多社会调查来说,并不具备一份如此完整、详细的抽样框(一份包括所有调查对象的姓名、详细通信地址及邮政编码的名单)。因此,邮寄调查的样本往往无法抽取,问卷也不知道该往哪里寄。对于邮寄调查法的低回收率,研究者难以判断未寄回的问卷是因为地址不详,还是因为被调查者不愿意合作;研究者同样也难以作出判断被调查者不愿意合作是由于主观因素,还是客观因素造成的。这样就使得回收回来的问卷的代表性无法判断。例如,某大学社会学系进行了一次本系毕业生的社会适应调查,但问题是,那些已走上工作岗位的毕业生在收到问卷之后,为什么有的积极配合,而有的无动于衷呢?是不是只有那些步入社会之后"发展比较好的"的毕业生才积极配合调查呢?如果是这样,收回的问卷的代表性就大打折扣。

3. 题量少,问卷的形式要非常简单。采用邮寄调查法时,调查员与被调查者完全不见面,无法向被调查者作出解释和说明,完全依赖于被调查者的合作精神,因此,它的问题数量要少,填答方式要非常简单。否则,会影响问卷的回收质量和回收率。

(三)邮寄调查法的运用

根据邮寄调查法的上述特点,为了尽可能地提高邮寄调查法的回收率和所收集资料的质量,研究者在运用邮寄调查法收集资料时,应注意以下几点。

1. 注重调查主办者身份的说明。调查主办者身份可以影响被调查者的意愿,使他们愿意填答并按要求寄回调查问卷。主办单位如果是政府部门、科研院所、高等院校或其他非商业性机构,它们本身就是合法的证明,被调查者对其信任程度高,有利于邮寄调查的开展。而那些商业性的、营利性的机构或不知名的组织,就难以提高回收率。因此,采用邮寄调查的方式收集资料时,要注重对调查主办者身份的说明,尽可能采用比较正式的、非营利性的、给人以信任感和责任感的身份。通过这种身份的说明,使被调查者确信调查的合法性和价值,从而起到使被调查者愿意填答并按时寄回问卷的作用。

2. 使用好封面信,充分发挥它的沟通桥梁作用。对于采用邮寄问卷的方式进行的社会调查来说,封面信就是研究者自己的“名片”,有关调查的一切情况,都得靠封面信来说明和解释。封面信的好坏直接影响到被调查者的合作意愿,对问卷的回收率和问卷的质量将产生相当大的影响。因此,一定要使用好封面信,充分发挥它的沟通桥梁作用。封面信的内容要简明短小,切忌啰唆繁杂;封面信的语气应该是“随您意”的,而不是“一定要”的;封面信的称呼应该是合乎被调查者的文化环境的,而不是生搬硬套的;封面信的语言应该是通俗易懂的,而不是抽象华丽的。另外,随同问卷一起寄出的封面信最好单独打印,并且用一个小信封单独装封,再同问卷以及寄回用的空信封一并装入邮寄给被调查者的大信封内。

3. 使用好指导语,充分发挥它的指导作用。采用个别发送法、集中填答法收集资料时,调查员可以向被调查者就问卷的填答方法做不同程度的解释和说明;而采用邮寄调查法时,调查员与被调查者不见面,关于填答方法、填答注意事项完全依赖指导语。因此,采用邮寄调查法收集资料时,指导语要写好。对于某些填答比较复杂的问题,在详细说明填答方法的同时,最好辅之以实例。对于某些比较复杂的概念,或理解起来可能会产生偏差的概念,最好给以明确的界定和解释。另外,为了引起被调查者的注意和重视,指导语最好以“填表说明”和“填答注意事项”的形式出现并单独打印,与封面信装到一个信封内,一并寄给被调查者。

4. 选择恰当的邮寄问卷的时机。采用邮寄调查法收集资料时,邮寄问卷的时间应该有所考虑、有所选择,以不与被调查者比较大的或比较特殊的活动和事件产生冲突为原则。例如,不要在大的节假日之前给被调查者问卷,也不要在学校刚开学或者复习考试阶段给学生寄一份调查问卷。因为此时人们有比回答问卷更重要的事,即使在忙完其他事想起填答问卷时,他们也会认为已超过了调查期限而放弃填答。

5. 用跟踪信或提醒电话帮助提高回收率。跟踪信或提醒电话的一般做法是:在第一批问卷寄回之后,向未寄回问卷的被调查者邮寄一封跟踪信或打一个提醒电话,请他们合作,将问卷填答并寄回,若被调查者需要还可以再寄一份问卷。一些学者研究表明,没有跟踪,一般可望达到的回收率为50%~60%,而通过发跟踪信(提醒或催促),则可望达到70%~80%的回收率。表7-1是美国社会学家进行的一项邮寄调查的回收情况。

表7-1　某次邮寄调查的问卷回收统计

批次	占发出问卷总数的比例
发出问卷后第一批寄回	46.2%
发出第一封跟踪信后又寄回	12.2%
发出第二封提醒信和问卷后又寄回	8.8%
电话通话提醒后又寄回	10.1%
总回答率	77.3%

资料来源:贝利.现代社会研究方法[M].上海:上海人民出版社,1986:227.

我们再来看看中国学者进行的一项邮寄调查的回收情况。

1998年4月6日,研究者向110名社会学者寄去调查问卷。其中有6份问卷由于地址不详和人员变动等原因被退回,使实际发出问卷数变为104份。从4月9日开始,填好的问卷开始陆续寄回。从被调查者寄回问卷的邮戳时间统计可以看出,大部分被调查者基本上是一收到问卷就填答并及时寄回的。4月15日前寄回的占全部寄回问卷的35.6%;4月25日前寄回的达到65.5%;按要求在5月1日以前寄回的问卷共65份,占全部寄回问卷的74.7%,占发出问卷的62.5%。5月10日,研究者又发出一封催促信,最后又有22份问卷寄回。这样,本次调查共收回有效问卷87份,有效回收率为84%。①

可见,无论国内还是国外,用跟踪信或提醒电话帮助都是提高邮寄问卷回收率的一种好办法。当然,跟踪信或电话提醒的次数不能太多,不能过于频繁,过多地或过频繁地使用跟踪信或电话提醒,不仅不能提高回收率,反而会引起被调查者的反感。一般以三次提醒为限。跟踪信和提醒电话一般都是十分礼貌地问问以前寄的问卷或信收到没有,再把调查的目的、意义、价值以及被调查者合作的重要性说一说,请求他们支持和帮助。

三、网络调查法

随着计算机技术的发展和互联网的普及,社会调查中又多了一种新的收集

① 风笑天.我们的社会学研究方法可以打几分?——对87位社会学者的调查分析[J].华中理工大学学报(社会科学版),1998(3):32.

资料的方式,即网络调查法。网络调查法(internet survey,也称作基于互联网的调查,即 web-based survey,或者在线调查,即 online survey 等)指的是研究者利用互联网向特定对象发送调查问卷,通过互联网将被调查者填答好的问卷收回的调查方法。常见的网络调查方式有三种①。

第一,站点法。即将调查问卷直接链接在网站的网页上,由浏览这些站点的上网者进行填答。当上网者填答完毕后,这份问卷的数据就自动存入了事先设计好的数据文件中。当调查结束时,所有填答者的回答结果就自动生存了该项调查的数据库。这种方式的网络调查虽然十分便利,具有很好的匿名性。但是它实际上是一种无特定调查样本和对象的调查方式,并且,上网者是否填答问卷也完全处于一种放任的或完全自愿的状态,因而,其调查的对象性质、调查的回收率、调查的质量等均得不到很好的保证,调查结果往往会有较大偏差。

第二,电子邮件发送问卷法。研究者在确定好调查总体、抽取完调查样本、收集好被调查者的电子邮箱地址后,直接将调查问卷以附件的形式用电子邮件发送给被调查对象。被调查对象收到电子版问卷,独立填写完之后,再通过电子邮件将填写好的问卷发回给调查者。调查者将所有填答好的问卷下载,编码,输入计算机,形成数据库文件。这种方法虽然对调查样本及质量能进行把控,但匿名性差。

第三,电子邮件发送问卷链接地址法。这种网络调查方式实际上是上述两种方式的综合。与电子邮件发送问卷法相似,研究者在确定好调查总体、抽取完调查样本、收集好被调查者的电子邮箱地址后,将问卷的链接地址发送给被调查对象。被调查对象点击链接地址后就会进入调查问卷并直接在网上填答。填答结束后,问卷的回答结果也自动存入了事先设计好的数据文件中。全部调查结束后,所有填答好的问卷资料就自动生成该项调查的数据库。

举例来说,现在各高校甚至许多中学都流行“网络评教”,这种评教方法其实就是采用的网络调查法收集学生评价教师授课情况的一种方法。教学管理部门(通常是教务处),将评教内容如老师是否遵守课堂纪律、知识面、教学方式、对学生的要求、对课本以外新知识的了解程度、教学热情以及对学生关心与否等方面,设计成一张问卷调查表,放在学生成绩查询系统中,学生查询本门课程成绩之前,系统会自动弹出学生对这门课程的评教网页,只有完成评教之后,才能进行成绩查询。也有高校将“评教问卷”放在选课系统中,新学期开始,学生输入学号进入选课系统时,系统会自动弹出上一学期所开课程的“评教问卷”,学生填答完评教问卷之后,系统才会弹出本学期的选课网页。

---

① 风笑天:现代社会调查方法[M].5 版.武汉:华中科技大学出版社,2016.

（一）网络调查法的优点

1. 网络填答的及时性。网络上的信息传输速度非常快，一份调查问卷制作成网页通过 Internet 可以立即传送到世界各地，在短短时间之内就可获得大量的反馈信息；同时所得的资料一经输入数据库，能马上通过统计分析产生结果。

2. 网络填答的超时空性。互联网覆盖面广，突破了地域限制，只要接通了互联网，受访者可以不受地域限制地参与填答问卷。互联网突破了时间限制，一天 24 小时不间断地进行，不受时差影响。因此，网络调查法在理论上来讲是世界范围的、全天候的。

3. 网络填答成本低。网络调查法从问卷的制作到回收依托的都是无纸化环境，因此，节省了纸张费用、印刷费用；省去了邮寄法需要的邮费和信件装封人员费用，以及个别发送法需要的大量派送和回收人员所产生的费用；个别发送法、邮寄调查法在问卷回收后需要数据录入人员进行数据输入，而在网络调查法中这项工作在被调查者填完问卷后自动完成，所有这些都大大降低了网络填答的成本。

4. 网络填答匿名性好，特别适合对敏感性问题的调查。网络调查法中，填答者是在独立条件下通过网络回答问题，不仅不与调查员见面，而且调查员也不知道填答者的一些基本资料，如姓名、通信地址等，这相对提高了被调查者回答的匿名性，从而比其他资料收集方法更容易获得某些敏感的信息。对于敏感性问题用网络调查法，被调查者更乐于合作，例如：同性恋、婚外性、艾滋病等一些敏感性问题，采用传统的问卷填答方法，人们往往有一定的压力，而不愿意吐露实情；而采用网络调查法，这种担心大为减少，从而更有利于被调查者参与调查。

（二）网络调查法的缺点

网络调查法虽然具有很多传统资料收集方法无法比拟的优点，但因为其必须通过互联网来实现，所以在资料收集过程中无法避免一些由网络带来的缺点与不足，主要表现在以下几方面。

1. 样本代表性差。虽然我国网络普及速度非常快，但仍然难以代表全国公众。据中国互联网络信息中心（CNNIC）2018 年 8 月发布的《第 42 次中国互联网络发展状况统计报告》显示，截至 2018 年 6 月，我国网民规模为 8.02 亿人，互联网普及率为 57.7%。从网民的城乡构成来看，农村网民占 26.3%，城镇网民占 73.3%；从性别分布来看，男性占 52.0%，女性占 48.0%；从年龄分布来看，我国网民以 10~39 岁年龄段为主要群体，占 70.8%；从文化程度分布来看，小学及以下的占 16.6%，初中占 37.7%，高中/中专/技校的占 25.1%，大专的占 10.0%，大学本科及以上的占 10.6%。这种状况的存在，使得不是所有的调查都可以采用网络法来收集资料。另外，即使我们调查对象的总体是网民，但因为抽样框难以界定,严格的随机抽样也无法实施,同样也会产生代表性难以判断的问题。

2. 资料的真实性、准确性难以判断。网络社会中的人实际上处于非现实的、匿名的“虚拟世界”中。这就为虚假的甚至是带有欺骗性质的信息发布提供了方便。再加上黑客的出现、病毒的侵入,都使得人们对网络的安全性非常担心,被调查者出于自我保护的需要,提供的基本信息,如性别、年龄、收入等基本资料都有可能是虚假的。这使得通过网络调查法所收集到的资料的真实性、准确性难以判断。

(三)网络调查法的运用

网络调查法作为一种新的资料收集方法,其中存在的问题虽然还不能完全解决,但通过一些方法却可以提高网络填答的质量。

1. 提高问卷设计的质量。采用网络调查法收集资料,因为没有调查者与被调查者之间的直接交流,所以问题的设计应该简单、明了,通俗易懂,不易产生误解;问题的填答方式要简单,尽可能让被调查者通过点击鼠标来完成;问题不宜过多,否则,会引起被调查者心理上的厌倦情绪或畏难情绪,影响填答的质量和回收率。一般来说,以被调查者20分钟内能填答完为标准。

2. 尽可能提高样本的代表性。对于网络调查法来说,要提高样本的代表性,就要尽可能提高调查对象的覆盖面,就要使更多的人、不同特征的人参加调查。这可以通过各种广告宣传方式,如在点击率高的网站上建立连接、在BBS上发布消息、在传统媒体上做广告等,发动尽可能多的不同特征的人都参与到网络填答中来。

3. 注意网络调查所适用的人群范围。目前,由于网络使用率在很大程度上仍然受到人口的城乡、年龄特征、文化素质与对信息的需求程度等方面的限制,网络用户和非网络用户在城乡、年龄、文化程度等方面存在一定差异,网络调查法收回的资料只能代表网络用户这一群体。因此,在现阶段,网络调查法只适用于上网比例比较高的人群,并不是所有的调查课题都适合采用网络调查法。

4. 提高专业网络调研人员的素质与技能。网络调查系统的建立是一项复杂的工作,其中既包括建立调查对象的网址清单系统,形成抽样方法系统化和计算机化的调查软件系统,还包括抽样结果的反馈系统、链接数据的整理和分析系统等。这就要求网络调查人员必须是综合性人才,具备综合技能,既掌握社会统计调查的理论和方法,还谙熟计算机理论,擅长网络技术,能够对数据库及网络系统进行管理。但目前我国这样的复合型专业网络调研人才严重匮乏,网络调查中社会调查专业技术与网络专业技术结合度小;缺乏对网络调查中出现的新的理论技术问题和实际操作问题的研究与创新。因此,要想提高网络调查法的质量,必须加强调研人员计算机网络技术和社会调查方法两方面知识与技能的培训。

5. 注重与传统资料收集方法结合运用。由于样本代表性差,资料的真实性难以判断,网络调查的结果一般不宜做统计推论,目前运用网络进行的商业调查、民意调查在推论总体的时候一定要谨慎。当前的网络调查可作为其他资料收集方式的补充,比如,在问卷设计前的"探索性工作"可通过网络来收集一些资料,问卷设计完之后的试调查工作可采用网络调查的方式进行。

四、集中填答法

集中填答法是指将被调查者集中起来,各自填写调查问卷,然后统一回收的一种资料收集方法。如果方便把被调查对象集中起来,我们则可以采取集中填答法来收集调查资料。集中填答法的具体做法是:先通过某种形式将被调查者集中起来,每人发一份问卷;接着由研究者或调查员统一讲解调查的主要目的、要求、问卷的填答方法等事项;然后请被调查者当场填答问卷;在填答问卷的过程中,被调查者遇到的问题和疑问,由研究者或调查员当场解答;填答完毕后再统一将问卷回收。回收问卷的方式可以采用投入问卷回收箱的办法,以消除集中填答所带来的某些心理顾虑。

举例来说,我们进行一项下岗职工就业与再就业的社会调查时,就可以采用这种方法来收集资料。我们可以先同调查企业的相关部门如工会组织进行联系,以取得他们的配合和支持。通过他们将所抽取的下岗职工集中起来(或分批集中起来),最好集中在会议室等既方便填答问卷又可不受外界干扰的地方。然后将调查问卷发给每一位被调查者,在研究者或调查员对调查的目的、意义、要求等进行简单说明之后,由被调查者当场填答问卷。研究者或调查者当场解决被调查者在填答问卷过程中所遇到的问题和困难。被调查者填答完问卷后,将问卷交给调查员或自行将问卷投入事先准备好的"问卷回收箱"内。

(一)集中填答法的优点

集中填答法作为自填问卷法的一种类型,除了具备自填问卷法的各种优点外,它与个别发送法、邮寄调查法、网络调查法等资料收集方法相比,还具有以下明显和突出的优点。

第一,集中填答法比个别发送法更高效,更为节省调查时间、人力和费用。由于集中填答法可以在同一时间内向多名被调查对象发放问卷,并且是在同一时间、同一地点集中填写,集中回收,其效率比由调查员一个个地去发送、一个个地去回收显然要高得多。

第二,集中填答法比邮寄调查法更能保证问卷填答的质量和回收率。由于有调查员在场进行解释和说明，并可以解答被调查者的疑问，被调查者错答和误答的现象将大大减少；由于有调查员在场进行控制和监督，被调查者商量着填答问卷、请他人代填问卷的可能性几乎没有；由于有调查员在场，被调查者碍于情面，放弃回答的可能性也大大减少。正是因为这种对调查过程进行的一定程度的控制，保证了它比邮寄调查法有更高的问卷调查质量和回收率。

第三，集中填答法比网络调查法更能提高样本的代表性。由于集中填答法可以事先制定抽样框，采用较为严格的随机抽样方法来抽取样本，而这在网络调查法中是难以做到的，因此，它比网络调查法更能提高样本的代表性。

（二）集中填答法的缺点

第一，有些被调查者难以集中。将被调查者集中起来，至少需要两个前提条件，其一是被调查者在作息时间上比较一致，其二是被调查者在空间上不能相距太远。这两个条件不同时满足，被调查者就很难集中起来。而一旦被调查者不能集中，这种方法的优点自然就不复存在。

第二，被调查者之间的互动影响资料的客观性。将众多的被调查者同时集中在一个场所，如一间办公室、一间教室，这实际上为他们制造一个相互沟通与交流的机会；再加上他们又有共同的“任务”——填答问卷，这实际上为他们制造了一个共同的话题。有了这种“相互作用”或“团体压力”，在填答问卷过的过程中，“相互暗示”“相互讨论”“相互抄袭”的现象时有发生，从而不利于表达个人真实的情况，影响到所收集资料的客观性。

（三）集中填答法的运用

为了更好地发挥集中填答法的优点，尽可能地克服其缺点与不足，我们在实际运用集中填答法来收集资料时，应注意以下几点。

第一，尽可能利用行政组织资源，配合和支持资料收集工作的开展。与个别发送法、邮寄调查法、网络调查法相比，集中填答法对行政组织资源的依赖程度更高，没有相关行政组织部门或单位的配合与支持，将被调查者集中起来是不太可能的。因此，我们在采用集中填答法收集资料时，要事先与被调查者所属的行政单位、组织部门取得联系，在他们的配合与支持下，将抽取到的被调查者集中起来，完成问卷资料的收集工作。

第二，科学确定调查员的数量，确实提高调查员的素质。与其他几种自填问卷法相比，集中填答法对调查员的数量与质量要求更高。这是因为，在采用集中填答法收集资料时，调查员与被调查者有直接的、面对面的接触（网络调查、邮寄调查时调查员与被调查者完全不见面），有较长时间的沟通与互动，不仅要介绍调查的目的、意义、填答注意事项，而且还要解决被调查者在填答问卷过程中遇到的各种问题和困难，要控制、减少被调查者之间的相互影响。这一切都对调查员的能力和素质提出了较高的要求。我们可以根据一次（一批）集中的被调查者的数量与素质、问卷的难易程度等因素来确定调查员的数量，如果一次集中的调查对象多、文化程度低，问卷比较复杂，则配备的调查员就要相对多一些。另外，要提高调查员的组织能力、控制能力和应变能力，使其能应对集中填答过程中可能发生的一切情况。

第三，建立调查员与被调查者之间良好的协调关系。与个别发送、邮寄调查、网络调查等几种自填问卷法相比，采用集中填答法收集资料时，调查员与被调查者之间的沟通、互动对问卷的质量影响要更大一些。调查员应该清楚他的工作效果在很大程度上依赖于他与被调查者之间良好协调的关系。调查员与被调查者之间良好的关系有助于被调查者的合作，使其向我们提供更多的信息，表达他们个人真实的情况，从而保证问卷的填答质量。实践表明，调查员对保证调查资料的绝对保密，对被调查者在填答过程中遇到的各种问题耐心解答并加以积极的鼓励，是建立和保持调查员与被调查者之间友好关系的好方法。

第三节　结构访问法

结构访问法分为当面访问和电话访问两种具体的类型，下面就这两种类型分别进行介绍。

一、当面访问法

当面访问法是访问员与被调查者直接接触，依照事先设计好的访问问卷，在面对面的交谈中完成问卷填答工作的一种资料收集方式。当面访问的基本做法是：研究者先选择和培训一组调查员，由这组调查员携带访问问卷分赴各个调查地点，按照调查方案和调查计划的要求，与所抽取的被调查者逐一进行访问和交谈，并按照问卷的格式和要求记录被调查者的各种回答。在访问中，调查员应严格依据调查问卷提出问题，并严格按照问卷中问题的顺序来提问；调查员不能随意改变问题的顺序和提法，也不能随意对问题作出解释。答案的记录也完全按问卷的要求和规定进行。

举例来说，假设我们进行一项三峡库区移民的社会适应性调查，就可以采用这种方法来收集资料。研究者设计好三峡库区移民社会适应访谈问卷之后，选择一组社会学系的研究生担任访问员，对其培训之后，由这组访问员携带访问卷分赴三峡库区被抽中的移民居住区，按照调查设计的要求，找到被抽取到的移民并逐一进行访问，并按照问卷的格式和要求记录被访移民的回答。

当面访问方法与自填问卷法中的个别发送法最为相似，它们都要求调查员逐个找到被调查者，有单独的接触与交流。所不同的是，个别发送法中调查员只需向被调查者稍作解释,并将问卷送交给被调查者即可,至于问卷的填答工作,则完全由被调查者独自完成;而当面访问法中,调查员则要依据问卷的向被调查者提问,并按照问卷的统一要求亲自记录被调查者的回答。正是这种差异,决定了当面访问法具有一些不同于个别发送法的特点。

(一)当面访问法的优点

同个别发送法相比,当面访问法的优点主要体现在以下几个方面。

第一,提高了调查结果的可靠性。当面访问法通过对调查过程加以控制,从而提高了调查结果的可靠性,这是其最突出的优点。在访问过程中,调查员当面提出问题,可以对问题或答案做适当的解释,减少被调查者各种错答、误答、缺答、乱答的情况;可以对访问的环境进行有效的控制,被调查者既不可能同别人讨论着回答,也不可能完全交给别人代答。同时,这种当面问、当面回答的方式也在一定程度上降低了被调查者出现欺骗性回答的机会。所有这些都使得调查结果的可靠性大大提高。

第二,调查回收率大大提高。自填问卷法的一大缺点在于它的回收率常常难以保证,而当面访问法具有远高于自填问卷法的回答率。这是因为在采用当面访问法收集资料时,访问员与被调查者直接接触,面对面地交谈与访问,因此,被调查者拒绝合作或者半途而废的情况比较少,大大提高了调查回收率。

第三,可以对调查资料的效度与信度进行评估。这是因为,调查员在询问和记录的同时,可以对被调查者的表情、态度、语气和行为,甚至对某些家庭状况进行观察,收集到许多非口头表达出来的信息,充分利用这些信息帮助分辨和判断被调查者回答的真实性程度。比如,我们可以根据被调查者在回答问题过程中的合作态度、对问题的理解程度、对调查本身的重视程度等,对其全部访谈结果的信度与效度进行评估。又如,被调查者在收入这一问题的回答中报了一个很低的数字,或自认为自己的生活水平在当地处于下层,但我们通过观察其室内装修、高档商品的拥有等情况,判断其属于较高生活水平的家庭,这时就应怀疑他的回答是否真实,并要想办法进行追问和核实。

(二)当面访问法的缺点

当面访问法虽然在上述几方面优于自填问卷法,但它也具有一些不如自填问卷法的缺点。

第一,费时、费钱,代价大。由于自填问卷法可以在很短的时间内甚至同时对多个被调查者进行资料收集,而当面访问法则必须一对一地对被调查者进行访问,因此,它所需要的时间显然要多得多。由于当面访问法必须派出一批调查员,调查员事先必须进行培训。因而调查员的培训费用、工作报酬以及路途的差旅费等,远比个别发送或集中填答、邮寄问卷所花的费用高。当面访问法是各种资料收集方法中,成本相对最高的一种。

第二,调查地域范围和规模受到限制。与邮寄调查法和网络调查法不受地域限制相比,当面访问法要求调查员亲赴每一个被调查者所在地区,因而,被调查者的地域分布不能太广。由于当面访问法费用高、时间长、代价大,所以其调查规模也受到了很大限制。如果没有充足的经费和人力,或者没有足够的时间,访问的对象就不可能太多。

第三,匿名性差,不适用于敏感性问题的调查。自填式问卷调查具有很好的匿名性,可以减轻被调查者的心理压力和思想顾虑。但当面访问法由于有调查员在场,并且当面提问、当面回答,这样匿名性差,被调查者的思想压力就可能很大,顾虑也可能比较多。所以,对于某些较敏感问题的调查,采用当面访问法的效果也往往不如自填问卷法。

第四,容易引起访问偏差。由于访问员与被调查者直接地、面对面地互动和交流,所以访问员对被调查者会产生一定的影响,容易引起访问偏差。如访问员的性别、年龄、身份、穿着、口音等都会对被调查者产生一定的影响,从而导致被调查者对问题的回答容易"失真"。特别是在陌生人之间进行交谈,被调查者容易产生种种猜疑,产生不信任感,在这种情况下往往难以得到完全真实的资料。另外,有时因调查员误解了被调查者的回答或在记录时造成笔误等,也会造成调查结果出现偏误。

二、电话访问

(一)电话访问及其实施[①]

电话访问(Telephone Interviewing)是指调查员通过打电话的方式与被调查者联系,并在电话中对被调查者进行调查访问的方法。这种访问方式是随着社会的发展,特别是随着普通居民中电话的普及率越来越高而逐步发展起来的。美国等西方国家大约在20世纪六七十年代就开展了电话访问调查。我国电话访问的出现则是在最近十几年中的事情。目前,国内运用电话访问方式开展调查研究工作的教学研究机构主要集中在北京、上海、广州、南京、武汉等少数大城市中。

进行电话访问需要有一套"计算机辅助电话访问系统"(Computer Assisted Telephone Interviewing System,简称CATIS)的支持。这套系统既有计算机、电话等硬件,也有专门用于进行电话访问的特定的软件。通常一套系统有十几台至几十台连接成局域网络的计算机,每台计算机连接有一根直拨电话线,所有计算机都与一台主机相连接。通过主机可以管理、监控每一台访问用计算机的工作情况。

---

① 参考:风笑天.现代社会调查方法[M].武汉:华中科技大学出版社,2005:141.

电话访问的一般做法是：首先，根据调查目的的要求设计好电话访问的问卷表，并将问卷表按照“计算机辅助电话访问系统”的格式录入计算机；其次，在系统中设计好随机抽取电话号码的计算机程序；再次，挑选和培训一组电话访问调查员，这是电话访问中十分关键的环节；最后，访问员实际开展电话访问。

计算机辅助电话访问的最典型的工作方式是：访问员坐在计算机前，头戴耳麦，面对计算机屏幕上显示的调查问卷，向电话另一端的被调查者提出问题（这些被调查者都是由计算机以随机的方式进行拨号抽中的），并将被调查者的回答直接录入计算机；研究人员在主机上监控和管理所有访问员的访问进展情况，及时解决各种特殊问题。当电话访问结束后，所有被调查对象的数据都已录入了计算机，由机器汇总后可以直接用SPSS统计软件进行统计分析。

（二）电话访问的优点

电话访问是利用电话这种现代通信工具进行的一种结构式访问，它与当面访问相比，有以下几个方面的优点。

第一，速度快，效率高。电话访问不必像当面访问那样花很长的时间、投入很大的精力去找到被调查者，每次调查只需要很少的时间。再加上在进行电话访问的同时，会把被调查者的回答直接录入计算机，当电话访问结束时，通过机器汇总后，可以直接用SPSS软件进行统计分析。因此，电话访问的速度快，效率高。

第二，省钱，成本相对较低。短途电话访问，花钱很少，即使是长途电话访问，费用也远远低于派调查员前往所需要的差旅费。

第三，便于对调查员进行监督和控制。电话访问在同一个电话调查工作室或电话访问实验室打电话，十分便于研究者对调查员的访问质量进行监督和控制，使得电话访问的质量比当面访问更容易得到保证。另外，采用CATIS系统还可对样本配额的完成情况进行适时的反映和调控。

第四，调查对象范围分布广泛。电话访问不需要调查员与被调查者面对面的接触与交流，凡是有电话的单位或个人，都有可能被抽到，因此，抽样可以在一个相比于当面访问更广泛的范围内进行。

（三）电话访问的缺点

当然，电话访问法也有自身的缺点和不足，主要表现在以下几个方面。

第一，样本抽取困难，代表性难以保证。在进行电话访问时，如果采用电话号码簿抽样，则要求总体中每一个成员都有一部电话，而且每部电话的号码都集中在一本电话号码簿上。但现实情况是，一方面电话号码簿上的号码并非正好构成我们所希望调查的总体（比如，我们希望调查的是全市居民家庭，而电话号码簿上的许多号码却是各种社会组织、单位的办公电话）；另一方面，有许多属于我们调查总体的号码又没有出现在号码簿上，这样，我们就无法抽到他们。

如果要利用计算机以随机的方式进行拨号抽取被调查者,必须满足总体中每个成员都有一部电话,且这些电话号码是连续分布在一个区间之内的。也即总体中的每一个个体的电话号码都在这个区间中,这个区间中的每一个电话号码都属于我们的调查对象。但现实并不能很好地满足这一条件。首先,我国电话普及率比以前虽有很大提高,但分布不平衡,东部地区高于中西部地区,城市高于农村,这样就很难保证调查总体中的每一个个体都有一部电话。其次,即使调查总体中的每一个被调查对象都有一部电话,如我们进行城市家庭电话访问,但这些家庭的电话号并不一定分布在一个连续的区间中,中间夹杂着许多社会组织、单位的办公电话,甚至还有些空号。

第二,电话访问的时间与内容限制。由于电话访问对被调查者的控制很少,对方可以随时中断访问,所以电话访问不可一次通话时间太长,一般要控制在10分钟以内比较合适。这种时间限制必然要求电话访问的题目要少,问题要简单,内容要精练。有些问题不能像当面访问那样深入。访问时间的不充分性客观上制约了电话访问这种方式所收集资料的范围和深度。因此,在实际社会调查过程中,调查深度要求较高、问题较多、问卷较长的调查不适合用电话访问方法。电话访问通常比较多地运用在市场调查和舆论调查方面。

第三,拒访率相对较高。相对于当面访问来说,电话访问的拒答率要高一些。例如,在进行电话访问时,有些被调查者因不能辨识调查员的身份而拒绝访问;有些被调查者在回答的过程中,有其他的事要做或感到厌倦时也可能随时挂断电话。所有这些都会导致较高的拒答率。

第四,资料的真实性难以判断。一方面,当面访问时,调查员不仅可以听取被访者的回答,还可以观察到被访者的表情、动作,以判断被访者所提供资料的真实性。而在电话访问中,无法借助这些来判断资料的真实性。另一方面,电话访问通过电话这个中介来实现,访问员与调查对象之间没有面对面的沟通交流,调查对象对访问员的信任程度可能不及当面访问,从而也会影响调查对象所提供资料的真实性。

(四)电话访问的运用

1.电话访问员的挑选与培训。[①] 在当面访问中,调查员不仅可以听取被调查者的回答,还可以观察到被调查者的表情、动作,以判断被调查者所提供的资料的正确性和真实性,而在电话访问中,调查员则必须完全依靠自己的听力来判断这一切。因此,可以说,电话访问的调查员应具有更强的仅靠听觉来分辨事物和情况的能力。另外,电话访问的优点是不存在当面访问中所存在的那种由于调查员的表情、手势、动作,甚至衣着打扮对被调查者造成的暗示和影响;

① 参考:风笑天.现代社会调查方法[M].武汉:华中科技大学出版社,2005:142.

但同时，调查员的语调、口气对被调查者的影响作用则大大加强。因此，对调查员进行培训时，更要强调口齿清楚、语气亲切、语调平和。

电话访问中对调查员的挑选可以从打电话开始，即让被挑选者通过电话与研究者联系，回答研究者的提问。研究者则根据电话中的声音、音调、音量、速度、口音、吐字等方面，以及由此所表现出的性格特点等因素，进行衡量和挑选。

对电话调查员的培训也与对当面访问调查员的培训有所不同，它的重点不在于如何训练敲门、如何进入访问、如何控制访问过程，而在于训练调查员如何在电话中与各种不同的陌生人交谈、如何应对访问中出现的各种“意外”情况，如何尽快地设法解决电话访问过程中可能出现的各种问题。若有条件，可用录音机、电话机和对讲机等设备配合训练。

2.电话访问的抽样。电话访问抽取的是电话号码。电话号码抽样方法大致分为以下三大类。

(1)电话号码簿抽样法。电话号码簿抽样法最常用的是系统抽样，其程序是：首先，根据电话号簿的页数与样本量，决定平均间隔多少页抽出一个样本，假设这个间隔为 K；其次，在 $1-K$ 之间确定一个随机数字 a，然后以这个数字为第一个样本所在的页数，那么第二个就是 $K+a$，第三个就是 $2K+a$，余下类推；再次，在第 a 上随机抽取一栏，作为第一个样本所在的栏，其余样本均在与第一个样本相同的栏；最后，在第一个样本所在栏随机抽取某一号码作为第一个样本，以后的每一页均把这一位置的号码作为样本。采用这种抽样方法，如果遇到无号页、无号栏、无号位置，均需用下一页或下一栏或下一位置替换。

(2)随机拨号法就是不按某种特殊规则抽样，而随机拨号抽样，被拨通的号码即为调查样本。这种拨号法能消除由于某类人不公开电话号码和某类人电话号码变更对样本代表性的影响，使拥有电话的人都有同样被抽中的可能性。但它也存在着一些问题：由于住宅电话与非住宅电话混合在一起，或一个家庭拥有两部以上的电话，这就会使一个家庭具有更多的被抽取的概率，此外，随机拨号还会时常遇上空号。

(3)综合法是兼用电话号簿法与随机拨号法而形成的抽样方法。常用的有“随机双数法”和“加一法”，随机双数法分两个步骤：首先，从电话号码簿上抽取若干号码，然后，随机改变已抽取号码的最后两位数字作为样本。加一法即每当从电话号簿中抽取一个号码，便在该号码后加上一，再将此数作为样本。

3.确定最佳访谈时段。在什么时段进行访谈对电话访问的效果也会有不同的影响。因为电话访问存在着一个最佳访问时段，在该时段进行访问可以得到最好的效果。对于城市来说，白天上班时间留在家里的大多是退休的老人或儿童，如果打电话到办公室则可能干扰其正常工作，会导致很高的拒访率，所以较好的访问时间应该是在晚上或节假日。实践经验表明，晚上的最佳访问时间段在各地区、城市之间是有差别的，北方早一些，南方晚一些；小城市早一些、大城市晚一些。

第四节　资料收集的程序与技巧

资料收集是社会调查过程中实践性、操作性很强的一个阶段，无论是自填问卷法还是结构访问法，在具体的操作过程中，都需要遵守基本的程序和掌握相应的技巧。

一、资料收集前的准备

在正式资料收集之前的准备工作一般来讲可以分为工具准备和角色姿态准备。

（一）工具准备

工具准备主要包括以下几个方面的工作：

第一，熟悉问卷及调查手册。无论是自填式问卷还是结构式访问，资料收集前的准备工作首先是组织调查员学习、熟悉统一设计的问卷及调查手册。理解问卷中每一个问题的含义、答案类别及填答方法，熟悉问卷的整体结构等；了解访谈目的、要求、步骤；明了可能出现的问题及解决办法。

第二，准备调查礼品或纪念品。在问卷调查中，被调查者要花费自己的时间、精力，要付出一定的代价，他们希望调查员对他们的代价有所补偿。因此，在正式调查之前，我们还应该准备好调查礼品或纪念品。调查礼品一般要选择对被调查者有实际用途的物品，其价值大小一般根据被调查者完成一次访问所花费的时间、精力以及研究者所拥有的经费条件等因素来确定。

除了准备好调查所用的问卷、调查礼品（和纪念品）外，调查员应随身携带证明个人身份的有关证件和标志。比如，学生调查员应随身携带学生证和调查单位的介绍信，最好还能在胸前佩戴盖有调查单位公章的“调查员证”。这些都有助于减少调查对象的疑虑，增加其对调查员的信任感。

（二）角色姿态准备

资料收集工作的成败主要取决于被调查者是否合作以及合作的程度。而被调查者是否合作以及合作的程度关键在于调查员的角色姿态。一个角色姿态恰当的调查员，可以打开僵局；一个角色姿态不当的调查员，不仅无法扭转僵局，甚至会把好的局面变坏。因此，在正式访问之前，调查员一定要调整好自己的角色姿态。要想在调查过程中采取恰当的角色姿态，调查员应当注意以下几点。

第一，理解被调查者的心理和想法。在社会调查过程中，调查员应对被调查者的心理和想法有所认识和理解。社会学中的社会交换理论认为,人们的社会行动总是期望得到相应的报酬。对于被调查者来说,他们在接受访问时也同样期望得到相应的回报。这种报酬既有物质方面的,也有非物质方面的。物质方面的报酬在引导被调查者参与调查是非常重要的,所以研究者在采用调查方法收集资料时,要尽可能给予被调查者以物质上的回报。但仅仅有物质上的回报又是不够的,有些被调查者可能更看重精神方面的回报,如信任、尊重、理解等。这就是许多调查的开场白中要向被调查者强调"您作为全市居民的代表""您是这方面最有发言权的人""您的参与是重要的""您的回答是有价值的""您是最熟悉城市交通的"等的原因。

第二,理解被调查者的生活处境。比如,我们经常选择和培训大学生或研究生来充当调查员,但当他们到了偏远农村时,在态度和行为上最容易犯的错误是"城市人的骄傲感",对农村人的行为看不惯,对农村脏乱的环境表示不满,这些很容易引起被调查者的反感,以致无法进行调查。一名优秀的调查员应该有雅量抛开自己的成见,接纳并尊重当地人的风俗习惯或社会规范与价值。只有用这种诚恳的态度、平等的姿态,才能赢得被调查者的信任与合作。

第三,了解被调查者总体的基本情况和特征。在接触被调查者之前,调查员要对被调查者总体的有关情况和特征,如年龄、性别、职业、文化程度、家庭背景、兴趣爱好等,有一个基本的了解。这样做的好处是,一方面便于调查员根据实际情况采取适当的角色姿态,尽可能缩小调查员与被调查者之间的心理距离,尽可能增加双方之间的共同语言,以建立起融洽轻松的调查关系;另一方面,可以使调查员对被调查者在访问过程中所谈的各种情况有一个更为准确、客观的理解。

第四,争取行政组织力量的支持与帮助,增强身份角色的合法性。在正式接触被调查者之前,有必要与被调查者所在的区(县)、街道(乡镇)、社区居委会(村委会)、企事业单位等地方机构取得联系,在获得对方的允许,最好是在对方的支持与帮助下,着手进行调查。

二、接触调查对象

采用个别发送法、集中填答法和当面访问法收集资料的一个特点是要与被调查者接触,要与被调查者面对面交谈,因此,与被调查者的接触也是调查过程中最关键的一环。在接触被调查者过程中,要注意以下几个方面。

第一,留下良好的第一印象。在社会调查过程中,调查员通常都是作为"陌生人"出现在被调查者面前,因此,同被调查者见面时的"第一印象"十分重要。调查能否顺利进行,在一定的程度上也与这种最初的见面和接触所形成的"第一印象"的好坏有关。正式、普通、友善、礼貌,是这种第一印象的基本标准。所谓正式，指的是调查员看起来是具有某种合理的、合法的和正规的身份与角色，这种正式性往往可以帮助消除被调查者的猜疑。所谓普通，指的是调查员的外表和打扮看起来和平常人一样，没有大的区别，这样有助于消除被调查者的顾虑。而友善和礼貌则主要是对调查员态度的要求，它可以使调查员的形象易于被所调查的对象接受。

因为第一印象主要是获得对方的年龄、性别、服装、仪表、姿态等方面的印象，所以为了给被调查者留下一个正式、普通、友善、礼貌的好印象，调查员尤其要注意衣着、外表、态度等方面的考究。从衣着上说，调查员最好是穿一套简单的、普通的、大众化的衣服，这样有利于调查员同被调查者心理上的接近；外表上千万不要有引人注目的打扮，以保证被调查者的注意力不被引导到调查员的穿着上。当然，必要的整洁可以显示和加强调查员角色的正式性。在态度上，调查员给被调查者的第一印象应该是：礼貌、诚恳、真实。这是保证被调查者能够从心理上接受调查的关键因素，每一个调查员都应高度重视。

第二，进门与自我介绍。在入户调查中，进门是一道"关卡"，是十分重要与关键的一环。在现代大城市中，入户越来越困难。只要调查员能够顺利地进门，调查也就完成了一半。因而，调查员应对如何进门给予高度重视。具体做法是：见面时，首先要向被调查者表示某种歉意，比如，"对不起，影响了您的休息！"或者"对不起，打扰了！"等等。不要以为有了正式的介绍信，或者事先已得到被调查者的上级机关和领导的允许，被调查者接受调查就是理所当然的。因为对于任何一个具体的调查对象来说，他并没有以牺牲个人的工作、学习、休息和娱乐时间来接受你的调查、向你提供各种情况的义务；每一个调查人员也没有为自己工作的需要而占用别人休息或娱乐时间的权力。因此，在开始与被调查者接触时，切不可以忘记向被调查者十分客气、十分诚恳、十分谦虚地表达出对这种打扰的歉意。

除了歉意的表示外，调查员还要对自己及所从事的调查活动做一个简单的介绍。"大量证据表明，绝大多数的调查中断或者拒绝发生在调查介绍后和开始第一个问题前，因此，调查员总是有机会在被调查者作出是否接受调查的决定前，描述调查的情况。"①所以，在最初接触被调查者时，自我介绍一定要说好。好的自我介绍的标准是：简明扼要、意图明确、重点突出、亲和力强。自我介绍的内容与自填问卷中的封面信相似，主要解释你是什么人（即说明调查者的身份）、你想干什么（即调查的性质和大致内容）、为什么要进行这次访问（即调查的价值和意义），并解释怎么抽选到该调查对象，说明不会占用对方太多时间、表示希望得到对方的支持，调查完了之后我们有小礼品相送（很多被调查者看

① 萨拜因·默腾斯·奥伊什.如何实施面访调查[M].张仪，译.北京：中国劳动社会保障出版社，2004：70.

到调查员手中的礼品之后,都会误认为调查员是来推销产品的,从而影响被调查者的合作,因此,在自我介绍的最后,最好对携带的调查礼品做一个解释),等等。比如,一般的自我介绍可以像下面这样:

您好!我叫×××,是×××大学社会学系的学生,这是我的学生证(出示学生证)。我们正在进行一项城市居民生活质量的社会调查。我们从全市抽选了500位市民作为代表,您是其中的一位。我只会占用您20分钟左右的时间,希望您支持我们的调查,调查结束后,我们有小礼品相送。

通过自我介绍让被调查者有机会在知情的情况下,决定是否参加调查。自我介绍的重要目的之一,是要消除被调查者在突然出现的陌生人面前所产生的各种疑虑和戒备心理,建立起轻松、融洽的互动关系。这是自我介绍必须具有亲和力的原因。只有调动被调查者产生了回答问题的动机,并帮助他们做好了回答问题的心理准备,后面的调查工作才能顺利进行。

三、提问与记录

提问是结构式访问的主要手段和环节,它在结构式访问过程中占有重要地位。在结构式访问过程中,提问应该注意以下几点。

第一,开始访问是一门艺术。在结构式访问的过程中,开始访问是一门艺术,它决定了能否调动被调查者回答问题的积极性,能否创造友好的访谈气氛,全部访谈资料的可靠性在很大程度上取决于调查员在这方面的表现。为了创造有利于访问的气氛,除了对被调查者表示礼貌外,在进入正题之前,可以先谈谈调查对象较熟悉的事情,如他的住房、家庭、子女、个人爱好等,也可以先谈谈被调查者正在做的事情,如他正在收看的电视节目,以消除拘束感,然后逐步地把话题引向调查的内容,而不要一进门就开口提问卷中的第一个问题(若结构式访问问卷中已把上述这类问题列为开始的问题则不必如此)。开始时,调查员提问的速度应相对慢一点,使被调查者有一个逐步适应的过程。

第二,提问的语言要简单明了,通俗易懂。在结构式访问过程中,提问的语言要尽量简短。俗话说:“千羊之皮不如一狐之腋。”问题的陈述越长,就越容易产生含糊不清的地方,被调查者理解起来就越困难,不同的被调查者就越有可能产生不一致的理解。而问题的陈述越短,产生含糊不清的可能性就越小,被调查者越容易理解。因此,一个成功的访问过程,应该是用简短的提问换取准确的回答,而不应该用冗长的提问换取含糊的回答。结构式访问过程中,提问的语言要简单,应该尽量做到通俗化、口语化和尽可能的地方化,不要使用一些抽象的概念、专业术语和种种“官话”。

第三,主动地用口,恰当地用眼,专心地用耳,熟练地用手。提问时,调查员要面向被调查者,目光要直接与其交流,不要只顾自己低头照着问卷念问题,全然不看被调查者；当然目光也不能长时间停留在被调查者身上，而使其感到紧张和不安。提问的语气要平和、语句要表达清楚，要以平常人们交谈时的方式进行陈述和提问。被调查者回答问题时，调查员要专心听，不能随随便便，以免影响被调查者谈话的情绪；也不能只顾低头记笔记，忽视被调查者的存在。要准确理解被调查者回答的内容，迅速、认真地在问卷上作相应的记号。如果被调查者谈到的一些情况，是研究者在问卷设计时未曾考虑到，但对研究可能具有较大价值的，则可以在问卷的空白处注明。总之，要主动地用口，恰当地用眼，专心地用耳，熟练地用手。

四、结束调查

结束调查是资料收集过程的最后一个环节。对于结构式访问来讲，结束访问应掌握两个基本原则：第一，适可而止，即当一份问卷完成之后就要结束访问；第二，要把握住结束访问的时机。例如，有时调查对象仍然很有兴趣，还有其他一些话要说，而他要说的话可能与研究者的内容并没有太多直接联系，这时调查员要乘机插话或赠送礼品，使访问圆满结束。

在结束调查时，调查员要从头到尾检查问卷，看是否有漏填或明显错误的地方，如果有，应及时向被调查者询问并补填或更正。

最后，要向被调查者致谢，并赠送礼品。如果被调查者的兴致高，十分热情，在其时间允许的情况下，可以询问被调查者是否认识调查员将要调查的下一个被调查者，如果认识再问他能否将调查员带到下一个被调查者，这样可以减少入户的困难。

第五节　调查的回收率

一、回收率的概念和计算方法

调查中的回收率(response rates)也称作回答率或应答率，是调查者实际完成调查的个案数与事先抽取的样本所含个案数之比。也就是社会调查过程中研究者成功完成调查询问的个案数占事先抽取的样本总个案数的百分比。它通常包括自填式问卷调查中的问卷回收率和结构式访问调查中的访问回答率。回收率的计算方法是：

$$回收率 = \frac{完成调查的个案数}{事先抽取的样本总个案数}$$

例如，一项调查从总体中抽取了 500 名在职青年作为样本，研究者采用自填问卷的方法收集资料，但在调查具体实施过程中，有 10 位在职青年因出差在外，未能将问卷发放出去，还有 10 位在职青年拒绝调查，这样实际收回问卷 480

份。那么，根据上述公式计算，该项调查的回收率为：

$$\frac{480}{500} \times 100\% = 96\%$$

同样，如果研究者采用的是结构式访问的方法来收集资料，在实际访问事先抽取的500名在职青年的过程中，有10位在职青年由于出差在外、生病住院等客观原因而无法接触到，还有10位在职青年拒绝接受访问。结果，实际完成访问的对象为480人，回收率亦是96%。

实际调查中，由于收回的问卷里还可能有一部分不合格的问卷，所以，真正严格意义上的调查回收率也称为有效回收率，指的是通过对问卷的审核，剔除那些填答不全或明显乱填的废卷后所剩下的问卷数，即实际完成的有效问卷数占事先抽取的样本总个案数的百分比，即：

$$有效回收率 = \frac{实际完成的有效问卷数}{事先抽取的样本总个案数} \times 100\%$$

例如，通过审核发现该项调查中所收回的480份问卷里，有20份不合格的废卷，将这些废卷剔除，该项调查的有效回收率就只有：

$$\frac{480-20}{500} \times 100\% = 92\%$$

由于最终进入数据分析的问卷数目是有效问卷数，因而，一般情况下研究者在研究报告中向读者报告的应该是有效问卷数和有效回收率。

二、有效回收率的意义①

对于社会调查而言，有效回收率最常见、同时也是最基本的方法论意义在于：它是决定和影响调查样本代表性的重要因素。“回收率是受访者样本代表性的一项指标”②，“是反映抽样调查结果对总体的代表性程度的重要指标之一”③。调查研究中，研究者虽然事先可以通过科学的抽样设计，达到从总体中抽取具有代表性的样本的目的，然而，这种抽样所得到的样本的代表性并不能最终反映调查结果的代表性。因为抽样所得样本对总体的代表性是一种处于调查开始之前的衡量指标。在进行调查的过程中，会有许多因素导致抽样样本中部分个案的缺失或失效，回收的问卷当中总会出现一些废卷（尤其是在自填问卷中），使得最终完成调查的有效样本只是事先抽样样本的一个部分。由于“未回答者通常与问卷的回答者有着相当的差别，他们通常是一些由于受教育程度低而看不懂问卷的人、一些年事已高而无法回答问卷的人，或者是一些流

① 风笑天.高回收率更好吗？——对调查回收率的另一种认识[J].社会学研究，2007(3).

② 艾尔·巴比.社会研究方法（上册）.丘泽奇译.北京：华夏出版社，2000：331.

③ 风笑天，浅谈当前抽样调查中的若干失误，天津社会科学，1987(3)：47-51.

动性较大而无法找到的人"[①],所以,当调查的有效回收率较低(即未回答者的数量较大或废卷较多)时,调查结果的总体代表性就会受到明显的影响和破坏。这方面最著名的例子是美国《文学文摘》杂志关于美国总统选举的调查。该杂志在1936年的总统选举调查中收回了200多万份调查表,其收回的问卷规模可谓巨大。但是,相对于其所发出的1 000多万张调查表来说,200万的数字依然只是很小的一部分。正是这种20%左右的回收率(以及研究者在抽样框方面的失误),彻底葬送了《文学文摘》杂志的这次调查结果,也最终导致了这家杂志的关门。回收率过低而影响到调查结果质量的另一个著名例子是美国学者海蒂关于美国女性的性调查。尽管这项著名调查的有效样本规模也达到了4 500份,但相对于其发出的10万份问卷来说则小得可怜(回收率仅为4.5%),其研究结果因此遭到学界猛烈批评。也正因为如此,"在调查研究中,回收率是研究者的一大担心"[②]。

三、回收率的标准[③]

那么,可接受的回收率,以及很好的回收率的标准是什么呢?对此学界目前还没有统一的认识。纳克米亚斯等人指出:"要确定一种可接受的回答率标准并不是一件容易的事情,因为科学家在最低回答率的标准上意见不一致。"[④]美国社会学者巴比提出过一个简单的等级规则:"要进行分析和报告撰写,问卷回收率至少要有50%才是足够的,要至少达到60%的回收率才算是好的;而达到70%就非常好。"但他同时也明确指出:"要记住,以上数据都只是概略指标,并没有统计上的基础。"[⑤]

由于回收率所代表的样本才是真正的样本,或者说,才是得出调查结果实际用到的样本,因此,即使在抽样样本具有很好代表性的情况下,调查回收率的高低仍然影响到调查结果的代表性程度。正是这种由回收率所代表的调查样本的大小,成为衡量一项调查的结果所具有的代表性的最终指标。也正是在这种意义上,我们说,调查的回收率越高越好。

但是,这只是一种理论上的回答。如果加上现实因素,或许过高的回收率并不一定是件好事。这是因为,在现实社会中,要获得高质量的高回收率并不是一件容易的事情。现实中的社会调查总是会遇到这样那样的困难和挑战。

① Nachmias, Chava F, David N. Research Methods in the Social Sciences[J]. Worth Publishers, 2000(6):208.

② Neuman, Lawrence W. Social Research Methods[J]. Allvn and Bacon, 1994:239.

③ 风笑天.高回收率更好吗?——对调查回收率的另一种认识[J].社会学研究,2007(3).

④ Nachmias, Chava f, David N. Research Methods in the Social Sciences[J]. Worth Publishers, 2000(6):213.

⑤ 艾尔·巴比.社会研究方法(上册)[M].丘泽奇,译.北京:华夏出版社,2000:331.

在这些困难和挑战面前,为了保证调查的高回收率,研究者最经常采取的做法就是在调查对象抽取、调查访问实施等操作环节进行若干改变或替换,以一种易于进行的方式来实施。而这些改变和替换,虽然保证了较高的回收率,却在不知不觉中降低了调查资料的质量。

总之,样本的完整与资料的质量是我们在调查中应该同等关注的两个问题。作为研究者,我们要在“高回收率”和“高质量”两个方面同时下功夫。一方面要设法尽可能地提高回收率,另一方面也要尽可能地防止和避免低质量的高回收率。当高回收率与高质量不可兼得的时候,研究者的任务就是要在“高质量的低回收率”与“低质量的高回收率”之间,寻找到最佳的平衡点,达到调查研究的最佳效果。在这方面,我们或许应该记住巴比教授的忠告:“明显不存在回收偏差比有偏差的高回收率重要得多”①。特别是当对高回收率的追求有可能造成低质量资料的情况下,这种提醒就显得更加重要。

思考与实践

1.试比较个别发送法、邮寄调查法、网络调查法、集中填答法各自的优缺点,并说明在实际应用中应注意什么?

2.邮寄调查法最主要的缺点是什么?为了尽可能提高邮寄问卷的回收率和填答质量,研究者应注意哪些方面的问题?

3.网络调查法的主要缺点是什么?如何提高网络调查法的代表性?

4.结合实际,谈谈利用集中填答法收集资料时,调查员应注意哪些问题?

5.举例说明如何选择资料收集方法?

6.结合实际谈谈自填问卷法和结构访问法各有什么优缺点。

7.结合实际谈谈当面访问法的优缺点。

8.结合实际谈谈如何对访问进行有效控制。

9.电话访问的主要困难是什么?这一困难对电话访问的应用有什么样的影响?

10.什么是有效回收率?谈谈你对有效回收率意义的认识。

① Babbie E. The Practice of Social Research[J]. Wedsworth Publishing Compcmy,1986(4):221.

第八章

调查的组织与实施

第七章主要从调查员在资料收集环节的操作方法和程序上对调查实施进行介绍,本章重点从项目负责人、研究者或督导对调查实施的组织和过程管理角度上介绍调查实施,属于社会调查的项目管理环节。社会调查通常是较大规模样本的抽样调查,研究者很难独自完成一项调查的全过程,常常需要一个由多人组成的调查团队来共同实施完成。因此,调查团队的组织管理和调查过程的质量控制管理必不可少。

按照福勒的理论①,问卷调查应该是在一个拟定的标准化问卷下,找出或估计出社会现象及其发生程度。所谓标准化,就是使每一位被调查者面对相同的问题、相同的提问及相同的答案记录方式。这样才能保证收集资料的可比性具有社会学统计意义,亦即收集资料所呈现的差异才可以被正确解释为被调查者之间的差异,而不是调查过程引起的差异。所以,标准化的、无诱导的调查过程是必须的,调查过程中对调查员的培训与督导,都要紧紧围绕"标准化、无诱导的调查"而展开。

第一节 标准化调查

社会调查在本质上是一种定量的研究方式。它通过特定的程序和手段,采用事先设计好的测量工具收集量化的资料,以达到最大限度地实施科学测量程序的目的。在整个调查研究过程中,误差是不可避免的,其中抽样误差和系统误差的存在是可以估计和预料的,但是人为误差是难以估计和预料的。我们所

① 参考:弗洛伊德·福勒.标准化调查访问[M].重庆:重庆大学出版社,2009:5.

能做的就是通过标准化控制,将人为误差降低到最小。由于调查的实施主要由调查员具体执行,因此,调查员误差是最主要的人为误差来源。下面将先讨论标准化调查的含义,然后再讨论调查员误差以及减少调查员误差的标准化准则。

一、标准化调查的含义

标准化调查是指在调查过程中,调查员严格按照统一的测量工具、测量程序和测量规则对被访者进行调查。标准化调查主要针对结构式访问的资料收集方式。由于自填式问卷的资料收集方法在资料填写上与被调查者的互动少,在此不作讨论。标准化调查是一种具有高度控制性的调查方式,这种控制性主要表现在以下几个方面:首先,访问是按照事先设计好的问卷进行的,问卷上的题目可能是开放式的,也可能是封闭式的,对于后者还预先设计了答案选项;其次,调查员在访问中,只能按照问卷上的题目、指导语和顺序进行提问,不能随便对问卷上的题目进行解释和发挥;最后,当被访者不清楚题目含义时,调查员只能重复题目,或者按照调查手册上的统一说明进行解释。

调查过程中进行标准化控制的目的在于满足科学测量的需要。因为在科学研究中,测量对象不同,只有使用标准化的测量工具、测量程序和测量规则,才能真正测量出对象本身的差异,从而利用统计学原理对测量结果进行描述和推论。因此,标准化是实施科学测量的关键所在,也是定量研究方法的基本要求。作为科学测量手段的当面访问和电话访问,用标准化调查来收集经验资料,道理也是如此。

社会调查最常用的资料收集工具就是问卷。问卷中的大部分题型是封闭式问题,即给出有限答案的问题;还有一少部分是开放式问题,即只有问题没有答案的问题。当然,也有一些问题是介于开放式和封闭式之间的,如很多封闭式问题答案选项中有“其他”这一项答案,需要填答者进一步标明具体内容。标准化调查主要针对问卷中的封闭式问题,对于开放式问题,在追问和记录上同样要遵循标准化的要求。但标准化调查中,问卷的问题几乎大部分是封闭式的,这主要是由于封闭式问题比较容易转换为量化分析资料,而量化分析能够处理规模较大的样本。标准化调查的这一特点往往与抽样技术结合在一起,用于对较大总体的研究。个别被访者被确定为调查对象,他们只是调查中抽样的样本。研究者感兴趣的是被访者提供的答案对描述总体的意义,而不是被访者本人或他们的答案的实质内容,即研究者通过标准化调查,是希望通过样本资料对总体进行推论。

虽然标准化调查是一种有效的资料收集方法,但在社会研究中,有些资料收集过程并不适合用标准化调查。比如,进行探索性调查,就不宜采用标准化调查。在研究的探索阶段,研究目标是为了考察研究者感兴趣但不了解的现象,从中找出进一步要探讨的问题。标准化调查的题目大都是结构性的和限定性的,研究者对要询问的问题以及可能出现的答案选项,事先都已清楚,访问中得到的答案也基本局限在所询问题目的范围内。由此可见,标准化调查不能满足探索性调查的目标。同样,标准化调查也不适合个案研究等其他性质的研究方法使用。因此,尽管标准化调查是一种有效的资料收集方法,但它并不能满足所有研究目的。

二、调查员误差

大量社会调查实践经验表明,调查非抽样误差主要来自调查员、被访者、问卷本身及调查环境等。问卷本身的误差可以通过测量效度等工具进行评估,但来自调查员、被访者和调查环境的误差就不容易清楚估量。调查实施的过程就是调查员与被访者之间的互动过程,调查员很可能在这个过程中对被访者产生影响,或因自己的主观倾向影响被访者的情绪、认知和判断,或者因本身对问卷资料的熟悉程度不够导致提问偏差,也有的甚至是因为调查员本身的态度不够认真负责,等等。

由于上述种种原因,调查员误差主要有四类:①询问误差,即调查员在询问时对问卷题目有所更改或省略等造成的被访者的回答误差;②追问误差,即由于调查员不适当、不必要、不相干甚至有偏见的追问方式造成的误差;③记录误差,即调查员在听、理解和记录被访者的回答时造成的误差;④欺骗误差,由调查员伪造部分或全部答案而造成的误差。

在调查实施过程中,即使采用了标准化调查程序,仍无法使调查员的所有举止都一模一样,也就是说,不可能完全消除调查员误差,能做到的就是尽量将调查员对访问资料的个别化影响减至最小。调查过程控制的目的是尽量减少调查员带来的误差,而不是消除任何可能的调查员误差,即尽量使每一位被访者面对同样的问题、相同的提问及相同的答案记录方式。当被访者对调查内容有疑问的时候,调查员应该有基本一致的处理方式或答复口径。

在实际调查中,调查员自作主张改变题意的现象时有发生。有的调查员为了顺利完成调查,根据具体的被访者,试图构建一种被访者容易接纳的互动情境。每位被访者的个性不同,访问环境不同,如何使得被访者顺利接受访问,研究者预先不可能全部预测到,或者不可能"一刀切"。完全标准化的访问用语可能会增加拒访率,降低访问的效率。比如,当被访者不清楚题目时,一般的原则是把题目重复念一遍,但这样有时候会让被访者有"被逼问"的感觉。因此,调查员或多或少会根据具体情况,随机应变,创造好的访谈氛围。出于这样一个目的,调查员在调查实施时往往很容易按照自己的理解,在互动情境中对问卷进行这样或那样的主观解释,有意无意地加入个人化的提示。从大量的调查实践反馈信息来看,有经验的调查员比无经验的调查员拒访率低一些,同时,在调查中有经验的调查员比无经验的调查员更倾向于采用非正式的互动方式。

在调查实施过程中,调查员误差不仅无法完全消除,而且也不容易被发现。如果没有特别严格的标准化管理和督导,很容易就会忽略掉调查过程中的调查员误差。调查员误差的人为忽略并不等于这类误差不存在,相反如果调查实施的管理环节中遗漏了对标准化调查的强调和监控,调查员误差必然会增多,而数据质量将会大打折扣。无论问卷本身设计得多么完备,抽样方案多么科学,一旦调查环节缺乏标准化督导,一切都会功亏一篑。标准化调查程序在很大程度上就是为了有效地减少和控制调查员误差而设计出来的过程管理程序。从一定意义上说,任何调查员误差都可以视为对标准化调查程序的偏差,一旦调查员偏离了标准化调查程序,就可以判断他们影响了被访者,即出现了调查员误差。

三、标准化调查实施准则

标准化调查的目标是尽可能减少调查员人为造成的调查误差。在实际调查中,虽然无法让所有访问员的表现一致,但制定一些提高访问一致性的准则,能够大大降低访问员自身差异对调查的影响,从而最大限度降低调查员误差,提高所收集数据的质量。下面将讨论标准化访问中的一些可操作性准则。

(一)完全按问卷进行提问

要实现标准化调查,首先就要给所有被访者完全相同的刺激,即调查员完全按统一的问卷提问方式进行提问,每一位被访者听到的是同样的问题和同样的提问方式。我们在问卷设计环节中提到,题目设计的表达方式对于测量效度的重要性。问题表述上的细微差别,就有可能使回答者产生不同的理解,与研究者测量的意图出现不同甚至相反的后果。因此,在问卷设计时要求研究者要非常小心地注意问题的措辞以获得想要的资料,尽量确保被访者的理解与研究者设计意图一致。但是,如果调查员在调查中用自己的表述来提问,这就意味着问卷设计者的努力都白费了。例如:

提法 1:是否应该禁止乞讨者在公共场所乞讨?

提法 2:是否应该不允许乞讨者在公共场所乞讨?

应该说“禁止”和“不允许”这两个用词在字面含义上没有太大差别,但听起来“禁止”的提法要强烈得多,因此,字面的变动往往会对被访者产生不同的影响。对于公众而言,大多数是不同意在公共场所乞讨的,但对于两个题目的回答很可能是不一样的,选择“不允许”的人数可能多于选择“禁止”的人数。不同调查员之间用词造成的差异,会对资料的准确性造成明显的破坏。

尽管在很多调查手册中,都会对提问方式进行要求,即“按照题目内容逐字读出题目和答案”,但是,在实际访问过程中,很多调查员还是会改变问题的提问方式或者提问的顺序。既然已经明确规定调查员不能改变题目,调查员只需要按部就班“机械”地进行提问,为什么调查员还是会动脑筋去对问卷进行“二次加工”呢?

一种可能的原因是调查员认为问卷的题目读起来不顺口,如果按照原题目逐字读题,可能不利于与被访者进行交流,或者加深被访者理解的难度。这类导致调查员改变提问方式的原因主要来自问卷本身的缺陷。也就是调查员调查所依据的标准测量工具本身存在缺陷,从而导致非标准化调查误差的出现,责任主要在问卷设计者。对于这种情况,研究者在问卷设计阶段,要尽可能根据问卷试调查的反馈信息,在不变更题目含义的前提下,使题目表述更加口语化。

除了问卷题目的原因外,也可能是调查员试图建构一种谈话式的、非正式的互动情境。由于非正式的互动更容易建立信任关系,出于这样的目的,调查员在调查实施中很容易按照自己的理解,在互动情境中对问卷题目进行这样或那样的主观解释,有意无意地加入个人的提示。虽然大部分调查员会认为,自己的改动是根据具体访谈对象具体处理的结果,目的是为了提高访问质量才这样做的。但从测量的角度来看,任何非标准化的变化,都可能对测量质量产生不利影响。这样随意改变提问方式和顺序对调查数据质量的影响很大。因此,为了保险起见,最好制定具体措施防止调查员改变题目表述或顺序。

(二)追问的标准

当调查员按题目提问后,如果被访者没有给出问卷中所列出的标准化答案,这时访问员应根据具体情况,对被访者进行适当的追问。在这个过程中,容易出现追问误差。最常出现的追问误差有两种:一是引导式误差,二是该追问的时候没去追问。

避免引导式误差最佳的方法是,把原题目和答案再念一遍,因为此时被访者并没有回答题目。或者按照调查手册上可能有的对此问题事先规定的统一追问方法进行提问。这里要注意,改变提问的方式或对问题进行解释时,务必参照统一的调查手册,而不能按照自己的理解或者按照被访者的提问角度进行解释。

该追问没有追问的原因可能是调查员为了避免麻烦,随意勾选一个自己认为的选项,也可能是调查员对被访者的回答作出人为主观的理解直接代被访者选择一个答案。那么,什么情况应该追问?一般有以下几种情况:①被访者的回答与选项不相符。这可能是由于被访问者不理解题目设计的要求造成的。遇到这种情况,调查员应该先提醒被访者回答结果与问卷答案设置不同,答题的方式是从给出的答案中选择一个最符合自己的情况的答案，然后，调查员再重复一遍问题和答案。需要指出的是，有些调查员虽然进行追问了，但在复述问题和答案时，没有将所有答案都复述一遍。类似这样截取部分答案的做法，实际上已经偏离了标准化调查的原则。②被访者的回答不精确。在标准化访问中，经常要求被访者在回答题目时，提供一些比较精确的数字，如家庭收入、人均住房面积等，面对这样的题目，被访者可能由于记不清楚或者懒得细想，只提供一个宽泛的数字或者一个大概的数字。对此，调查员应该追问。追问中切记不能用引导式提问。正确的做法是首先提醒被访者的回答不够精确，然后重新复述问卷的内容。③追问不知道的回答。在标准化调查中，被访者经常会回答"不知道"，如果这种答案的比例过高，会使资料质量下降。其实，被访者回答"不知道"可能传递不同的信息。调查员最好分辨一下，在必要时尽可能适当追问。如果是"知识性题目"，则可能是被访者真的不知道，调查员就可以直接记录答案；如果只是一种延迟反应模式，就应该给被访者思考的时间，这时调查员可以重复一遍题目，帮助被访者思考；如果是被访者没想过或不愿想这个题目，调查员就应该进行鼓励，特别是强调被访者是最适合回答这个问题的人选；等等。总之，调查员听到"不知道"的回答时，不要轻易放弃努力，应该试着给予适当的追问。

(三)完整地记录答案

在标准化调查中，除了提问和追问外，调查员还要对被访者提供的答案进行标准化记录。标准化记录是指调查员完全遵循调查的客观情况做真实记录，包括勾选答案情况和追问的提问与答案。如果被访者给出的答案超出给出选项范围，必须根据其原始表述进行记录，不能根据调查员个人的理解或为了节约访谈时间而作出其主观概括的记录。特别需要指出的是，被访者回答事实性题目时，可能会不理解有些概念的含义，这时除非有统一的解释，调查员千万不能提供定义或帮助他们答题，否则，这种计划外的即兴解释会破坏访问的统一性。

(四)保持中立的立场

调查员与被访者之间是一种"即时"关系，即在很短的时间内，访问双方在只具有对方有限背景知识的情况下，由调查员介绍其任务、解释其目的，在征得同意后，与被访者建立起一种信息交流的互动关系。研究显示，调查员以专业人士形象介入调查，并保持中立立场，有利于提高调查质量。因此，以专业人士形象出现的调查员，需要保持中立立场。比如，在调查进行时，调查员最好不要向被访者谈论自己的人生经历、自己对现实的看法，更不要表达自己的价值判断。否则，就会破坏搜集资料这一专业化访谈目标，使访问变成一种建立个人关系的"拉家常"，严重影响资料的质量。虽然有的调查员会认为，调查初期通过非正式交谈可以较快地建立起调查所需要的初步信任关系,也可能减少问卷调查的拒访率,但是调查员的经历、看法和价值判断不仅会直接干扰被访者对题目的回答,有时甚至还可能使一些被访者揣摩调查员对答案的个人偏好,无形中按调查员的意愿去回答问题,偏离自己真实的想法。这必然会降低调查的标准化程度。总之,调查员在调查过程中,尽可能通过保持中立立场,与被访者维持一种专业化调查的关系,同时也注意尽量减少专业化角色给被访者带来的心理压力,维持一种自由交流的互动氛围。

第二节 调查人员的招募与挑选

一项调查研究的实施除了研究人员的设计外,最主要是靠调查人员去执行。调查人员主要包括调查督导和调查员。一般大型的调查都需要配备一定数量的调查督导和调查员。如果调查规模不太大,研究者可以兼任调查督导。但从调查人员的组成上看,调查督导和调查员的职责和分工有所不同。

一、调查督导

调查督导的任务主要是将研究者的方案贯彻到实践中去,指导、管理和监督调查员,主要负责问卷调查过程中的质量控制,督导的目的就在于最大限度地减少调查中的调查员误差,对调查数据的采集过程进行规范化管理。

调查员的管理是一项具有挑战性的工作,因为调查员的水平是参差不齐的,我们不可能用统一的标准衡量每一个人。作为一名优秀的督导,不仅要有带项目的丰富经验,还要有管理调查员的能力,其中重要的一点就是善于同调查员进行沟通。下面介绍一下调查督导所需要具备的基本素质和能力。

第一,专业能力。调查督导必须掌握调查研究各个环节的方法和技巧,具有专业调查员所需要的知识结构和知识储备,这样才可能领悟和贯彻研究者的研究思路和调查要求,才能对调查员进行技术指导和解决调查过程中出现的一些基本问题,及时发现调查过程中不规范的行为。

第二,调查经验。具备了调查研究的知识基础,还需要比较丰富的调查经验,一般来说,调查督导应该参与规范的调查研究至少10次以上,从实践中积累丰富的实践经验,这样才能将抽象的调查知识和方法真正掌握。

第三,管理能力。调查督导最主要的角色就是调查员的管理者,通过对调查员的管理,控制调查研究的数据采集质量。由于调查员个体之间差异比较大,调查员的调查水平和能力参差不齐,不能简单地用一个标准去衡量与管理,调查督导需要具有灵活应变和协调能力。另外,在调查实施过程中可能会出现调查员工作态度不认真、数据不准确、不能按时按量完成问卷等情况,这要求督导采取适当的策略去管理调查员，确保调查员按时保质完成工作。

第四，沟通能力。在调查研究中，调查督导也是一名协调者。他需要频繁地与调查员和研究者进行互动，督导不仅要给调查员讲解访问技巧和注意事项，还需要激发调查员的主动性，创造和谐的工作氛围，这样才能及时发现问题，及时处理问题。此外，在调查研究过程中可能随时会出现一些意外情况，这都需要督导能随机应变，具有较强的沟通能力，巧妙地解决问题。

以上几点是调查督导的基本素质和能力，此外，还有团队合作精神、积极的心态、认真工作的态度等，这些是从事任何工作都必备的基本素养，这里就不再展开论述。

在市场调研中，调查督导是不可缺少的角色，是调查资料质量的直接监控者。对于学术性的调查研究，由于研究者一般是大学老师或者研究所工作者，而调查员一般是兼职的在校大学生或研究生，因此，在调查实施中，研究者一般直接负责调查员的组织和管理，研究者事实上同时扮演了调查督导的角色。这样做有一定的优点，研究者对调查员直接进行培训和管理，可以使之直接贯彻执行研究者的方案和思路，使调查员直接与研究者互动，信息传递更便捷，也可以减少调查经费，加快调查进度。但从效果上来看，这样做存在的风险是控制调查质量的有效性会降低。虽然研究者本身也能意识到调查组织环节的重要性，也知道应该如何去督导调查员，但是一个客观现实是，研究者没有那么多的精力去全面督导调查员。一方面研究者需要考虑调查研究全局的问题；另一方面，研究者还要考虑调查督导的问题，还要深入每个调查点去督导调查员，这显然难以保证调查的质量。这也是专业的市场调研公司设立调查督导职位的重要原因之一。专业化分工更能保证调查执行的质量，通过规范化管理，将调查中调查员误差降低到最小。因此，如果研究经费比较充足，建议在调查研究中专门设立调查督导，作为研究者的助手，专门负责监控调查实施与执行的质量和效果。

二、调查员

调查人员的另一类重要成员就是调查员。无论是自填问卷法，还是结构式访问，都需要调查员来执行和实施，因此，没有合适的调查员，调查只能是纸上谈兵。调查员的基本条件是指调查工作对调查员的一些基本要求，主要有以下几点。

首先，调查员应具备良好的读写能力和文字理解能力。调查员的读写能力和理解能力直接影响调查员对调查问卷、调查技巧以及其他调查培训内容的理解和掌握。从目前调查机构招募调查员的现状来看，一般会要求调查员具有高中或大专及以上的文化程度。根据以往的经验，相比之下具有大专以上学习经历的调查员是一种更理想的选择。

其次，调查员需要有弹性的工作时间。无论是入户访问还是电话访问，调查的实施都得满足被访者的时间安排。虽然，晚间和周末是进行访问的理想时间段，但也不排除被访者在其他时间安排访问的要求。一旦调查员在时间上无法满足，就有可能失去访问该被访者的机会。如果出现较多这样的情况，必然会出现样本系统偏差。

最后，调查员需要有良好的职业道德品质。比如，诚实与认真，勤奋与负责，谦虚与耐心以及调查兴趣等。诚实主要指不弄虚作假，客观地、实事求是地对待调查的结果。认真则是要求不马虎、不敷衍。调查工作的艰苦性，要求调查员具有不怕困难、不怕吃苦的精神，以及努力完成调查任务的高度责任心。谦虚体现在尊重被访者，耐心则体现在访问中要耐心听完被访者的回答，即便他说得不恰当，同时也要有耐心向被访者解释问题的含义，不能表现出不耐烦的态度。调查工作本身并不一定使每位调查者都感兴趣，重要的是调查员要培养自己对调查工作的兴趣，如果不培养一定的兴趣，完全被动消极地去干，效果往往不好。无论是观察能力、辨别能力还是交往能力，都是一个合格调查员所不可缺少的。调查员是否具有良好的职业素质往往需要在调查实施过程中才可以观察和审核出来，很难在第一次招募中就可以清楚确定，但这些条件对调查的质量至关重要。上述的调查员基本条件只是供研究者挑选调查员时参考。除了调查员的基本能力外，素质和品德也是很重要的因素。

此外，还有一些调查员需要具备的特殊条件。特殊条件是依据研究的主题、社区的性质、被访对象的特点来考虑的。比如，从研究主题来考虑，调查有关政治、经济方面的问题时，应主要选择男性调查员，而在调查婚姻、家庭问题时则主要选择女性调查员更合适。又如，从被访者的特点来考虑，当被访者为青年时，尽量选择青年调查员；而当被访者主要对象为年龄较高、资历较深、影响力较大的人时，则应该选择年龄较大的调查员。可见，调查员在年龄、社会地位等背景条件上与被访者越接近访问效果越好。另外，从社区角度来考虑，所选择的调查员最好是当地的、同民族和同宗教的人，这样的调查员由于熟悉被访地区的风俗习惯、文化传统、语言特点等，往往能够很顺利地开展访问调查。除了性别、年龄和地区几个方面外，教育程度也是一个十分重要的条件。一般来说，教育程度越高的调查员，理解问题、表达问题的能力也越高，应用各种调查技巧的能力也越强。但这不是绝对的，比如，受教育程度高但缺乏社会生活经验的调查员，在调查工作中往往不如那些受教育程度稍低但社会生活经验丰富的调查员。

从国外研究者招募调查员的经验来看，那些具有大专教育程度的中年女性经常成为调查员的人选。而从目前国内调查员的选择来看，比较多的是招募大专院校的大学生，也有的招募有高中文化程度、热心负责的下岗工人或者 50 多岁身体健康的中小学退休教师作为调查员。

此外，还需要考虑调查员的经验对调查研究的影响，即我们在挑选调查员时，如何看待调查员以往的调查经验。以往的调查经验对调查员的调查活动会产生两种截然不同的影响。一种是积极的推动作用。有过调查经验的调查员往往很快就能进入调查状态，他们对于如何入户，如何与被访者建立良好的互动关系，如何提问，如何记录、追问等调查技能掌握得比较好，可以独立进行调查。另一种是消极的作用。调查经验的积累同时也可能涉及作弊、省时、省事等不负责的调查技巧的积累。因而，以往的调查经验对调查实施是一把"双刃剑"。

一位具有多年调查督导经验的研究者指出，调查员在其调查过程中一定免不了作弊，因为趋利避害是人之本性。比如，理性的调查员在调查中一定会迫使自己尽量减少可能的麻烦，为达到此目的，他们遇到"麻烦"时，总会想方设法用各种方法走捷径，从而影响调查质量。随着调查员调查经验的积累，其作弊水平及程度——即如何减少可能带来麻烦的能力——亦不断增强。据此，他认为调查员做不同的调查项目超过一定数量后，该调查员在本质上已经无法再自行抑制作弊。所以他的经验是：在挑选调查员时，不能一味强调调查经验，不能使用有过多经验的调查员，具有一定调查经验的调查员虽然有助于调查的进行，但这类具有丰富经验的调查员，更适合做调查督导工作，不再适合继续做调查员。他给出了一个临界点，即有 10 次不同项目调查经验的调查员就一定不可以再被招募①。以往的调查经验对于调查督导和调查员的作用是不同的。对于调查督导，各种项目的调查经验越丰富越好；而对于调查员，并不是经验越多越好，过多的调查经验并不完全利于调查质量的控制。有鉴于此，一般的商业调查公司在招募调查员和调查督导时对调查经验的强调不一样，对于调查督导，必须具有丰富的调查经验，而对于调查员，只需达到调查的基本条件就可以了，是否有调查经验不是决定性因素。

研究者、调查督导和调查员共同组成了调查研究所需要的调查队伍。他们在调查研究中的分工和作用不同。研究者负责调查研究总体方案的制订，包括问卷设计、抽样方案的制订，资料收集方法的选择，调查手册、调查实施的总体布局和安排以及数据收集、后期数据的处理等；调查督导主要从研究者处接受任务，按照研究者统一制订的调查方案及相关要求去培训、管理、监督调查员执行调查任务，及时反馈调查进展，解决实地调查中出现的一些技术问题，负责调查实施中资料的质量控制和评估；调查员主要从研究者和调查督导处接受调查

① 边燕杰，李路路，蔡禾.社会调查方法与技术[M].北京：社会科学文献出版社，2006：167.

任务，通过专业培训后，严格按照调查手册和培训要求收集调查资料。调查过程质量的控制主要依靠对调查员的培训、督导以及对调查过程的反思和评估。

第三节　调查员的培训

培训是标准化调查实施的基础，只有通过培训，调查员才能了解到调查实施中如何做到“标准化”。培训的过程实际上是研究者将调查标准化的要求、标准化的操作方式以及标准化的督导制度传递给调查员，具体指导调查员实施的行为规范和准则。因此，培训环节在调查组织实施中的重要性不能忽视。有的研究者在组织调查过程中，对这一环节不够重视，认为招募的调查员有经验，或者调查督导可以有效传达标准化要求以及进行监督，因此，简单组织或者简单培训。这样做事实上为调查实施过程中的非标准化埋下了伏笔。每一项调查的标准化测量工具——问卷都不相同，对问卷进行详细解释的调查手册也有差异，这些具体的标准必须在调查实施之前，通过统一培训，让调查员充分理解和掌握。因此，新招募的调查员，无论是否从事过调查工作，都要对其进行标准化访问技术的常规培训。除此之外，还要针对将要进行的某个具体调查项目，对调查员进行特别培训，包括了解项目、熟悉所要使用的特定的问卷和有关的材料。为了保证培训的效果，达到培训的目的，研究者必须事先做好充分的培训准备，比如，问卷、访问手册、培训内容等。下面介绍一般调查研究培训的主要内容以及相应的培训方式。

一、介绍本项调查研究的总体情况

调查员培训最好从介绍本项调查研究作为开始。即使调查员只是参与资料收集阶段的工作，让他们了解研究的目的，研究结果的运用等问题，对调查员而言也相当有用。一方面让调查员感觉到自己是这项调查研究中的成员之一，获得认同感和责任感；另一方面，系统地了解调查的状况有助于调查员对问卷的理解，从而更好地开展调查工作。因此，研究者需要向全体调查人员介绍调查研究项目的总体情况，包括调查研究的计划、内容、目的、方法及其他与调查项目有关的情况，以便调查员对该项工作有一个整体性的了解和认识。同时，还要就调查访问的步骤、要求、时间安排、工作量与报酬等具体问题进行说明。

二、标准化调查的基本要求和技巧

首先需要介绍一些基本的调查技巧和环节。比如，如何敲门，如何自我介绍，如何取得被调查者的信任，如何尽快与被调查者建立良好的合作关系，如何客观地提出问题，如何记录答案，等等。除了介绍调查的基本技巧外，还要着重介绍调查环节和方法中的标准化要求,比如,必须完全按题目提问,如何适当追问,如何完整记录答案,以及调查中必须保持“中立”的态度,等等。如果不对这些调查原则加以强调,出现调查员随意提问或者随意引导,直接的后果是被访者所面对的测量工具不同,导致调查结果的信度受到影响。也就是说,同一份问卷,调查员甲和调查员乙对同一个人进行访谈,由于两者的提问方式和解释方式不同,导致被访者对问题的理解不同,最后调查结果不同。这种误差是非常严重的,大大降低了问卷的信度。此外,要让调查员了解访问中可能遭遇的困难以及可能产生的错误行为及其原因,并提供解决的办法。

三、抽样方案和调查问卷的学习

抽样方案和调查问卷的内容是培训重点讲解的内容,可以在培训中专门抽出一个时间段集中进行抽样和问卷的培训。例如,可以向调查员尤其是新调查员,介绍全国抽样中经常采用的区(县)、街道(乡镇)、居委会和居民户4级PPS抽样设计,入户后筛选被访者的kish表方法等。让调查员了解各级抽样单位,特别是被访者名单是如何被抽中的,这既可以促使他们理解访问正确被访者的重要性,还可以帮助他们心中有数地解答被访者的询问。

问卷是调查研究中用来收集资料的主要工具,研究者将研究内容通过调查问卷的形式体现出来,调查员依据调查问卷对被访者进行提问,将被访者的回答记录在调查问卷上,研究者通过对调查问卷数据的处理和分析,得出研究结论。调查问卷是调查资料的载体。调查员应该完全熟悉问卷内容,满足研究者对填答质量的要求,同时,调查员还需要促使被访者正确理解问题要旨,按其自身状况客观回答。因此,调查员对调查问卷的掌握程度是保证调查数据质量的前提条件。

鉴于调查问卷在调查研究中的重要地位,在培训中,研究者需要一个问题一个问题地介绍问卷,包括填答方式、填答要求、问题中关键概念的解释。虽然有的研究者在调查手册中对问卷进行了详细的说明,但培训中由研究者直接解释,一方面可增强调查员的理解,另一方面,也可避免个别调查员不看调查手册所造成的盲目性。对问卷的讨论最好是全体成员一起逐题讨论,千万不要简单地问一下“问卷第一页的内容,大家看有没有问题?”而是应该大声念出第一个问题,解释这个问题的目的,然后回答调查员的提问,并充分考虑他们的意见和补充。在处理完他们所有的问题和意见以后,再接着问下一个题目。值得强调的是,抽样方案和调查问卷的学习除了在结构式访问调查中对调查员很重要,在自填式问卷调查中同样重要,因为自填式问卷调查员也面临抽样和解答问卷填写者提出的问题。

四、调查手册的学习

为了尽可能做到标准化调查,即让每一位被访者面对相同的问题、相同的提问和相同的答案记录方式,特别是当被访者对调查内容有疑义时,调查员能够有基本一致的处理方式或答复口径,研究者最好事先制定全面详细的调查手册,用于规范和指导调查员开展调查工作,这同时也是调查督导监督调查员调查工作的主要依据。在介绍调查问卷中的每一个题目时,研究者应该与调查员一起查看问卷解释细则,一定要确信调查员完全理解了调查问卷和调查问卷的解释细则。

调查手册一般包括以下内容:调查项目简介、调查实施流程、访问员须知、抽样方案、问卷解释细则等一切与调查有关的内容、制度和附件。如果用调查APP 系统操作,还包括调查 APP 系统操作指南等。其中,问卷解释细则要尽可能详尽。问卷解释细则可以理解为问卷的使用说明书。问卷解释细则主要用来解释和澄清问卷在调查中可能产生的困难或是混淆的情况。比如,一些特殊情境可能会使问题难以回答,或者被访者对题项不能理解,问卷解释细则就应该提供详细的指导来解决这些可能发生的情况。例如,年龄这样简单的问题有时也会让人犯难。假设被访者说自己在下星期就 20 岁了,这时调查员可能不确定到底是要记被访者目前的年龄,还是最接近的年龄。说明书就是针对这类问题进行解释,并说明解决的办法(如果研究者制定以目前的年龄为依据,那就应当保证所有的样本记录原则都一致)。

在调查员培训阶段,调查员可能会提出很多麻烦的问题。比如,他们可能问"假如这样……我该怎么办?"在这种情况下,研究者千万不能随意进行回答。如果有问卷解释细则,一定要告诉他们首先从问卷解释细则中去找解决问题的办法。如果问卷解释细则遗漏了这个问题,就要认真添加到问卷解释细则中去。对这类问题只给出随意的且无法解释清楚的答案,只会使调查员更糊涂,他们因此也极有可能会不严肃地对待调查,或者在调查中会随意去解释被访者提出的问题。如果暂时不能回答调查员的问题,那就清楚地告诉他们此问题还需考虑,等考虑成熟后再把答案告诉所有调查员并向他们解释原因。

五、分组模拟调查

问卷和调查手册讨论结束后,研究者应该和督导一起在调查员面前做一两次示范。研究者需要清楚地认识到,对参加培训的调查员而言,研究者所示范的访问是调查员模仿的范例。因此,必须做好这个工作,而且要尽可能接近真实的访谈情况。在整个示范过程中,不要半途中断去说明该如何处理某个复杂的问题,而应该小心处理好,然后再做解释。这种示范也可以借助多媒体手段,将事先录制好的访谈实录播放出来，看完后，再根据实录进行提问、回答和点评。

研究者和督导的示范结束后，督导将自己小组成员组织在一起，安排他们互相分组，分别访问对方。当他们的访问结束后，将各自的角色对调，再进行一次。督导直接组织自己小组成员进行模拟练习，研究者在调查员进行练习时，四处走动，观察他们的练习。当这项练习结束后，每个小组以调查督导为主持人，分享在访问中出现的问题，并交换彼此的经验。调查督导在这个阶段需要记录模拟的过程，发现调查员模拟过程中可能犯的错误。

六、调查员的"试调查"

在问卷设计和修改阶段，研究者往往需要到实地去进行试调查，以修改和完善问卷。在调查员培训阶段，调查问卷本身已经基本修改完善，这个阶段也需要对调查员提出"试调查"的要求。调查员的试调查是在调查员培训后期，正式调查之前。这时，调查员通过前期的培训，已经初步了解调查的基本情况、技巧和要求，经过小组模拟访问后，进入真实环境进行3~5份试调查。试调查可以加强调查员对问卷的熟悉以及对调查基本技巧的掌握。当调查员完成试调查任务后，及时向调查督导汇报，调查督导及时检查调查员完成的问卷，看是否有误解的迹象，并且再次与调查员沟通有疑问的地方。如果时间充裕，最好在所有调查员结束试调查后，大家集中在一起，在研究者和调查督导的主持下，彼此交换经验和体会，将出现的问题进行进一步沟通和解决。

总之，培训的目的在于使每一位调查员对问卷有一致的理解，并学习必要的访问技巧。配合培训，一般还要发给所有调查人员一个培训资料袋，里面装有与调查相关的一切资料和基本用具。

第四节　调查过程的控制与督导

调查过程的督导是指调查员开始正式访问后的监督和指导工作，在这之前的指导活动都算是培训。对于调查员误差，除了通过培训不断提高调查员的素质来加以克服外，通过有效的监督程序也能使其得到进一步的降低。对于学术性调查研究而言，调查员的行为越是能得到有效的控制，调查员产生的误差就会很小，访问得到的资料质量也越高。

对调查员的管理控制开始于培训阶段，在培训阶段通过细致的、面对面的方式传授调查内容、方法和技巧，通过筛选确定符合条件的调查员进入正式调查，而不符合条件的调查员则淘汰掉，这是培训阶段的控制。下面主要介绍调查实施过程中的控制。

一、抽样控制

严格意义上讲,抽样问题与调查员无关,调查员的义务仅在于根据抽样员提供的被访者名单,做入户的一对一访问。但实践中,不少调查研究中的调查员往往也充当了抽样员的角色。研究设计中的抽样方案往往是一种理想设计,实际过程中的抽样与理想抽样会有一定的偏差。研究者在抽样方案设计以及调查手册中要尽可能详细地说明抽样的操作方案,比如,遇到某种情况该如何处理等类似的抽样细节要尽可能事先明确规定。当然,研究者对具体抽样实践细节的规定也只能考虑到一些常见情况的处理。有了比较详细的抽样指导细则,还不能保证抽样的标准化。对于调查员是否按照抽样指导细则操作,如果遇到特殊情况如何处理等问题,都需要调查督导进行抽样控制。

抽样控制主要集中在抽样过程中的两个环节:一是抽取居民住户;二是入户后选取调查对象。这两个环节都可能产生无回答误差,这种误差如果不控制,直接的后果是导致严重的样本偏差。所谓无回答误差,是指在抽样过程中,由于各种原因没能够对被抽出的样本单位访问成功,从而没有获得有关这些单位的信息,进而由于数据缺失产生估计偏差。无回答误差可以分为无意无回答和有意无回答。前者为随机误差,后者则为系统误差,比较起来,后者产生的偏差更为严重。整个数据收集过程都可能产生无回答误差,资料收集一开始要做的就是查找调查对象,如果被调查对象找不到(搬迁等原因)或访问时不在家,就会由于"找不到"被调查对象而产生无回答误差。有时在调查过程中即使找到了被调查对象,也会由于被调查对象"拒访"而无法按事先规定的原则选取样本,从而产生无回答误差。不仅如此,有时即使调查开始后,被调查对象也会由于对某些问题不愿回答而"拒访"。

对于因"被访者不在家"而产生的无回答误差,有可能是调查员怕麻烦不愿多次敲门或不愿等待。针对这样的情况,在抽样方案或者调查手册中有必要将"不在家"的含义精确化。由于这里涉及的问卷调查是截面调查,因此,调查通常是一个持续不太长时间的时间间隔。而"被访者不在家"的精确含义至少可以有两种理解:一种是调查对象较长时间不在家(可能出差在外,生病住院等),在调查持续进行的时间间隔内根本找不到,入户抽样的调查员可以将此人排除在抽样范围以外,即不用将此人登记在 Kish 表中;另一种是调查对象偶尔不在家,在调查进行的时间间隔内有可能找到,下面讨论的主要是后一种不在家的情况。

如果确认调查对象访问时(暂时)不在家,调查员应通过答话人预约调查对象,同时在"联系记录"中记上预约时间等信息,然后在约定时间再次上门访问。如果调查员重复入户三次,被抽中的调查对象均不在家或者坚持拒绝访问,则在督导同意情况下，更换备选的住户，重新抽取新调查对象。

由于“拒访”而产生的无回答误差在城市访问调查中经常遇到。从当前各类拒访类型的发生情况来看，拒绝调查员入户是比较突出的。解决此类“拒访”的有效办法就是动员政府行政资源。目前，在中国城市进行的问卷调查，特别是在大城市，入户访问拒访率非常高，有时没有政府行政力量的推动根本就无法调查。比如，可以请街道或社区工作人员陪同入户，引荐给调查对象，这样可以一定程度上减少调查对象的安全顾虑。不过请社区工作人员陪同入户时，为了避免他们在场的干扰，一个必须注意的原则是只让他们带进门为止，带进门后就请他们回避。解决拒访问题除争取行政力量支持外，另一种应对方法是针对户一级抽样单位扩大样本规模，即在抽取住户时根据一定的比例，多抽取一些备用住户供替换。

在入户后抽取调查对象环节，如果由调查员依据 Kish 表确定被访者，调查员就有了自主的可能性空间。此时，入户后选择谁作为访问对象，就存在一个科学而严格的控制问题。根据一些研究者的经验来看，调查督导应该严格控制 Kish 表的发放，做到一户一张 Kish 表。否则，容易出现调查员随意更换 Kish 表或更换被访对象的违规现象，进而影响整体抽样调查的随机科学性。研究设计者通常的预设是，调查员在其工作中的选择过程中总是趋轻避重。比如，在一次全国综合性调查中，问卷内容中具有较多涉及“工作变动”的问题，刚参加工作的被访者需要填答的内容较少，而中老年有较多工作经历的被访者，则需要花费较多时间填答此项。两类不同经历的人答同一张问卷，其工作量的差异可能达到 20 分钟左右。从调查工作量和回报考虑，假如让调查员有自己选择被访对象的权力，不少人会选择年轻的、工作经历简单的被访对象，这样省时省力，但会造成调查样本的偏差。还有一种经常出现的情况是，调查员在做了两三户以后，户内的抽样就开始出现偏差，容易出现年龄偏大、老年人多的情况。因为在家的往往是老年人，年轻人一般不在家。虽然规定让调查员去三次，很少有人会真的去三次。调查员好不容易找到调查对象，好不容易敲开门，就直接登记在家的人，然后在这些人中选择一个进行调查。有时调查督导通过打电话回访时，会发现这家儿子或女儿还住在家里，但调查员没有登记。这里有成本的问题，也有调查员职业道德的问题。另外，如果调查员手中同时有多份问卷，入户后即使是按 Kish 表抽样，他也可以根据在家的人，从问卷中找一份与某个在家的人相匹配的问卷进行调查。

针对类似的误差，调查中研究者或调查督导应采用严格的抽样控制手段。比如，通过严格控制 Kish 表发放的方式监督调查员的选择，一户一张 Kish 表；还可以将入户抽样与入户调查相分离，事先将户内调查对象抽出来，并将地址印在问卷上，然后再派调查员进行调查。

另外，对督导自身而言，需要保证10%的回访率，这样也可以在一定程度上对抽样进行控制，避免出现系统偏差。具体操作中要求调查员做调查的时候，必须尽量把电话号码、联系方式找到，然后调查督导从已调查对象中随机抽出一定比重的标本进行回访。例如，调查员登记这户里有3口人，那么就打电话去询问：家里是否只有3口人？或者其他人是不是住在这里？如果发现不对，可派专人上门核查。如果确实有作弊情节，需要及时废除对这户所做的调查问卷，并补做该户的问卷（如果受访者同意继续接受调查）。当然，对作弊的调查员也要作出相应处理，包括废除他完成的所有问卷，并终止其调查员资格。另外，保证回访率需要支付回访人员的劳务成本。一般情况下，第一批调查问卷回来就应开始进行回访控制，并保证回访人员与调查人员分离（最好是互不认识的），也就是自始至终要派专门人员进行回访监控。

二、调查现场督导

调查过程的控制方法多种多样，较为理想的做法是：督导带领调查员亲临调查现场，随机指派调查员按事先确定的被访者名单入户。结束后催促调查员及时整理问卷，完成后上交督导审核。现场审核完毕后再发放第二份问卷给调查员继续调查。

访问正式开始后，督导人员就应伴随访问进行一些现场督导。现场督导可以采取公开方式，例如，陪同自己管辖的调查员，特别是陪同那些能力较弱、培训时表现不佳的调查员完成一两个访问。在访问开始阶段，这是一种保证访问质量非常有效的手段。因为在这个阶段，调查员对访问过程中的各个环节还比较陌生，比较容易出现误差，陪同访问的督导人员在现场可以随时发现操作误差，及时加以纠正解决。这样，除了能促使调查员养成良好的访问操作习惯外，还能帮助他们树立克服困难的信心。

现场督导也可以采用隐蔽的方式。例如，在调查员结束一户访问离开后，督导人员随即入户对被访者进行查访，了解调查员在访问过程中的表现，并请被访者对调查员的情况进行评价。在访问的中后期阶段，这种督导方式能有效地对调查员起到督促作用。因为经过一段时间后，调查员会出现厌倦和疲惫心理，加上对访问技巧比较熟悉，故很容易会出现违规操作行为，而隐蔽的现场督导恰好能及时发现和纠正调查员的违规操作行为。

现场督导还能有效地控制抽取被访者的过程。原则上对每一位调查员的工作都要进行现场督导。督导人员每天可以按10%~15%的比例抽取调查员，进行现场督导。如果有较多调查员出现了误差，可以在现场对他们进行有针对性的再培训。为了能保持对调查员可能出现误差的敏感性，督导人员在访问开始前或初始阶段，最好能亲自做一些访问。

现场督导的主要工作还包括在调查现场及时对问卷收发和基本质量进行复核。及时复核的作用在于:使调查员对问卷渗入的个人加工时间降低到最少,有利于减少调查员作弊的可能性;此外,及时发现和处理现场出现的质量问题,及时补充和修改,可以提高问卷的回答率和效度。对问卷的现场复核,主要针对问卷回答、填写情况进行审核,把存在漏答、错答等问题的问卷挑出来,及时进行现场的补救和处理。这样做,一般能得到调查员和被访者的积极配合。通过及时发现、及时通过电话或者重新入户等方法给予纠正,既提高工作绩效,又保证了调查质量,还可以对接下来的调查工作具有及时的警示作用。根据督导的经验,对一个调查员一般进行三次以上的现场复核后,就很难在他的后续调查问卷中发现问题了。反之,如果一个调查员经过三次现场复核仍存在较大问题,那么,该调查员就不再适合做后续的调查了。

虽然现场督导对调查员的调查行为能够起到指导和监督作用,但并不是督导越严格效果越好。调查督导的强度可以影响调查员的表现,但不能改变调查员的技巧。过度密集式的督导时常还有一定的反作用。因此,督导强度要适中,以整个调查过程中不发生调查员与调查督导的对立、不满等负面现象为宜。

三、问卷审核控制

问卷审核控制主要是指通过对问卷内容的审核来控制调查质量。我们可以借鉴不少专业调查公司所采用的"问卷二审制度",即调查员必须当天交回当日访问的问卷,由调查督导对全部问卷进行卷面审核,对问卷中容易出现漏答、误答等的题目进行审核,不合格及时返工。第一次审核往往在现场进行,便于及时改正错误。问卷的第二次审核是在离开现场后的当日或次日,由研究者或者专门的问卷审核督导对问卷中的关键性问题以及有逻辑关系的问题进行二次审核,确保问卷的有效性、完整性和真实性。问卷的二次复核往往通过电话复核,即通过电话找到被访者,针对容易出现调查员自己填答的问题进行回访,或者对有矛盾的问题进行回访,以检验调查员是否作弊。二次复核中对调查员的质量控制也可以实地复核,即由专门的复核员到调查现场,对既定问卷的填答进行逐一复核。一般而言,复核员应该与调查员之间没有任何联系,属于背对背进行的复核。为确保最终有足够的成功问卷,实施样本量应为成功样本量的110%。

二次复核还需要注意的现象有:同一位调查员连续出现调查同类群体,连续出现拒绝留电话的被访者;连续出现同一类问题有不清楚、拒绝回答的情况;等等。这类现象的出现往往预示该调查员可能作弊,或者表示该调查员在问卷理解上有系统偏差,需要立即与该调查员沟通。最好的沟通方法是调查督导与调查员及时面谈,先听他对问题的解释或介绍调查情况,然后再查实是否与实际情况相符合。如果发现调查员有作弊行为,处理办法就是将其完成的问卷一律作废卷处理,结束该调查员的调查访问工作。当然,这是每一位研究者都不愿看到的结果。

第五节　调查过程的反思与评估

调查的实施与执行在调查研究整个过程中是重要且特殊的。调查研究中,只有调查的实施与执行是不可重复的。问卷设计、抽样方案的制订、资料收集方法的选择以及数据资料的整理与分析都是可以重复并可以修改的。问卷设计不完善,可以修改;抽样方案不合理,可以换一种方案;数据分析不满意,可以重新再处理。但是调查的实施一旦实践了,很难重新再来。我们所能做的,就是不断反思,及时发现问题,进行可能的调整和修复,力争把调查员误差降低到最小。可见,调查过程中的反思非常重要。这需要调查督导根据研究者的要求对调查员进行调查质量控制。同时,参与调查的各方人员都有必要对调查过程的实施进行反思。

调查过程中的反思主要指调查过程中一切与调查有关的、可能影响调查数据质量的细节,以及对这些具体细节的思考。调查过程中的反思包括调查员的反思、调查督导的反思和研究者的反思。调查员的反思主要是指,在具体的入户访问过程中,调查员对访问中出现的特殊情况的记录,或者对可能对资料收集有影响的细节的记录,以及自己认为有疑问的地方和自己的观点等。调查督导的反思主要是指,调查督导在督导过程中,发现的与预定方案有调整的地方,以及其他可能影响收集资料的细节和自己的观点等。研究者的反思主要是指,研究者自己亲自督导或亲自参与调查时发现的意外细节,或者基于调查员和调查督导的反思而引发的总体性反思。

调查反思一般用专门的记录本记录,同时来自调查员、调查督导和研究者三方的反思可以作为记录调查实施的过程材料,也可以作为数据资料整体性评估的辅助材料。

反思具有及时性的特点,特别是对调查过程中出现的一些“意外”细节,需要及时记录,可以减少记忆误差或者遗漏。调查过程中,最好能够将个体的反思与集体的分享结合起来。由于调查员、调查督导和研究者在调查研究中处于不同位置,扮演不同的角色,因此,发现问题和分析问题的角度也会有所不同,这种反思的“不同”可以通过定期的集体分享,达到互相启发,互相帮助,最终达到进一步提高下阶段调查质量的效果。

在调查过程中,研究者和调查督导需要定期组织调查员集中讨论,除了掌握和调整调查进度以外,还有一项重要的内容就是一起分享和交流调查过程中的反思。这种反思最好能够成为固定的制度和内容,从而积累过程性资料。

评估是对调查过程进行质量控制的另一个要素。严格意义上讲,评估是独立的第三方用一套评估方法或指标体系对数据资料进行评价。这里讲的评估主要是指研究者对调查研究项目的自我评估。自我评估的主要目的在于,使研究者自己清楚数据资料收集过程中的质量控制的水平,从而在进行数据分析和研究结论时有一个全面的把握。如果不清楚数据实施过程中质量控制的水平,就很难评价数据的质量,进而评价基于数据分析得出的结论也没有必要的依据。反之,通过较全面的数据质量评估,对数据本身的质量有把握,那么在对研究结论进行推论时就可以有的放矢,心中有底。

调查数据的评估可以分为调查过程评估和调查事后评估。调查过程评估重视调查过程的改善,从而达到提升调查质量的作用;调查事后评估主要供研究者进行数据分析和研究结论时做参考。从合理化的观点来看,最好是将过程评估和事后评估结合起来。

调查质量的评估主要有两个重要依据,一是在调查过程中随时检查调查员完成的问卷的质量,如抽样是否有偏差,记录是否清晰,跳题部分是否正确等。这类评估和调查督导是结合在一起的,通过调查评估的结果来督导调查员的调查实施。

调查质量的另一个评估依据是通过直接观察调查过程,看看调查员是如何进行访谈、如何获得答案的,访问的标准化程度如何。入户访问的评估主要通过陪同访问,通常可以通过录像或录音设备来辅助完成。当然,在访问中录像或录音,一定要事先征得被访者的同意。另外,督导人员也需要专门培训,特别是在不止一个督导人员的情况下,更要通过训练使得督导人员掌握评估标准。对调查质量的评估最好能遵循一个标准化的程序,一个有效的方法是由调查督导填写调查质量评估表。比如,第二次全国残疾人抽样调查结束后,专门进行了调查过程及数据评估。为此,研究者专门设置了专家评估表、调查组织者评估表、调查员评估表等。评估表涉及调查人员对本次调查的抽样、组织、访谈、督导等各方面工作的方案评价、实施难度系数评价、满意度评价等多个维度。通过对调查质量评估表的结果的反馈,可以加深对问卷调查质量的评价。附录给出了一个访问过程质量评估表的示例,以供参考。

附录:访问过程质量评估表的示例

访问过程质量评估表

调查员姓名:__________督导员姓名:__________

评估题号:从__________到__________

反馈日期:__________

评估得分:__________

A.介绍说明阶段

1.是否介绍自己的姓名　10□是　0□否

2.是否介绍调查项目及主持单位　10□是　0□否

3.是否介绍研究目的　10□是　0□否

4.是否说明保密性原则　10□是　0□否

5.是否说明(接受访问/回答题目)自愿原则　10□是　0□否

6.是否询问被访者电话号码　10□是　0□否

7.是否确认该号码为住宅电话　10□是　0□否

8.是否向被访者致谢　10□是　0□否

9.是否向被访者赠送礼物　10□是　0□否

B.提问阶段

1.正确地按问卷文字内容进行提问

20□完全正确　15□1~2题不正确　10□3~5题不正确　0□5题以上不正确

2. 适当并且非引导性地追问

20□完全正确　15□1~2题不正确　10□3~5题不正确

0□5题以上不正确

不适当或引导性地追问(列举题目及追问方式):__________

3.在需要追问时,没有去做

20□完全没有　10□1或2次失败　0□3次以上失败

没有追问的题号:__________

4.跳题不正确

20□完全没有　10□1或2个错误　0□3个以上错误

跳题不正确的题号:__________

5.对答案进行了不适当的个人主观或评论性反馈

20□完全没有　10□1或2次　0□3次以上

题号及评论内容:__________

6.在必要时向被访者解释其角色、任务以及理由

20□是——做得很好　10□是——做得较好　0□否——做得很差或失败

20□否——没有解释的必要

解释的内容:________________

7.提问或者追问的语速

20□慢　10□普通　0□快

注释:□前面的数字为得分。

资料来源:福勒,曼焦内.标准化的调查访问[M].台北:弘智文化事业有限公司,1999:172.

思考与实践

1.结合实际说明调查员误差的类型。

2.挑选和招募调查员时应该注意什么问题?

3.如何对调查员进行调查前的培训?

4.为了保证调查质量,在调查实施过程中应该注意哪些方面?

第九章

调查资料的整理

社会调查过程中,资料的整理主要是指对问卷调查或访谈中收集的原始资料进行检查、分类和简化,使之系统化、条理化,为进一步分析提供条件的过程。资料整理既是资料收集的继续,又是资料分析的前提,是从资料收集到资料分析的中间环节,也是社会调查过程中必不可少的一个环节。

在本章中,我们将按照调查资料(主要是问卷调查资料)整理和分析的程序,对原始数据的审核与整理、资料编码、资料录入、数据清理等几个方面作简要介绍。

第一节 问卷资料的审核与整理

资料的审核是资料整理的第一步。由于在搜集资料的过程中难免会存在虚假、差错、短缺、冗余等问题,所以对资料的审核是十分必要的。资料的审核是指研究者对所收集的原始资料(主要是调查问卷)进行初步的审阅,校正错填、误填的答案,剔除乱填、空白和严重缺答的废卷的过程。审核的目的主要是为了解决原始资料的真实性、准确性和完整性,保证调查的质量,为后续资料的录入与统计分析打下较好的基础。

一、资料审核的一般要求

调查资料的审核必须遵循资料整理的一般要求,着重审查资料的真实性、准确性和完整性。

(一)资料的真实性审查

资料的真实性审查主要包括两个方面:一是调查资料来源的客观性,要确保调查资料确实是调查者通过实地调查获得的,而不是调查者主观杜撰的东西。所有不是来源于调查者的实地调查,而是通过调查者的主观想象、猜想或臆造的“资料”都应该在审核中舍去。二是调查资料本身的真实性问题。由于种种复杂的原因,即使是调查者实地调查获得的资料也往往存在一些虚假信息,调查者必须根据自己已有的知识和经验,辨别资料的真伪,把那些明显违背常理的、前后矛盾的资料舍去。

(二)资料的准确性审查

资料的准确性审查,主要是检查那些含混不清的、笼统的以及相互矛盾的资料。问卷调查中的笔误、被调查者的记忆误差等在调查的过程中时有发生,在整理时都应对这些资料作认真审查与核实。但是,对资料准确性的要求是相对的,并不是所有的资料都是越精确越好,例如,表示家庭人均纯收入,以“元”为单位就可以了,不必精确到“角或分”。

(三)资料的完整性审查

资料的完整性审查主要包括两个方面:一是资料总体的完整性,主要审查调查的过程是否按照调查计划完成了,调查样本的数量是否达到调查的要求,问卷的回收情况如何,等等。二是每份调查资料的完整性,主要审查问卷上的各个项目是否都按要求填答了,是否有漏填的情况,等等。

二、资料审核的方式

调查资料的审核过程主要包括两个方面:一是检查问卷资料中的问题;二是对问卷中发现的问题重新向被调查者核实。在实际的社会调查研究中,资料的审核主要有两种不同的方式:实地审核和系统审核。

(一)实地审核

实地审核,指的是资料的审核在收集资料的过程中进行,也就是边收集边审核。一旦发现填答错误或漏填、误填,以及其他一些有疑问的情况,就及时进行询问核实。这样,当资料的收集工作结束时,资料的审核工作也已完成。

实地审核,一般分为两个阶段:

第一阶段,每一个调查对象在回答完问卷上的问题,访问即将结束时,或者调查员去调查对象处收取其自填的问卷时,调查员要对问卷进行检查,看有无漏记、漏问的题目,被调查者交上来的问卷是否填答完整,有没有明显的资料错误和逻辑错误。例如,对于“您是否是独生子女?”的问题,选项有“1.是 2.不是,我有____哥哥____姐姐____弟弟____妹妹”,如果被调查者选择了“1.是”,但在“2.不是,我有____哥哥__1__姐姐____弟弟____妹妹”选项中“姐姐”的选项上填写了“1”,很明显这是错误的,调查员应该再找被调查对象核实。

第二阶段,调查组织者应对被调查者交回的问卷当面进行审核,察看调查问卷是否填答完整,对有疏漏的记录、有错误的记录以及模糊不清的文字等向调查员核实,或由调查员再找到被调查者进行核实。

(二)系统审核

系统审核,指的是当调查资料全部收回后,再集中时间进行统一的、集中的审核。这主要是由调查组织者对回收的问卷进行审核,审核的重点是检查回答记录是否有错误,调查员是否作弊。可以通过对被调查者进行回访或电话、信件确认等进行审核,对审核中发现的问题,再次让调查员登门向被调查者进行询问及核实。

实地审核和系统审核各有利弊。实地审核的长处是及时且效果较好,但是它对调查员和督导员的要求较高,要求资料收集工作的组织和安排要特别仔细,要求调查员独立处理各种情况的能力较强,督导员的判断和协调能力要比较强。调查资料的质量因调查员和督导员素质的不同而可能存在较大的差异。系统审核的好处是便于资料收集工作的统一组织、安排和管理,审核工作也可以统一在研究者的指导下进行,审核的标准比较一致,检查的质量也相对好一些。但整个工作的周期则较长,少数个案的重新询问和核实工作则会因时间相隔较长或空间相距太远而无法落实。因此,在调查的过程中应尽可能地在每天调查工作结束后,对当天收集的资料进行初步的整理,这样可以及时对调查资料进行补充或核实。

在资料审核的过程中,如果发现问题,应该分不同情况予以处理:第一,对在调查中已经发现并经过认真核实确认的错误,可由调查员进行更正;第二,对资料中的可疑之处或明显有错误或出入的地方,应设法进行补充调查;第三,在无法核实或无法进行补充调查的情况下,应剔除那些有明显错误或没有把握的资料。

第二节　问卷资料的编码

社会调查中收集到的问卷资料一般都要输入计算机,用计算机进行数据的整理与统计。因此,调查资料审核和整理完之后,接下来要做的就是把问卷中的资料信息转化成计算机能够识别的数字。问卷中有些资料本身就是数字,如家庭人口数、收入、年龄等,但大量的是非数字的回答,如性别、文化程度、婚姻状况等,这就需要把这些非数字的资料转换成数字的资料,就需要对调查资料进行编码。编码就是用数字来代替问卷中每一个问题的回答,或者说是将问卷中的答案转换成数字的过程。编码的目的是用一组变量来表示各项调查问题,用每一个变量的不同取值表示对这一问题的不同回答。比如,回答者的性别,可用“1”表示“男性”,“2”表示“女性”。但是要注意的是,这种数字仅起到一种代表的作用,并不说明任何数量上的意义。

编码的方式主要有三种:前编码、边缘编码和后编码。研究者在问卷设计时,事先为每一个题目的答案设置一个代码,编码时只要逐一记录被调查者回答的选项代码即可,这种与问卷设计同步进行的编码形式被称为前编码,或者预编码。封闭式问题通常采用事前编码的形式。为了提高录入和查错时的工作效率,还可以在问卷上预留选项编码的位置,这些预留的编码通常在问卷的最右边,并用竖线与问题部分隔开,这种编码的记录格式又被称为边缘编码。研究者在访问结束后才对问卷进行编码的被称为后编码。开放式问题和封闭式问题中的"其他"选项的编码,通常是采用后编码的形式。需要说明的是,究竟是采用前编码还是后编码的形式并没有固定的顺序和要求,研究者可根据自己的研究实践与进度而定。

一、答案代码的确定

编码一般分为两步,第一步是对回答问题进行分类,第二步是建立回答类别与变量数值间的对应关系①。

对问题进行分类,实际上指的就是我们在设计问卷时,每一个变量设置几个选项的问题。例如,对于职业这一问题,回答可能是几十种,包括医生、护士、大学教师、小学教师、建筑工人等,那就需要将其编为几十个数字;也可以将其划分为工人、农民、干部、军人等几类,从而编为几个数字;或者只将其划分为蓝领工作和白领工作两类,只需设置两个数字。对于问卷中封闭性的问题,在调查问卷设计时对问题的分类已经完成了,并且已经将答案的代码确定好了,如表 9-1 所示。这种问卷的编码,只要将被调查者在问卷中所选择的项目代号或数字填入相应的编码栏中即可。

表 9-1 问卷节选

A1.您的性别:①男 ②女	—
A2.您是哪一年出生的?_________年	— — — —
A3.您的文化程度是: ①小学及以下 ②初中 ③高中或中专 ④大专及以上	—
A4.您的婚姻状况: ①未婚 ②已婚 ③离异 ④丧偶	—
A5.您有几个孩子?_________个	—

表 9-1 中,问题的代码分别是 A1,A2,…,A5,问题中每个答案也都被赋予

① 袁方. 社会研究方法教程[M].北京:北京大学出版社,1997:434.

了一个数字作为代码，如A1中，“男”被赋予了“①”，“女”被赋予了“②”，A3中“小学及以下”被赋予了“①”，“初中”被赋予了“②”，等等，这样就将文字答案转换成了数字。对于一些直接用数字来填答的问题，如上表中的A2和A5，没有标出具体答案，而是让被调查者根据自己的实际情况，直接在“__”上填答数字，我们就用被调查者填答的数字作为其回答的代码值。如A2，如果被调查者在横线上填答了“1997”，那么，这个数字就是他在这一问题上所给予的答案的代码值。

对于开放性的问题，因事先不能预料答案的情况，没有办法在设计问卷的时候进行分类和设置数字对应，这时的编码就要从第一步，即从对问题回答的分类开始。这就需要先从回收的问卷中随机抽出一些问卷，将这些问卷中的所有回答全部抄录下来，然后根据其不同的特征或内容进行分类，并赋予每一个类型或答案一个数字代码。这里有一个需要注意的问题，就是分类的数量以多少为宜？如果不加任何限制，不想造成任何误解，类别数目可能会与答案数目一样多。但是类别过多，则会给分析造成困难；类别过少，则可能会使类别不明确。一般来说，开始分类时可以分细一些，在统计分析时，可根据需要再把各种类别合并。

还需要注意的是，在编码的过程中，除了要对回答者回答的每一个问题进行编码外，还需要对问卷编号、调查员编号等相关的内容依据统一的标准进行编码，如果问卷编码和数据输入的过程中出现了问题，就为查找问卷错误提供了极大的便利。对于问卷中的那些跳答/不适用的题目一般用9，99，999等固定的代码，应该填答而没有填答的题目用“Null”表示（系统缺省），在录入的过程中直接空过去，以免与其他有意义的数字代码相混淆。

二、编码说明

在第六章中，我们讲过一份问卷在设计时可能会采取多种形式：单项选择题、多项选择题、矩阵式问题和表格式问题等，不同形式的问题在编码的过程中略有不同。

（一）单项选择题的编码

单项选择题是指给出的答案至少有两个，回答者根据自己的情况选择一个答案作为回答的题目，我们一般直接使用问卷设计时赋予每一个答案的数值作为他们的代码值，例如，表9-2中，A1，A3，A4中每一个答案前面的数字就是它们的代码值，编码时直接将相应的代码填写在编码栏。因此，为了编码的方便，我们在设计问卷时，可用1，2，3等数字表示每一个回答，最好不要用A，B，C等字母表示。应该注意的是，虽然这些代码值都是阿拉伯数字，但它们却不能作为平常的数字来进行加减乘除的运算，它们此时只是各种不同答案类别的一个代号或一个记号。

表 9-2 单项选择题的编码

问题	编码
A1.您的性别:√①男 ②女	1
A2.您是哪一年出生的? 1977 年	1977
A3.您的文化程度是: ①小学及以下 ②初中 √③高中或中专 ④大专及以上	3
A4.您的婚姻状况: ①未婚 √②已婚 ③离异 ④丧偶	2
A5.您有几个孩子? 1 个	1

填空题的编码与单选题的编码类似,只需要将回答者填答在横线上的数字或文字代码填写在编码栏即可,如表 9-2 中的 A2 和 A5 题。

(二)多项选择题的编码

根据多项选择题选择答案的不同,编码时也存在以下两种情况。

1.多项限选题的编码。多项限选题指的是在调查的过程中要求被调查者对某一个问题的回答,不是选择 1 个答案,而是要根据要求,选择 2 个、3 个或者更多个答案,如表 9-3 所列问题。

表 9-3 多项限选题编码举例

A6.人们选择结婚对象时会考虑下列各种因素,您认为最重要的是哪三条?(勾三项)			
1.家庭背景	2.思想品德	3.相貌身材	4.职业单位
5.两人感情	6.经济收入	7.身体健康	8.性格脾气
9.能力才干	10.年龄合适	11.气质修养	12.文化程度
13.生活习惯	14.城乡户口	15.其他(请写明)___	

在表 9-3 的 A6 题中,要求回答者选择答案的个数是 3 个,因此,现在答案的编码就不是 1 个,而是 3 个或者更多,对这样问题的编码有以下两种形式。

(1)用每一个答案前面的数字作为代码值。例如,选择了“家庭背景,经济收入,气质修养”3 项,而其对应的编码值是“1,6,11”,因此,在编码的时候,即用“1,6,11”表示。

多项排序题的编码也是这样的形式。例如,表 9-3 中的 A6 题不仅要求选出 3 项,还要求回答者根据选项的重要性进行排序,问题变为“人们选择结婚对象时会考虑下列各种因素,请选出您认为最重要的 3 项,并按重要性进行排序。第一____;第二____;第三____。”如果回答者的回答是“第一:职业单位;第二:能力才干;第三:相貌身材。”我们知道这 3 个回答相对应的代码分别是“4,9,3”,那么,这一问题的编码就应该是“4,9,3”。

(2)采用“0,1”代码进行编码。考虑到多项选择题变量的类型,为了便于较高层次统计方法的应用,我们在编码的时候也可以借鉴社会统计中虚拟变量的概念,对其进行“0,1”编码。也就是说,如果回答者选中了某一项,其代码值则为“1”;没有选中的答案,其代码值则为“0”。例如,表 9-3 中的 A6 题,如果某个回答者选择了“家庭背景,经济收入,气质修养”3 项,那么对这一题目的编码则变为“1,0,0,0,0,1,0,0,0,0,1,0,0,0,0”。

2.不确定选择个数的多项选择题的编码。不确定选择个数的多选题指的是在调查的过程中不设定回答者对某一问题的选择答案个数的题目。如表 9-3 中的 A6 题,如果把问题变为“人们选择结婚对象时会考虑下列各种因素,您认为最重要的是:(有几个选几个)”。那么在这样的情况下,被调查者可以选择 1 个、2 个、3 个、5 个或者 10 个答案。对于这类问题的编码,因为不确定答案的个数,很难确定预留几个编码位合适,并且考虑到统计时变量的类型特征,我们一般采用“0,1”编码的形式,如果选中了则用“1”表示,没有选中则用“0”表示。如果一个被调查者选择了 2,5,6,7,8,9 六项,那么,A6 题的编码则会变成以下的形式,参见表 9-4。

表 9-4　不定项选择题编码举例

A6.人们选择结婚对象时会考虑下列各种因素,您认为最重要的是哪些?(有几个选几个)				
1.家庭背景	2.思想品德	3.相貌身材	4.职业单位	0 1 0 0
5.两人感情	6.经济收入	7.身体健康	8.性格脾气	1 1 1 1
9.能力才干	10.年龄合适	11.气质修养	12.文化程度	1 0 0 0
13.生活习惯	14.城乡户口	15.其他(请写明)___		0 0 0

三、栏码的确定

我们都知道问卷编码的目的是为了将文字资料转化成数据资料,是为了计算机录入而作的准备工作,而在计算机输入数据的过程中,特别是采用一些专门的数据库软件如 FoxPro 软件录入数据时,除了考虑数字代码外,还要考虑每一个题目答案的宽度和栏码,在数据库结构的编写过程中对其进行相应设置。编码的宽度和栏码指的是每一个问题对应答案的数字代码的位数,以及它们在整个数据文件中所处的位置。

编码的宽度一般是在问卷设计时就印在问卷上,如表 9-1 中问卷右侧的编码栏,每一个问题对应编码的横线个数表示这一问题编码的位数,例如,性别的两个取值“①男　②女”,那么,这一题目对应的位数是 1 位,出生年份如果是 1977,那么,它对应的位数应该是 4 位。栏码则是在数据转录到登记表上或者录入数据库时每个变量所处的位置,它是根据每一个项目或问题答案代码的位数,确定该项目或问题所占的宽度,再根据前后顺序来确定其在整个数据排列中所处的位置,从前依次往后排列。表 9–5 就是栏码的一个例子。

表 9–5　栏码分配表

项目或问题	宽度	栏码
城市编号	2	1~2
行业类型编号	2	3~4
问卷编号	4	5~8
1.你的性别? ①男 ②女	1	9
2.你是哪一年出生的?________年	4	10~13
3.你的婚姻状况? ①未婚 ②已婚 ③离异 ④丧偶	1	14
4.你父母的年龄?父亲________岁;	2	15~16
母亲________岁	2	17~18

现在对表 9–5 所示的例子栏码进行简单说明。这次调查在全国抽取了 12 个城市,第一个项目是城市编码,需要录入的是 1~12 这 12 个数字,因为最大位数是 2 位数,所以它的宽度是 2,又因为它是第一个数据信息,所以给定栏码 1~2。第二个项目是行业类型编号,因为该调查涉及主要的 15 个行业,最大位数也是 2 位数,所以它的宽度也是 2,接第一个项目的序号,给定的栏码数为 3~4。由于该调查的样本规模为 2 400 名青年,它是一个 4 位数,故宽度是 4,给定的栏码接前序号为 5~8。第一个问题“性别”的答案为①和②,是 1 位数,所以它的宽度为 1,接前序号,给定的码数为 9。第二个问题“出生年”,如 1977 年出生,它是 4 位数,所以给定宽度为 4,栏码为 10~13。其他完全类似。需要说明的是,对工资收入、年龄、时间、人数等定距变量,在确定宽度、分配栏码时要根据具体情况来确定。宽度和栏码在数据录入的过程中是非常重要的,特别是数据量比较大,需要采用专门的数据录入工具来录入数据的时候。

四、编制编码手册

由于社会调查的样本规模通常较大,成千上万,并且每一份问卷又往往包括了几十个甚至上百个问题,数据信息较多,因此,数据处理的工作任务比较重,问卷编码和输入通常需要许多人才能完成。为了减少资料转化过程中的误差,保证数据的质量,研究者在确定了问卷中问题的编码值之后,需要在问卷正式编码和输入之前编制一份编码手册(也称编码本)发给从事问卷编码和输入的人员,以便他们按照统一的编码要求,完成资料的转换工作。

在编码手册中,研究者要将需要编码的项目和问题一一列出,逐一规定它们的代码、宽度、栏码、简要名称、答案赋值方式及其他特殊情况的说明等。整个编码手册要规范统一,指示要明确,并且容易理解,便于操作。

表 9-6 就是一份调查问卷的编码手册的节选。"项目名称"指的是问卷中的有关项目或问题。"变量名"则是调查问卷中实际测量的每一个变量,在录入的时候用相应的字母和数字表示。有时问卷中的一个问题包含几个子问题,这样就形成了几个变量,在编码和输入的时候要分别进行编码和输入,例如,问题 C1 就包含 C11,C12,C13,C14 四个变量。"变量含义"则简要地说明该变量的内涵,它是变量核心内容的反映。"宽度"和"栏码"含义如前所述。"答案赋值"可以说是编码手册的真正内容,十分关键,在此,要详细地标明每一种答案的赋值结果和赋值方法,例如,A1,A3,C11 等说明单项选择题赋值的情况,A2,A8,A9 等对赋值的方法进行了说明。"缺失值"说明的是问卷中那些跳答或者应该填答而漏答的题目应该怎样编码,或者怎样处理:对于应填答而没有填答的问题,要用特殊的符号来表示,比如 N,在数据录入的过程中直接作为缺省,不输入任何字符;而跳答的题目可以用 9,99,999 等特定的数值来表示。这些通常都没有统一的规定,研究者可以根据自己数据资料的情况作适当的处理。

表 9-6 编码手册(节选)

项目名称	变量名	变量含义	宽度	栏码	答案赋值	缺失值
城市	V	城市	1	1	1=北京,2=上海,3=南京,4=厦门,5=成都,6=郑州,7=海口	
个案号	ID	个案号	4	2~5	根据问卷上的编号填写	
问题 A1	A1	性别	1	6	1=男,2=女	Null
问题 A2	A2	年龄	2	7~8	按实际填答年龄填写,大于 99 岁的填 99	Null
问题 A3	A3	文化程度	1	9	1=小学及以下,2=初中,3=高中及中专,4=大专以上	Null
…	…	…	…	…	…	
问题 A8	A8	个人收入	4	16~19	根据实际数字填写	Null
问题 A9	A9	全家收入	4	20~23	根据实际数字填写,10 000 元以上的填写 9 999	Null
…	…	…	…	…	…	
问题 C1	C11	有几口人	1	39	按实际情况填写	Null
	C12	叫什么	1	40	同上	Null
	C13	在哪工作	1	41	同上	Null
	C14	性格特点	1	42	同上	Null
…	…	…	…	…	…	

有了编码手册,不同的调查员(或专门的编码、输入人员)就可以按照同样的标准和方法对收回的问卷进行编码。同样,资料分析员也可以方便地认识、理解数据资料中所包含的各个变量的信息。表9-7就是一份问卷资料编码的结果(部分)。编码完毕,在数据输入的时候,输入人员就可以根据编码的结果来进行输入,会提高输入的效率。

表9-7 问卷编码结果举例

	编码
城市:南京	2
问卷编码:0751	0751
A1.您的性别:√①男 ②女	1
A2.您是哪一年出生的? 1977 年	1977
A3.您的文化程度是:	3
①小学及以下 ②初中 √③高中或中专 ④大专及以上	
A4.您的婚姻状况:	2
①未婚 √②已婚 ③离异 ④丧偶	
A5.您有几个孩子? 1 个	1

第三节 问卷资料的输入

经过了编码处理,调查问卷中的大部分信息就转化成了一个个由数字0~9构成的数码,接下来的工作就是将这些数据输入计算机,以便于进行统计分析。数据输入就是将问卷资料所对应的代码通过扫描或用键盘逐步输入计算机,建立数据文件的过程。

目前,数据输入的方式主要有三种:人工输入、计算机辅助系统转换和光电输入。

一、人工数据输入

在社会调查中,人工输入是最常用和最主要的数据输入方式。人工输入就是输入人员通过键盘,将问卷或登录在数据表上的数据逐一输入计算机的过程。这里,主要有两种数据输入的方式:一种是直接从问卷上将编好码的数据输入计算机;另一种是先将问卷上编好码的数据转录到专门的登录表上,然后再从登录表上将数据输入计算机。登录表的结构一般与数据库结构一样,横栏为变量名,即每一个问题的名称,且都有给定的栏码;纵栏为不同个案的数据记录。表9-8就是某登录表的一部分。

表 9-8　数据登录表

	城市	问卷编号	A1	A2	A3	A4	A5	…
	1	2-5	6	7-10	11	12	13	…
个案 1	2	0582	2	1977	3	2	1	…
个案 2	3	0789	2	1980	4	1	0	…
个案 3	5	0908	1	1981	4	2	0	…
个案 4	5	0910	1	1976	3	2	2	…
个案 5	6	1100	2	1975	3	2	1	…
个案 6	6	1101	1	1977	4	1	0	…
⋮	⋮	⋮	⋮	⋮	⋮	⋮	⋮	…

直接将数据从问卷输入计算机的好处在于可以避免再次转录中可能出现的错误，但是缺点在于因为在输入的时候需要不断地翻动问卷，输入的速度会受到影响，特别是当一份问卷问题比较多，内容比较长时，直接输入就较为麻烦。将问卷上的数据先转录到登录表上，再输入计算机虽然可以弥补直接输入的一些不足，但是数据从问卷转录到登录表上可能会出现错误，从登录表再录入计算机时又可能出现错误，与直接输入计算机相比多了一次出错的机会。因此，在实际的数据输入过程中，极少会先将数据转录到登录表上再输入计算机，一般都是直接将数据输入计算机。

不管是采用哪种方式将数据输入计算机，都存在一个用什么软件来输入，最终形成怎样的数据文件以便于统计的问题。目前应用较为普遍的统计分析软件主要有 SPSS，SAS，STATA 等，尤其是 SPSS 的应用越来越广泛。SPSS 软件可以调用多种数据编辑软件形成的数据文件，因此，下面主要对如何形成可供 SPSS 分析的数据文件进行介绍。

要生成可供 SPSS 分析软件使用的数据文件，可以通过两种方法来输入数据。一是直接在 SPSS 软件上输入数据，二是采用专门的数据库管理软件，如 dBase，FoxBASE，FoxPro，Excel 等输入数据，再转化为可以用 SPSS 统计的数据文件。两种输入方法各有特点。

（一）SPSS 软件输入数据

在 SPSS 软件中直接输入数据时，输入界面比较直观，打开 SPSS 软件，显示的就是数据输入窗口，其形式就是一张表格的形式，每一纵栏表示一个变量，每一横行代表一个个案（参见图 9-1）。在数据输入之前，首先需要对变量进行定义，做法是先点击左下角的"Variable View"（变量视图）切换到变量窗口①（参见

① 现在很多较高版本的 SPSS 软件都有汉化版。

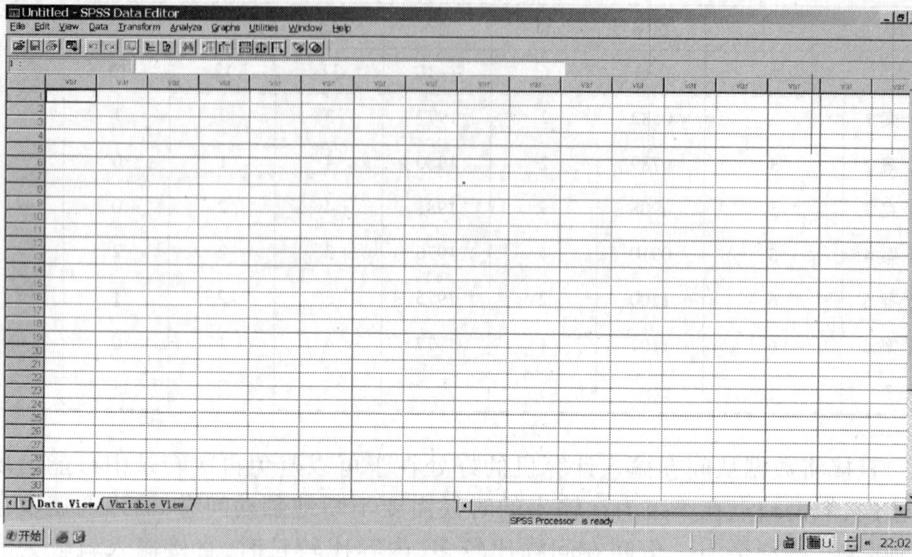

图 9-1 SPSS 数据输入窗口

图 9-2)，这时左边纵栏的序号 1,2,3,…表示的是问卷中的每一个变量，而横行表示的是每一个变量的变量名、变量类型、变量宽度、小数点的位数、变量标签、变量取值、缺失值等，将问卷中的每一个变量根据其特征进行定义。定义完变

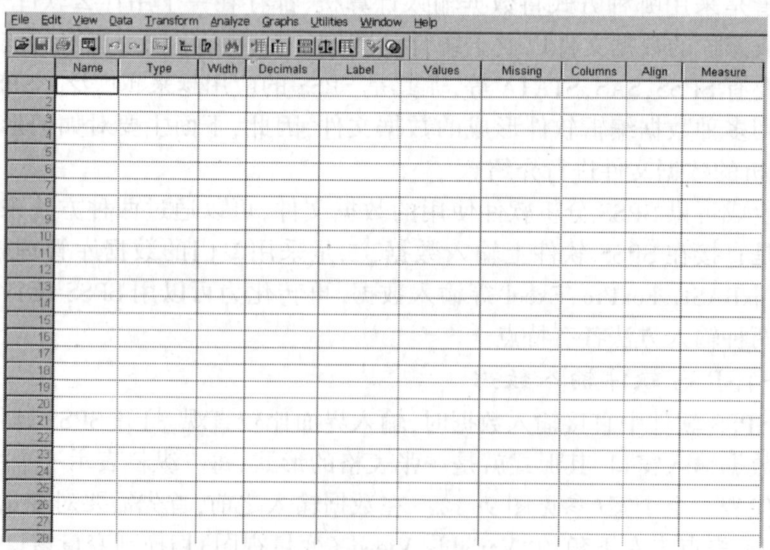

图 9-2 SPSS 变量定义窗口

量名之后,再回到“数据视图”窗口下,数据窗口中纵栏的变量就变成研究者定义的变量名,如 A1,A2 等。然后,就可以根据问卷的内容,直接将每一个个案的数据逐一输入每一个方格中(参见图9-3)。数据输入完之后存盘,就形成了一个完整的数据库,可以随时调用进行分析了。

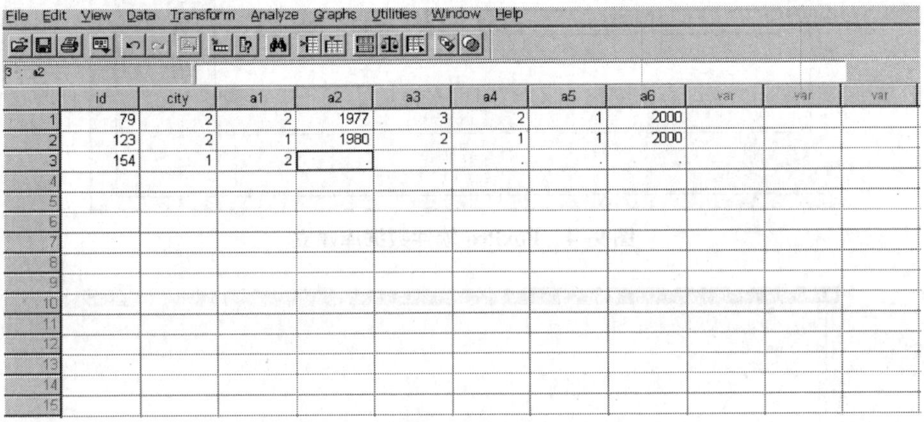

图 9-3　SPSS 数据输入举例说明

用 SPSS 软件输入时,定义变量宽度时系统默认的宽度是 8 位数,因为数据输入需要用上、下、左、右的箭头来移动输入变量的位置,所以如果变量的宽度小于 8 位时,是否定义变量宽度对数据输入的影响不大。也正因为如此,这种方法在输入的时候比较费时,也容易出错,并且出错时不太容易发现。因此,如果数据信息比较多,一般不采用 SPSS 软件直接输入的方式,而是采用专门的数据库管理软件。

(二)专门软件输入数据:FoxPro

专门的数据管理软件往往更能保证输入的正确性。目前,较为常用的数据库管理软件有 FoxPro,Epidata 等。以 FoxPro 为例,用 FoxPro 录入数据时,需要先建立数据录入的数据库结构(参见图 9-4)。因为 FoxPro 在数据输入时,输入完一个数据后有自动跳到下一个数据位置的优势,所以数据输入较为快捷。也正因为如此,在建立数据库时对每一个变量的位置和宽度的要求较高,只有变量的宽度和位置设置正确才能保证数据输入的正常进行。在编辑模式下输入数据时,数据输入的方向是按从上向下的顺序进行,不会出现大片的表格和其他数据,这使得数据输入非常清楚,便于随时检查,一个数据输入完跳到下一个数据栏码时一般会有声音提示(声音打开的情况下),不容易出错(参见图 9-5)。

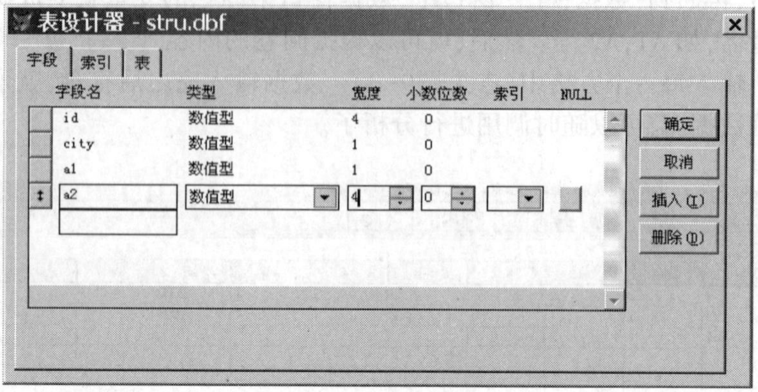

图 9-4　FoxPro 软件数据库建立

图 9-5　运用 FoxPro 输入数据

二、计算机辅助系统转换

计算机辅助系统转换主要是当调查采用“计算机辅助面访系统”（CAPIS）或“计算机辅助电话调查系统”（CATIS）搜集资料时，将每个调查员计算机中的资料转换成数据文件的过程。这种方法的优点是节省了数据整理和输入的时间，提高了数据整理的速度，节省了人工成本，并且避免了数据多次转换可能出现的误差。但是，这种数据输入的方法主要以电话访谈的资料为主，因为在电话调查中，访谈问卷的使用和管理以及整个抽样的过程都是在计算机上完成的，这就需要有电话访谈的专用机房和软件等设备。目前，国内有些高校已经建立了专门的电话访谈设备实验室，但这些设备较为昂贵，因此，这种数据输入方法的成本较高。

三、光电输入①

光电输入包括光电扫描和条形码判读两种方式。光电扫描是指将登录到专门的光电扫描纸上的编好码的数据，用扫描仪器扫描到计算机中。这种方法的优点有两个：一是比人工输入方法准确，二是输入速度较快。而其缺点则在于将数据登录到扫描纸上的过程既麻烦，又容易出错，而且扫描仪对扫描纸的要求较高，不仅纸质要好，不能折叠，而且对记录笔也有较高的要求（如要求 2B 硬度的铅笔），否则扫描时容易出错。这种方法主要用在考试过程中，例如，对大学英语四、六级考试的答题卡上的答案进行统计就是采用这种形式。

与光电扫描相类似的就是利用条形码判读器将问卷上与答案编码相对应的条形码直接扫描到计算机中。使用这种方法需要先将与问题的每一个答案相对应的编码设置成条形码，在印刷问卷的时候，一起印在问卷上，像商场、超市中销售的商品的条形码一样。输入数据时，先编写相应的输入程序，然后再将选中的答案的条形码逐一扫描进计算机即可。这种方法既有光电扫描方法输入快捷的特点，又省去了登录的麻烦，减少了登录的误差，提高了数据文件的准确性。但是，采用这种方法，既要有专门的条形码判读器，又要在问卷上印刷特定的条形码，还要专门的输入程序，成本较高。

四、人工输入的注意事项

虽然计算机辅助系统转换和光电扫描等方法可以较为快捷地输入数据，但因为成本较高，其在社会调查中的应用极少，社会调查中数据的输入主要还是采用人工输入的方法。但是，由于一项问卷调查的数据总量很大，因此，在实际输入的过程中需要有很多人共同来完成，这就要求研究者在数据输入的过程中进行精心组织和安排，从而保证数据输入的速度和质量。在数据输入的过程中有以下几个方面的问题需要注意。

首先，在输入之前，研究者要规定统一的输入内容和输入格式。因为除了正式的问卷内容之外，调查问卷中一般还有一些确认调查者的“甄别问题”，调查后的复核信息等，这些是否要输入数据库，要有统一的规定。

虽然是由很多输入人员来输入数据，但研究者应要求每个输入者采用同样的输入程序，按照统一的编码手册和输入手册输入数据，以避免因格式不同，造成调查数据无法合并或需要重新输入的情况发生。另外，对于问题较多，较复杂的问卷，最好是每隔一些题目（变量）或在每一部分之间设置一个“检验码”，以免输入人员发生栏位错误。

---

① 参见：郝大海.社会调查研究方法[M].北京：中国人民大学出版社，2005：207.

其次,挑选和培训数据输入员。数据输入人员一般是熟悉计算机操作、熟悉调查问卷的人,绝对不能假定会计算机的人就懂得如何进行数据输入。因此,要对输入人员进行一定的培训,对问卷中每一个变量输入时要注意的问题进行说明,使输入人员熟悉数据输入软件的操作方法,知晓一些简单的故障排除方法,以及数据输入过程中的一些自查的方法,强调数据输入的正确性对整个调查的意义,合理分工,加强管理。

最后,输入过程中要注意的问题。除了数据输入之前有些问题要注意之外,在数据输入的过程中也需要注意以下几点。

第一,统一规定数据文件名。因为多人输入,每个输入人员除按统一规定的格式输入之外,还应统一规定数据文件名,每个人分配一个,以防与他人输入的数据发生混淆,或丢失数据。

第二,数据输入时要为每一个输入人员提供一份有关输入内容和格式的手册。在开始输入最初几份问卷时,研究人员须在现场解答和解决输入过程中出现的各种问题。

第三,要为每个输入人员提供足够的空间摆放问卷,避免不同输入人员的问卷或者同一输入人员已输入和未输入的问卷发生混淆,以免造成漏输或重复输入,影响数据的质量。

第四,每个输入人员在完成各自负责的问卷任务的输入后,由研究者把他们的数据合并成一个总的数据文件,以供统计分析调用。为了避免数据丢失,要把每个输入人员输入的数据单独存档,以备查找。

第四节　数据清理

调查资料从问卷上的回答转化为数字编码,再输入计算机成为数据文件的过程中,无论组织安排得多么仔细,工作多么认真,还是不可避免地会出现一些错误。因此,在数据输入完成之后、统计分析进行之前,需要先进行数据清理,以提高数据的质量,降低数据统计过程中的出错率。清理工作是在计算机的帮助下进行的,主要包括对数据有效范围的清理、数据逻辑一致性的清理和数据质量的抽查。

一、有效范围的清理

有效范围的清理,主要指的是对数据中的奇异值(或野值)的清理。对于问卷中的任何一个变量来说,它的有效编码值往往都在某一个范围之内,如果当数据中的数字超出了这一范围时,可以肯定这个数字一定是错误的。比如,在数据文件的“性别”这一变量栏中,如果出现了数字 5,6 或者 7,8 等,则我们马上可以判定这是错误的编码值。因为根据编码手册中规定,“性别”这一变量的编码值是“1=男,2=女,0=无回答”。这也就是说,所有被调查者在这一个变量上的编码只能是“0,1,2”这三个数字,凡是超出这三者范围的其他的编码值都肯定是错误的,就要对其进行检查、核对和纠正。

当然,因为数据从被调查者的回答到转化为数据文件要经过多个阶段,因此,这种错误的产生可能发生在不同的阶段。

首先,可能是原始问卷中的答案出现了问题。例如,我们有一项调查,要求调查对象是1976年之后出生的青年人,而问卷中填答的结果是1967,但其他的信息显示被调查者不可能是1967年出生的,而应是1976年,那很可能是因为被调查者在回答这一问题时发生笔误,把1976写成1967,这一错误来源于被调查者。当然,这种错误是可以在编码阶段进行纠正或作适当处理的。

其次,错误可能发生在编码员的编码上。比如,某个调查者的年龄是25岁,编码员在编码的时候由于粗心,错把“2”看成了“7”,结果年龄成了“75”岁,但我们的调查对象是年龄在50岁以下的人。这一超出有效范围的奇异值就来自于编码员。

最后,错误发生在计算机输入人员输入数据的过程中。输入人员在数据输入的过程中,往往都是眼睛看着编码栏,手在计算机键盘上敲打0~9这10个数字,但是因为键盘上数字之间的空间很小,任何一点马虎或疏忽,以及虽然非常认真,但无意间错敲或误碰了某个数字键,都可能造成输入错误。比如,明明要输入“2”,但因为手的位置稍微向上一点,就错敲成了“5”。这个超出有效范围的错误就来自于输入人员。

要检查出这类不符合要求的特殊编码值,我们只需在计算机上,用SPSS软件(或其他软件)执行统计各变量频数分布(Frequencies)的命令,计算机很快就能给出下述形式的结果(参见表9-9)。

表9-9　性别分布的统计分析表

		Frequency	Percent	Valid Percent	Cumulative Percent
Valid	1	90	44.8	44.8	44.8
	2	108	53.7	53.7	98.5
	5	2	1.0	1.0	99.5
	7	1	0.5	0.5	100.0
	Total	201	100.0	100.0	

表9-9是某次调查中关于性别的频数分布统计表,变量的有效取值只有“1=男,2=女”两个,但是统计结果出现了5,7取值,这明显超出了编码手册所

规定的有效范围,这就需要将这些个案找出来,并同原始问卷进行核对,根据原始问卷中的信息进行处理。

查找有问题的个案的方法,可以通过 SPSS 软件相应的命令来完成。在 SPSS 软件中打开数据文件,找到有问题的变量栏,运用“查找”命令,或者应用“排序”命令,找到这一变量栏中编码超出范围的数值,查看其问卷编号,然后再根据问卷编号找到相应的原始问卷,进行核对,根据问卷的信息,针对不同的错误,要作相应的处理。例如,表 9-9 中的 5,7 奇异值,如果发现原始问卷的回答是 2,而编码时误编为 7,是编码的错误,修改即可;如果问卷上的回答是 2,编码也是 2,那么是录入员的错误,在数据中直接改正即可;如果核对时发现是被调查者的错误填答,比如,年龄填的是 252,但是我们要求调查对象的年龄在 55 岁以下,那么,我们就只能将这一错误作缺省处理;如果一份问卷中错答、乱答的问题不止一两处,则要考虑将这个个案的全部数据取消,作为废卷处理。

二、逻辑一致性清理

除了数据输入的奇异值之外,还有一种较为复杂的工作就是逻辑一致性清理。其基本思路是依据问卷中的问题相互之间所存在的某种内在的逻辑联系,来检查前后数据之间的合理性,主要针对的是相倚性问题。比如,在对青年进行调查时,问卷中有这样一对相倚问题。其过滤性问题是:“你现在有男/女朋友吗?”答案为“1.有;2.没有”。而后续性问题是:“你男/女朋友是哪里人?”那么,对于那些在前一问题中的回答“2.没有”的人,后面的问题不适用,应该不做答。如果在回答了“没有男/女朋友”的人中,有的人又对第二个答案做了回答,那么这些个案的数据就一定有问题。其他一些具有前后内在逻辑矛盾的例子如:编码为“失业者”的个案数据中,出现了“每天工作时间”的答案数字;编码为“独生子女”的个案中,出现了“哥哥、姐姐、弟弟、妹妹的个数与年龄”的答案数字;编码为“未婚”的个案数据中,出现了“配偶的文化程度、年龄、职业”的答案数字等,都违反了逻辑一致性,应对这些问题进行查找和清理。

要查找和清理逻辑一致性问题的个案,可以在 SPSS 软件中,执行“选择个案”命令中的如果“条件满足”命令来找出个案进行修改,或者直接用“重新编码变量”值命令进行变量取值的转换。

下面以“你现在有男/女朋友吗?”答案为“1.有;2.没有”。“你男/女朋友是不是本地人?”答案为“1.是;2.不是”为例,进行说明。如果用“选择个案”命令,那么,先用“如果”命令将所有回答“没有男/女朋友”的个案挑出来,再按前述有效范围清理的方法,找到那些在“男/女朋友是不是本地人”变量上编码值不为零的个案,找到原始问卷进行核对,对其作相应的处理。

逻辑一致性清理还可以采取 SPSS 中“重新编码为相同的变量/重新编码为

不同的变量”,命令对变量的取值进行转换。如果“你现在有男/女朋友吗?”选择的是“2.没有”,那么下面一个题目“你男/女朋友是不是本地人?”应该不作答,所以答案应该是缺省或事先设定的固定的代码值。用“重新编码为相同的变量/重新编码为不同的变量”命令的好处在于可以把需要修改的变量一次性修改完毕,这就要求研究者在运用这一命令时,确定符合条件的变量都是需要修改的,在输入的时候不会因为前面的过滤性问题而产生错误。具体操作可见图 9-6。

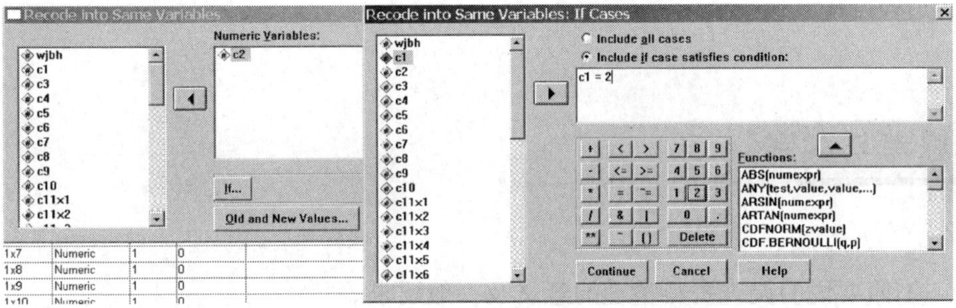

图 9-6　用 Recode 命令清理数据

如果图 9-6 中的数据,C1 表示“你现在有男/女朋友吗?”选择的是“1.有;2.没有”,C2 表示“你男/女朋友是不是本地人?”那么,上述的命令表示,当 C1 的选择是“2”时,也就是没有男/女朋友时,我们可以把 C2 变量的取值重新转换成符合要求的代码或者系统缺省。因为逻辑一致性的关系较为复杂,每个问题出现的情况可能不同,我们应该具体问题具体分析,灵活运用 SPSS 的相关命令查找不符合要求的对象,进行相应的处理。

三、数据质量抽查

尽管采取了上述两种方法对数据进行清理,但仍会有一些错误的数据无法查出来,举一个很简单的例子:假设某个案的数据在“性别”这一变量上输错了,问卷上填答的答案是“1”(男性),编码值也是“1”,但数据录入时却错敲成了“2”(女性)。因为“2”这个答案在正常有效的编码值范围中,所以有效范围的清理检查不出这一错误。同时,这一变量与其他变量之间又没有诸如“性别”与“怀孕次数”、“未婚”与“有孩子”那样的逻辑联系,因此,逻辑一致性清理也用不上。

在这种情况下,查出这类输入错误的唯一办法是拿着原始问卷一份一份地、一个答案一个答案地进行校对。但实际调查中却没有一个人这么去做,因为这样做的工作量实在太大。这时,人们往往采用随机抽样的方法,从样本的全部个案中,抽取一部分个案,对这些个案参照原始问卷进行校对。用这一部分个案校对的结果,来估计和评价全部数据的质量。根据样本中个案数目的多少,以及每份问卷中变量数和总字符数的多少,研究者往往抽取2%~5%的个案进行校对。例如,一项调查样本的规模为1 000个个案,一份问卷的数据个数为200,研究者从中随机抽取了3%的个案,也即30份问卷进行核查,结果发现有2个数据输入错误,这样,2÷(200×30)≈0.03%,就说明数据的错误率在0.03%左右,在总共20万个数据中,大约有60个左右的错误。虽然我们无法查出它们,进行修改,但我们知道它们占了多大的比例,以及对我们的调查结果有多大的影响。

思考与实践

1.简要说明调查资料整理的意义及一般要求。

2.对已经设计好的调查问卷进行编码,并编制编码本。

3.对录入的数据进行数据清理。

第十章

单变量的描述统计

调查所得的原始资料经过审核、整理与汇总后，还需要进行系统的统计分析，才能揭示出调查资料包含的众多信息，才能得出调查的结论，因此，统计分析也是现代社会调查方法中十分重要的一部分。统计分析方法的内容可以根据变量的多少分为单变量分析、双变量分析和多变量分析。前两者可称为初等统计，而后者则称为高等统计。根据本书的目标和要求，我们这里只对初等统计的基本内容进行介绍。在接下来的章节中，按照由简到繁的思路依次介绍单变量的描述统计和推论统计，双变量的描述统计和推论统计。本章主要从单变量的描述统计谈起。

选择统计方法的标准之一是变量的测量层次，不同的变量层次适合不同的统计方法，因此，在选择统计方法时，首先要判断变量的测量层次，再选择合适的统计方法。这里特别需要指出的一个原则是，适用于较低测量层次变量的统计方法，也适用于较高测量层次的变量，因为后者具有前者的数学特质；反之，适用于较高测量层次变量的统计方法，不能用于较低测量层次变量的统计，因为后者的数学特质不能符合该统计方法的要求。

第一节　描述统计的基本技术

统计分析可以分为描述统计和推论统计。描述统计的主要目的在于用最简单的概括形式，反映出大量数据资料所容纳的基本信息，主要是对调查的样本数据资料的直接分析。它的基本方法包括集中趋势测量和离散趋势测量。而推论统计是用样本调查的数据资料来推论总体的情况，主要包括参数估计和假设检验。本章主要介绍单变量的描述统计。首先，我们来了解一些描述统计的基本技术。

一、频数与频数分布

(一)频数与频数分布

频数(Frequency),也称为次数,它是指分布在各类别中的数据个数。我们把变量各个类别及其相应的频数全部列出来就是频数分布(Frequency Distribution)。这是最基本的描述资料的方法。我们的研究往往有很多变量和很多调查对象,因此,要面对大量的原始资料。例如,抽样的样本有 200 人,所用的问题有 50 个,就会有至少10 000个原始数据资料。这样大量的资料,如果不分析很难理解,因此,必须加以组织整理。第一步的统计工作,就是采用频数分布来简化描述数据资料,即看变量中每个取值对应的频数。例如,表 10-1 中第一列频数(f)就简化了甲城市 500 户家庭的家庭结构类型,很容易看出甲城市样本中,核心家庭结构类型的频数最多;而表10-2的数据显示,乙城市样本中,直系家庭结构类型的频数最多。

表 10-1　甲城市的家庭结构类型分布表

家庭结构	频数(f)	比例(p)	%
核心家庭	220	0.44	44.0
直系家庭	150	0.30	30.0
联合家庭	55	0.11	11.0
其他	75	0.15	15.0
总数	500	1.00	100.0

表 10-2　乙城市的家庭结构类型分布表

家庭结构	频数(f)	比例(p)	%
核心家庭	250	0.385	38.5
直系家庭	270	0.415	41.5
联合家庭	60	0.092	9.2
其他	70	0.108	10.8
总数	650	1.00	100.0

频数分布可以把原始数据进行初步的简化,但不能用来直接比较不同样本。例如,根据表 10-1 和表 10-2 中的频数,很难比较甲乙两地家庭结构类型的差异,因为甲乙两地样本总数不同。如果要对不同的样本进行比较,可以利用比例或百分比。

（二）比例

比例（Proportion）是调查数据中各个部分的数值占全部数值的比重，通常用于反映总体的构成或结构。用公式表示为：

$p=\frac{f}{N}$，就是将每类的次数（f）除以总数（N）。

以表 10-1 和表 10-2 为例，核心家庭占全体家庭结构类型的比例是：

甲城市：$p=\frac{220}{500}=0.44$

乙城市：$p=\frac{250}{650}=0.385$

如果只看频数，甲城市核心家庭的频数比乙城市少，但这种比较是错误的，因为两样本的家庭总户数不同。比例的方法就是使两个样本的总数变成同一个基数，即都是以 1 为基数，这样就可以比较了。从上面计算的比例值可见，甲城市核心家庭的比例大于乙城市。

（三）百分比

将比例乘以 100 就是百分比或百分数。百分比（Percentage）是将对比的基数抽象化为 100 而计算出来的，用“%”表示。比如，根据表 10-1 和 10-2 中的第三列数字，就可以清楚地知道两城市家庭结构类型的差异。百分比是一个更加标准化的数值，很多相对数都用百分比表示。当分子的数值很小而分母的数值很大时，我们也可以用千分数来表示比例，如人口的出生率、死亡率、自然增长率等都用千分率来表示，千分率就是基数变为 1 000。

（四）比率

比率（Ratio）是各不同类别数值之间的比值，它可以是一个总体中各不同部分的数量对比，A 数值与 B 数值的对比值，就是 A 除以 B。例如，某地区有 52 100名居民和 39 名医生，医生和居民数的比率就是 1 ∶ 1 336，即每 1 336 名居民中有 1 名医生。人口学中的性别比常常用比率来表示，比如，出生婴儿性别比 107 ∶ 100，表示每出生 100 位女婴，会有 107 位男婴出生。性别比一般是用男性除以女性，以女性为基数。

（五）累积频数和累积百分比

累积频数（Cumulative Frequencies）就是将频数分布中的频数逐级相加起来。根据相加的内容，可分为累积频数和累积百分比（Cumulative Percentages）；根据相加的方向，可以分为向上累积和向下累积。它们的作用是使我们容易知道某值以上或以下的频数总和或百分比总和。需要明确的是，累积方向是按照变量的等级顺序而非表格中上下方向确定的，向上累积表示根据变量取值从小到大，从低到高进行累积，向下累积则方向相反，参见表 10-3。

表 10-3　城市家庭对住房状况的评价

满意度	f	$cf\uparrow$	$cf\downarrow$	%	$c\%\uparrow$	$c\%\downarrow$
非常不满意	24	24	300	8.0	8.0	100.0
不太满意	108	132	276	36.0	44.0	92.0
一般	95	227	168	31.7	75.7	56.0
比较满意	43	270	73	14.3	90.0	24.3
非常满意	30	300	30	10.0	100.0	10.0
合计	300			100.0		

表 10-3 中,第一列数据表示变量的频数分布 f,第二列数据是向上累积频数$cf\uparrow$,把满意度频数从低到高相加起来,很容易看到某级满意度以下的频数分布,比如,不太满意和非常不满意的频数为 132 人。第三列数据是向下累积频数 $cf\downarrow$,即把满意度由高到低相加起来,可以看到比较满意和非常满意的频数为 73 人。第四列数据是百分比,从中可看出市民对住房的评价最多的是不太满意,占总数的 36.0%,其次是评价一般,占 31.7%。第五列是向上累积百分比($c\%\uparrow$),第六列是向下累积百分比($c\%\downarrow$)。从表中数据很清楚看出,评价不满意的(包括非常不满意和不太满意)占 44.0%,评价满意的(包括比较满意和非常满意)占 24.3%。累积频数和累积百分比主要适用于定序以及定序以上的测量层次,因为变量必须具有某种顺序,对其"累积"才有意义。因此,对于定类变量,累积频数表没有意义。

频数、比例、百分比和比率都可以用数值来简化资料,优点是相当准确,但一般读者可能不易领会或感到枯燥。因此,统计学家们又开发了另外两项基本技术:统计表和统计图。

二、统计表

统计表和统计图是显示统计数据的两种方式。在日常生活中,阅读报纸杂志,或者在看电视、查阅网络信息时,我们都能看到大量的统计表格和统计图形。以至于一提到"统计"二字,很多人头脑中立刻冒出各种各样的统计表和统计图。所谓统计表就是用表格形式来表示变量的频数分布或频率分布。它把杂乱的数据有条理地组织在一张简明的表格内,给人一目了然、清晰简洁的印象。它不需用文字叙述就能反映出资料的特性以及资料之间的关系,因此,在统计结果的表达中得到广泛的使用。正确地使用统计表和统计图是做好统计分析的基本要求。前面的表 10-1 和表 10-2 就是关于家庭结构类型的频数分布表。下面介绍一下统计表的基本构成。

（一）统计表的构成

统计表是用于显示统计数据的基本工具，在数据的收集、整理、描述和分析过程中，我们都要使用统计表。许多杂乱的数据，既不便于阅读，也不便于理解和分析，一旦整理在一张统计表内，就会使这些数据变得清晰易懂，一目了然。充分利用和绘制好统计表是做好统计分析的基本要求。

统计表的形式有多种多样，根据使用者的要求和统计数据的特点，我们可以绘制各种统计表。比如，表 10-4 就是一种比较常见的统计表。

为研究广告市场的状况，一家广告公司在某城市随机抽取 200 人就广告问题进行调查。其中一个问题是“您比较关心下列哪一类广告？”答案是：A 商品广告；B 服务广告；C 金融广告；D 房地产广告；E 招聘广告；F 其他广告。

表 10-4　某城市居民关注广告类型的频数分布

广告类型	频数(f)	比例(p)	百分比(%)
商品广告	112	0.560	56.0
服务广告	51	0.255	25.5
金融广告	9	0.045	4.5
房地产广告	16	0.080	8.0
招聘广告	10	0.050	5.0
其他广告	2	0.010	1.0
总数	200	1	100.0

该调查的变量是“广告类型”，不同类型的广告就是变量取值。调查数据经过整理分类后形成表 10-4 的频数分布表。从表 10-4 中可以看出，统计表一般由四个主要部分组成，即表头、行标题、列标题和数据资料，此外，必要时可以在统计表的下方加上表外附加信息。表头应该放在表的上方，它说明的是统计表的主要内容，表头可细分为表号和表名。行标题和列标题通常安排在统计表的第一行或第一列，它所表示的主要是所研究问题的变量取值名称和指标名称。表的其余部分是具体的数据资料。一般表格中的数据资料主要以百分比的形式表示，在表格下端注明样本数。因为不同类别的样本频数不能直接进行比较，我们一般采用百分比进行比较分析。表格下面还可以附加一些相关注释和信息，主要包括：资料来源、指标的注释和必要的说明等内容。

（二）分组数据的统计表

从变量的测量层次来看，频数分布统计表主要适合定类和定序层次的变量。对于定距层次的变量不能直接使用频数分布表，因为定距层次的变量取值类别太多，而每一类别的个案又比较少，所得结果往往既繁杂又不实用，研究者很难从这种分布表中得到有关变量的清晰简明的描述。不过,对于定距层次的变量可以先将数据分组,降级为定类或定序层次变量,重新分组后的数据可以进行频数分布统计和频数分布统计表的制作。表 10-5 就是对定距层次的变量(收入)进行重新分组整理,然后制作成的频数统计表。

表 10-5 某公司员工的收入分布

收入(元)	频数(*f*)	百分比(%)
1 000~1 499	10	12.5
1 500~1 999	10	12.5
2 000~2 499	40	50.0
2 500~3 000	20	25.0
合计	80	100.0

对定距层次的数据进行分组时,要遵循"不重不漏"的原则。"不重"是指一项数据只能分在其中的某一组,不能在其他组中重复出现;"不漏"是指组别能够穷尽,即在所分的全部组别中每项数据都能分在其中的某一组,不能遗漏。

但在常用的统计表中,有时会出现表 10-6 的分类表示形式。

表 10-6 某公司员工的收入分布

收入(元)	频数(*f*)	百分比(%)
1 000~1 500	10	12.5
1 500~2 000	10	12.5
2 000~2 500	40	50.0
2 500~3 000	20	25.0
合计	80	100.0

从表 10-6 的分类标准来看,出现了重复分类的情况。比如,1 500 既可以在"1 000~1 500"组,也可以在"1 500~2 000"组。对于类似的统计表示形式,为解决不重的问题,统计分组习惯上规定"上组限不在内",即当相邻两组的上下组限重叠时,恰好等于某一组上限的变量值不算在本组内,而计算在下一组内。例如,表10-6中,1 500这一数值不计算在"1 000~1 500"这一组中,而是计算在"1 500~2 000"组中,其余类推。当然,我们也可以直接采用相邻两组组限间断的办法解决"不重"问题,如表 10-5 所示。分组数据还需要留意每组的组限和组中值,在后面的统计运算中经常会用到。

组限(Class Limits)就是每组的范围,包括上限(Upper Limit)和下限(Lower Limit)。例如,表 10-5 中的"1 000~1 499"组,上限是 1 499,下限是 1 000。这里要特别注意的是,统计表上所标明的组限是让读者容易理解,但不是真实的组限。真实组限值是相邻两组标明组限值的中点,它的精度比标明组限要高一位。例如,表 10-5 中对应的 4 组数据对应的真实组限分别是"999.5~1 499.5";"1 499.5~1 999.5";"1 999.5~2 499.5";"2 499.5~2 999.5"。标明组限只是分组界限的简化表示,而在实际运算中,都要用到真实组限。

此外,组距分组掩盖了各组内数据的分布情况,为反映各组数据的一般水平,我们通常用组中值作为该组数据的一个代表值,即:

$$组中值=\frac{真实下限值+真实上限值}{2}$$

但这种代表有一个必要的假定条件,即各组数据在本组内呈均匀分布或在组中值两侧呈对称分布,如果实际数据的分布不符合这一假定,用组中值作为一组数据的代表值就会有一定的误差。

三、统计图

所谓统计图就是用图形的形式来表示变量的分布,又称分布图。统计图和统计表一样,也不需要文字叙述,就能反映出资料的特性以及资料之间的关系。同时,还具有比统计表更为直观与形象的特点。统计图的缺点是不及统计表精确。根据变量的不同层次,可以选择以下不同的统计图形:

定类变量:饼图、条形图;

定序变量:条形图;

定距变量:直方图、折线图。

(一)饼图

饼图(Pie Chart)也称为圆形图,它是用圆形及圆内扇形的面积来表示数值大小的图形。饼图主要用于表示总体中各组成部分所占的比例,对于研究结构性问题十分有用。在绘制饼图时,总体中各部分所占的百分比用圆内的各个扇形面积表示,这些扇形的中心角度,是按各部分百分比占 360 度的相应比例确定的。例如,根据表 10-1 中数据绘制的饼图如图 10-1 所示。

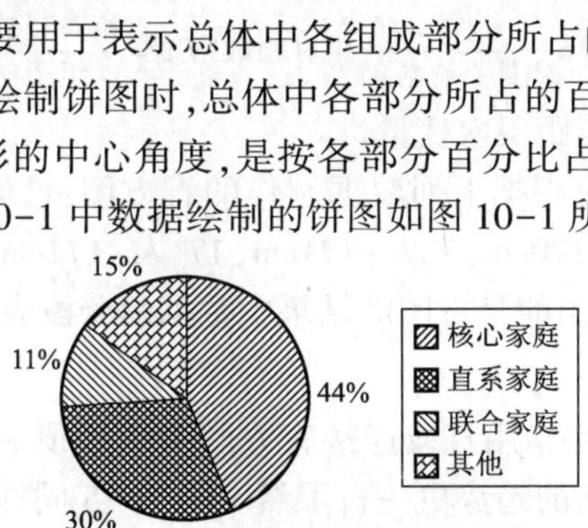

图 10-1 家庭结构类型饼图

(二) 条形图

条形图(Bar Chart)是用宽度相同的条形的高度或长短来表示数据变动的图形。条形图可以横置或纵置,纵置时也称为柱形图。图 10-2 是根据表 10-1 制作的,图 10-3 是根据表 10-3 制作的。

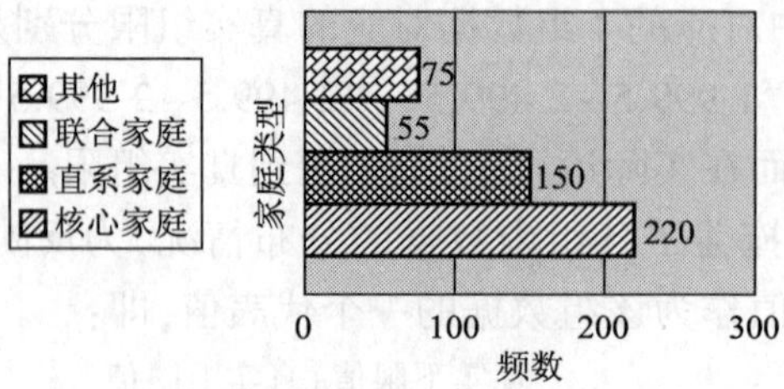

图 10-2 家庭结构类型条形图

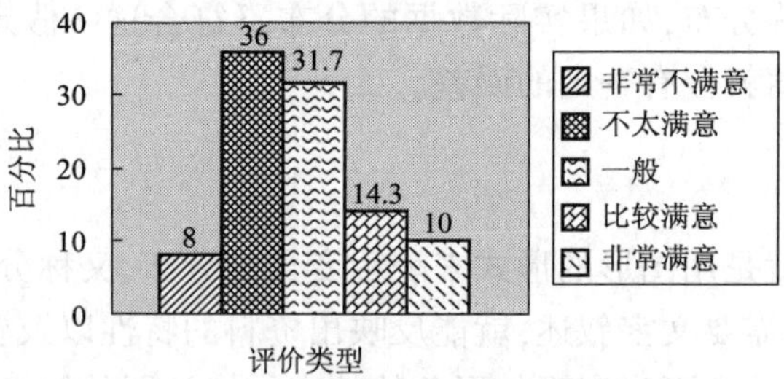

图 10-3 城市家庭对住房评价柱形图

(三) 直方图

直方图(Histogram)从图形来看,也是由紧挨着的长条形所组成,但它与条形图不同,直方图的宽度是有意义的。一般来说,直方图是以长条的面积(长与宽的乘积)来表示频数或相对频数。而条形的长度,即纵轴高度表示的是频数密度(单位组距所含有频数)或相对频数密度(Relative Frequency Density):

$$\text{频数密度}=\frac{\text{频数}}{\text{组距(条宽)}};\text{相对频数密度}=\frac{\text{相对频数(频率)}}{\text{组距(条宽)}}$$

直方图仅适用于定距层次变量。

例如,图 10-4 就是根据下列数据制作的直方图:已知某班 47 名男生身高分布为:168cm, 5 人;170cm, 8 人;171cm, 17 人;172cm, 10 人;175cm, 5 人;179cm,2 人(计算机给出的直方图的结果中数据是分段表示的)。

(四) 折线图

折线图(Polygon)是指用直线连接直方图中条形顶端的中点所得到的。折线图可使资料频数分布的趋势更一目了然。图 10-5 同样是关于某班男生身高的折线图。

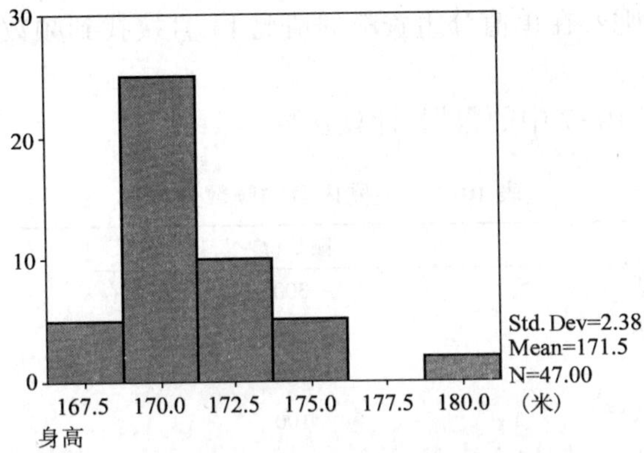

图 10-4　某班男生身高直方图

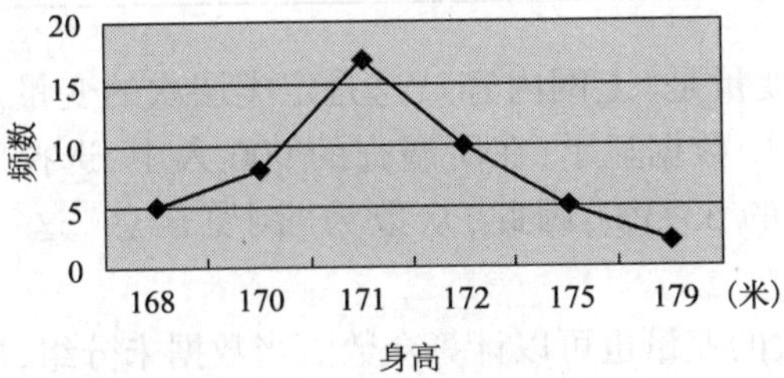

图 10-5　身高折线图

第二节　集中趋势测量

经过对调查数据进行整理与显示后,我们对数据分布的类型和特点就有了一个基本的了解,但这些方法都是以若干数值来简化变量的资料分布情况,仍不够精简。我们还能够作进一步的简化吗？答案是肯定的。我们可用集中趋势测量法(Measures of Central Tendency),就是找出一个数值来代表变量的资料分布,以反映资料的集中程度。这种方法有一个特殊意义,就是可以根据这个代表值(或称为典型值)来估计或预测每个研究对象(即个案)的数值。这样的估计或预测,当然会有错误,但由于所根据的数值最有代表性,所以发生错误的总和在理论上应是最小的。下面主要分三个测量层次来介绍常用的集中趋势测量值。

一、定类数据:众数

众数(Mode)是一组数据中出现次数最多的变量值,一般用 M_0 表示。它主要用来测量定类层次变量的集中趋势。

如何求众数呢？在单值分组资料的情况下，直接找到频数最多所对应的变量取值即可。

例 1：根据表 10-7 中的数据，计算众数。

表 10-7　上网内容的频数分布表

上网内容	频数(f)	百分比(%)
浏览信息	300	33.3
收发邮件	200	22.2
聊天	150	16.7
玩游戏	100	11.1
查找资料	50	5.6
其他	100	11.1
合计	900	100.0

【解】这里的变量是“上网内容”，这是定类层次的变量。

根据表 10-7 中数据显示，在所调查的 900 人中，选择“浏览信息”的最多，有 300 人，占总数的 33.3%，因此，众数为“浏览信息”这一类别，即 M_0 = 浏览信息。

对于定距层次的变量也可以计算众数。当数据未分组，出现次数最多的变量值即为众数；当数据经过分组整理后，可以通过组中值法计算众数。参见例 2。

例 2：根据表 10-8 的数据求该公司员工收入的众值。

表 10-8　某公司员工的收入分布

收入(元)	员工数(人)	组中值(元)
1 000~1 499	10	1 250
1 500~1 999	10	1 750
2 000~2 499	40	2 250
2 500~3 000	20	2 750
合计	80	

【解】从表 10-8 中数据显示可知，频数最多的收入组别为“2 000~2 499”，对应的频数为 40 人，该组的组中值 2 250 即为众数，即 M_0 = 2 250。

从分布的角度看，众数是具有明显集中趋势点的数值，一组数据分布的最高峰点所对应的数值即为众数。当然，如果数据的分布没有明显的集中趋势或最高峰点，众数可能不存在；如果有两个或多个高峰点，也可能出现多个众数。

下面以几组数据为例说明：

原始数据:3,4,7,8,5,11(无众数)。

原始数据:3,4,4,5,3,7(两个众数:3和4)。

二、定序变量:中位数

中位数(Median)是指把一组数据按值的大小顺序排列起来,处于中央位置的变量值,用 M_d 表示。很显然,中位数将全部数据等分成两部分,每部分包括50%的数据,一部分数据比中位数大,另一部分数据比中位数小。中位数是一个位置代表值,它主要用于测量定序层次变量的集中趋势,当然也适用于作为定距层次的变量,但不适用于定类变量,因为定类层次的变量无法排序,无法找到中央位置。

计算中位数主要有下面两种情况:一种是用原始资料,另一种是用分组资料。

(一)根据原始资料求中位数

根据原始资料计算中位数时,要先对数据进行排序,然后确定中位数的位置,其公式为:

M_d 的位置 $=\frac{n+1}{2}$,其中,n 为数据的个数。

当 n 为奇数时,中位数 M_d 就直接等于 $\frac{n+1}{2}$ 位置上对应的变量值;当 n 为偶数时,中位数 M_d 等于位于最中央的两个变量值的平均数。

例3:甲地有7户人家,人口数分别为2,3,6,7,5,5,3,求人口数的中位数。

【解】先将数据由小到大排序为:2,3,3,5,5,6,7。

$$M_d \text{ 的位置}=\frac{n+1}{2}=\frac{7+1}{2}=4$$

位于序列第四个位置上的值是5,因此 $M_d=5$

例4:乙地有8户人家,人口数分别为3,8,4,7,3,5,7,10,求人口数的中位数。

【解】先将数据从小到大排序为:3,3,4,5,7,7,8,10。

$$M_d \text{ 的位置}=\frac{n+1}{2}=\frac{8+1}{2}=4.5$$

这表示中位值的位置落在序列上的第四户和第五户之间,中位数 $M_d=\frac{5+7}{2}=6$。

在数据排序中,可能有许多相同的变量取值。这样的数据可以先统计频数分布,然后求中位数。

例5:一项关于城市住房满意度调查的结果如表10-9所示。

表 10-9 城市家庭对住房状况的评价

满意度	频数(f)	累积频数($cf\uparrow$)
非常不满意	24	24
不太满意	108	132
一般	95	227
比较满意	43	270
非常满意	30	300
合计	300	

【解】由表 10-9 数据可知,

$$M_d\text{ 位置}=\frac{n+1}{2}=\frac{300+1}{2}=150.5$$

从表中累积频数中可看出,这个位置在"一般"这个等级内,因此 $M_d=$ 一般。

(二)用分组资料求中位数

用分组资料求中位数时,与前面的情况有所不同。具体方法是先列出累积频数,然后按同样的方法确定中位值所在的组,最后利用下述公式计算出中位值:

$$M_d=L+\frac{\frac{n}{2}-cf_{(m-1)}}{f_m}(U-L)$$

式中,L= 中位数所在组的真实下限;

U= 中位数所在组的真实上限;

n= 全部个案数;

$cf_{(m-1)}$= 低于中位数所在组真实下限之累积频数;

f_m= 中位值所在组的频数。

例 6:下面以例 2 中的数据为例(见表 10-10),说明如何从分组资料中求中位数。

表 10-10 某公司员工的收入分布

收入(元)	频数(f)	累积频数($cf\uparrow$)
1 000~1 499	10	10
1 500~1 999	10	20
2 000~2 499	40	60
2 500~3 000	20	80
合计	80	

【解】M_d 的位置 $=\frac{n+1}{2}=\frac{80+1}{2}=40.5$，$M_d$ 位于“2 000～2 499”组，

$L=1\ 999.5$；$U=2\ 499.5$；$cf_{(m-1)}=20$；$f_m=40$；$n=80$；代入公式得：

$$M_d=L+\frac{\frac{n}{2}-cf_{(m-1)}}{f_m}(U-L)=1\ 999.5+\frac{\frac{80}{2}-20}{40}(2\ 499.5-1\ 999.5)=2\ 249.5$$

即职工收入的中位数为 2 249.5 元。

中位数是一个位置代表值，其特点是不受极端值的影响，在研究收入分配时很有用。此外，中位数还具有这样一个性质，就是各变量值与中位数的离差绝对值之和最小，即 $\sum_{i=1}^{n}|x_i-M_d|=\min$（最小）。这一性质表明，中位数与各数据的距离之和最短，这在工程设计中有其应用价值。

三、定距变量：平均数

平均数（Mean）也称为算术平均数或均值，它在统计学中有重要的地位，是社会调查中使用最多的集中趋势测量值。平均数是指总体各单位数值之和除以总体单位数目所得之商，一般用 $\overline{X}$ 来表示。它主要适用于定距层次的数据，不适用于定类和定序层次的数据。根据所掌握数据的不同，平均数有不同的计算形式和公式。

（一）由原始资料求平均数

根据未经分组的原始数据计算平均数，设一组数据的第一项数值为 x_1，第二项为 x_2，依此类推，x_i 表示第 i 项数值。若样本容量为 n，则样本平均数为：

$$\overline{X}=\frac{\sum_{i=1}^{n}x_i}{n}$$

例 7：某班 10 名学生的年龄分别是 20 岁，19 岁，21 岁，19 岁，20 岁，20 岁，21 岁，22 岁，18 岁，20 岁，求他们的平均年龄。

【解】根据题意，代入平均数公式得：

$$\overline{X}=\frac{\sum_{i=1}^{n}x_i}{n}=\frac{200}{10}=20$$

即学生的平均年龄为 20 岁。

（二）由分组数据求平均数

如果是单值分组的数据，设原始数据被分为 k 组，那么，计算平均数时首先要将每一个变量值乘以所对应的频数 f，然后再将各组数值之和全部相加，最后除以单位总数（也即各组频数之和）。其计算公式是：

$$\overline{X}=\frac{\sum_{i=1}^{k}x_if_i}{n}$$

例 8：调查某年级 100 名学生的年龄，得到下列结果，求平均年龄。

表 10-11 某年级学生的年龄分布

年龄(岁)	人数
18	15
19	20
20	45
21	20
合计	100

【解】根据题意，代入平均数公式得：

$$\overline{X}=\frac{\sum_{i=1}^{k}x_if_i}{n}=\frac{18\times15+19\times20+20\times45+21\times20}{100}=19.7$$

即此年级学生的平均年龄为 19.7 岁。

另外一种分组数据是组距分组数据。设原始数据被分为 k 组，各组的组中值分别用 $M_1, M_2, M_3, \cdots, M_k$ 表示；各组变量值的频数分别用 $f_1, f_2, \cdots, f_k$ 表示，这时平均数的计算公式为：

$$\overline{X}=\frac{\sum_{i=1}^{k}M_if_i}{n}$$

其中组中值 $M=\frac{\text{上限}+\text{下限}}{2}$。

例 9：以例 2 中的数据资料为例（参见表 10-2），求该公司员工的平均收入。

表 10-12 某公司员工收入分布

收入(元)	频数(f)	组中值(M)	M_if_i
1 000~1 499	10	1 250	12 500
1 500~1 999	10	1 750	17 500
2 000~2 499	40	2 250	90 000
2 500~3 000	20	2 750	55 000
合计	80		175 000

【解】根据题意，代入平均数公式得：

$$\overline{X}=\frac{\sum_{i=1}^{k}M_if_i}{n}=\frac{175\ 000}{80}=2\ 187.5$$

即公司员工的平均收入为 2 187.5 元。

四、众数、中位数和平均数的比较

众数、中位数和平均数是集中趋势的三个主要测度值,它们各有不同的特点和应用场合。

(一)众数、中位数和平均数的关系

从分布的角度来看,众数始终是一组数据分布的最高峰值,中位数是处于一组数据中间位置上的值,而平均数是全部数据的算术平均。因此,对同一组数据计算众数、中位数和平均数,三者之间有以下关系:在单峰分布的条件下,如果数据的分布是对称的,众数(M_O)、中位数(M_d)和平均数($\overline{X}$)必定相等,即 $M_O=M_d=\overline{X}$;如果数据是左偏分布,说明数据存在极小值,必然拉动平均数向极小值一方靠,而众数和中位数由于是位置代表值,不受极值的影响,因此三者的关系表现为 $\overline{X}<M_d<M_O$;如果数据是右偏分布,说明数据存在极大值,必然拉动平均数向极大值一方靠,则 $M_O<M_d<\overline{X}$。

(二)众数、中位数和平均数的特点与应用场合

众数、中位数和平均数各自具有不同的特点,掌握它们之间的关系和各自的不同特点,有助于我们在实际应用中选择合理的测度值来描述数据的集中趋势。

众数是一组数据分布的峰值,它是一种位置代表值,不受极端值的影响。其缺点是具有不唯一性,对于一组数据可能有一个众数,也可能有两个或多个众数,也可能没有众数。虽然对于定序变量和定距变量也可以计算众数,但众数主要适合于定类数据的集中趋势测度值。

中位数是一组数据中间位置的代表值,它是位置代表值,不受数据极端值的影响。中位数主要适合定序变量的集中趋势测度值,虽然定序数据可以使用众数,但以中位数为宜。

平均数是定距或定距以上层次变量的集中趋势测度值,利用了全部数据的信息,具有优良的数学性质,是实际中应用最广泛的集中趋势测度值。虽然定距变量也可以使用众数和中位数,但以平均数为宜。当数据呈对称分布或接近对称分布时,三个测度值相等或相近时,我们理应选择平均数作为集中趋势的代表值。但平均数的主要缺点是容易受极端数据的影响,对于偏态分布的数据,平均数的代表性较差。因此,当数据为偏态数据时,特别是当偏斜的程度较大时,我们应选择众数或中位数等位置代表值,这时它们的代表性要比平均数好。

第三节　离散趋势测量

集中趋势只是单变量描述的一个维度,它所反映的是各变量值向其中心值聚集的程度。集中趋势测量法所求出的是一个最能代表变量所有资料的值,但其代表性的高低却要看个案之间的差异情况。如果个案之间的差异比较小,集中测度值的代表性就比较高;如果个案之间的差异很大,则众值、中位值或均值的代表性就会很低。而各变量之间的差异状况如何测量呢?这就需要考察数据的分散程度。离散趋势测量法,是要求出一个值来表示个案与个案之间的差异情况。离散趋势测量法和集中趋势测量法具有互补作用。因此,对于单变量的资料,我们既要测量其集中趋势,也要测量其离散趋势。

一、定类变量:异众比率

异众比率(Variation Ratio)又称离异比率或变差比,它是指非众数的频数占总频数的比率,一般表示为 V_r。异众比率的计算公式为:

$$V_r = \frac{n - f_{mo}}{n}$$

式中,n 代表总频数,f_{mo} 代表众数的频数。

异众比率的意义是指众数所不能代表的其他数值(即非众数的数值)在总体中的比重。因此,我们就能明白,当异众比率越大,即众数所不能代表的其他数值在总体的比重越大,则众数在总体中所占的比重自然就越小,这样,众数的代表性也就越小。反之,当异众比率越小时,众数所不能代表的其他数值在总体中的比重越小,众数的代表性自然就越大了。

下面是根据表 10-7 中数据计算的异众比率。

$$V_r = \frac{n - f_{mo}}{n} = \frac{900-300}{900} = 66.7\%$$

异众比率值为 66.7%,表明众值的代表性比较低。

二、定序变量:四分位差

四分位差(Quartile Deviation),也称为内距或四分间距(Inter－quartile Range)。它是先将一组数据按大小排列成序,然后将其四等分(即每个等分包括 25%的个案),则第一个四分位置的值(Q_1)与第三个四分位置的值(Q_3)的差异就是四分位差(参见图 10-6)。一般简写为 Q,公式为:

$$Q = Q_3 - Q_1$$

图 10-6 表示四个等分。Q_2 就是中位值(M_d),两边各有 50%的个案。四分位差(Q_3 与 Q_1 的距离)反映了中间 50%数据的离散程度。其数值越小,说明中

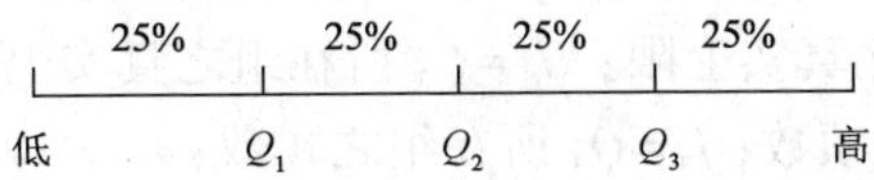

图 10-6　四等分图

间的数据越集中;数值越大,说明中间的数据越分散。由于中位数处于数据的中间位置,因此,四分位差在一定程度上也说明了中位数的代表性。

计算四分位差时,先要求出 Q_1 的位置和 Q_3 的位置,然后计算在这两个位置上的变量值的差异。实际算法,分为原始资料和分组资料两种情况。

(一)由原始资料计算

根据原始资料求出四分位差的位置,公式为:

$$Q_1\text{ 的位置}=\frac{n+1}{4};Q_3\text{ 的位置}=\frac{3(n+1)}{4}$$

其中,n 是全部个案数。

例 10:以表 10-9 中城市家庭对住房状况的评价数据为例,求四分位差。

【解】为了计算出定序数据的四分位差,通常需要将各类别数值化。设非常不满意为 1,不太满意 2,一般为 3,比较满意为 4,非常满意为 5。则根据表中数据:

$$Q_1\text{ 的位置}=\frac{n+1}{4}=\frac{300+1}{4}=75.25\text{,对应的 }Q_1\text{ 值}=\text{不太满意}=2;$$

$$Q_3\text{ 的位置}=\frac{3(n+1)}{4}=\frac{3(300+1)}{4}=225.75\text{,对应的 }Q_3\text{ 值}=\text{一般}=3;$$

$Q= Q_3- Q_1=$一般-不太满意$=1$。

结果表明在中位数的两侧共有 50%的家庭对住房的满意度在不满意和一般之间,相差一个等级。

(二)由分组资料计算

由分组资料计算四分位差的步骤如下:

第一步:计算向上累积次数($cf\uparrow$);

第二步:求出 Q_1 和 Q_3 的位置:

$$Q_1\text{ 的位置}=\frac{n+1}{4};Q_3\text{ 的位置}=\frac{3(n+1)}{4}$$

第三步:参考累积频数分布,确定 Q_1 和 Q_3 位置应属于哪一组。

第四步:从所属的组中,计算 Q_1 和 Q_3 位置的数值。公式如下:

$$Q_1=L_1+\frac{\frac{n}{4}-cf_1}{f_1}(U_1-L_1);Q_3=L_3+\frac{\frac{3n}{4}-cf_3}{f_3}(U_3-L_3)$$

其中：$L_1=Q_1$ 所在组之真实下限；$L_3=Q_3$ 所在组之真实下限；

$U_1=Q_1$ 所在组之真实上限；$U_3=Q_3$ 所在组之真实上限；

$f_1=Q_1$ 所在组之频数；$f_3=Q_3$ 所在组之频数；

$cf_1=$低于 Q_1 组的累积频数；$cf_3=$低于 Q_3 组的累积频数；

n 为全部个案数目。

例 11：设表 10-13 是 100 名抽烟者年龄的统计数据，试求四分位差。

表 10-13 抽烟者年龄分布表

年龄（岁）	频数（f）	累积频数（$cf\uparrow$）
21～24	12	12
25～34	30	42
35～44	43	85
45 岁以上	15	100
总数	100	

【解】根据题意，首先求出 Q_1 和 Q_3 的位置：

$Q_1=\dfrac{n+1}{4}=25.25$；位于"25～34"组；

$Q_3=\dfrac{3(n+1)}{4}=75.75$；位于"35～44"组；

$$Q_1=L_1+\frac{\frac{n}{4}-cf_1}{f_1}(U_1-L_1)=24.5+\frac{25-12}{30}\times(34.5-24.5)=28.8$$

$$Q_3=L_3+\frac{\frac{3n}{4}-cf_3}{f_3}(U_3-L_3)=34.5+\frac{75-42}{43}\times(44.5-34.5)=42.2$$

$$\text{四分位差 } Q=Q_3-Q_1=42.2-28.8=13.4$$

即有 50%的抽烟者年龄差距为 13.4 岁。

三、定距变量：标准差与方差

测量定距层次的离散程度的方法主要有全距、标准差和方差，其中最常使用的是标准差和方差。

（一）全距

全距（Range）又称极差，它是一组数据的最大值与最小值之差，即：

$$R=\max(x_i)-\min(x_i)$$

其中，R 为全距；$\max(x_i)$ 和 $\min(x_i)$ 分别为一组数据的最大值和最小值。

如下列数值:3,5,7,9,20,全距就是 17($R=20-3$)。

全距是描述数据离散程度的最简单的测度值,计算简单,易于理解,但它容易受极端值的影响。因为全距只是利用了一组数据两端的信息,不能反映出中间数据的分散状况,因而不能准确描述出数据的离散程度。为此,人们更多地使用标准差和方差等离散量数。

(二)标准差和方差

分析定距变量的离散情况,最常用的方法是标准差(Standard Deviation),即将各数值(x_i)与其均值($\overline{X}$)之差的平方和除以样本自由度(样本数 $n-1$),然后取其平方根。基本公式如下:

$$S=\sqrt{\frac{\sum_{i=1}^{n}(x_i-\overline{X})^2}{n-1}}$$

式中,x 与 $\overline{X}$ 的差值,就是表示以均值作为代表值时会引起的偏差或错误。如果各个实际数值与均值相差的总和很大,就表示变量值间离散趋势很大,即均值的代表性很小。各个 x 与 $\overline{X}$ 的差异在未相加以前先变为平方值,可以避免相加时的正负值相抵消。

公式以 $n-1$ 为分母,是要求出各个个案的数值与均值之间的差异"平均"有多少,反映均值的代表性。也就是说,如以均值来估计或预测各个个案的数值,所犯的错误平均是 S。为什么标准差是用自由度 $n-1$ 去除呢?从字面含义来看,自由度是指一组数据中可以自由取值的个数。当样本数据的个数为 n 时,若样本均值确定后,只有 $n-1$ 个数据可以自由取值,其中必有一个数据不能自由取值。对这一问题的进一步了解可参考有关的文献。

如果是单值分组数据求标准差,公式略有变化:

$$S=\sqrt{\frac{\sum_{i=1}^{n}(x_i-\overline{X})^2f}{n-1}}$$

组距分组资料求标准差,公式为:

$S=\sqrt{\frac{\sum_{i=1}^{n}(M_i-\overline{X})^2f}{n-1}}$,其中 M_i 是每组的组中值。

例 12:某班 10 名学生的年龄分别是 20 岁,19 岁,21 岁,19 岁,20 岁,20 岁,21 岁,22 岁,18 岁,20 岁,求他们年龄的标准差。

【解】根据题意,代入平均数公式得:

$$\overline{X}=\frac{\sum_{i=1}^{n}x_i}{n}=\frac{200}{10}=20\text{ 岁}$$

$$S=\sqrt{\frac{\sum_{i=1}^{n}(x_i-\overline{X})^2}{n-1}}=\sqrt{\frac{(20-20)^2+(19-20)^2+\cdots+(20-20)^2}{10-1}}=1.15$$

即学生年龄的标准差为1.15岁。

例13:根据前面表10-11数据,求某年级100名学生年龄的标准差。

【解】根据题意,代入平均数公式得:

$$\overline{X}=\frac{\sum_{i=1}^{k}x_if_i}{n}=\frac{18\times15+19\times20+20\times45+21\times20}{100}=19.7$$

这是单值分组数据求标准差,代入相应公式得:

$$S=\sqrt{\frac{\sum_{i=1}^{n}(x_i-\overline{X})^2f}{n-1}}$$

$$=\sqrt{\frac{(18-19.7)^2\times15+(19-19.7)^2\times20+\cdots+(21-19.7)^2\times20}{100-1}}$$

$$=15.3$$

即100名学生年龄的标准差为15.3岁。

由组距分组资料计算标准差,只需先计算出各组的组中值,然后再代入标准差公式求出标准差值。

定距变量的离散趋势,常用标准差来表示。另一种常用的方法是方差(Variance)。方差(简写S^2)就是标准差的平方值,即各变量值与其均值离散平方和的平均数。方差是统计学上的一个重要概念,这在以后介绍的统计方法中可以见到。与方差不同的是,标准差是具有量纲的,它与变量值的计量单位相同,其实际意义比方差清楚。因此,在对社会经济现象描述分析时,我们更多地使用标准差。

四、相对离散程度:离散系数

前面介绍的各种离散趋势测度值,除异众比率外,都与原数据具有相同的测量单位,称为绝对离散趋势测度值。若要对两组数据或两组以上数据的离散情况进行比较,由于各组数据的量度单位不同,或者量度单位虽然相同,但平均数的大小有所差别,绝对离散量数不能应用。比如,身高的标准差是10厘米,体重的标准差为3公斤,两者量度单位不一致,根本无法比较离散程度的大小。为比较两组数据(或两组以上数据)离散程度的大小,必须消除量度单位不同的影响,并要保持平均数的一致。为此,统计学家提出离散系数的概念。

离散系数(Coefficient of Variation),也称变差系数,它是标准差与平均数的

比值,用百分比表示,记为 CV。其计算公式为:

$$CV=\frac{S}{\overline{X}}\times 100\%$$

例 14:已知某地区人均住房面积为 24 平方米,标准差为 10 平方米,人均月收入为1 400元,标准差为 900 元,试问住房面积与人均月收入两个变量的差异哪个更大?

【解】分别计算两组数据的离散系数:

$$CV_{住房}=\frac{S}{\overline{X}}\times 100\%=\frac{10}{24}\times 100\%=41.7\%$$

$$CV_{收入}=\frac{S}{\overline{X}}\times 100\%=\frac{900}{1\ 400}\times 100\%=64.3\%$$

因为 $CV_{住房}<CV_{收入}$,所以人均月收入的差异比住房面积的差异大。

例 15:已知 A 地区人均月收入为 1 400 元,标准差为 900 元,B 地区人均月收入为1 800元,标准差为 1 000 元,试问哪个地区的收入差异更大?

【解】两者量度单位一致,但是,由于平均数不同,不能由 900 元<1 000 元简单得出 B 地区比 A 地区收入差异大。应该通过离散系数比较:

$$CV_{A}=\frac{S}{\overline{X}}\times 100\%=\frac{900}{1\ 400}\times 100\%=64.3\%$$

$$CV_{B}=\frac{S}{\overline{X}}\times 100\%=\frac{1\ 000}{1\ 800}\times 100\%=55.5\%$$

因为 $CV_{A}>CV_{B}$,所以 A 地区的收入差异比 B 地区的收入差异更大。

总的来说,本节所介绍的离散趋势测量,适用于不同测量层次的变量。异众比率最适合分析定类层次,当然也可用于分析定序或定距变量。四分位差适合用来分析定序变量,也可分析定距变量。标准差(或方差)则只能分析定距变量。这些离散趋势测量法与集中趋势测量法具有互补作用。两法并用,就可以一方面知道资料的代表性,有助于估计或预测;另一方面,可以知道资料的差异情况,反映估计或预测时会犯的错误。值得注意的是,选用哪一种方法主要参照变量的测量层次,彼此的关系综合如表 10-14 所示。

表 10-14　集中趋势和离散趋势综合表

	定类变量	定序变量	定距变量
集中趋势	众值	中位值	均值
离散趋势	异众比率	四分位差	标准差/方差

思考与实践

1.调查100名学生的成绩,得到下列资料,求成绩的平均数、众数和中位数。

成　绩	人　数
50~60	10
61~70	15
71~80	35
81~90	25
91~100	15

2.计算上题中的标准差和异众比率。

3.调查100名工人和100名教师的收入,得到下列资料。问工人相互之间收入的差别与教师相互之间收入的差别哪个更大?

收入	工人数	教师数
800	30	20
1 200	50	40
1 500	20	40

第十一章

单变量的推论统计

在第十章中,我们集中探讨了一个变量的描述统计方法,目的是简化一个变量的资料分布。这些对变量的描述统计,往往都是使用样本的资料,描述的结果也仅是关于样本的结果。我们在前面抽样分布章节中明确指出,许多调查研究是按照随机原则,从总体中抽出一个样本,然后从样本的个案中收集所需的资料。但我们的研究目的不是仅仅停留在对样本的描述统计上,我们更关心的是总体的情况,而不是样本的情况,即我们需要根据样本的研究结果来推测总体的情况。这就是推论统计所要解决的问题。描述统计与推论统计的根本区别在于,描述统计主要是统计分析样本的基本情况,而推论统计则是依据样本的数据推论总体的情况。

以样本的数据来推论总体的情况,我们只能作"或然"的说法,不能说"必然"如此。也就是说,我们的推论统计可能是对的,也可能是错的。问题的关键是我们的推论统计对或者错的可能性是多少?如果错的可能性很小,那么,我们便可以接受所作的推论。运用概率原理,我们就可以求出推论统计时所犯错误的可能性大小。在这个意义上讲,推论统计的基础是概率论。相应的,推论统计只适用于根据随机原则抽样调查的数据,随机抽样是推论统计的前提条件。

总体来讲,推论统计就是利用样本的统计值对总体的参数值进行估计的方法。推论统计的内容主要包括两方面:参数估计和假设检验。在具体介绍这两种推论统计的方法前,我们先介绍一些推论统计的基础知识。

第一节 推论统计的基础知识

一、概率与概率分布

推论统计的逻辑基础是概率论。推论统计的原理是从概率及随机变量分布形态引申出来的,而且推论统计的结果也是从概率角度进行解释的。虽然读者也许并不需要直接计算概率,但可以确定的是,推论统计中所使用的基本数表(如正态分布表、t 分布表等)都是以一些简单的概率性质为基础的。总之,概率为推论统计提供依据。

概率论的研究对象是随机现象。随机现象是指在一定条件下事物的出现只具有可能性但不具有必然性。所谓可能而又不必然,即意味着在一定条件下出现的结果不止一种,因此,对其中任何一种结果的出现,都只能说具有一定的可能性、偶然性或称为随机性。

随机现象具有随机性、非确定性,但绝不是说随机现象是杂乱无章、无规律可循或无法研究的。实际上,随机现象是存在规律性的。随机现象的结果以及这些结果的集合称为随机事件。例如,明天将会刮台风;某运动员在下一次跨栏比赛中将会破纪录;某学生将会考上北京大学等。这些事件都并非一定会发生,而只是可能发生也可能不发生的非确定性事件,称为随机事件。概率是关于随机事件发生可能性大小的数量表示。实际上,人们在日常生活中常用"比较级"粗略地表示随机事件发生可能性的大小。例如,很有可能、有可能、不太可能、不可能,等等。概率表达的实质和这些"比较级"是一样的,只是在数量上更精确。

此外,概率是反映随机事件内涵的统计规律性。所谓统计规律性,是指在一次试验或观察中事件出现的可能具有偶然性,但在相同条件下,进行大量重复的试验或观察,随机事件出现的可能性的大小是稳定的。统计规律性是事物本身所固有的,概率论研究的正是这种随机事件的统计规律性。

随机事件及其概率回答的是随机现象中某一随机事件及其概率大小;而概率分布,探讨的是随机现象一共有多少种结果,以及每种结果所伴随的概率是多少。我们可以将随机事件"量化",把随机事件当作随机变量来研究。随机变量就是以"量"的形式来描述随机现象。

随机变量研究的就是随机变量有哪些取值以及每一种取值对应的概率是多少,即随机变量的概率分布。概率分布是一种理论分布,是唯一的。与概率分布相对应的是频率分布,频率分布是经验值,是可以变化的,也称为随机变量的统计分布。每一次观测或试验,都可以形成一种随机变量的频率分布或统计分布结果,仅当观测次数很大时,随机变量的频率接近概率,这时随机变量的统计分布与理论分布大致接近。推论统计中常用的统计分布如正态分布、二项分布、t 分布、x^2 分布、F 分布等,都是概率分布。

二、正态分布

推论统计中会考察统计量的分布,依据统计值的分布进行参数估计或假设检验。统计分布中,最重要的也是最常用到的一种分布是正态分布。正态分布在自然、经济、社会等领域大量存在,如人的身高、体重、智商,公共场所入口门槛的磨损,海浪的高度等随机变量,都服从正态分布。这种分布除了在自然界、社会经济生活中大量存在之外,还由于任何变量,不管其原有分布如何,如果把它们 n 个加起来,当 n 大于一定数之后,如大于 30,那么,其和的分布必然接近正态分布,这就是著名的中心极限定理(Central Limit Theorem)。正态分布在抽样和推论统计中都占有很重要的位置。正态分布曲线是一条对称的平滑曲线,如图 11-1 所示。

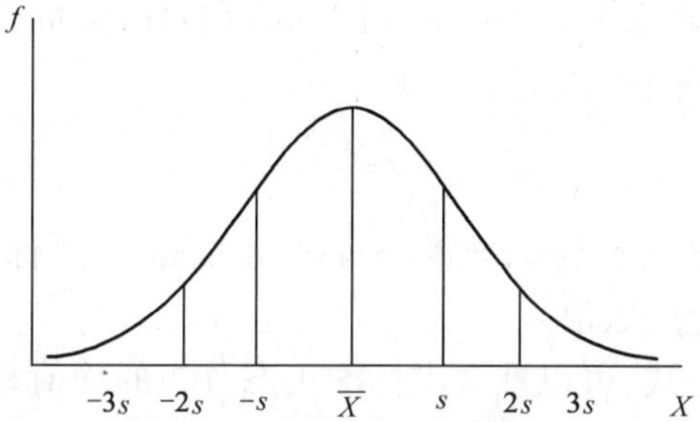

图 11-1　正态分布曲线

从图 11-1 上可以看到,正态分布曲线具有对称起伏的形状,形成“钟形”曲线。它具有如下三个特征。

第一,一个高峰。曲线是单峰,有一个最高点,“中间高,两边低”与一个尖塔或古钟相似。

第二,一条对称轴。曲线在高峰处有一条对称轴,在轴的左右两边是对称的。对称轴是 $x=\bar{x}$。

第三,一条渐近线。曲线无论向左或向右延伸,都愈来愈接近横轴,但不会和横轴相交,以横轴为渐近线。

由于正态分布曲线是单峰、对称的,因此具有这种分布的变量,其众值、中位值和均值三者必然是重叠的。

正态分布曲线下每一部分的面积(即频数总和)都可以计算出来。例如,根据数学运算,在均值($\overline{X}$)两旁各是一个标准差(s)的范围内所包括的面积,约占全部面积的68.26%；换言之，约有68.26%的个案，其数值(x)是在"$\bar{X}-s$"和"$\bar{X}+s$"之间。此外，约有95.46%的个案是在"$\bar{X}-2s$"和"$\bar{X}+2s$"之间，约有99.37%的个案是在"$\bar{X}-3s$"和"$\bar{X}+3s$"之间。在这里我们为什么要用标准差作为计算单位，而不是原来的量度单位呢？

由于不同的变量会用不同的量度单位，即使是同一变量也可能用不同的量度单位(如身高可以用厘米，也可以用米)，结果形成不同大小和不同形状的正态分布；它们的均值与标准差数值各不相同，其扁平或高耸的程度也就各有不同。如果我们要分别计算每一种正态分布内各部分的面积，就会很麻烦。以标准差为单位的好处是可以使正态分布标准化，不受变量单位的影响。换言之，无论是什么变量和用什么单位，只要是正态分布，则在一定的标准差数值范围内，个案的比例是一定的。例如，在"$\bar{X}\pm s$"范围内就一定有大约2/3的个案。

通过上面的讨论可知，将正态分布的数值改用标准差为单位是有重要意义的，可以将不同形态的正态分布归纳为一种分布。这个以标准差为单位的正态分布，一般称为标准正态分布(Standard Normal Distribution)。如果正态分布以标准差 s 为单位，则每个变量值(x)变为：

$$Z=\frac{x-\bar{X}}{s}$$

这个公式中的 Z 值称为标准值(Standard Score)，或称标准分，代表每个 x 值在标准正态分布上的数值。

根据标准值的公式，可以推算出标准正态分布的均值是0，标准差是1。如果$Z=2$，表示该值与均值的距离是2个标准差。然而，这段距离内有多少个案呢，本书后面的附表"正态曲线下的面积"，就是表示正态曲线下各部分面积所占的比例。由于标准正态分布的图形是唯一的，因此，只要计算出标准值，就可以根据标准正态分布表求出任意两点间正态分布曲线下的面积。

由于正态分布是对称的，标准值是正数，表示的面积在均值右侧；标准值是负数，表示的面积在均值左侧。面积总和为1，对称轴一侧的面积为0.5，结合这些基本特征，可以求得任何两个标准值之间所包括的面积。

下列数值是推论统计中常用的数值：

$|Z|\geq1.65$，比例是0.05；

$|Z|\geq1.96$，比例是0.025；

$|Z|\geq2.33$，比例是0.01；

$|Z|\geq2.58$，比例是0.005。

正态分布和标准值在推论统计中扮演着非常重要的角色，下面即将讲到的均值抽样分布，就是这样一种具有正态分布曲线特征的分布。

三、均值抽样分布

为了进一步理解概率与统计推论的关系，有必要回到前面介绍的抽样分布。抽样分布是指根据概率原则而成立的理论分布，显示由同一总体中反复不断抽取不同样本时，各个可能出现的样本统计量的分布情况。下面以抽样分布中的均值抽样分布为例。图 11-2 是均值的抽样分布图，其中横轴表示每个样本的均值($\overline{X}$)，纵轴表示每个均值的频数(f)。

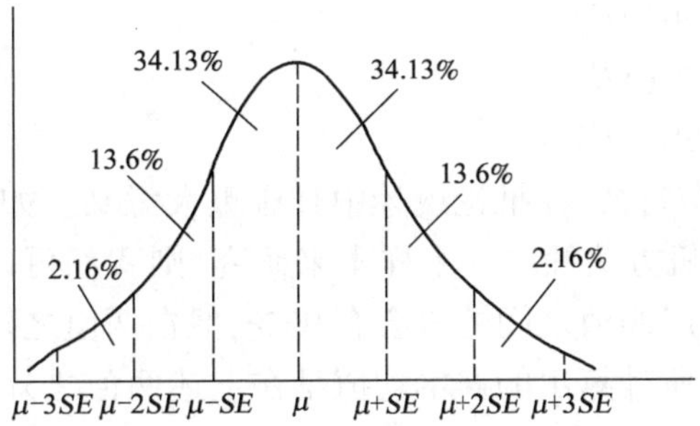

图 11-2　均值的抽样分布(正态)

假设某地区有退休职工 10 000 名，我们将其每年的医疗费用作为总体。该 10 000名退休职工的平均医疗费用和标准差就是总体的平均数 μ 和标准差 σ。如果我们从中随机抽取 100 个退休职工作为样本，可以得到该 100 人的平均医疗费用，记作 X_1，放回总体，重新抽取 100 人作为样本，也可得到一个平均数，记作 X_2。以此方式抽取第三、第四……直至第 N 个样本(也可继续抽取下去)，从而得到一组平均数 $X_1, X_2, \cdots$ 这组平均数同样组成一个频数分布，他们的值同样是随机的，围绕在总体平均数 μ 的周围。此分布即为均值的抽样分布，分布所对应的样本统计量是均值，所以称为均值的抽样分布。

根据中心极限定理，均值的抽样分布具有如下几个特征。

第一，如果样本相当大(通常是指 $n \geqslant 30$，当然愈大愈好)，则抽样分布接近正态分布。

第二，抽样分布之均值就是总体之均值(μ)。换言之，如果将各个样本的均值相加起来，取其平均，就会等于总体的均值。既然知道抽样分布的均值，当然可以算出抽样分布的标准差。抽样分布的标准差，称为标准误差(Standard Error)。

标准误差(简写为 SE)计算的方法是用总体的标准差除以样本大小(n)的平方根。然而，总体的标准差是很难知道的。如果样本相当大，通常是以样本的标准差(S)作为总体的标准差，因而可用下面的公式来估计标准误差：

$$SE=\frac{S}{\sqrt{n}}$$

第三,由于均值的抽样分布是正态分布,而其面积就是均值的次数,所以任何两值之间的样本均值次数所占的比例都是可以知道的。例如,根据抽样分布中均值(μ)和抽样误差(SE)的数值,可以求得样本均值有 68.26%在"$\mu\pm(SE)$"这两个数值之间的范围内,有 95.46%在"$\mu\pm2(SE)$"这两数值之间的范围内。前面我们提到,在应用研究中,下面几项数值较为常用,值得注意:

有 90%在 $\mu\pm1.65(SE)$,

有 95%在 $\mu\pm1.96(SE)$,

有 98%在 $\mu\pm2.33(SE)$,

有 99%在 $\mu\pm2.58(SE)$。

上述的抽样分布特征,在推论统计中具有重大意义。如果我们假设总体的均值是 μ,然后用随机方法抽取一个样本来研究,则我们可以推测:这个样本的均值在"$\mu\pm1.96(SE)$"两值之间的机会有 95%,但在两值之外的机会很小(只有 5%)。换言之,假如所计算出的样本均值是在上述两值之外,那么,我们就要怀疑假设的正确性了。

推论统计,就是根据抽样分布的原理来进行的,而抽样分布则是以概率为基础。只要我们采用随机抽样方法收集数据,就可以根据抽样分布原理,以样本的数值来推测总体的情况。

推论统计一般可分为两大类:参数估计和假设检验。所谓参数估计,就是根据一个随机样本的统计值来估计总体之参数值是多少。例如,根据样本计算出退休职工年医疗费用平均是 450 元,然后以此为依据,对总体的均值进行估计。可见,参数估计这类统计推论是先看样本情况,再问总体的情况。至于假设检验,在逻辑上与参数估计有所不同,它是首先假设总体的情况是怎样的,然后以一个随机样本的统计值来检验这个假设是否正确。换言之,要先设想总体的情况,再进行抽样和分析样本的资料。例如,我们先假设总体的医疗费用均值为 500 元,然后根据样本均值来检验原先的假设是否正确。由此可见,参数估计和假设检验都是用来进行推论统计的,但在逻辑上有所不同,前者是先看样本情况再问及总体的情况,后者是先假设总体情况,然后再进行抽样和检验原先的假设是否正确。

第二节 参数估计

通俗来讲,参数估计就是根据抽样结果来合理地估计总体的参数大概是多少,在什么范围内。参数估计可以分为两类:点估计和区间估计。所谓点估计就是用样本计算出来的一个数值估计未知参数，由于它是一个点值，所以称为点估计；而区间估计则是通过样本计算出一个范围对未知参数进行估计。

一、参数的点估计

所谓参数的点估计，就是以一个最恰当的样本统计值来代表总体参数值。例如，我们想知道某地区失地农民的年收入情况，通过随机抽样选取样本 500 个，假定 500 个样本的统计结果表明，样本年收入的均值为 6 800 元，那么我们就可以说，这个地区失地农民的年收入大约是 6 800 元。这里，我们是采用样本的均值来估计总体的均值。同样，我们想知道某地区有多少城市家庭购买了商业性重大疾病保险，我们随机抽取 1 000 个家庭样本，统计结果显示，在 1 000 个家庭中有 25%的家庭购买了商业性重大疾病保险，那么，我们可以以样本的比例估计总体的比例，即总体中大约有 25% 的家庭购买了商业性重大疾病保险。

我们往往用样本的均值作为总体均值的点估计值，用样本的方差作为总体方差的点估计值，用样本的标准差作为总体标准差的点估计值，用样本的比例作为总体比例的点估计值。具体表示如下：

我们用样本均值：$\overline{X} = \frac{1}{n}\sum_{i=1}^{n} x_i$ 作为总体均值(μ) 的点估计值；

用样本方差：$S^2 = \frac{1}{n-1}\sum_{i=1}^{n}(x_i - \bar{x})^2$ 作为总体方差(σ^2) 的点估计值；

用样本标准差：$S = \sqrt{\frac{1}{n-1}\sum_{i=1}^{n}(x_i - \bar{x})^2}$ 作为总体标准差(σ) 的点估计值；

用样本的百分比(或比例)p 作为总体百分比(或比例)P 的点估计值。

一般来说，抽样方法越严谨，样本量越大，这种点估计方法越可信。但无论如何，抽样误差总是难以避免的。由于真正的总体参数值我们并不知道，因此，我们无法知道样本计算的点估计值到底距离真正的总体参数值有多少，也就是说我们无法知道点估计值的可靠性。尽管统计学家们从无偏性、有效性、一致性等方面去评价点估计值的优劣，但这些讨论更多的是一种理论层面上的讨论，实际应用性和可操作性不强。鉴于点估计值难以提供估计可靠性的量化标准，统计学家在点估计的基础上，利用概率原则和抽样分布原理，又想到用一个范围或一个区间来对总体参数进行估计，这就是区间估计。对于参数的区间估计，在给出区间估计值范围的同时，还能提供所给区间包含总体参数的概率是多少。这样就摆脱了参数点估计无法知道估计值可靠性的困境。

二、参数的区间估计

区间估计的实质就是在一定的可信度下，用样本统计值的某个范围来估计总体的参数值。例如,我们估计某地区失地农民平均年收入在 6 000~8 000 元之间,显然这样的估计比估计失地农民平均年收入是多少元,猜中的可能性要大得多。这就是区间估计。对于参数的区间估计,在给出区间估计范围的同时,还必须指出所给区间包含未知参数的概率是多少。

这里的包含未知参数的概率就是置信度,估计的范围就是置信区间。置信度和置信区间是参数区间估计的一对基本概念。置信区间表示用来估计总体参数的取值范围,而置信度指的是置信区间估计的可靠性。置信度高低反映的是这种估计的可靠性或把握性,置信区间的大小反映的是这种估计的精确性问题。区间估计的结果往往可以这样来表述:“我们有 95%的把握认为,该地区失地农民的平均年收入在6 450~7 150 元之间。”或者说:“这一地区失地农民的平均年收入在 6 450~7 150 元之间的可能性有 95%。”

置信度也称为置信概率、置信系数,通常用 $1-\alpha$ 来表示,α 称为显著性水平(Significance Level),它表示用置信区间估计不可靠的概率。显然,置信度和显著性水平之和为 1。对于一个具体问题,如果提出的置信度为 95%,那么,就意味着显著性水平为 5%。置信度往往用在参数区间估计中,而显著性水平用在假设检验中。对于置信度,一般是根据实际情况预先给定的。通常的置信度的标准有:

$1-\alpha= 0.90$;

$1-\alpha= 0.95$;

$1-\alpha= 0.99$。

在样本容量一定的情况下,置信区间和置信度是相互制约的。置信度越大(即估计的可靠性越大),则相应的置信区间也越宽(估计越不精确)。举例说明,某次考试,如果置信区间为 0~100 分,显然这样的估计永远可靠,置信度为 100%。任何考试的结果,平均成绩都不会超出估计的范围。但从另外一个角度来看,这样的估计毫无价值。因为它的精度几乎为 0。因此,必须把区间估计的范围缩小一点,使估计的精度提高,但估计的可靠性会降低。实际上,区间的大小所体现的是估计的精确性问题,两者成反比,即置信区间越大,精确程度越低;置信区间越小,精确度越高。从精确性出发,要求所估计的置信区间越小越好;可从把握性出发,又要求估计的置信区间越大越好。因此,人们总是需要在这两者之间进行平衡和选择。下面主要介绍单总体均值和单总体比例的区间估计方法。

(一)总体均值的区间估计

在本章第一节介绍均值的抽样分布时,我们曾指出如果样本的大小相同,而且都是随机样本,则有 95%的样本均值会在“$\mu\pm1.96(SE)$”这两个数值之间,其中 μ 是抽样分布的均值,也是总体的均值。因此,如果我们从总体中抽取一

个随机样本,其均值($\overline{X}$)落在上述区间内的可能性应是 95%,即:

$$\mu-1.96(SE)\leqslant\overline{X}\leqslant\mu+1.96(SE)$$

经整理后,可得:

$$\overline{X}-1.96(SE)\leqslant\mu\leqslant\overline{X}+1.96(SE)$$

而标准误差的公式为:$SE=\dfrac{S}{\sqrt{n}}$

因此,总体均值 95%的置信区间为:$\overline{X}\pm1.96(\dfrac{S}{\sqrt{n}})$

总体均值的区间估计公式为:$\overline{X}\pm Z_{(1-\alpha)}\dfrac{S}{\sqrt{n}}$

其中,$\overline{X}$ 为样本均值,S 为样本标准差,$Z_{(1-\alpha)}$ 为置信度 $1-\alpha$ 所对应的 Z 值,n 为样本规模。

例 1:根据对某大学 400 名大学生的抽样调查,他们每月平均手机通信费用为 35 元,标准差为 42 元,求 95%置信度下,全校大学生的月平均手机通信费用的置信区间是多少?

【解】根据题意,样本均值 $\overline{X}=35$,标准差 $S=42$,样本数 $n=400$,

查书后附录中的 Z 检验表,得 95%对应的 $Z=1.96$

代入均值区间估计公式 $\overline{X}\pm Z_{(1-\alpha)}\dfrac{S}{\sqrt{n}}$ 得:

$35\pm1.96\dfrac{42}{\sqrt{400}}$,即[30.88,39.12]

即在 95%的置信度下,全校大学生的月平均手机通信费用为 30.88~39.12 元。

当我们需要提高估计的可靠性时,就必须相应扩大置信区间。比如,当我们将置信度提高到 99%时,那么,例 1 中的置信区间又是多大呢?

同样利用公式计算得:$Z=2.58$,总体均值的置信区间为:

$35\pm2.58\dfrac{42}{\sqrt{400}}$,即[29.58,40.42]

即我们有 99%的把握认为,该校学生的月平均手机通信费为 29.58~40.42 元。

由此可见,随着可靠性的提高,所估计的区间扩大了,这样一来,估计的精确性就相应降低了。此外,值得注意的是,我们在作出区间估计结论时,一定要清楚地指出这个区间估计所对应的置信度是多少。正如例 1 所示,同样的样本数据,若置信度发生变化,总体均值的置信区间也会发生变化。

(二)总体百分比(或比例)的区间估计

总体百分比或比例的区间估计公式,其逻辑基本与总体的均值估计相同。

如果样本颇大,百分比的抽样分布会近似于正态分布,各样本的百分比对称地散布在总体百分比的两旁,其标准误差是:$SE=\sqrt{\frac{p(1-p)}{n}}$

总体百分比的区间估计公式为:$p \pm Z_{(1-\alpha)}\sqrt{\frac{p(1-p)}{n}}$,其中 p 为样本的百分比(或比例)。

例 2:根据某工厂对 400 名青年职工的抽样调查,其中 20%的青年职工参加各种形式的业余学习。求青年职工参加业余学习比例的区间估计(置信度为 90%)。

【解】根据题意得知,样本的百分比 $p=20\%$,样本数 $n=400$,$Z_{0.9}=1.65$

代入公式得:$20\% \pm 1.65\times\sqrt{\frac{20\%\times(1-20\%)}{400}}$,计算得置信区间[16.7%,23.3%]

即在 90%的置信度下,青年职工参加业余学习比例为 16.7%~23.3%。

第三节 假设检验

假设检验是推论统计的另一种类型。所谓假设检验,就是先做一个关于总体情况的假设,继而抽取一个随机样本,然后以样本的统计值来验证假设。在介绍具体的假设检验之前,首先介绍五组假设检验的基本概念。

一、假设检验的基本概念

(一)研究假设与虚无假设

我们在前面讲过,科学的研究一般是先建立假设,即假定在总体中存在某些情况,例如,假定某地区居民今年的生活满意度与去年相比有所提高,或者假定收入与工作年限之间有相关关系。这个假设,称为研究假设(Research Hypothesis,也称为备择假设,简写为 H_1)。研究的目的,就是要知道这个假设是对的还是错的。然而,我们在假设检验中不是直接验证研究假设是否正确,而是首先检验与这个研究假设相对立的假设,从而间接验证研究假设正确的可能性。与研究假设相对立的假设,在统计学上称为虚无假设(Null Hypothesis,也称为原假设,简写为 H_0)。例如,若研究假设 H_1 是 X 与 Y 相关,则虚无假设 H_0 是 X 与 Y 不相关。

为什么要建立虚无假设,而不直接检验研究假设呢?假定我们的研究假设 H_1 是:在总体中同意某制度与反对某制度的人数不相同。从一个随机样本中,发现同意的与反对的人数不相同,我们能不能下结论,说 H_1 是正确的呢?答案是不能。这是因为在样本中发现的情况固然可能是总体的情况的确如此，但也有可能是由抽样误差造成的。前面讲过，任何的抽样都可能有误差，既然如此，我们根据样本所作的结论就可能犯错误。因此，要证明 H_1 是否正确，就必须排除抽样误差的可能性。检验假设的基本逻辑是先成立一个与 H_1 相对立的 H_0。前例 H_1 的虚无假设 H_0 是：总体中同意与反对的人数没有分别，如果在随机样本中发现有分别也是由抽样误差引起的，而不是总体的真实情况。如果我们能证明 H_0 是正确的可能性很小，那么，就可以据此排除抽样误差的说法，而认为 H_1 是对的。

各种假设检验方法都是根据 H_0 来成立抽样分布，然后求出 H_0 是正确的可能性。假设检验的基本原则就是直接检验虚无假设 H_0，根据 H_0 的检验结果，从而间接检验研究假设 H_1，目的是排除抽样误差的可能性。

（二）显著性水平

显著性水平是指在原假设成立的条件下，假设检验中所规定的小概率的标准，一般用 α 表示，即小概率的数量界线。显著性水平是一个概率值，与置信度 $1-\alpha$ 相对应。显著性水平一般是研究者事先规定好的，通常是先确定显著性水平，然后再进行资料统计分析；而不是在资料分析过程中或者根据统计量计算结果，再选择一定的显著性水平。

显著性水平的大小主要根据研究需要确定。在当前的社会科学研究中，一般是以 $\alpha=0.05$ 最为常见。也有不少研究用 $\alpha=0.01$ 或 $\alpha=0.001$。当然，显著度越小，越难否定虚无假设，也即越难证明研究假设是对的。

（三）临界值、接受域和拒绝域

检验虚无假设，基本上是根据抽样分布的原理。当统计量确定后，根据虚无假设 H_0 成立的条件，可以画出统计量的分布。下面以均值的抽样分布为例，说明检验 H_0 的方法。

拒绝域就是抽样分布内一端或两端的小区域，如果样本的统计值在此区域范围内，则拒绝虚无假设。与拒绝域相关联的概念就是显著性水平，表示拒绝域在整个抽样分布中所占的比例，也表示样本的统计值落在拒绝域内的机会。拒绝域以外的区域就是接受域内，如果统计值落在接受域，则接受虚无假设。临界值就是接受域与拒绝域的界线，是显著性水平对应的标准值。以图 11-3 为例，均值的抽样分布满足正态分布，根据显著性水平 α，通过查标准正态分布表可以查到对应的 Z 值，即为临界值，表示为 Z_α。

如果计算的统计值 $Z>Z_\alpha$，表明统计值位于拒绝域内，拒绝虚无假设，接受研究假设；如果 $Z<Z_\alpha$，表明统计值位于接受域内，则接受虚无假设，拒绝研究假设。

（四）双边检验和单边检验

根据拒绝域位置的不同，假设检验可以分为两类：双边检验和单边检验。

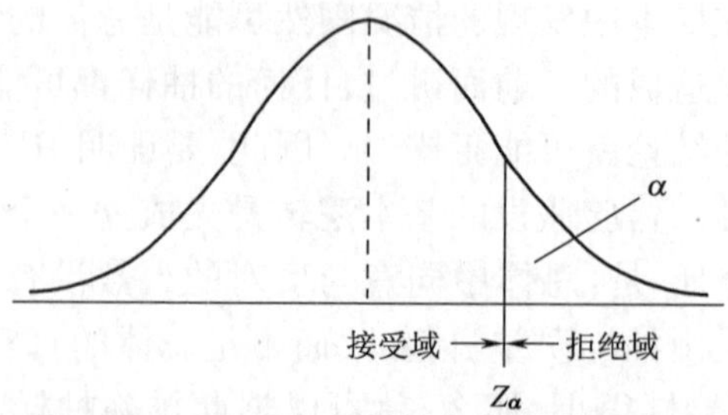

图 11-3 接受域、拒绝域与临界值示意图

前面讲到，在检验虚无假设时，可以在抽样分布中选定一个末端作为拒绝域，也可以选择两端。如果拒绝域位于分布的两端，称为双边检验(Two-tailed Test)；如果拒绝域位于分布的一端，则称为单边检验。根据拒绝域位于分布的左端还是右端，单边检验又可以分为左侧单边检验和右侧单边检验。

如果拒绝域选择为统计量分布的两侧，那么，当显著性水平为 α 时，每侧拒绝域的概率为 α/2。图 11-4 为双边检验。

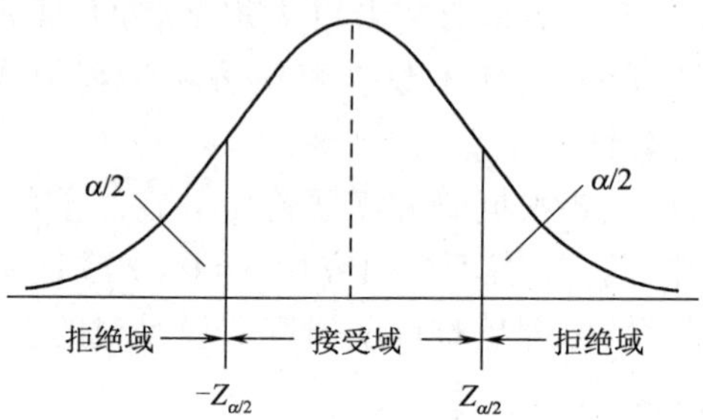

图 11-4 双边检验

如果拒绝域选择为统计量分布的一侧，那么，显著性水平为 α 时，拒绝域的概率为 α。如果拒绝域在分布图右侧，则为右侧单边检验(图 11-5)；如果在左侧，则为左侧单边检验(图 11-6)。

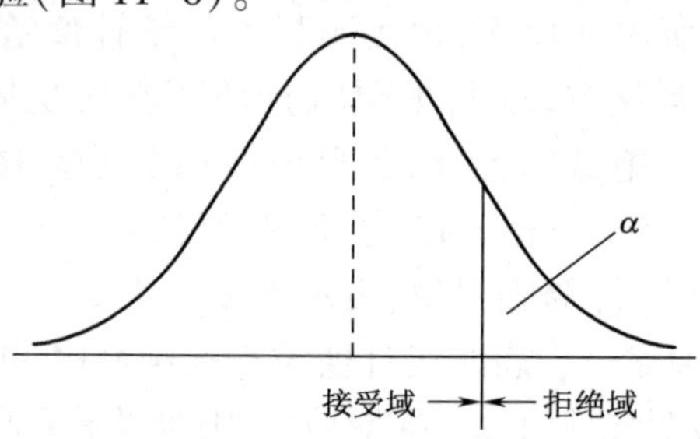

图 11-5 右侧单边检验

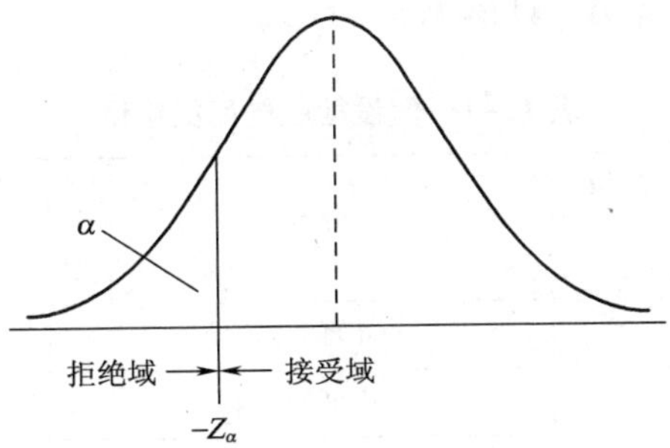

图 11-6　左侧单边检验

如何确定假设检验是单边检验还是双边检验呢？在实际问题中，如果我们研究的假设仅仅探讨是否相关或者是否变化等问题，那么，假设检验就是双边检验。如果我们不仅要回答是否相关或者是否变化，还要知道正相关或者负相关，或者变化的方向是增大还是减小等问题时，这时的假设检验就是单边检验。例如，如果研究假设是当年人均收入是否发生变化，这时对应的是双边检验；如果研究假设是当年人均收入是增加了，还是减少了，这时对应的是单边检验。

（五）假设检验的两类错误

当我们以样本统计值来检验虚无假设时，最后的结果无论是接受虚无假设还是拒绝虚无假设，都可能犯错误。所犯的错误有以下两类。

第一类错误是错误地推翻了虚无假设。虚无假设 H_0 实际上是正确的，但我们却认为它是错误的，因此，拒绝了它。这是犯了“弃真”的错误，通常称为第一类错误（Type Ⅰ Error）。这类错误的可能性，就是我们选定的显著性水平，如果选定 0.05 为否定虚无假设 H_0 的显著性水平，那么，错误否定 H_0 的可能性最多为 0.05。

第二类错误是错误地接受了虚无假设。虚无假设实际上是不正确的，但我们却认为它是正确的，因此，接受了它。这是所谓的“纳伪”的错误，通常称为第二类错误（Type Ⅱ Error）。这种错误的可能性的计算方法比较复杂，在此略去不谈。值得注意的是，在样本量和统计方法确定的前提下，第一类错误和第二类错误是对立的，成反比的。如果在研究中要减少否定正确的 H_0 的可能性（第一类错误），就会增加错误接受 H_0 的可能性（第二类错误）。

总的来说，当我们作出接受原假设的结论时，有两种可能：一种是真实情况确实如原假设所示的那样，从而判断正确；另一种是真实情况并非如原假设所示的那样，但我们接受了原假设，因此，犯了纳伪的错误。同样，当我们作出拒绝原假设的结论时，也有两种可能：一种是真实情况确非原假设所示，因此，作出拒绝的判断是正确的；另一种情况是真实情况是原假设所示，但被我们拒绝了,因此,犯了弃真的错误。具体见表 11-1。

表 11-1 假设检验的两类错误

决策 / H_0 实况	拒绝 H_0	接受 H_0
对	弃真的错误	正确的决策
错	正确的决策	纳伪的错误

二、假设检验的基本原理和步骤

假设检验所依据的是概率论中的小概率原理,即"小概率事件在一次观察中不可能出现"原理。但是,如果现实的情况是恰恰在一次观察中小概率事件出现了,那该如何判断呢?一种情况是认为该事件的概率依然很小,只不过偶然碰见了;另一种情况则是怀疑和否定该事件的概率未必小,即认为该事件本来就不是一种小概率事件,而是一种大概率事件。后一种判断更为合理,它所代表的就是假设检验的基本思想。

因此,小概率原理可以从两个方面来理解:一方面可以认为小概率事件在一次观察中是不可能出现的;另一方面,如果在一次观察中出现了小概率事件,那么,合理的做法是否定原有事件具有小概率的说法(或称假设)。

知道了小概率原理,假设检验的基本思想就比较容易理解,它实际上是小概率原理的具体运用。假设检验的基本思想在统计学中可以描述为:经过抽样调查获得一组数据,即一个来自总体的随机样本,如果根据样本计算的某个统计量,在虚无假设成立的条件下几乎是不可能发生的,就拒绝虚无假设,继而接受它的对立面——研究假设;反之,如果在虚无假设成立的条件下,根据样本所计算的某个统计量,发生的可能性不是很小的话,那么,就接受虚无假设,拒绝研究假设。这里发生的可能性就是我们事先规定的显著性水平 α。

尽管我们在后面的学习中会介绍不同的总体参数的假设检验,我们也会采用不同的统计量进行检验,但所有的假设检验都遵循如下的假设检验步骤:

第一,根据研究目的,建立研究假设 H_1 与其对立的虚无假设 H_0。

第二,选择合适的统计量,根据样本数据计算统计值。

第三,根据事先确定的显著性水平,确定对应的临界值和拒绝域。

第四,将计算出的统计值与临界值进行比较,判断样本统计值是否位于拒绝域,从而作出决策。如果统计值位于拒绝域内,则拒绝虚无假设接受研究假设;如果不在拒绝域内,则接受虚无假设而拒绝研究假设。

不管是单变量的假设检验,还是双变量或多变量相关系数的假设检验,假设检验的逻辑基础和步骤都基本相同，关键区别在于用于检验的统计量以及相应的抽样分布不同。

三、总体均值假设检验

单总体的假设检验最主要的就是对总体均值和总体百分比的检验。根据样本量大小，可以继续细分为大样本总体均值假设检验和小样本总体均值假设检验、大样本总体百分比假设检验和小样本总体百分比假设检验。我们先来看总体均值的假设检验。

（一）大样本总体均值检验（z 检验）

单总体均值的假设检验主要是对总体参数中的均值进行假设检验。研究假设是围绕总体均值建立的。根据中心极限定理，当样本量足够大时，样本均值的抽样分布趋向于正态分布。据此，当样本量为大样本（一般是 $n \geqslant 30$）时，虚无假设的抽样分布趋向正态分布，这时用于假设检验的统计量为 z 值。

统计量 $z=\dfrac{\overline{X}-\mu_0}{\sigma/\sqrt{n}}$ 服从标准正态分布。

其中，$\overline{X}$ 为样本均值；μ_0 为虚无假设中的总体均值；$\sigma/\sqrt{n}$ 为抽样分布的标准误差；σ 为总体标准差，如果 σ 未知，则用样本标准差 s 替代；n 为样本量。

运用统计量 z 值进行检验的方法称为 z 检验。将计算出的统计量 z 值与事先确定好的临界值进行比较，如果 z 值落在拒绝域内，则拒绝虚无假设，接受研究假设。反之，如果计算出的 z 值落在接受域内，则接受虚无假设，拒绝研究假设。下面结合例题来分析。

例 3：统计报表显示，某地区人均月收入为 2 500 元。为了验证统计报表的正确性，研究人员从该地区随机抽取 400 人，调查得到人均月收入为2 350，标准差为1 000元，问能否证明统计报表的结果是正确的（显著性水平 $\alpha=0.05$）。

【解】根据题意，建立假设为：$H_0: \mu=2\ 500$；$H_1: \mu\neq 2\ 500$；

由于样本量 $n=400$，属于大样本，选择统计量 Z，代入公式得：

$$z=\frac{\overline{X}-\mu_0}{\sigma/\sqrt{n}}=\frac{2\ 350-2\ 500}{1\ 000/\sqrt{400}}=-3$$

已知显著性水平 $\alpha=0.05$，本题属于双边检验，查 z 检验表可得临界值 $|Z_{\alpha/2}|=1.96$。

因为 $z<-1.96$，位于拒绝域（见图 11-7），所以拒绝虚无假设，接受研究假设，即根据抽样调查结果，不能认为该地区人均收入为 2 500 元，因此，可以认为统计报表是有误的。

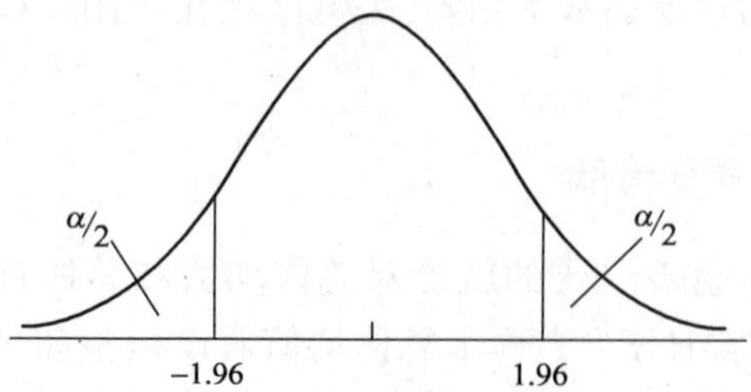

图 11-7 双边检验

（二）小样本单总体均值检验（t 检验）

上述的 Z 检验法，要求样本较大（$n \geqslant 30$）。如果是小样本，尤其是 $n<30$，就要改用 t 检验（Student's t Test）。这时统计量的分布不再服从正态分布，而是服从自由度 K 为 $n-1$ 的 t 分布。相应的统计量公式为：

$$t=\frac{\bar{X}-\mu_0}{\sigma/\sqrt{n}}$$ ，$t(n-1)$ 表示服从自由度 $k=n-1$ 的 t 分布。

其中，$\bar{X}$ 为样本均值，μ_0 为虚无假设中的总体均值，$S/\sqrt{n}$ 为抽样分布的标准误差，S 为样本标准差，n 为样本量。

t 分布的图形是对称的，这一点与正态分布图形相同，但它的离散程度比标准正态分布要大。t 分布的形状（如扁平或高耸的程度）取决于自由度 K（Degrees of Freedom）。所谓自由度是指有多少个个案的数值可以随意变动。如果已知 $\bar{X}$ 值，显然只有一个个案的数值受到限制，其余都可以自由变动。换言之，无论其余的个案数值是如何变动，我们都可用其中一个来调节，获得已知的 $\bar{X}$ 值。因此，自由度 $K=n-1$，而小样本的 t 分布就取决于此数值的大小：自由度越小（当即样本愈小），则 t 分布越扁平；自由度越大（即样本越大），则 t 分布越高耸而且接近正态分布。当自由度 K 很大时，t 分布图形与标准正态分布差别很小。因此，当 K 很大时（$n>30$），就可用标准正态分布 $N(0,1)$ 来近似 t 分布。因此，在一般的统计学书中，就以样本容量 30 作为采用何种检验法的标准。

例 4：某村原先平均人均年收入为 8 000 元，现在实行多种经营。随机抽查 25 人进行调查，结果是平均人均年收入为 9 000 元，标准差为 4 500 元，请问多种经营是否提高了人均年收入（$\alpha=0.05$）。

【解】根据题意，成立假设为：

$$H_0: \mu=8\ 000;\ H_1: \mu>8\ 000;$$

由于样本 $n=25$，属于小样本，选择统计量 t，代入公式得：

$$t=\frac{\bar{X}-\mu_0}{S/\sqrt{n}}=\frac{9\ 000-8\ 000}{4\ 500/\sqrt{25}}=1.11$$

已知显著性水平 $\alpha=0.05$，根据假设判断本题属于单边检验，自由度 $K=n-1=24$，查 t 分布表得临界值 $t_\alpha(25-1)=1.71$。

因为 $t=1.11$ 小于 $t_\alpha(25-1)=1.71$，位于接受域，所以接受虚无假设，拒绝研究假设，即可以认为多种经营没有明显提高人均年收入。

四、总体百分比假设检验

样本中的百分比(p)，其实可以看作均值($\overline{X}$)来理解。例如，样本中 40%是同意某项政策，假设每个同意的个案得 1 分，不同意的得 0 分，则全部个案的均值就是0.40，即 40%。既然百分比是均值的一种特殊情况，故上面介绍的均值检验法可以用来检验百分比。下面所介绍的是比较简单直接的计算方法。

如果研究假设 H_1 是总体的一个百分比(或比例)，可用 Z 检验法来验证虚无假设 H_0，其统计量公式是：

$$Z=\frac{p-P}{SE}=\frac{p-P}{\sqrt{\frac{P(1-P)}{n}}}$$

其中，p 为样本中的百分比(或比例)，P 是所假设的总体百分比(或比例)，n 是样本大小，SE 是抽样分布的标准误差。

这个公式是根据百分比的抽样分布推算出来的。应用这个公式时，最好是样本较大($n>30$)，百分比的抽样分布才会近似正态分布，故可用 Z 检验法。如果样本较小，就要改用二项抽样分布来检验假设，在这样的情形下，虽然也可把百分比看作均值，但用于假设检验的应是 t 检验法。

例 5：一所大学全体学生中抽烟者的比例为 25%，经过学习和戒烟宣传后，随机抽取 100 名大学生调查，结果发现抽烟者有 15 名。问戒烟宣传是否收到了成效？

【解】根据题意，建立假设：

$$H_0: P=0.25 \quad H_1: P<0.25$$

根据统计量 Z 的公式计算得：

$$z=\frac{p-P}{\sqrt{\frac{P(1-P)}{n}}}=\frac{0.15-0.25}{\sqrt{\frac{0.25\times0.75}{100}}}=-2.31$$

根据假设可判定此题为左侧单边检验，在显著性水平 $\alpha=0.05$ 下，查 Z 检验表得临界值 $-Z_{0.05}=-1.65$

因为 $Z=-2.31$ 小于 $-Z_{0.05}=-1.65$，位于否定域，所以拒绝虚无假设，接受研究假设，即从总体上看，戒烟宣传收到了成效。

总体来看，本章主要介绍了单总体均值和百分比的参数估计与假设检验，即如何利用样本数据，对总体均值和百分比进行参数估计和检验；初步介绍了参数估计和假设检验的逻辑与步骤。此外,我们也可以估计或检验其他的总体参数,如标准差、方差等。由于这些方法在社会调查研究统计中较少被应用,故在此不进行论述。社会调查研究最关心的,不仅仅是估计或推论单一的统计值,还包括推论两个变量甚至多个变量之间的关系。在下面的章节中,将详细介绍双变量的描述统计和推论统计。

思考与实践

1.从某校随机抽取300名教师进行调查,得出他们的平均年龄为42岁,标准差为5岁。求在95%的置信度下,该校全体教师平均年龄的置信区间是多少?

2.从某高校随机抽取200名学生进行调查,发现抽烟的比例为15%。现要求在95%的置信度下,估计全校学生中抽烟比例的置信区间。

3.某厂职工的平均受教育年限在1990年时为11年。1995年从该厂抽取100名职工进行调查,得出平均受教育年限为12年,标准差为2年。问1995年该厂职工的平均受教育年限与1990年相比是否有变化?

4.某校去年新生中女生的比例为40%,在今年招收的新生中,随机抽取100名进行调查,发现女生为38名。问今年招收的新生中女生比例是否有所下降?

第十二章

双变量的描述统计

前面我们介绍了如何对一个变量进行分析和统计描述,它对我们认识和了解社会现象只起到了最基本的描述作用。在社会生活中,现象并不是孤立存在的,现象之间往往有着或大或小的关系,或者说,社会现象之间往往是相互联系、相互影响、相互依存的。因此,进一步了解社会现象发生和变化的原因,揭示社会现象的发展规律,探索和发现现象之间的关系,才是大多数社会研究的主要目的,而这就需要对两个变量或多个变量之间的关系进行分析。

总的来说,变量之间的关系,可以分为两个变量之间的关系和多个变量之间的关系。在多数情况下,多个变量之间的关系又可以分解为两两变量之间的关系,也就是说多个变量之间的关系可以通过若干个两个变量间的关系来描述。图 12-1 就是 4 个变量之间的关系,可以分解成 3 个两个变量之间的关系,即人力资本与社会流动的关系,社会资本与社会流动的关系,社会流动与社会地位之间的关系。

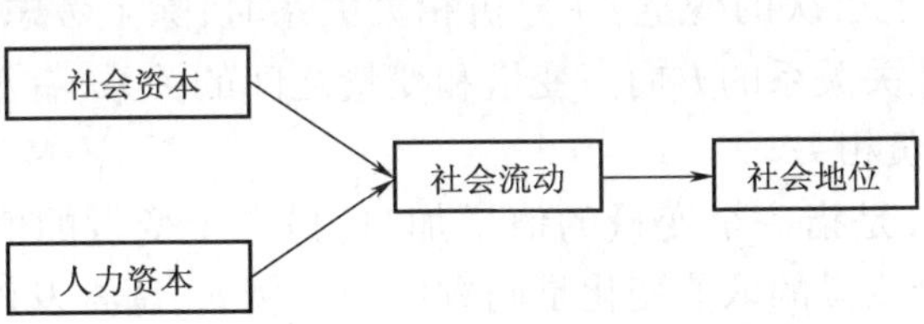

图 12-1　多个变量之间的关系图

因此,对两个变量间关系的探讨,是社会研究中最基本、最重要的内容之一。相关关系和因果关系是两个变量间关系的最基本形式。

第一节 相关的基本性质

两个变量之间的相关(Correlation),是指一个变量的值与另一个变量的值有连带关系,也就是说,如果一个变量的值发生变化(或取值不同时),另一个变量的值也会发生变化(取值也不同),那么,我们就可以说这两个变量相关。例如,父母的教育方式是一个变量,子女的人格特征也是一个变量,如果父母的教育方式不同(民主型、专制型、溺爱型、放任型等),子女的人格特征也呈现出不同的情况(如开朗乐观、消极悲观、胆小怯懦等),那么,我们就可以说“父母的教育方式”这一变量与“子女的人格特征”这一变量之间存在着某种相关关系。

一、相关关系的程度

相关关系的程度,指的是相关关系的强弱或大小。相关关系的强弱或大小可以用统计法进行测量。变量间相关关系的统计结果称为相关系数。根据变量测量层次的不同,不同层次的变量有不同的测量方法。相关系数的取值范围一般在-1与+1之间。大多数的统计中,都用0表示无相关,用1表示全相关,介于0与1之间的相关程度,数值越大,就表示相关的程度越强。

关于相关系数,有两点需要说明:一是对社会现象和人们的社会行为的调查来说,各种相关系数的值不可能达到1(或-1)。也就是说,在社会研究中不可能存在两个完全相关的事物或现象。二是相关系数只是用来表示变量间相关程度的指标,而不是相关量的等单位度量。比如,我们不能说相关系数0.6是相关系数0.3的2倍,只能说相关系数是0.6的两个变量之间的相关程度比相关系数是0.3的两个变量之间的相关程度更密切。

二、相关关系的方向

对于定序以上层次的变量,在分析相关关系时,除了考虑相关关系的强弱之外,还要考虑相关关系的方向。变量和变量之间的关系,有正与负两个方向,也称为正相关和负相关。

所谓正相关,是指一个变量的值增加时,另一个变量的值也增加;反之亦然。或者说,两个变量的取值变化是同方向的。例如,调查发现,人们的文化程度越高,他们的收入水平也越高;文化程度较低的人,他们的收入水平也普遍较低。反之,我们也可以推论那些收入水平较低的人,他们的文化程度一般来说也较低。这时,我们就可以说人们的文化程度和收入水平之间存在着正相关关系。

所谓负相关,是指一个变量的值增加时,另一个变量的值却减少。或者说,两个变量取值的变化是反方向的。例如，在调查中发现，文化程度越高的被调查者，在回答问卷时，花费的时间越少；而文化程度较低的被调查者，填答问卷时花费的时间较长。在此，我们可以说文化程度和问卷填答时间之间存在着负相关关系。

在对相关方向进行表示的时候，一般在相关系数值前面加正、负号表示相关的方向。需要注意的是，相关方向的分析只限于定序以上测量层次的变量，因为这些变量的值有高低、大小或多少之分。而定类变量，其取值只有类别之分，而无高低之分，因此，定类变量进行相关分析时，不存在正负方向的问题。例如，性别与文化程度之间的关系，因为性别是一个定类变量，所以性别与文化程度之间的相关关系就不能有正、负之分。

三、相关的对称性与因果关系

在相关关系中，如果在 X 变化的时候 Y 也变化，反之，在 Y 变化的时候 X 也变化，那么我们称 X 与 Y 的关系为对称关系。如果其中一个变量变化时，另一个变量随之变化；但反过来，后一个变量变化时，前一个变量却并不随之发生变化，那么，我们就称这两个变量的关系为非对称的关系。比如，当 X 变化时，Y 也随之变化，但当 Y 发生变化时，X 却不会随之发生变化，X 和 Y 之间的关系就是一种非对称关系。

因果关系就是一种非对称关系。社会现象之间的因果关系往往是社会调查人员探寻的主要目标，但事实上，并非所有存在相关关系的变量之间都一定存在因果关系。因果关系的测量是研究者在研究两个变量的关系时最重视的。对于因果关系来说，在数量上存在依存关系的两个变量有自变量和因变量之分。许多社会研究在成立假设时，会假设某个变量是因，另一个变量是果。假设为因的变量，称为自变量（Independent Variables），也就是引起其他变量变化的变量，通常用 X 表示。假设为果的变量，称为因变量（Dependent Variables），是因为自变量的变化而导致其发生变化的变量，通常用 Y 来表示。自变量 X 与因变量 Y 的关系可以表示为：

$$X \longrightarrow Y$$

相关关系和因果关系有一定的联系。如果变量 X 与变量 Y 之间存在因果关系，那么，它们之间必然存在相关关系。但是，如果两个变量之间存在相关关系，它们之间未必存在因果关系。要得出因果关系，必须同时满足三个条件：第一，变量 X 与变量 Y 存在着不对称的相关关系。第二，变量 X 与变量 Y 在发生的顺序上有先后之别，即先有原因（自变量）的变化，后有结果（因变量）的变化。如果两个变量的变化同时发生，分不出先后，则不能称为因果关系。第三，变量 X 与变量 Y 不是同源于第三个变量的影响，也就是说，两个变量之间的关系不是某种虚假的或表面的关系，而是实际存在的关系。例如，一项调查的结果显示，住房拥挤与夫妻间的冲突成正比，但我们不能下结论说，住房拥挤是导致夫妻冲突的原因。因为这两个变量之间的关系可能是由于另一个变量——家庭经济水平导致的。如果没有“家庭经济水平”这个变量的影响，住房拥挤与夫妻冲突可能是不相关的。在这种情况下，我们就不能说这两个变量存在因果关系，如图 12-2 所示。

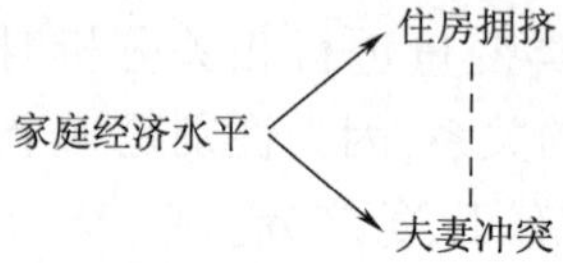

图 12-2　住房拥挤和夫妻冲突之间的虚假相关

四、相关统计值的意义：削减误差比例

在相关分析中，有一些相关测量法计算出来的相关系数，除了表示相关的程度之外，还具有削减误差比例(Proportionate Reduction in Error)的意义，称为 PRE 测量法。

削减误差比例是指当我们在认识某一种社会现象 Y 时，如果只用 Y 的统计值去预测或理解其变化情况时，难免会有误差(或错误)。假设另一种社会现象 X 与 Y 有关系，如果我们根据 X 的值来预测 Y 的情况时，理应可以减少若干误差。而且，X 与 Y 的关系越强，所能减少的误差就会越多。换言之，所减少的误差有多少，也可以反映 X 与 Y 之间关系的强弱程度。

假设不知道 X 的值，我们用 Y 的统计值去预测每个 Y 时产生的误差是 E_1 (见图12-3)，如果 X 和 Y 有关系，用 X 去预测 Y 时，产生的误差是 E_2(见图 12-4)，而 E_2 会比 E_1 小。

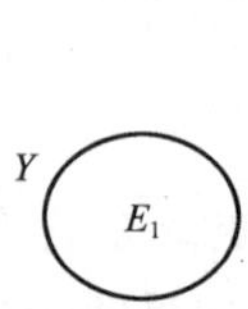

图 12-3

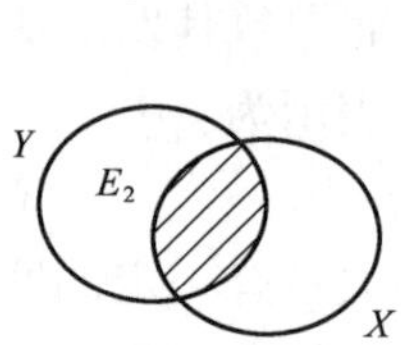

图 12-4

那么，用 X 去预测 Y 时减少的误差则为：E_1-E_2(图 12-4 中的斜线部分)。减少的误差(E_1-E_2)与原来的全部误差(E_1)相比，就是削减的误差比例(以 *PRE* 表示)。

$$PRE=\frac{E_1-E_2}{E_1}$$

PRE 的数值越大，表示以 *X* 值预测 *Y* 值时能够减少的误差所占的比例越大，说明 *X* 与 *Y* 的相关关系越强。

从上面的公式可以看出，*PRE* 的值域为[0,1]。如果 E_2 等于0，则 $PRE=1$，说明以 *X* 来预测 *Y* 时不会产生任何误差，*X* 与 *Y* 是全相关。如果 $E_2=E_1$，则 $PRE=0$，说明以 *X* 预测 *Y* 时没有减少误差，*X* 与 *Y* 无相关。比如，*PRE* 的值是0.65，则表示用 *X* 去预测 *Y* 时可以减少65%的误差，两者的相关程度较高。但如果 *PRE* 的值是0.05，则表示用 *X* 去预测 *Y* 时只能减少5%的误差，*X* 对 *Y* 的影响很小，可能是其他因素影响了 *Y* 的变化，就需要我们寻求其他的变量来解释或预测 *Y*。

第二节　交互分类

在一般的社会研究中，两个变量之间的关系包含的资料会很多，如果要理解两个变量之间的相关情况，通常先用描述统计来简化资料。最基本而又最常用的方法之一就是交互分类（Cross Classification）。

一、交互分类的基本形式

交互分类是指同时依据两个变量的值，将所研究的个案进行综合分类的分析方法。交互分类的目的是将两个变量分组，然后比较各组的分布情况，以寻求变量之间的关系。其作用在于，可以较为深入地描述样本资料的分布状况和内在结构，对两个变量之间的关系进行分析和解释。其结果通常是以交互分类表（又称列联表）的形式表示出来。表12-1就是交互分类表的一个例子。

表12-1　某次调查样本的构成情况统计表（人）

文化程度	性别		合计
	男	女	
初中及以下	70	50	120
高中或中专	60	40	100
大专及以上	50	30	80
合计	180	120	300

表12-1是对总数为300人的调查样本按性别和文化程度两个变量进行交互分类的结果。样本中的每一个对象都被归入由这两个标准划分出来的六个类别之一中。通过交互分类，我们不仅可以知道样本中男性、女性各有多少人；

初中及以下、高中或中专和大专及以上文化程度的被调查者各有多少人；我们还可以知道男性初中及以下文化程度、男性高中或中专文化程度……女性大专及以上文化程度的各有多少人。由此可见，交互分类就是根据被调查者的两种特征，分别把他们归入列联表的其中一个空格内，并且要求分类尽可能包含所有的类别还要互相排斥，这样，每个人才可以找到自己的位置，并且只能属于这一位置。

因为这一表格具体说明了一个变量(X)不同类别下另一变量(Y)的分布情况，因此，交互分类表又称为条件次数表。表的最后一行表示的是 X 变量的不同类别的总次数，称为边缘次数。表中每格的次数称为条件次数，表示在自变量的每个类型下，因变量不同取值的个案数目。例如，表中男性有 180 人(边缘次数)，其中初中及以下文化程度的有 70 人，高中或中专文化程度的有 60 人，大专及以上文化程度的有 50 人(条件次数)。交互分类表的规模通常是以行数(Rows)乘以列数(Columns)来表示，行数用 r 表示，列数用 c 表示，表的规模是 $r \times c$，如表 12-1 的规模便是 3×2。需要注意的是，3×2 表不同于 2×3 表，因为前后两个数值代表不同的变量，包含不同类别数。

由于条件次数表中作为基数的边缘次数不同，不同条件下的次数分布难以比较，因此，有必要将各个基数标准化，也就是要在相同的基础上作比较。最常用的标准化方法，就是将所有基数变成 100，计算各条件次数的百分比，建构条件百分比表。那么，表 12-1 就应该变成表 12-2 的形式。在实际应用中的交互分类表主要是条件百分比表。

表 12-2　某次调查样本的构成情况统计表(%)

文化程度	性别		合计
	男	女	
初中及以下	38.89	41.67	40.00
高中或中专	33.33	33.33	33.33
大专及以上	27.78	25.00	26.67
合计	100.0(n=180)	100.0(n=120)	100.0(n=300)

二、交互分类的作用

既然都是对调查数据进行描述分析，那么，为什么要做交互分类呢？下面我们举例来说明交互分类的作用。假设我们在一次抽样调查中得到的结果，见表12-3。

表 12-3　人们对化妆的态度统计表(%)

态度	百分比
赞成	45.0
反对	45.0
不表态	10.0
合计	100.0(n=1 000)

从表 12-3 中,我们可以得出"在对待化妆的态度上,持赞成和反对意见的人大致相同"的结论。但是当我们进一步分析不同性别的被调查者的态度时,出现了下列的结果(见表 12-4)。

表 12-4　不同性别的人对待化妆的态度统计表(%)

对化妆的态度	性别		合计
	男	女	
赞成	5.0	85.0	45.0
反对	80.0	10.0	45.0
不表态	15.0	5.0	10.0
合计	100.0(n=500)	100.0(n=500)	100.0(n=1 000)

表 12-4 清楚地告诉我们,虽然从总体来看,被调查者对待化妆的态度,赞成和反对的比例相同,但进一步分析可以看出,不同性别的人对待化妆的态度有很大的差别,男性绝大多数都反对化妆,而绝大多数女性赞成化妆。这一结果更深入、更客观地反映了现实情况。因此可以说,交互分类的第一个作用就是可以深入地描述样本资料的分布状况和内在的结构。

除此之外,交互分析还有一个更为重要的作用,就是可以对变量之间的关系进行分析和解释。我们来看下面的例子。假设我们调查了解 1 000 名工人的工资收入情况,按照单变量描述统计的方法,可以得到表 12-5 的单变量的统计表。

表 12-5　某项调查中工人的工资情况

工资水平	人数	百分比(%)
低	400	40.0
中	500	50.0
高	100	10.0
合计	1 000	100.0

从表 12-5 中我们可以知道调查对象的工资收入的总体分布状况。但是，对为什么工人的工资收入会呈现这样的分布却不得而知。如果我们引进另外一个变量，如文化程度，再对上述资料进行交互分类，看看会有什么情况(见表 12-6)。

表 12-6　工人的文化水平和工资收入的交互分类表(%)

工资收入	文化水平			合计
	小学及以下	中学	大专及以上	
低	78.0	20.0	11.0	40.0
中	19.0	73.0	31.0	50.0
高	3.0	7.0	58.0	10.0
合计	100.0	100.0	100.0	100.0
(n)	(360)	(550)	(90)	(1 000)

通过交互分类表，我们很容易对不同文化水平的工人的收入情况进行比较，这就是交互分类表的第二个作用，即分组比较，这也是我们分析变量间关系的基础。从表 12-6 中我们可以看出，在这 1 000 名工人中，工资收入较高的只有 10.0%，但在较高文化水平这一组中，工资收入高的占 58. 0%；而在较低文化水平这一组中，工资收入高的只有 3. 0%。通过比较，我们不难发现，文化水平和工资收入之间的关系，即文化水平不同的工人，他们的工资收入也不同。总的来看，文化水平高的工人中，工资收入高的比重较大；而文化水平越低的工人中，工资收入低的比重越大。

由此可见，交互分类既可以对总体的分布状况和内在结构进行描述，又可以用来进行分组比较，还可以用来解释变量之间的关系。但需要注意的是，上述结论只是在样本的范围内成立，而我们进行研究的目的不仅是描述或说明样本的情况，更重要的是要通过样本的情况来反映总体的情况。要保障我们从样本中得出的结果具有统计意义，保证样本中得出的结论同样适用于总体，必须对它们进行χ^2 检验(卡方检验)(下一章作具体介绍)。

三、交互分类表的形式要求

由于交互分类表所具有的上述作用，在社会调查分析中，交互分类成为对两个变量进行分析的一个重要方法。要准确地运用交互分类表进行统计分析，就需要掌握正确的表达形式，交互分类表在制作时要注意以下几个方面。

第一，每个表的上端要有表号和标题。加上表号，是为了便于讨论，减少混乱；而简明的标题，则概括了表中数据的内容和意义，对表中的统计数值进行简单说明。

第二,绘制表格时使用的线条要尽量简洁,最好不用竖线。只要不会引起误解或混乱,线条越少越好,最好不用竖线。这样可以使表格看上去简洁、明了。

第三,表中的百分比符号处理方法。表中百分号通常是在表顶端的右上角,也就是在标题的最后,标上一个“(%)”的符号,如表 12-4 所示,它表示此表中的数字都是百分比。这样处理就可以省去在每一个数字后面都标上一个“%”的麻烦,同时,也使表格看上去比较简洁。

第四,在表的下端用括号标出每一纵栏所对应的频数,以指示每一栏百分比的基础(即个案数是多少),这样就可供读者计算每一类别中的个案数目。

第五,表内百分比的小数要保留多少位数,视研究的需要而定,最好要保持表内数字的一致性,如 35.6,27.8 等,对于那些整数,仍要写出小数点后的 0,比如 21.0,54.0 等,使表内的数字表达形式一致。

第六,对于交互分类表中两个变量的安排,通常是将自变量或被看作自变量的变量放在表的上侧,即纵栏的位置;而将因变量或被看作因变量的变量放在表的左侧,即横行的位置。表中百分比的计算方向,一般情况下是按照自变量的方向计算的,即纵栏的方向。

第七,交互分类的两个变量的值应该有所限制,特别是不能同时具有多个变量值,否则,交互分类表中的百分数就会太多,反而不易看出两个变量之间是否存在相关。比如,变量 X 有 5 个取值,变量 Y 有 6 个取值时,交互分类表中就会出现$6\times5=30$个百分比。通常的解决办法是先将有些变量值重新分类,进行合并,以缩小交互分类表的规模。例如,原来在测量态度时,分为“非常满意、比较满意、一般、不太满意、很不满意”五个等级,在制作交互分类表时可以将“非常满意”与“比较满意”合并,将“不太满意”与“很不满意”合并,这样就减少了变量的等级。另一种解决的办法是用一个简单的相关系数值来表示两个变量之间的关系。

第三节　相关测量法

相关测量法就是用一个统计值来表示变量和变量之间的关系。这个值,通常被称为相关系数(Coefficient of Association)。相关测量法有很多种,我们选择时主要依据的准则是:①两个变量的测量层次;②两个变量的影响方向(是否对称);③尽可能选择具有消减误差比例意义的相关测量法。

社会研究不但要描述社会现象,最重要的是要预测和解释社会现象。探讨两个变量之间的关系,是为了减少预测和解释时的错误。消减误差比例的意义,就是对用一个变量 X 来预测另一个变量 Y 时消减的误差的量化测量。因此，在测量两个变量之间的关系时，尽可能选择有消减误差比例意义的测量方法。PRE 的测量方法有很多种，因此，我们在测量两个变量之间关系的时候，最主要的是遵循变量的测量层次，这是我们在测量时尽可能要遵循的准则。次要的准则，是两个变量之间的对称和非对称关系，对于这一点，当然最好要遵守，但不用过分强求。

社会研究中最经常关注的是定类、定序和定距变量这三类变量。在研究两个变量的关系时，会产生以下六种情况：①定类变量—定类变量；②定序变量—定序变量；③定距变量—定距变量；④定类变量—定序变量；⑤定类变量—定距变量；⑥定序变量—定距变量。

下面分别介绍这几种不同测量层次变量的相关测量法。

一、两个定类变量：Lambda 和 tau-y 相关测量法

如果两个变量都是定类变量，在计算相关系数的时候，可用 Lambda 相关测量法、古德曼（Goodman）和古鲁斯卡（Kruskal）的 tau-y 相关测量法。这两种测量法各有特色，都具有消减误差比例的作用。

（一）Lambda 相关测量法

Lambda 相关测量法，又称为葛特曼预测系数（Guttuman's Coefficient of Predictability），通常以符号 λ 表示。它的基本原理是：两个定类变量相关，以一个变量的值来预测另一个变量的值时，如果以众数来预测，可以减少多少误差。削减的误差在全部误差中所占的比重越大，说明两个变量的关系越强。Lambda 的值域在（0，1）之间，0 表示两个变量不相关，1 表示两个变量全相关，数值越大，相关程度越强。Lambda 相关测量法有两种测量形式，一种是对称形式，另一种是非对称形式。

1.对称形式。对称形式，即假设两个变量的关系是对称的，不分自变量和因变量，通常以符号 λ 表示。其代表公式是：

$$\lambda = \frac{\sum m_x + \sum m_y - (M_x + M_y)}{2n - (M_x + M_y)}$$

式中，M_x：表示 X 变量的众值；

M_y：表示 Y 变量的众值；

m_x：表示 Y 变量每个取值（类别）下 X 变量的众数次数；

m_y：表示 X 变量每个取值（类别）下 Y 变量的众数次数；

n：表示全部个案数。

这个公式假定 X 和 Y 之间不分谁是自变量或因变量，因此，在计算系数值时，既根据 X 的值来预测 Y 的众值，也根据 Y 的值来预测 X 的众值，然后取两者削减的误差的平均值。如果不知道 X 的情况来预测 Y 时，所产生的全部误差为

$E_1=n-M_y$，则根据 X 的众值来预测 Y 的众值时，所减少的误差就是 $E_1-E_2=n-M_y-(n-\sum m_y)=\sum m_y-M_y$。同理，不知道 Y 时来预测 X，所产生的全部误差为 $E_1=n-M_x$，则根据 Y 的众值来预测 X 时，所减少的误差是 $E_1-E_2=n-M_x-(n-\sum m_x)=\sum m_x-M_x$，取两者的平均值，则得到 λ 的计算公式。

例如，研究青年的择偶取向和他们的知心朋友的择偶取向之间的关系。青年的择偶取向（Y）和他们朋友的择偶取向（X）可能是相互影响的，难以区分哪个是自变量，哪个是因变量。数据如表 12-7 所示。

表 12-7　青年的择偶取向与朋友的择偶取向之间的关系（人）

择偶取向	知心朋友的择偶取向			合计
	生理取向	经济取向	情感取向	
生理取向	180	20	20	220
经济取向	20	120	90	230
情感取向	40	60	50	150
合计	240	200	160	600

根据表中资料已知：$M_y=230$；$M_x=240$；$m_y=180,120,90$；$m_x=180,120,60$；$n=600$。

那么：

$$\lambda=\frac{\sum m_x+\sum m_y-(M_x+M_y)}{2n-(M_x+M_y)}$$

$$=\frac{(180+120+60)+(180+120+90)-(240+230)}{2\times600-(240+230)}=0.38$$

这一结果表示，青年的择偶取向和其知心朋友的择偶取向的关系是 0.38，如果以两个变量相互预测，可以削减 38%的误差。

2.非对称形式。假设两个变量的关系是非对称的，一个是自变量 X，另一个是因变量 Y，用自变量 X 来预测因变量 Y 时，要计算可以削减的误差比例是多大，通常以符号 λ_{yx} 表示（X 表示自变量，Y 表示因变量，表示 X 对 Y 的影响，两者的位置不能颠倒）。其代表公式是：

$$\lambda_{yx}=\frac{\sum m_y-M_y}{n-M_y}$$

这个公式假定 X 是自变量，Y 是因变量，因此，公式中的分母表示如果不知道 X 的情况，来预测 Y 时的所产生的全部误差 $E_1=n-M_y$；分子表示根据 X 的众值来预测 Y 的众值时，所减少的误差 $E_1-E_2=n-M_y-(n-\sum m_y)=\sum m_y-M_y$。因此，这个公式所表示的就是削减误差比例。

假如我们研究青年的性别与择偶取向之间的关系，数据分布如下。

表 12-8 性别与青年的择偶取向(人)

择偶取向	性别		合计
	男性	女性	
生理取向	180	40	220
经济取向	20	50	70
情感取向	40	70	110
合计	240	160	400

已知:$M_y = 220$;$m_y = 180,70$;$n = 400$。那么:

$$\lambda_{yx} = \frac{\sum m_y - M_y}{n - M_y} = \frac{(180 + 70) - 220}{400 - 220} = 0.17$$

这一结果表示,性别和青年的择偶取向之间的相关程度是 0.17,用性别来预测青年的择偶取向时,可以削减 17%的误差。

Lambda 相关测量法,是以众数作为测量的准则,不理会众数以外的次数分布,因此,如果全部众数集中在交互分类表中的同一列或同一行中,则 Lambda 系数便会等于 0,如表 12-9 所示。

表 12-9 性别与青年的择偶取向(人)

择偶取向	性别		合计
	男性	女性	
生理取向	180	70	250
经济取向	20	30	50
情感取向	40	60	100
合计	240	160	400

这里,$M_y = 250$;$m_y = 180,70$;$n = 400$。那么:

$$\lambda_{yx} = \frac{\sum m_y - M_y}{n - M_y} = \frac{(180 + 70) - 250}{400 - 250} = 0$$

这一结果表示性别与择偶取向是没有关系的,但从交互分类表中可以看出,性别和择偶取向还是有或多或少的关系的,之所以出现这样的结果,主要是因为表中的众值在同一行。既然 Lambda 相关测量法存在这样的问题,有些社会学家就采用古德曼和古鲁斯卡的 tau-y 系数进行测量。

(二)tau-y 测量法

tau-y 是非对称测量法,要求两个定类变量一个是自变量(X),一个是因变量(Y)。它具有削减误差比例的意义,统计值域(0,1)。tau-y 的特点,是在计算相关系数时考虑所有的边缘次数和条件次数，也就是要考虑到交互分析表中的每一个数值。计算的步骤是，先求出不知 X 的条件下预测 Y 时的全部误差 E_1，然后求出以 X 来预测 Y 时产生的全部误差，最后求出削减误差比例作为其相关系数值。公式如下：

$$\text{由 } E_1 = \sum \frac{(n - F_y)F_y}{n}, E_2 = \sum \frac{(F_x - f)f}{F_x}$$

$$\text{得 } tau - y = \frac{E_1 - E_2}{E_1} = \frac{\sum \frac{(n - F_y)F_y}{n} - \sum \frac{(F_x - f)f}{F_x}}{\sum \frac{(n - F_y)F_y}{n}}$$

其中，n：表示全部个案数；

f：表示某个条件次数；

F_y：表示 Y 变量的某个边缘次数；

F_x：表示 X 变量的某个边缘次数。

在这里，如果不知道 X，则每次预测 Y 变量时的错误概率是 $(n-F_y)/n$，乘以 F_y 表示用这一取值（类别）来预测 Y 值时的错误总数。Y 变量有多少个取值，将各值的错误总数相加起来就是 E_1。如果知道 X 变量，用 X 来预测 Y 值时的错误概率是 $(F_x-f)/F_x$，乘以 f 则表示用这类 X 取值来预测 Y 值的错误总数。在每个 X 下 Y 有多少个取值，将各个值的预测错误相加起来就是 E_2。tau-y 就是用 E_1 和 E_2 的差除以 E_1，所以具有削减误差比例的意义。

以表 12-9 的资料为例，在这里，性别是自变量，边缘次数 F_x 分别是 240 和 160；择偶取向是因变量，边缘次数 F_y 分别是 250，50，100；表内的 6 个条件次数，每个都表示同属于变量 X 和变量 Y 的个案数目（f）。那么，这时，

$$E_1 = \frac{(400 - 250) \times 250}{400} + \frac{(400 - 50) \times 50}{400} + \frac{(400 - 100) \times 100}{400} = 212.5$$

$$E_2 = \frac{(240 - 180) \times 180 + (240 - 20) \times 20 + (240 - 40) \times 40}{240} + \frac{(160 - 70) \times 70 + (160 - 30) \times 30 + (160 - 60) \times 60}{160}$$

$$= 197.92$$

$$tau - y = \frac{E_1 - E_2}{E_1} = \frac{212.5 - 197.92}{212.5} = 0.07$$

这个值不但表示性别与择偶取向之间的关系，还表示用性别来预测择偶取向时，可以削减 7%的误差。

由于 *tau-y* 测量法是考虑了全部的次数，因此，比 Lambda 测量法更可靠。例如，前面表 12-9 的资料，用 λ_{yx} 计算的结果是 0，但 $tau-y=0.07$，说明实际上

性别对择偶取向是有影响的。因此,如果是非对称关系,最好选用 *tau-y* 测量法简化两个定类变量之间的关系。

(三)其他测量方法

在两个定类变量之间关系的测量中,除了 Lambda 和 *tau-y* 测量法之外,还有一些与 χ^2(下面一章作具体介绍)数值有关的测量法也可以用来测量两个定类变量间的关系,如 Phi 相关系数、列联相关系数、*V* 相关系数等方法,它们都是假定两个变量之间是对称的关系,但是它们的统计值没有削减误差比例的意义。

1.Phi 相关系数(φ 系数)。当交互分类表是 2×2 表时,可用 φ 系数测量变量间关系的强度,其计算公式为:

$$\varphi = \frac{ad - bc}{\sqrt{(a+b)(c+d)(a+c)(b+d)}}$$

式中,a,b,c,d 分别表示 2×2 表中的四个格的数值(参见表 12-10)。这时相关系数的取值为(0,1),越接近于 1,表示相关强度越大。

表 12-10　2×2 表中的四个值

	x_1	x_2
y_1	a	b
y_2	c	d

现在以表 12-11 的数据为例来计算 φ 值。

代入公式可得:

$$\varphi = \frac{75 \times 60 - 40 \times 25}{\sqrt{(75+40)(25+60)(75+25)(40+60)}} = 0.35$$

说明性别和谈恋爱的态度的相关程度是 0.35。

表 12-11　学生对待谈恋爱的态度(人)

	男生	女生	合计
赞同	75	40	115
反对	25	60	85
合计	100	100	200

但是,当交互分类表类别增多时,对于 $r \times c$ 的交互分类表,应使用下列公式计算 φ 系数(证明从略):

$$\varphi = \sqrt{\frac{\chi^2}{n}}$$

2.V 系数。因为 φ 系数值没有上限，这样系数之间就难以比较，因此，人们又做了进一步改进，出现了其他几种以 χ^2 为基础的关系强度测量方法。其中，V 系数的公式为：

$$V=\sqrt{\frac{\varphi^2}{\min[(r-1),(c-1)]}}=\sqrt{\frac{\chi^2}{n\cdot\min[(r-1),(c-1)]}}$$

其中，$\min[(r-1),(c-1)]$ 表示行数（r）与列数（c）中较小的一个。V 系数的取值为（0,1），不受交互分类表大小的影响。

以前面表 12-11 的数据来计算可得：

$$V=\sqrt{\frac{\varphi^2}{\min[(r-1),(c-1)]}}=\sqrt{\frac{0.35^2}{1}}=0.35$$

这可以说明性别与谈恋爱的态度之间的相关关系较强，相关程度是 0.35。

3.C 系数（列联系数）。C 系数也是一种与 χ^2 有关的测量方法，它的公式是：

$$C=\sqrt{\frac{\chi^2}{\chi^2+N}}$$

C 系数的最小值是 0，但其上限视交互分类表的大小而定，通常是表越大，C 值越接近于 1，但不管怎样却达不到 1。

二、两个定序变量：Gamma 和 d_y 系数

社会研究中最常用的简化两个定序变量的相关测量法是古德曼和古鲁斯卡的 Gamma 系数（通常用 G 表示）和萨默斯的 d_y 系数。G 系数适用于对称关系，d_y 系数适用于非对称关系。两者的取值都在 -1 与 +1 之间，既表示相关的程度，也表示相关的方向，并且都具有削减误差比例的意义。因为定序变量是具有等级次序的变量，所以定序变量之间关系的测量方法又被称为级序相关法（或等级相关法）。级序相关法的基本逻辑是：根据任何两个个案在某变量上的等级来预测它们在另一变量上的等级时，可以减少的误差是多少。它是以每对个案取值的等级作为预测准则的。

级序相关法是要成对考虑个案之间的关系的，因此，我们先来看一下有关“对”的概念。

假定研究工人的工作满意度与归属感之间的关系，将工作满意度分为“低、中、高”三个等级，取值分别为“1,2,3”，归属感也分为“低、中、高”三个等级，取值分别为“1,2,3”，那么，我们就可以知道每个被调查者的基本情况，表 12-12 是 5 个被访者的情况。

表 12-12　工人的工作满意度和归属感

被访者	工作满意度	归属感
A	3	3
B	1	2
C	1	1
D	2	1
E	1	2

在此,可以对每两个个案在不同方面的情况进行比较,如 A-B,A-C,B-C,B-D等,这 5 个个案之间可以进行两两比较,形成 10 对比较关系。假如样本的全部个案数为 n,n 个个案两两相对,则会形成$\frac{n(n-1)}{2}$对个案。

例如,400 名被调查者对工作满意度和归属感两个变量的回答,可以形成交互分类表,如表 12-13 所示。

表 12-13　工人的工作满意度和归属感(人)

归属感	工作满意度			合计
	低(1)	中(2)	高(3)	
低(1)	80	40	30	50
中(2)	60	50	10	120
高(3)	40	40	50	130
合计	180	130	90	400

表 12-13 可抽象为表 12-14。

表 12-14　变量频数示意表

		X 1	X 2	X 3
Y	1	f_{11}	f_{12}	f_{13}
Y	2	f_{21}	f_{22}	f_{23}
Y	3	f_{31}	f_{32}	f_{33}

形成一对的两个个案在不同变量上的等级次序是不同的,如 A-B 这对个案中,A 的工作满意度和归属感都比 B 高,即无论在工作满意度还是在归属感的顺序上都相同,A>B;而 B-C 这对个案中,B 的工作满意度和 C 相同,而归属

感高于 C,即在工作满意度方面,B=C,在归属感方面 B>C,B 和 C 在工作满意度和归属感上的顺序是不同的。总结来看,两个定序变量可能出现的“对”的种类有以下五种。

第一种是同序对(Same-order Pair),指的是某对个案在两个变量上的相对等级是相同的,通常用 N_s 表示。假设个案 A 在 X 变量的等级为 X_a,在 Y 变量的等级为 Y_a,个案 B 在 X 变量上的等级是 X_b,在 Y 变量上的等级是 Y_b,如果,$X_a>X_b$,$Y_a>Y_b$,那么,就称个案 A 和 B 是同序对。简言之,如果某对个案其中一个个案在两个变量上的等级同时高于或同时低于对方,该对个案便可称为同序对。如表 12-12 中的A-B,A-C,A-D,A-E。

那么,怎么从大量的数据中计算同序对呢?下面以表 12-13 交互分类表为例进行说明。根据表 12-14 的排列顺序,在计算同序对时可以先从左上的第一格 f_{11} 开始,f_{11}(X 和 Y 变量上的等级都低)右下方的四个格(f_{22},f_{23},f_{32},f_{33})的 X 值和 Y 值都比 f_{11} 高,因此,都可与 f_{11} 构成同序对。f_{11} 的次数与右下方的四个格的次数之和的乘积,便是与 f_{11} 构成的同序对数,即 $f_{11}(f_{22}+f_{23}+f_{32}+f_{33})$。同理,分别与 f_{12},f_{21},f_{22} 构成同序对的数目也可求得。因此,同序对的数目 $N_s=f_{11}(f_{22}+f_{23}+f_{32}+f_{33})+f_{12}(f_{23}+f_{33})+f_{21}(f_{32}+f_{33})+f_{22}(f_{33})=22\ 300$。

第二种是异序对(Different-ordered Pair),指的是某对个案在两个变量上的相对等级是不相同的,通常用 N_d 表示。假设个案 A 在 X 变量的等级为 X_a,在 Y 变量的等级为 Y_a,个案 B 在 X 变量上的等级是 X_b,在 Y 变量上的等级是 Y_b,如果,$X_a>X_b$,$Y_a<Y_b$,那么,就称个案 A 和 B 是异序对。简言之,如果某对个案中,其中一个个案的两个变量中,一个变量的等级高于对方,另一个变量的等级低于对方,这对个案就可称为异序对。如表 12-12 中的 B-D,D-E。

而对于交互分类表来说,以表 12-14 的排列顺序为例,在计算异序对时可以先从右上角的第一格 f_{13} 开始,f_{13}(X 的级别高,Y 的级别低)左下方的四个格(f_{21},f_{22},f_{31},f_{32})的 X 变量上的等级都比 f_{13} 低,Y 变量上的等级都比 f_{13} 高,因此,都可与 f_{13} 构成异序对。f_{13} 的次数与左下方的四个格的次数之和的乘积,便是与 f_{13} 构成的异序对数,即 $f_{13}(f_{21}+f_{22}+f_{31}+f_{32})$。同理,分别与 f_{12},f_{22},f_{32} 构成异序对的数目也可求得。因此,异序对的数目 $N_d=f_{13}(f_{21}+f_{22}+f_{31}+f_{32})+f_{12}(f_{21}+f_{31})+f_{23}(f_{31}+f_{32})+f_{22}(f_{31})=12\ 500$。

第三种是 X 同分对(Same Graded Pair on X),指的是两个个案在 X 变量上的等级是相同的,区分不出高低,通常用 T_x 表示。假设个案 A 在 X 变量的等级为 X_a,在 Y 变量的等级为 Y_a,个案 B 在 X 变量上的等级是 X_b,在 Y 变量上的等级是 Y_b,如果 $X_a=X_b$,$Y_a\neq Y_b$,则称个案 A 和 B 是 X 同分对。表 12-12 的 B-C,C-E 就是 X 同分对。而在交互分类表 12-13 中,每一纵列,即 X 变量的每一个值都是同分的,f_{11} 的 X 同分对为 $f_{11}(f_{21}+f_{31})$,f_{21} 的 X 同分对为 $f_{21}(f_{31})$。同理,可

求 X 变量下其他取值的 X 同分对的数目。$T_x = f_{11}(f_{21}+f_{31}) + f_{21}(f_{31}) + f_{12}(f_{22}+f_{32}) + f_{22}(f_{32}) + f_{13}(f_{23}+f_{33}) + f_{23}(f_{33}) = 18\ 300$。

第四种是 Y 同分对(Same Graded Pair on Y),是指两个个案在 Y 变量上的等级是相同的,通常用 T_y 表示。假设个案 A 在 X 变量的等级为 X_a,在 Y 变量的等级为 Y_a,个案 B 在 X 变量上的等级是 X_b,在 Y 变量上的等级是 Y_b,如果 $X_a \neq X_b$,$Y_a = Y_b$,则称个案 A 和 B 是 Y 同分对。表 12-12 的 C-D 就是 Y 同分对。

而在交互分类表 12-14 中,每一横行,即 Y 变量的每一个值都是同分的,f_{11} 的 Y 同分对为 $f_{11}(f_{12}+f_{13})$,f_{12} 的 Y 同分对为 $f_{12}(f_{13})$。同理,可求 Y 变量下其他取值的 Y 同分对的数目。$T_y = f_{11}(f_{12}+f_{13}) + f_{12}(f_{13}) + f_{21}(f_{22}+f_{23}) + f_{22}(f_{23}) + f_{31}(f_{32}+f_{33}) + f_{32}(f_{33}) = 16\ 500$。

第五种是 X,Y 同分对(Same Graded Pair on X and Y),则是指两个个案在 X 和 Y 变量上的等级都是相同的,通常用 T_{xy} 表示。假设个案 A 在 X 变量的等级为 X_a,在 Y 变量的等级为 Y_a,个案 B 在 X 变量上的等级是 X_b,在 Y 变量上的等级是 Y_b,如果 $X_a = X_b$,$Y_a = Y_b$,则称个案 A 和 B 是 X,Y 同分对。表 12-12 的 B-E 就是 X,Y 同分对。

而对于数据较多的交互分类表,X,Y 同分对的计算公式是:

$$T_{xy} = \sum \frac{f(f-1)}{2}$$

式中,f 表示交互分类表中每格的次数。

根据表 12-13 的数据计算可知 $T_{xy} = 10\ 200$。

Gamma 系数和 d_y 系数就是根据变量之间的等级关系来计算两个定序变量的相关程度和方向的。

(一)Gamma 系数相关测量法

计算 Gamma 系数(简称 G)的公式如下:$G = \dfrac{N_s - N_d}{N_s + N_d}$

式中,N_s 是同序对数,N_d 是异序对数。

从公式可见,Gamma 系数并不考虑各种同分对,只是对同序对和异序对作比较,是同序对数与异序对数的差与同序对数与异序对数的和之比。G 的值域在(-1,+1)。当 $N_s > N_d$ 时,G 是正数;当 $N_s < N_d$ 时,G 是负数;当 $N_d = 0$ 时,G 等于 1;当 $N_s = 0$ 时,G 等于-1;当 $N_s = N_d$,G 等于 0。

公式中的分母表示在预测或估计任何一对个案的相对等级时可能犯的最大错误,公式中的分子表示以一对个案在一个变量上的相对等级来预测其在另一个变量上的相对等级时减少的误差。因此,G 系数具有削减误差比例的意义。为什么这么说?假设个案 A 在 X 变量的等级为 X_a,在 Y 变量的等级为 Y_a,个案 B 在 X 变量上的等级是 X_b,在 Y 变量上的等级是 Y_b。当不知道 X 与 Y 之间的等级关系时，X_a 和 Y_a 的等级的比较无助于预测 X_b 和 Y_b。因此，要预测 Y 的等级是随机的，猜对猜错的机会各占 1/2。当对数是 N_s+N_d（不考虑同分对）时，预测 Y 的总误差 E_1 是：

$$E_1=\frac{N_s+N_d}{2}$$

若知道 X 与 Y 之间的等级相关，当 $X_a>X_b$，则猜 $Y_a>Y_b$；反之，$X_a<X_b$，则猜 $Y_a<Y_b$。结果，所有同序对都被猜对了，而所有异序对都被猜错了。所有猜错的对数 $E_2=N_d$。将上面的结果代入削减误差比例公式：

$$PRE=\frac{E_1-E_2}{E_1}=\frac{\frac{N_s+N_d}{2}-N_d}{\frac{N_s+N_d}{2}}=\frac{N_s-N_d}{N_s+N_d}$$

以表 12-13 资料为例，可知 $N_s=22\ 300$，$N_d=12\ 500$，则：

$$G=\frac{N_s-N_d}{N_s+N_d}=\frac{22\ 300-12\ 500}{22\ 300+12\ 500}=0.28$$

这一统计值表明工人的工作满意度和归属感等级成正比，相关程度是 0.28，以一个变量的相对等级来预测另一个变量时，可以削减 28%的误差。

Gamma 系数测量法属于对称相关测量法。如果我们假定某定序变量是自变量（X），另一个变量是因变量（Y），最好采用适宜于非对称关系的萨默斯 d_y 系数测量法。

（二）d_y 系数相关测量法

计算 d_y 系数的公式如下：

$$d_y = \frac{N_s - N_d}{N_s + N_d + T_y}$$

式中，N_s：表示同序对数；

N_d：表示异序对数；

T_y：表示 Y 变量的同分对数。

从公式可见，d_y 考虑了因变量（Y）的同分对，其值域在（−1，+1）。

以表 12-13 数据为例，如果认为工人的工作满意度（X）影响了工人的归属感（Y），那么用 X 来预测 Y。根据表中的数据计算可知：

$$N_s=80(50+10+40+50)+40(10+50)+60(40+50)+50(50)=22\ 300,$$

$$N_d=30(60+50+40+40)+40(60+40)+10(40+40)+50(40)=12\ 500,$$

$$T_y=80(40+30)+40(30)+60(50+10)+50(10)+40(40+50)+40(50)=16\ 500$$

$$d_y=\frac{N_s-N_d}{N_s+N_d+T_y}=\frac{22\ 300-12\ 500}{22\ 300+12\ 500+16\ 500}=0.19$$

这个数值除了表示正相关和相关程度之外，还表示以工人的工作满意度来预测其归属感时可以减少19%的误差。因为 d_y 考虑了因变量(Y)的同分对,所以其数值小于 Gamma 系数值。d_y 系数和 Gamma 值一样都具有削减误差比例的意义。

需要注意的一点是,原则上要用 d_y 系数测量法分析非对称的关系,用 Gamma 系数测量法分析对称关系,但是,在一些社会研究中,即使区分了自变量和因变量,也选用 Gamma 系数测量法。这种做法,虽然不够严谨,但也是可以接受的。一般来说,选择相关测量法的首要准则是变量的测量层次,至于是否是对称关系,是次要考虑的①。

(三)其他测量法

除了 Gamma 系数测量法和 d_y 系数测量法外,在社会研究中,还有一些测量定序变量关系的方法也是需要了解的,如肯德尔的 *tau* 系数测量法和斯皮尔曼的 *rho* 系数测量法。肯德尔的 *tau* 系数有三种形式:*tau-a*,*tau-b*,*tau-c*,都适用于分析对称关系。*tau* 系数的基本原理是计算同序对数和异序对数之差在全部可能对数中所占的比例。

1.*tau-a* 系数。计算 *tau-a* 系数的公式如下:

$$tau-a=\frac{N_s-N_d}{\frac{1}{2}n(n-1)}$$

式中,分母 $1/2n(n-1)$ 是全部对数 T 的公式,分子是同序对(N_s)和异序对(N_d)的差。如果两个变量没有同分对,*tau-a* 系数的值域是(-1,+1)。当有同分对时,*tau-a*的值域便不能确定。*tau-a* 系数具有削减误差比例的意义。

2.*tau-b* 系数。计算 *tau-b* 系数的公式如下:

$$tau-b=\frac{N_s-N_d}{\sqrt{N_s+N_d+T_x}\cdot\sqrt{N_s+N_d+T_y}}$$

与 *tau-a* 系数相比,*tau-b* 系数较适用于有同分对的数据。*tau-b* 的局限在于只有在交互分类表的行数和列数相同时,即 $r=c$,其值域才是(-1,+1),否则便不能确定。*tau-b* 系数有削减误差比例的意义。

3.*tau-c* 系数。计算 *tau-c* 系数的公式如下:

$$tau-c=\frac{2m(N_s-N_d)}{n^2(m-1)}$$

式中,m 表示交互分类表中 r 和 c 两者中数值较小的,如 4×3 表中的 $m=3$,3×3 表中的 $m=3$。根据表 12-13 的数据,可知 $N_s=22\ 300$,$N_d=12\ 500$,$m=3$,$n=400$,那么:

---

① 李沛良.社会研究的统计应用[M].北京:社会科学文献出版社,2001:94-95.

$$tau-c=\frac{2m(N_s-N_d)}{n^2(m-1)}=\frac{2\times3\times(22\ 300-12\ 500)}{400^2\times(3-1)}=0.18$$

tau-c 系数与 *tau-b* 系数,两者都适用于同分对数多的情形,*tau-c* 系数没有交互分类表的行和列数相等时值域才是(-1,+1)的限制,即行数和列数不相等时,值域仍然是(-1,+1)。在这三种 *tau* 系数中,因为 *tau-c* 系数没有对交互分类表大小的限制,所以最适合用于社会研究。但是 *tau-c* 系数没有削减误差比例的意义,所以在社会研究中,它的应用不及 Gamma 系数测量法广泛。

4.*rho* 系数。斯皮尔曼的 *rho* 系数通常用 γ 表示。*rho* 系数的特点是在计算每个个案在两个变量上的等级时,不仅要区别两者的高低差异,而且还要计算两者差异的具体数值。其公式为:

$$\gamma=1-\frac{6\sum D^2}{n(n^2-1)}$$

式中,n 表示全部个案数,D 表示每个个案在两列级序上的差异值,如个案 A 在 X 变量上的等级是 3,在 Y 变量上的等级是 1,则两个变量的等级不但高低不同,而且相差两个等级。D 的平方可以避免正负值相抵消。这个公式的基本原理是要求出在最大可能的等级差异总值中,实际的等级差异所占的比例是多少。要注意的是,*rho* 是对称相关测量法,要求同分情况不多。其统计值是(-1,+1),表示相关的程度和方向,其平方值具有削减误差比例的意义。现在以表 12-15 的数据说明 *rho* 系数的计算过程。

假设将人们的文化水平和收入水平由低到高分为 5 个等级,10 个被调查者的资料见表 12-15。

表 12-15　文化水平和收入水平的关系

个案编号	文化水平	工资水平	D	D^2
01	2	3	-1	1
02	2	1	1	1
03	1	2	-1	1
04	3	5	-2	4
05	4	5	-1	1
06	2	2	0	0
07	3	2	1	1
08	4	5	-1	1
09	5	5	0	0
10	2	4	-2	4

由数据可知，$\sum D^2 = 1+1+1+4+1+0+1+1+0+4=14, n=10$，那么：

$$\gamma = 1 - \frac{6\sum D^2}{n(n^2-1)} = 1 - \frac{6\times 14}{10\times(10^2-1)} = 0.92$$

可见，文化水平和收入水平的关系是非常强的。这个统计值不区分哪个是自变量，哪个是因变量。其平方值 $\gamma^2 = 0.92^2 = 0.8464$，表示以一个变量的等级来预测另一个变量的等级时，可以减少 84.64%的误差。

三、两个定距变量：简单线性回归和积矩相关系数 r

定距变量在研究的过程中，不但可以作相关测量，确定其相关的程度和方向，而且还可以进一步确定两个变量的线性关系。我们通常用线性回归分析法来用自变量的数值预测或估计因变量的数值，用积矩相关系数 r 来测量两个变量的相关程度和方向。

（一）简单线性回归分析

简单线性回归是建立在线性代数基础上的，根据一个直线方程式，以一个自变量（X）的值来预测因变量（Y）的值。这个方程式是：

$$Y' = a + bX$$

其中，X 是自变量，b 称为回归系数（Regression Coefficient），在数学中表示回归线的斜率，a 是回归直线与 Y 轴的交点，即截距，Y' 是根据回归方程所预测的 Y 值。这些数值的意义，参见图 12-5。

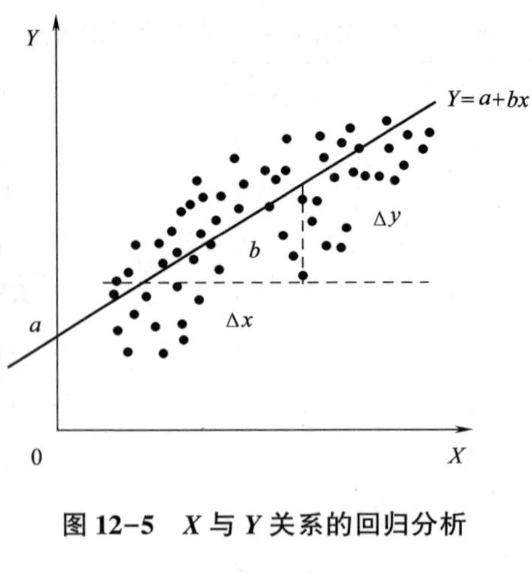

图 12-5　X 与 Y 关系的回归分析

图 12-5 是用坐标来表示 X 与 Y 这两个定距变量之间的关系。图中每个小点的位置就是每个个案在 X 与 Y 上的数值。在这个散点图中，如何根据每个 X

值来预测 Y 值呢？根据前面所学统计知识，当我们不知道每个个案的 X 值时要预测每个个案的 Y 值，只能用 Y 的平均值去预测，所犯的错误会最小。因此，在散点图上，虽然每个 X 值上可能有多个数值（即多个 Y 值），但我们在估计时要取其均值。也就是说，在每个 X 值上，我们多加一个点，表示在这个值上 Y 的均值。将这些均值用一条线连接起来，就形成了回归直线。由于这条线是由均值所构成的，原则上以之来预测 Y 值的话，所犯的错误最小。但是，这条线通常是曲折的，为求运算方便，最好是将这条连线描绘成一条直线。那么，怎么描绘才能保证用它来预测时所犯的错误最小呢？

回归法在绘制回归线时根据的是最小平方准则（也称最小二乘法准则）。假定我们绘出一条拟合线，用自变量的某个值（X_i）估计因变量的某个值（Y_j），所估计的值是 Y'_j，而实际上该值是 Y_j，则实际值和估计值之间存在误差：$e = Y_j - Y'_j$（参见图 12-6）。原则上，将全部样本的各个 e 相加就是误差总数 $\sum (Y - Y')$，但这样会引起正、负相抵消的问题，所以我们改为把 e 平方后，即 $(Y - Y')$ 平方后再相加，得 $\sum (Y - Y')^2$。如果绘出的直线使 $\sum (Y - Y')^2$ 最小，那么，该回归直线理应是最佳拟合线。所谓最小平方准则，就是要求回归方程的总误差最小。

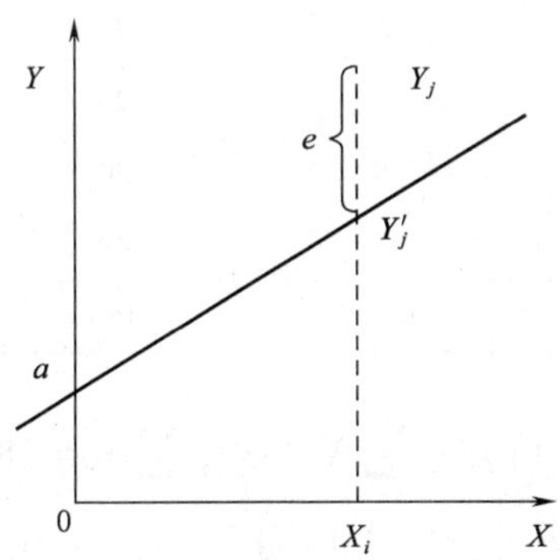

图 12-6　以 X 预测 Y 时的误差

统计学家们根据最小平方准则，推算出回归直线的斜率和截距的计算公式是：

$$b = \frac{\sum (X - \bar{X})(Y - \bar{Y})}{\sum (X - \bar{X})^2} = \frac{n(\sum XY) - (\sum X)(\sum Y)}{n(\sum X^2) - (\sum X)^2}$$

$$a = \bar{Y} - b\bar{X} = \frac{\sum Y - b(\sum X)}{n}$$

式中，X：表示自变量值；

$\bar{X}$:表示自变量的均值;

Y:表示因变量值;

$\bar{Y}$:表示因变量的均值;

n:表示全部个案数。

如果知道 b 和 a 的数值,当然就可以在坐标图上定出直线的位置。把这两个数值代入直线回归方程式,便可以用 X 的值预测 Y 的值。假如已知 $a=1.2$, $b=0.52$,那么 $Y'=1.2+0.52X$,只要知道 X 的值就可以求出对应的 Y 值。

举例来说,我们想以工龄来预测工人的工资级别,得到了表 12-16 所列的 9 个个案的资料。

表 12-16　工龄与工资等级的关系

个案编号	工龄(X)	工资等级(Y)	$X\times Y$	X^2	Y^2
01	1	1	1	1	1
02	1	2	2	1	4
03	2	4	8	4	16
04	3	4	12	9	16
05	3	5	15	9	25
06	4	5	20	16	25
07	5	4	20	25	16
08	5	6	30	25	36
09	6	7	42	36	49
合计	30	38	150	126	188

通过表中数据的计算可知, $\sum X = 30$, $\sum Y = 38$, $\sum XY = 150$, $\sum X^2 = 126$, $\sum Y^2 = 188$, $n = 9$,

则:
$$b = \frac{n(\sum XY) - (\sum X)(\sum Y)}{n(\sum X^2) - (\sum X)^2} = \frac{9 \times 150 - 30 \times 38}{9 \times 126 - 30^2} = 0.90$$

$$a = \frac{\sum Y - b(\sum X)}{n} = \frac{38 - 0.90 \times 30}{9} = 1.22$$

将这两个数值代入线性回归方程,得到:

$$Y' = 1.22+0.90X$$

根据这一线性回归方程,便可以根据每个个案的 X 值去预测它的 Y' 值。如当$X=2$,$X=3$,$X=7$ 时,将这些数值代入回归方程,便可知:

$$Y' = 1.22+0.90\times2 = 3.02$$

$$Y' = 1.22 + 0.90 \times 3 = 3.92$$

$$Y' = 1.22 + 0.90 \times 7 = 7.52$$

根据这些数值,我们可作如下的预测或估计:工龄为 2 年的工人的工资水平为 3.02 级,工龄为 3 年的工人的工资水平为 3.92 级,工龄为 7 年的工人的工资水平可达到 7.52 级。当然,这些预测值和实际数值可能有差别,但以一条简单的直线作为预测的工具,所犯的误差总数是最小的。

线性回归方程不但具有简化资料的作用,还可以用来预测或估计样本以外的个案的数值,例如,上面论述中的工龄为 7 的工人的工资等级的计算。回归方程中的回归系数 b 有十分重要的意义,b 的大小反映了 X 对 Y 的影响力,b 代表每增加一个单位的 X 值时,Y 值的变化量。如果 $b=0$,则表示 X 对 Y 没有影响。b 值越大,则表示 X 变化时所引起的 Y 的变化越大。b 值有正负之分,b 值为正,则表示 X 对 Y 有正向影响,即 X 增大时,Y 也增大;b 值为负,则表示 X 对 Y 有负向影响,即 X 增大时,Y 却减少。因此,b 表示自变量对因变量的影响和方向。它是一个分析不对称变量的统计方法。需要注意的是,在非标准化的情况下,b 的取值不限于(-1,+1),它取决于变量的测量单位,因为不同变量的测量单位不同,所以 b 系数不能用于比较大小。如果希望将 b 值域限制在(-1,+1),则必须标准化。具体做法就是将 X 与 Y 的数值都变成标准值,公式是:$Z=\frac{X-\bar{X}}{S}$。将 X 与 Y 标准化之后,b 便成了标准回归系数(Standard Regression Coefficient),简称 β 权数(Beta Weight),值域是(-1,+1),反映 X 对 Y 的影响的大小和方向。相应的,直线回归方程也变为标准化的直线回归方程:

$$\hat{Y} = \beta\hat{X}$$

由于 $a=\bar{Y}-b\bar{X}$,$\bar{X}$ 和 $\bar{Y}$ 标准化后其变量值 X 和 Y 都等于 0,因此,标准直线回归方程中的截距 a 等于 0。β 和 b 是可以互相转换的,公式为:$\beta = b\frac{S_x}{S_y}$。其中,S_x 表示 X 的标准差,S_y 表示 Y 的标准差。

在运用线性回归法时需要注意以下两点。

第一,简单线性回归要求 X 与 Y 的关系是直线的,也就是说两者在坐标轴的散点分布是有直线趋势的。如果散点分布的趋势成曲线或没有规律,则不适合用简单线性回归直线进行分析。如果在分析之前没有把握,最好在计算回归系数之前,绘制出散点图作为判断的依据。

第二,简单线性回归中的 X 和 Y 是非对称关系,只能由 X 来预测 Y,不能反过来用 Y 预测 X。

(二)积矩相关系数

由于 b 值没有上限,因此,很少用来表示两个变量之间的相关程度。测量两个定距变量的相关关系时,经常用到皮尔逊(Pearson)的积矩相关系数(通常

用 r 表示)。其取值范围在(-1,+1)之间。积矩相关系数主要分析的是对称性关系,其计算公式如下:

$$r=\frac{\sum(X-\bar{X})(Y-\bar{Y})}{\sqrt{\sum(X-\bar{X})^2}\cdot\sqrt{\sum(Y-\bar{Y})^2}}$$

其中,X 与 Y 分别代表两个不同变量的取值,它们的均值分别用 $\bar{X}$ 和 $\bar{Y}$ 表示。r 的统计值域是(-1,+1),r^2 称为决定系数(Coefficient of Determination),具有削减误差比例的意义。

r 的公式也可简化为一个便于计算的公式:

$$r=\frac{n\sum XY-(\sum X)(\sum Y)}{\sqrt{n(\sum X^2)-(\sum X)^2}\cdot\sqrt{n(\sum Y^2)-(\sum Y)^2}}$$

那么,根据前面表 12-16 的资料,可以求得:

$$r=\frac{9\times150-30\times38}{\sqrt{9\times126-30^2}\times\sqrt{9\times188-38^2}}=0.87, r^2=0.87^2=0.76$$

这一结果显示,工人的工龄和工资等级之间具有较强的正向相关关系,即工龄越长,工资等级越高。决定系数(r^2)表明,用工人的工龄来预测工人的工资等级时,可以削减 76%的误差。

由于 r 系数是测量两个定距变量的相关关系,因此,在预测或估计数值时应以均值作为准则。如果不知道 X 的值,我们在预测每个 Y 值时的误差便是 $Y-\bar{Y}$。为了避免正负值的相互抵消,要把每个误差值平方,全部误差就是 $\sum(Y-\bar{Y})^2$。现在知道了 X 的值,并且利用线性回归方程 $Y'=a+bX$ 来预测每个 Y 值,这样的预测所犯的错误是 $Y-Y'$,因而所削减的误差是:$(Y-\bar{Y})-(Y-Y')=Y'-\bar{Y}$。再将这个削减误差值平方,那么,用 X 变量预测 Y 变量时所能削减的误差则是 $\sum(Y'-\bar{Y})^2$。根据统计学的推算,可知:(分析步骤略)

$$PRE=\frac{\sum(Y'-\bar{Y})^2}{\sum(Y-\bar{Y})^2}=\left[\frac{\sum(X-\bar{X})(Y-\bar{Y})}{\sqrt{\sum(X-\bar{X})^2}\cdot\sqrt{\sum(Y-\bar{Y})^2}}\right]^2=r^2$$

由此可见,积矩相关系数(r)与简单线性回归分析方程($Y'=a+bX$)是有密切关系的。r 表示的就是以线性回归方程作为工具时减少的误差比例。因此,r 系数越大,表示线性回归方程的预测能力越强。在社会研究中,最好是先计算 r 系数,再决定是否用线性回归方程作预测。如果 r 很小,就不要用线性回归方程作预测了,否则,所犯的错误会很大。

最后,有两点需要注意:第一,r 系数是对称相关测量法,也就是不用区分自变量和因变量。在实际的应用过程中,只要两个变量是定距变量,不管其是否对称,研究者就能用 r 系数来测量。这种做法是可以接受的。第二,r 系数和简单线性回归分析都是假定 X 与 Y 的关系是直线关系,如果这个假定不符合实际情况,就会出现错误。

四、定类变量与定序变量:Lambda 和 tau-y 系数测量法

如果遵循变量的测量层次,维尔科森的区分系数即 θ 系数,是最适合分析一个定类变量和一个定序变量的统计方法。它的基本原理是根据各个个案在定类变量上所属的类别来估计它们在定序变量上的相对等级,是一种非对称测量法,值域范围是(0,1),但没有削减误差比例的意义。但由于定序变量具有定类变量层次的数学特征,因此,大部分研究者在分析定类变量和定序变量时,都采用 Lambda 和 tau-y 系数测量法,也就是将定序变量作为定类变量来看待。虽然这种做法会损失定序变量的一些数学特质,但统计起来较为方便。

例如,要分析教育水平对青年择偶取向的影响,数据资料如表 12-17 所示。我们将受教育程度看做定类变量,因为是分析受教育程度对青年择偶取向的影响,所以用 λ_{yx} 或 $tau-y$ 系数进行分析。

表 12-17　受教育程度与青年的择偶取向的关系(人)

择偶取向	受教育程度			合计
	初中及以下	高中或中专	大学及以上	
生理取向	70	50	20	140
经济取向	20	60	40	120
情感取向	30	40	70	140
合计	120	150	130	400

假设用 $tau-y$ 系数,其结果如下:

$$E_1 = \frac{(400-140)\times 140 + (400-120)\times 120 + (400-140)\times 140}{400} = 266$$

$$E_2 = \frac{(120-70)\times 70 + (120-20)\times 20 + (120-30)\times 30}{120} + \frac{(150-50)\times 50 + (150-60)\times 60 + (150-40)\times 40}{150} + \frac{(130-20)\times 20 + (130-40)\times 40 + (130-70)\times 70}{130}$$

$$= 243.92$$

$$tau-y = \frac{E_1 - E_2}{E_1} = \frac{266-243.92}{266} = 0.08$$

可见,受教育程度对青年择偶取向的影响很弱,以教育程度来预测青年的择偶取向,只能削减 8%的误差,与前面表 12-9 用 $tau-y$ 计算的性别对青年择

偶取向的影响($tau\text{-}y=0.07$)相差不大。由此可见,同等测量方法的相关系数之间可以进行比较,且相关系数在比较时更能显出其意义。

五、定类变量与定距变量[①]:相关比率

一个定类变量和一个定距变量的测量可以采用相关比率测量法。相关比率(Correlation Ratio)又称 eta 平方系数(简写为 E^2),它是根据自变量的每一个值来预测或估计因变量的均值。其取值范围是(0,1),具有削减误差比例的意义。相关比率开方后,可得到相关系数,因为有一个变量是定类变量,所以 E 系数是没有负值的。其计算公式如下:

$$E^2=\frac{\sum(Y-\bar{Y})^2-\sum(Y-\bar{Y}_i)^2}{\sum(Y-\bar{Y})^2},E=\sqrt{E^2}$$

式中,Y:表示因变量的数值;

$\bar{Y}$:表示因变量的均值;

$\bar{Y}_i$:表示每个自变量(X_i)上的各因变量的均值。

因为因变量(Y)是定距变量,如果不知道 X,要预测或估计 Y 值时,理应以 Y 的平均值来预测,全部的误差 $E_1=\sum(Y-\bar{Y})^2$,取平方可以避免正负值的相互抵消。如果知道 X 的值,则可以用每个 X 值对应的各个 Y 值的平均值($\bar{Y}_i$)来预测,这时所犯的错误总数是 $E_2=\sum(Y-\bar{Y}_i)^2$,所削减的误差是 $\sum(Y-\bar{Y})^2-\sum(Y-\bar{Y}_i)^2$。因此,$E^2$ 的公式具有削减误差比例的意义。上面的公式可以简化为下面一个较易运算的公式:

$$E^2=\frac{\sum n_i\bar{Y}_i^2-n\bar{Y}^2}{\sum Y^2-n\bar{Y}^2}$$

式中,n 是全部个案数,n_i 是每个自变量(X_i)的个案数。

表 12-18 显示的是 20 名学生的数学考试成绩,那么,性别和数学成绩之间是怎样的关系呢?

表 12-18 性别和数学成绩

男性	女性
80	90
70	65

① 本部分内容主要参考:李沛良.社会研究的统计应用[M].北京:社会科学文献出版社,2001:110-111.

续表

男性	女性
30	90
45	85
70	55
60	60
80	85
80	85
50	65
60	75
n_i:10	10
$\bar{Y}_i$:62.5	75.5

根据表 12-18 可知，$n=20, n_1=10, n_2=10$，$\bar{Y}_1=62.5, \bar{Y}_2=75.5, \bar{Y}=69$。则：

$$\sum Y^2 = 80^2+70^2+30^2+45^2+70^2+\cdots+75^2 = 100\ 200$$

$$\text{所以}, E^2=\frac{\sum n_i\bar{Y}_i^2-n\bar{Y}^2}{\sum Y^2-n\bar{Y}^2}=\frac{10\times 62.5^2+10\times 75.5^2-20\times 69^2}{100\ 200-20\times 69^2}=0.17$$

由此可见，性别和学生的数学成绩之间的相比比率 E^2 是 0.17，以性别预测学生的数学成绩，可以削减 17%的误差。性别和学生数学成绩之间的相关程度是 0.41。

思考与实践

1.什么是相关关系？相关关系的基本性质有哪些？试举例说明。

2.试简要说明相关分析和回归分析的区别与联系。

3.交互分类的主要作用是什么？

4.下列层次的变量在进行相关关系分析时，采用的相关测量法有哪些？并对不同的测量法进行简要比较。

定类变量—定类变量；定距变量—定距变量；

定序变量—定序变量；定类变量—定序变量。

5.简要总结具有削减误差比例的相关测量法有哪些。

第十三章

双变量的推论统计

现代社会调查通常都是抽样调查,因此,统计分析的结果也都是样本的情况。但是,社会调查的目的不只是了解调查样本的情况,而是希望通过样本来了解总体的特征和状况。那么,就要确定调查样本中,两个变量之间的相关关系和回归关系在总体中是否也真实存在?要保证两个变量之间的相关关系确实在总体中也存在,而不是因为抽样误差造成的,就需要对其进行统计推论,通过假设检验,用样本的数据资料来推论总体的情况。

在进行相关测量的时候,我们特别强调变量的不同层次采用不同的测量方法,在假设检验的过程中选择检验方法时,同样也要注意不同检验法所要求的变量的测量层次,不同测量层次的变量有特定的检验方法。在两个变量的假设检验中,常用的方法有:χ^2 检验(Chi-square Test)、Gamma 系数的检验(Z 检验)、t 检验和 F 检验等。这些检验方法的原理与单变量假设检验的原理是一样的,都是根据抽样分布直接检验虚无假设 H_0,从而间接地检验研究假设 H_1,确定研究假设正确的可能性。下面分别对两个变量关系的不同检验法进行说明。

第一节　χ^2 检验

χ^2 检验(Chi-square Test),通常被用来推论两个定类变量在总体中是否也有相关关系。这是一种非参数检验的方法,它要求样本是随机抽取的。

在关于两个变量总体情况的假设检验中,研究假设 H_1 和虚无假设 H_0 分别是:

H_1:X 与 Y 相关

H_0:X 与 Y 不相关

为了便于分析两个变量之间的关系，一般都采用相对频数百分比的形式列出交互分类表，从中可以清楚地看出各变量的分布情况。那么，如何用χ^2 检验法来检验 H_0 呢？χ^2 检验的原理和所用公式的证明都比较复杂，这里暂且略去，我们只对χ^2 检验的计算公式和计算步骤进行说明。χ^2 检验的计算公式是：

$$\chi^2 = \sum \frac{(f_a - f_e)^2}{f_e}\text{，自由度 } df=(r-1)(c-1)$$

式中，f_a：表示交互分类表中每一个实际观测次数；

f_e：表示交互分类表中 f_i 对应的期望次数；

r：表示交互分类表的行数；

c：表示交互分类表的列数。

那么，什么是期望频数？期望次数和观测次数是什么关系？我们可以先将交互分类表抽象为下面的条件次数表。在这里，f_{aij} 表示每一格中的观测次数，A 和 B 分别表示 X 与 Y 变量的边缘次数，n 是样本的大小。

表 13-1　变量频数示意表

Y \ X	1	2	
1	f_{a11}	f_{a12}	B_1
2	f_{a21}	f_{a22}	B_2
	A_1	A_2	n

所谓期望次数(f_e)，指的是在总体中两个变量没有关系(H_0 成立)的话，上面的表内每格所应有的次数。如果 X 与 Y 确实是不相关，则一个随机样本中所得的条件次数也应该显示 X 与 Y 是不相关的，也就是说 f_{e11} 和 f_{e12} 所占的比例是相同的。如表 13-2 所示。

表 13-2　性别与对待化妆的态度(人)

对待化妆的态度	性别		合计
	男性	女性	
赞成	60	60	120
反对	40	40	80
合计	100	100	200

由于f_{e11}和f_{e12}所占的比例相同,所以:

$$\frac{f_{e11}}{A_1}=\frac{B_1}{n}=\frac{f_{e12}}{A_2} \qquad \frac{f_{e21}}{A_1}=\frac{B_2}{n}=\frac{f_{e22}}{A_2}$$

可以推论出:$f_{e11}=\dfrac{B_1(A_1)}{n}$,$f_{e12}=\dfrac{B_1(A_2)}{n}$,$f_{e21}=\dfrac{B_2(A_1)}{n}$,$f_{e22}=\dfrac{B_2(A_2)}{n}$

由此可见,交互分类表的期望次数,就是相应的两个边缘次数(B 与 A)的乘积除以样本的大小(n)。有了期望次数便可以求χ^2 值了。

例如,分析青年的性别(X)与对待化妆的态度(Y),调查资料如表 13-3 所示。样本的情况是否能说明总体的情况?通过计算发现,样本中的相关系数 $\lambda_{yx}=0.222$,那么,总体中两个变量是否也存在相关关系?由于两个变量都是定类变量,所以可用χ^2 检验。

表 13-3 性别与对待化妆的态度(人)

对待化妆的态度	性别		合计
	男性	女性	
赞成	30	60	90
反对	70	40	110
合计	100	100	200

已知调查中的实际频数分别为:$f_{11}=30$,$f_{12}=60$,$f_{21}=70$,$f_{22}=40$,$A_1=100$,$A_2=100$,$B_1=90$,$B_2=110$,$n=200$,

那么,相应的期望次数分别是:

$$f_{e11}=\frac{B_1(A_1)}{n}=\frac{90\times100}{200}=45.0 \qquad f_{e12}=\frac{B_1(A_2)}{n}=\frac{90\times100}{200}=45.0$$

$$f_{e21}=\frac{B_2(A_1)}{n}=\frac{110\times100}{200}=55.0 \qquad f_{e22}=\frac{B_2(A_2)}{n}=\frac{110\times100}{200}=55.0$$

代入χ^2 检验公式,可得:

$$\chi^2=\sum\frac{(f_a-f_e)^2}{f_e}=\frac{(30-45)^2}{45}+\frac{(60-45)^2}{45}+\frac{(70-55)^2}{55}+\frac{(40-55)^2}{55}=18.18$$

在χ^2 检验的过程中,(f_a-f_e) 可能是正,也可能是负,为了避免正负抵消,所以在计算的时候取其平方。除以 f_e 是为了使交互分类表中每一类别的差异不受样本大小的影响,使其标准化。总的来说,χ^2 越大,H_0 正确的可能性越小。我们知道,如果 H_0 是对的,那么,表中的条件次数应该是期望次数(f_e),但表中的实际次数却是f_a。因此,如果实际次数(f_a)和期望次数(f_e)相差越大,就表示 H_0 对的可能性越小,也就是在总体中 X 和 Y 越可能是相关的。如果χ^2 值等于 0,则说明 X 和 Y 是完全无关的。那么,χ^2 到底多大才可以否定虚无假设呢?

这取决于自由度和所决定的显著性水平。显著性水平一般都是规定好的，在显著性水平既定的情况下（如 $\alpha \leqslant 0.05$），χ^2 的抽样分布就要取决于自由度的大小。χ^2 分布的自由度 $df=(r-1)(c-1)$，取决于交互分类的行（r）和列（c），表示交互分类表中有几个格（也就是每一种类型）的期望次数是可以自由决定的。例如，2×2 表的自由度 $df=(2-1)\times(2-1)=1$，表示只有一个格（只有一种类型）是可以自由决定的，其他都受到限制。χ^2 分布的形态，就取决于自由度的大小。

因此，χ^2 检验的具体步骤如下（以表 13-3 为例）：

第一，建立两个变量间有无关系的研究假设 H_1 和虚无假设 H_0：

H_1：性别与化妆态度有关系

H_0：性别与化妆态度没有关系

第二，根据已知数据计算出 χ^2 值。然后，再根据自由度 df 和给出的显著性水平，即 α 值，查 χ^2 分布表，得到一个临界值。例如，本例中的自由度 $df=(2-1)\times(2-1)=1$；假设给出的显著性水平 $\alpha=0.05$，由附录中的 χ^2 分布表可查得临界值为 3.841。

第三，将计算出来的 χ^2 值与临界值进行比较，作出判断。如 χ^2 大于或等于临界值，则称差异显著，即拒绝两个变量独立的假设，也就是拒绝 H_0，承认两个变量之间有关系，接受研究假设 H_1；若 χ^2 值小于临界值，则称差异不显著，即接受两个变量独立的假设，也就是接受 H_0，承认两个变量之间没有关系，而拒绝研究假设 H_1。在本例中，由于 $\chi^2=18.18>3.841$，所以，我们可以否定性别和化妆态度没有关系的假设，接受研究假设 H_1。我们可以说在 0.05 的显著性水平下，性别和化妆态度在总体中可能是相关的。还可以说，在 0.05 的显著性水平下，不同性别的青年对待化妆的态度在总体中可能也是不同的，是存在差异的。

因此，对于交互分类表来说，χ^2 检验有两种作用：一是对两个变量的相关关系是否存在进行审查，又称为独立性检验（即两个变量是相互独立，还是彼此相关）。二是对样本资料之间的差异进行显著性检验，也就是核查交互分类表出现的分布差异究竟是反映了总体的实际情况，还是由于随机抽样误差造成的，如下例所示。

假设调查不同性别的中学生在家做家务的情况，结果如表 13-4 所示。

表 13-4　性别与做家务情况比较（%）

是否做家务	性别		合计
	女性	男性	
做家务	78.6	65.9	77.1
不做家务	21.4	34.1	22.9
合计	100.0(309)	100.0(44)	100.0(353)

根据这一抽样结果,我们很容易会得出这样的结论:女同学在家做家务的比例为78.6%,男同学为65.9%,女同学做家务的比例高于男同学,高12.7%。那么,我们能否根据这一抽样的结果,来推论总体的情况,也就是说,是否该校全体女同学做家务的比例都比男同学高?样本结果中所表现出来的差异,能不能代表总体的差异,还需要进行统计检验。通过计算,我们知道,此表中$\chi^2=3.692$,小于显著性水平为0.05,自由度为1的χ^2分布的临界值3.841。因此,我们可以说,此表中所表现出来的男女中学生做家务的差异,是由于抽样的误差造成的,它在总体中并不存在。这也就是说,从总体来看,在0.05的显著性水平下,男生和女生在家是否做家务并不存在显著性差异。

但是,χ^2检验也有弱点。这主要是因为χ^2值的大小不仅与数据的分布有关,还与样本的规模有关。当样本足够大时,一些很小的分布差异也可以很容易通过χ^2检验达到需要的显著性水平,如表13-5的三个交互分类表。

表13-5 性别与对待化妆的态度间的关系(%)

态度	性别		合计
	女性	男性	
赞成	60	40	50
反对	40	60	50
合计	100.0(50)	100.0(50)	100.0(100)
$\chi^2=4, p<0.05$			

(1)

态度	性别		合计
	女性	男性	
赞成	56	44	50
反对	44	56	50
合计	100.0(50)	100.0(50)	100.0(100)
$\chi^2=1.44, p>0.05$			

(2)

态度	性别		合计
	女性	男性	
赞成	56	44	50
反对	44	56	50
合计	100.0(250)	100.0(250)	100.0(500)
$\chi^2=7.2, p<0.001$			

(3)

表 13-5(1)和表 13-5(2)的样本规模相同,且都比较小。只有当变量分布的差异较大时[表(1)相差 20%],才有可能通过χ^2 检验,而当样本的分布差异较小时,则不能通过χ^2 检验,如表 13-5(2)所示。表 13-5(3)和表 13-5(2)中的百分比分布并没有改变,但是当样本规模扩大时,χ^2 的值也跟着扩大,结果通过了χ^2 检验,而且达到了较高的显著性水平($p<0.01$)。由此可见,对于大样本来说,确定各组之间"是否存在显著性差异",并没有多大的意义,因为它会很容易地通过χ^2 检验,达到 0.05,0.01,甚至 0.001 的显著性水平。此时,不同组别之间差异的大小,以及两个变量之间关系的大小较为重要。

另外,还要注意 2×2 的交互分类表,特别是某些表格中的预期次数等于或小于 5 时,在这样的情况下,χ^2 曲线就会缺乏连续性,需要加以修正,一般可用下列的公式计算χ^2 值:

$$\chi^2 = \sum \frac{(|f_a - f_e| - 0.5)^2}{f_e}$$

以这个值来检验较为准确,但如果样本很小,尤其是交互分类表中某方格的期望次数小于 5 的话,就应该改用准确性较高的费舍尔精确检验法,但由于社会研究中多用大样本,故可以不考虑这种形式。

第二节　Gamma 系数的检验:Z 检验法

两个定序变量是否相关,也可以用χ^2 检验法进行检验,因为可以将定序变量看做定类变量。这种做法虽然可以接受,但是把定序变量当做定类变量来处理,便不能充分利用定序测量层次的数学特质(即>和<)。较为准确的做法,是以 Gamma 值来求出样本中 X 与 Y 的关系大小,然后以 Z 检验法或 t 检验法来推论总体中 X 与 Y 的关系。因为定序变量的数学特质,所以研究假设 H_1 有三种情况:Gamma>0,Gamma<0 和 Gamma≠0,于是:

H_1:总体中 Gamma>0 或<0 或≠0

H_0:总体中 Gamma=0

在用 Z 检验法进行检验时,它对样本提出了一些要求,要求样本符合下列条件:①随机抽样样本;②两变量是定序变量;③样本较大时,虚无假设 H_0 成立的 Gamma 值的抽样分布就接近正态分布,可用 Z 检验法检验虚无假设,公式是:

$$Z = G\sqrt{\frac{N_s + N_d}{n(1 - G^2)}}$$

式中,G 是随机样本的 Gamma 值,N_s 是同序对,N_d 是异序对,n 是样本数量。当研究假设 H_1 是 Gamma>0 或 Gamma<0 时,采用一端检验;当研究假设 H_1 是 Gamma≠0 时,采用两端检验。如果是小样本,就要改用 t 检验法,当然如

前所述,t 检验也可用于大样本的情况,公式如下:

$$t = G\sqrt{\frac{N_s + N_d}{n(1 - G^2)}},\ df = N_s + N_d - 2$$

根据表 13-6 的数据,如果这一样本是随机样本,那么,样本的 Gamma 相关程度是否能说明总体也是相关的?

表 13-6 工人的工作满意度和归属感(人)

归属感	工作满意度			合计
	低(1)	中(2)	高(3)	
低(1)	80	40	30	150
中(2)	60	50	10	120
高(3)	40	40	50	130
合计	180	130	90	400

根据表 13-6 中的数据,我们可知 $N_s = 22\ 300$,$N_d = 12\ 500$,$n = 400$,那么:

$$G = \frac{N_s - N_d}{N_s + N_d} = \frac{22\ 300 - 12\ 500}{22\ 300 + 12\ 500} = 0.28$$

那么,要想确定是否总体中也存在这样的关系,就要用到 Z 检验法。我们的研究假设 H_1:工人的工作满意度越高,归属感也越高。虚无假设 H_0 则是:工作满意度和工人的归属感没有关系。即:

$$H_1: G > 0 \quad H_0: G = 0$$

因为调查样本是大样本,所以用 Z 检验法,代入公式,得:

$$Z = G\sqrt{\frac{N_s + N_d}{n(1 - G^2)}} = 0.28 \times \sqrt{\frac{22\ 300 + 12\ 500}{400 \times (1 - 0.28^2)}} = 2.72$$

如果要求的显著性水平是 $\alpha \leqslant 0.05$,并且是一端检验,查 Z 检验表可知,其拒绝域是 $|Z| \geqslant 1.65$,上面的检验结果 Z 的值是 2.72,在否定域范围内,因此,可以否定虚无假设 H_0,接受研究假设 H_1,也就是说,在 0.05 的显著性水平下,可以否定工作满意度和归属感没有关系的假设,接受工作满意度和归属感有关的假设,即在总体中工人的工作满意度和归属感是有正相关关系的。

需要注意的是,Z 检验法是较为保守的,可能会低估检验值,如果所得到的检验值非常接近否定域,就需要用更精确的检验法。较精确的检验法是不用理会 G 值,而直接检验"$N_s - N_d$",即同序对和异序对的差,又被称作 S 因子。之所以能运用这种形式是因为,Gamma 系数、dy 系数以及 tau 系数有一个共同的特点就是公式的分子都是同序对数减去异序对数,即 $S = N_s - N_d$,那么,若 $S = 0$,则上述所有相关系数都是 0。因此,S 也是总体是否存在相关的标志,可以通过检验 S 值看总体是否存在相关。其公式是:

$$Z = \frac{S'}{SE}$$

$$S' = |S| - \frac{n}{2(r-1)(c-1)}$$

$$SE = \sqrt{\frac{A_2B_2}{n-1} + \frac{A_2B_2 + A_3B_2}{n(n-1)} + \frac{A_3B_3}{n(n-1)(n-2)}}$$

式中，S：表示 $N_s - N_d$；

r：表示行数；

c：表示列数；

n：表示样本数量；

A_2：表示 X 变量的边缘次数中每两个次数的乘积之和；

B_2：表示 Y 变量的边缘次数中每两个次数的乘积之和；

A_3：表示 X 变量的边缘次数中每三个次数的乘积之和；

B_3：表示 Y 变量的边缘次数中每三个次数的乘积之和。

同样以表 13-6 数据为例，如果选用上面介绍的 Z 检验法，计算过程是：首先，确定研究假设 H_1 和虚无假设 H_0，在这里可以作这样的假设：H_1：$S>0$，H_0：$S=0$。

如果假定显著性水平 $\alpha \leqslant 0.05$，并且因为是大于的关系，所以采用一端检验。根据表中的数据，可知：

$$N_s = 22\ 300, N_d = 12\ 500, n = 400, r = 3, c = 3$$

$$S = N_s - N_d = 22\ 300 - 12\ 500 = 9\ 800$$

$$A_2 = 180\times130 + 180\times90 + 130\times90 = 51\ 300$$

$$B_2 = 150\times120 + 150\times130 + 120\times130 = 53\ 100$$

$$A_3 = 180\times130\times90 = 2\ 106\ 000$$

$$B_3 = 150\times120\times130 = 2\ 340\ 000$$

所以，$S' = |S| - \frac{n}{2(r-1)(c-1)} = 9\ 800 - \frac{400}{2\times2\times2} = 9\ 750$

$$SE = \sqrt{\frac{A_2B_2}{n-1} + \frac{A_2B_2 + A_3B_2}{n(n-1)} + \frac{A_3B_3}{n(n-1)(n-2)}}$$

$$= \sqrt{\frac{51\ 300\times53\ 100}{400-1} + \frac{51\ 300\times53\ 100 + 2\ 106\ 000\times53\ 100}{400(400-1)} + \frac{2\ 106\ 000\times2\ 340\ 000}{400(400-1)(400-2)}}$$

$$= 2\ 760.88$$

$$Z = \frac{S'}{SE} = \frac{9\ 750}{2\ 760.88} = 3.53$$

根据 Z 检验表可知，在单尾检验下，当显著性水平 $\alpha \leqslant 0.05$ 时，否定域为 $Z \geqslant 1.65$，根据表 13-6 的数据求得的 Z 值为 3.53，在否定域范围内，所以我们可以否定虚无假设 H_0，接受研究假设 H_1，即 $S>0$。由此可见，同样的数据，我们用

G 求 Z 值时的结果是 2.72，用 S 求 Z 值时的结果则是 3.53，用前者比用后者进行推论时更保守，前者通常会低估了 Z 值，后者较为精确，但是计算较麻烦。

第三节　单因方差分析与 F 检验

分析一个定类变量和一个定距变量的关系时，常用相关比率 E^2 来进行测量。如果抽样的样本是一个随机样本，怎么推论总体的情况呢？较为常用的是单因素方差分析中的 F 检验（F test），其目的是要推算各组数据在总体中的均值是否相等。F 检验属于参数检验，它要求：①随机抽样样本；②其中一个变量是定距变量；③各组的总体都是正态分布；④具有同等的方差。

对后两个要求，很多社会研究都不大在意。F 检验的公式如下：

$$F = \frac{E^2}{1-E^2}\left(\frac{n-k}{k-1}\right),\ df_1 = k-1,\ df_2 = n-k$$

式中，E^2 是样本的相关比率，n 是样本的数量，k 是分组数目，df_1 和 df_2 是样本的两个自由度。如果总体中 X 与 Y 相关，以 X 解释或预测 Y 时可以削减若干误差，这部分削减的误差可用 E^2 表示，剩余的误差便是 $1-E^2$，两者的比率便是 F。

在 F 检验中，研究假设 H_1 是总体中 X 与 Y 相关，虚无假设 H_0 是总体中 X 与 Y 不相关。F 分布是根据虚无假设成立的。如果虚无假设成立，则总体的 $E^2=0$，也就是 $F=0$。因此，如果根据样本求得的 F 值较大，便可以否定虚无假设 H_0，接受研究假设 H_1。那么，如何确定否定域的范围呢？在显著性水平一定的情况下，由 F 检验的公式我们可以看出，F 的大小取决于两个自由度，一个是计算削减误差时的自由度：$df_1=k-1$；另一个是在计算剩余误差（$1-E^2$）时的自由度：$df_2=n-k$。F 分布是右偏态的分布，自由度不同，分布形态也不同，例如，有两组不同的自由度，F_1：$df_1=4$，$df_2=20$；F_2：$df_1=4$，$df_2=10$，那么，其分布形态如图 13-1 所示。

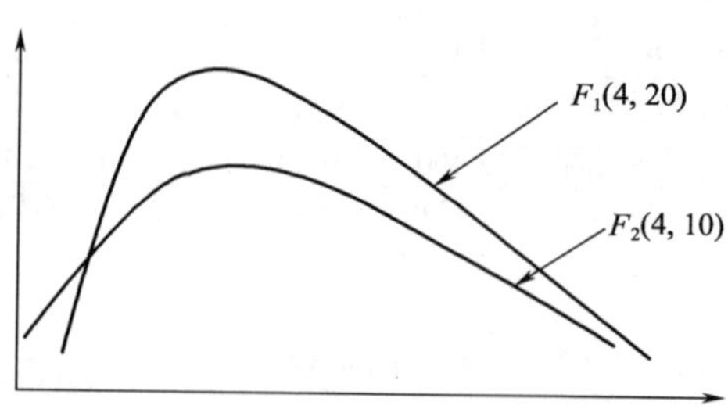

图 13-1　F 分布图

因为 F 分布与自由度有关,因此,统计学家推算,要以样本相关比率 E^2 推论总体,可将样本的相关比率除以自由度,这便是 F 检验的公式。

下面以表 13-7 所示的例子来说明 F 检验的过程。假设该项研究是随机抽样,那么,性别与学生学习成绩的关系是否在总体中也存在呢?

表 13-7　性别和数学成绩(分)

男性	女性
80	90
70	65
30	90
45	85
70	55
60	60
80	85
80	85
50	65
60	75
n_i:10	10
$\bar{Y}_i$:62.5	75.5

根据表中的统计结果,可知:

$$n=20,n_1=10,n_2=10,\bar{Y}_1=62.5,\bar{Y}_2=75.5,\bar{Y}=69$$

$$\sum Y^2 = 80^2 + 70^2 + 30^2 + 45^2 + 70^2 + \cdots + 75^2 = 100\ 200$$

所以:$$E^2 = \frac{\sum n_i\bar{Y}_i^2 - n\bar{Y}^2}{\sum Y^2 - n\bar{Y}^2} = \frac{10 \times 62.5^2 + 10 \times 75.5^2 - 20 \times 69^2}{100\ 200 - 20 \times 69^2} = 0.17$$

因为一个是定类变量,一个是定距变量,因此,可根据样本的相关比率 E^2 作 F 检验。研究假设 H_1 是 X 与 Y 相关,也就是说男生和女生的平均数学成绩是不同的,虚无假设则是两者的平均数学成绩相同。即 H_1:$M_1 \neq M_2$,H_0:$M_1=M_2$。

已知 $n=20,k=2,E^2=0.17$,则:

$$F = \frac{E^2}{1 - E^2}\left(\frac{n - k}{k - 1}\right) = \frac{0.17}{1 - 0.17} \times (\frac{20 - 2}{2 - 1}) = 3.69$$

$$df_1=k-1=2-1=1,df_2=n-k=20-2=18$$

假设显著性水平 $\alpha \leqslant 0.05$,根据附录的 F 分布表,在表端 df_1 找到 $df_1=1$,左

侧第一列 df_2 找到 $df_2=18$,两者交汇处是 4.41,否定域是 $F\geqslant 4.41$,而我们求得的 F 值为 3.69,3.69<4.41,样本统计值在否定域之外,因此,在 0.05 的显著性水平下,我们不能否定虚无假设,也就是说,在 0.05 的显著性水平下,男生和女生的平均数学成绩没有差异。

除了上述检验方法之外,还有一个不需要计算相关比率 E^2 的检验方法,即直接用单因方差分析(One-way Analysis of Variables)来进行检验,其公式为:

$$F=\frac{BSS}{WSS}\left(\frac{n-k}{k-1}\right),df_1=k-1,df_2=n-k$$

式中,BSS 是组间平方和,是各组平均值 $\bar{Y}_i$ 与全部样本个案平均值 $\bar{Y}$ 之差的平方和:

$$BSS=\sum n_i(\bar{Y}_i-\bar{Y})^2$$

WSS 是组内平方和,是各个个案值 Y_{ij} 与本组平均值 $\bar{Y}_i$ 之差的平方和,代表了剩余误差:

$$WSS=\sum(Y_{ij}-\bar{Y}_i)^2$$

而 BSS 和 WSS 相加,便是原有的全部方差,是各个个案值与全部样本个案的平均值之差的平方和:

$$TSS=BSS+WSS=\sum(Y_{ij}-\bar{Y})^2$$

BSS,WSS 和 TSS 的公式与方差很接近,测量定距变量的离散趋势的方差 S^2 可以反映预测时的误差。方差分析的基本原理就是将以 TSS 来估计的全部方差分割为以 BSS 估计的削减方差(自由度为 $k-1$)和以 WSS 估计的剩余方差(自由度为 $n-k$),前者与后者相比,除以相应的自由度,便是 F 值,F 值越大,表示总体中 X 与 Y 越可能相关。

我们再以表 13-7 所示的数据为例,来分析性别是否与学生的数学成绩有关,即不同性别的学生的数学平均成绩不同。则研究假设和虚无假设分别是:$H_1:M_1\neq M_2$,$H_0:M_1=M_2$。

已知:$n=20$,$n_1=10$,$n_2=10$,$\bar{Y}_1=62.5$,$\bar{Y}_2=75.5$,$\bar{Y}=69$,则有:

$$TSS=\sum(Y_{ij}-\bar{Y})^2=(80-69)^2+(70-69)^2+\cdots+(75-69)^2=4\,980$$

$$BSS=\sum n_i(\bar{Y}_i-\bar{Y})^2=10\times(62.5-69)^2+10\times(75.5-69)^2=845$$

$$WSS=\sum(Y_{ij}-\bar{Y}_i)^2=4\,135$$

所以,$$F=\frac{BSS}{WSS}\left(\frac{n-k}{k-1}\right)=\frac{845}{4\,135}\times\left(\frac{20-2}{2-1}\right)=3.68$$

$df_1=k-1=2-1=1\quad df_2=n-k=20-2=18$

这与前面的 F 统计结果几乎相同。假设显著性水平 $\alpha\leqslant 0.05$,根据附录的 F 分布表,否定域是 $F\geqslant 4.41$,而我们求得的 F 值为 3.68,3.68<4.41,样本统计值

在否定域之外，因此，在0.05的显著性水平下，我们不能否定虚无假设，也就是说，在0.05的显著性水平下，男生和女生的平均数学成绩没有差异。

第四节　积矩相关系数与回归系数的检验

前面讲过，我们常用积矩相关系数和简单直线回归方程测量两个定距变量之间的关系，那么，如果要看样本的相关系数和回归系数是否能反映总体中两个变量之间的关系，就需要用到 F 检验法。F 检验法要求：①随机抽样样本；②变量是定距变量；③各组的总体都是正态分布。由于在 r 计算公式与 b 的计算公式中，分子都是 $n(\sum XY)-(\sum X)(\sum Y)$，因此，若 $r=0$，则 b 也等于0，检验 r 也等于检验了 b。因此，在 r 和 b 的假设检验中，可以作这样的假设：

$$H_1: r\neq 0, b\neq 0$$

$$H_0: r=0, b=0$$

r^2 具有削减误差的意义，因此 $1-r^2$ 是剩余误差，要估计总体的 r^2 和 $1-r^2$，必须考虑自由度，计算 r 的自由度为 $df_1=1$，计算 $1-r^2$ 的自由度为 $df_2=n-2$，所以 F 检验的公式是：

$$F=\frac{r^2/df_1}{(1-r^2)/df_2}=\frac{r^2(n-2)}{1-r^2}$$

我们以第十二章表12-16为例说明F检验的过程。

该例中研究假设和虚无假设分别是：$H_1: r\neq 0$；$H_0: r=0$

根据数据可知：$r=0.87, n=9$，

则 $F=\frac{r^2(n-2)}{1-r^2}=\frac{0.87^2\times(9-2)}{1-0.87^2}=22.17, df_1=1, df_2=n-2=7$

假设显著性水平是 $\alpha\leqslant 0.05$，则 $df_1=1, df_2=7$ 时，否定域 $F\geqslant 5.59$，根据样本所得的结果 $22.17<5.59$，在否定域范围内，因此，否定虚无假设，也就是说在0.05的显著性水平下，工人的工龄和工资等级是有关系的。

除了 F 检验外，也可用 t 检验法检验积矩相关关系和回归关系，公式是：

$$t=r\sqrt{\frac{n-2}{1-r^2}}, df=n-2$$

以前述工人的工龄和工资等级的关系为例，由于已知：$r=0.87, n=9$，所以：

$$t=r\sqrt{\frac{n-2}{1-r^2}}=0.87\times\sqrt{\frac{9-2}{1-0.87^2}}=4.67, df=7$$

假设显著性水平为 $\alpha\leqslant 0.05$，因为是工龄对工资等级的影响，所以是一端检验，由附录 t 分布表可得否定域 $|t|\geqslant 1.895$。显然，样本的统计值在否定域内，因

此,否定虚无假设。由此可以得出结论:在 0.05 的显著性水平下,工人的工龄和工资等级之间有相关关系。

这里所说的对 r 和 b 的 F 检验和 t 检验,都是假定 X 变量和 Y 变量是直线关系。如果在总体中 X 和 Y 之间的关系是非直线的,上述检验法就会出问题了。那么,如何检验变量 X 和变量 Y 是直线关系呢?前面在相关测量法的分析中曾经指出,可用相关比率 E^2 简化两个定距变量的非线性关系,通过 E^2 和 r 的比较,大致可以知道 X 和 Y 是否是直线关系。如果要检验变量 X 和变量 Y 在总体中是否是直线关系,可以作这样的假设:

$$\mathrm{H}_1: r \neq E^2 \text{(非直线关系)}$$

$$\mathrm{H}_0: r = E^2 \text{(直线关系)}$$

可以用 F 比率公式来检验 H_0:

$$F = \frac{E^2 - r^2}{1 - E^2}\left(\frac{n - k}{k - 2}\right)$$

$$\mathrm{d}f_1 = k-2$$

$$\mathrm{d}f_2 = n-k$$

在这里,n 是样本的数量,k 是 X 变量值的数目,也就是分组的数目,r^2 表示直线关系时所削减的误差,E^2 表示非直线关系时所削减的误差,因而(E^2-r^2)就是非直线方式所能减少的误差,($1-E^2$)就是剩余的误差。为了估计总体的数值,在公式中,分子分母都除以相应的自由度。在指定的显著性水平下,将 F 比率的值与否定域的界限进行比较,从而确定是接受还是否定虚无假设,进而确定两变量之间是否是直线关系。

第五节　总结:相关测量法与检验

本章介绍的都是社会研究中常用的两个变量之间关系的假设检验方法,当然,还有很多种其他的测量方法没有涉及,但是各种方法的基本原理都是相通的,研究者可根据自己的需要查找其他的参考书籍。

在相关测量法和假设检验的过程中,以下几个问题需要说明和强调。

第一,相关测量法,测量的是两个变量在“样本”中关系的强弱程度,不管这一样本是随机样本还是非随机样本。但是社会研究不只是说明样本的情况,而是希望通过抽样样本的资料来反映两个变量在总体中的情况,而假设检验就是这样一座“桥”,通过对随机样本中资料的分析来推论调查样本中变量之间的相关关系是否在总体中也同样存在。在假设检验的过程中,各种假设检验的方法也有一些共同的特征:一是要求调查样本是随机样本,假设检验只能用于分析随机样本,不能分析非随机样本;二是假设检验关注的是调查总体的情况,而不是调查样本的情况;三是假设检验的目的在于,了解总体中两个变量之间是否也存在相关关系，而不是相关关系的强弱程度。

第二，任何的假设检验方法，都是样本越大时越容易否定虚无假设 H_0。从本章介绍的检验法的公式和例子中可以看到，检验值的大小与样本大小成正比，如表13－5所示。由此可见，只要把样本不断增大，检验值就会不断增大。由于社会研究中通常都是较大的样本，因此，很容易就达到所要求的显著度。

第三，用作两个变量关系分析的相关测量法和假设检验的方法也很多，选用时首先是要考虑变量的测量层次，其次还要考虑相关和检验的方向等问题。

第四，在社会研究中，如果用随机抽样方法来研究两个变量之间的关系，最好是先建立交互分类表，然后根据交互分类表中的数值，计算两个变量的相关系数，确定其关系的程度和方向。并根据交互分类表的资料计算检验值，看是否达到了所要求的显著性水平，从而决定两个变量在总体中是否相关。在写报告的过程中，制作交互分类表时，不用写出条件次数，最好是用条件百分比表，并且在条件百分比表内写上相关测量系数和假设检验值及显著度。

对两变量的相关测量和假设检验法做简单总结，如表 13－8 所示。

表 13－8　不同相关测量法及检验法

<table>
<tr><th>变量的测量层次</th><th>相关测量法</th><th>假设检验法</th></tr>
<tr><td>定类—定类变量</td><td rowspan="2">λ，$tau\text{-}y$</td><td rowspan="2">χ^2 检验</td></tr>
<tr><td>定类—定序变量</td></tr>
<tr><td>定序—定序变量</td><td>G，d_y</td><td>Z 检验或 t 检验</td></tr>
<tr><td>定类—定距变量</td><td rowspan="2">E^2</td><td rowspan="3">F 检验或 t 检验</td></tr>
<tr><td>定序—定距变量</td></tr>
<tr><td>定距—定距变量</td><td>r，b</td></tr>
</table>

思考与实践

1.简述两变量假设检验的意义和基本步骤。

2.说明不同测量方法所用的假设检验方法。

3.对第十二章中不同相关测量法测量的相关结果进行假设检验。

第十四章

统计分析软件应用

在第九章中,我们介绍了调查资料的整理,并且指出,这些资料要输入计算机以后才能进行统计分析,即由计算机代替我们去做大量的烦琐的统计运算。因此,计算机统计分析软件的运用,是我们完成一项社会调查必不可少的一环。本章我们将对利用计算机进行统计分析的基本操作方法略作说明,以便读者能够结合前面的学习进行统计分析的实践。

正如我们在第九章中所指出的,SPSS(Statistical Package for Social Science的缩写,社会科学统计软件包)是目前社会调查领域中使用得最为广泛的统计分析软件之一。因此,本章我们也仅对这一软件进行介绍。需要说明的是,一方面由于专门介绍 SPSS 的著作和教材已有很多;另一方面,也由于在本教材中用一章的篇幅介绍它的全部内容不太可能。因而,我们仅就初学者常用的统计分析方法,并尽可能结合本书的统计分析内容进行介绍(本书以 SPSS17.0 版为例),更为详细的介绍可参阅书后附录中的有关著作。

第一节　单变量描述统计

对单变量的描述统计,主要包括变量的频数分布、集中趋势与离散趋势等,这是最基本的统计描述。在 SPSS 中,我们可以很容易地得出频数分布表、平均数、标准差等。

一、频数分布

对单个定类变量或定序变量进行的最基本分析就是频数分布。它的具体操作程序是:打开 SPSS,进入数据表格(见图 14-1);在菜单栏中点击分析按钮,出现各种分析任务的标签，点击所拉开的菜单中的第二项描述统计又会出现一栏任务标签(见图 14-2)，点击其中的第一栏频率按钮，出现图 14-3 所示的对话框。

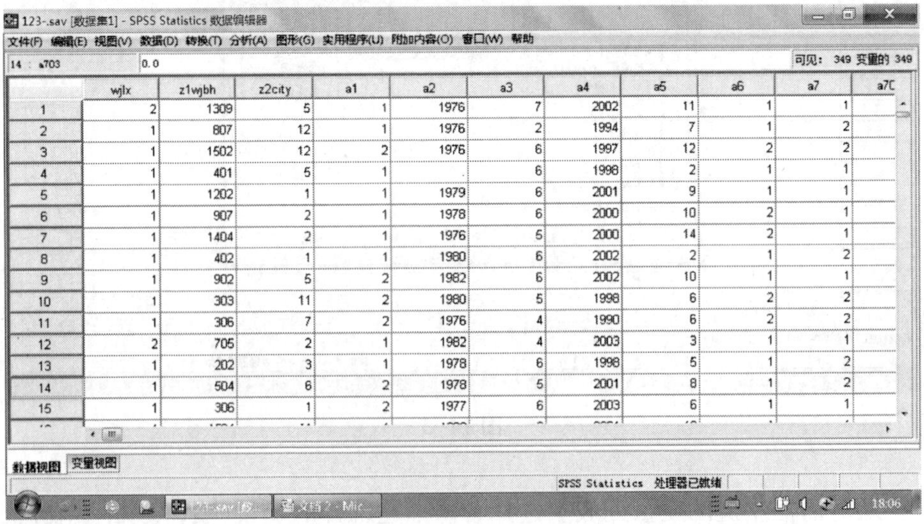

图 14-1

图 14-2

图 14-3

从对话框左边的变量列表中选择希望描述统计的变量(变量数目不限),比如,我们选择“文化程度”变量,然后点确定即可;若要结果中同时出现统计图,则点击对话框右面中间位置的图表按钮,在所出现的新的对话框中,选定所希望得到的图形类别,比如,我们选定条形图,如图 14-4 所示,然后点击继续按钮,返回上一对话框,再点击确定按钮,即可得到图 14-5 和图 14-6 的结果。

图 14-4

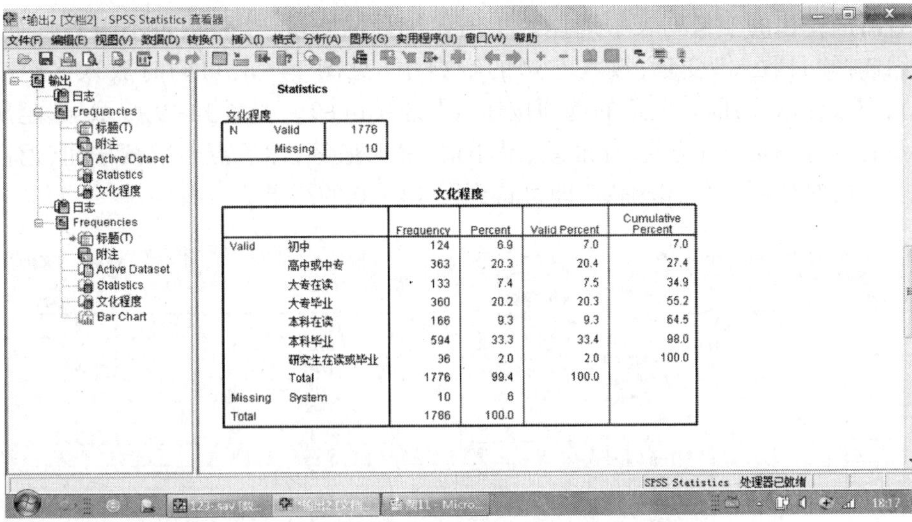

Statistics

文化程度

N	Valid	1776
	Missing	10

文化程度

		Frequency	Percent	Valid Percent	Cumulative Percent
Valid	初中	124	6.9	7.0	7.0
	高中或中专	363	20.3	20.4	27.4
	大专在读	133	7.4	7.5	34.9
	大专毕业	360	20.2	20.3	55.2
	本科在读	166	9.3	9.3	64.5
	本科毕业	594	33.3	33.4	98.0
	研究生在读或毕业	36	2.0	2.0	100.0
	Total	1776	99.4	100.0	
Missing	System	10	.6		
Total		1786	100.0		

图 14-5

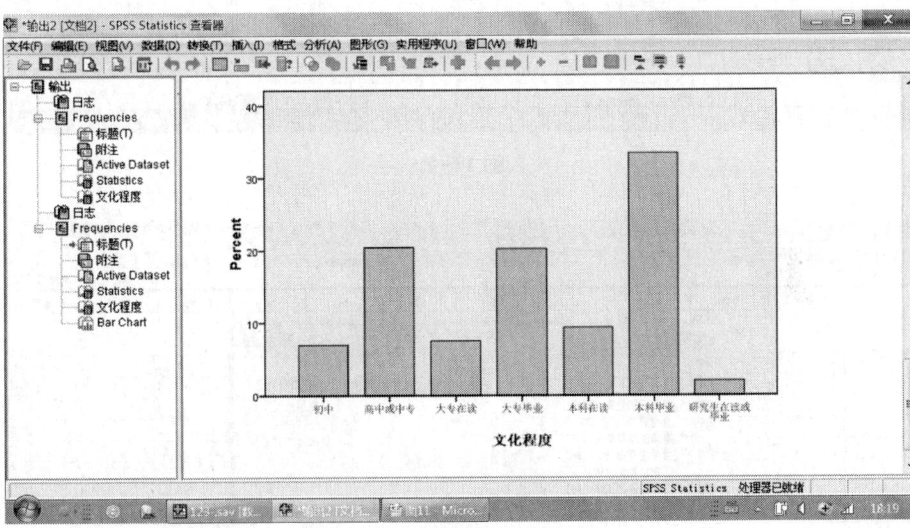

图 14-6

二、定距变量的描述统计

如果所描述的是定距以上层次的变量，那么可以选择描述命令来进行。具体操作方法是：

打开 SPSS，进入数据表格；在菜单栏中点击分析按钮，点击所拉开的菜单中的描述统计按钮，再点击描述按钮，见图 14-7，并出现图14-8所示的对话框。从对话框左边的变量列表中选择希望描述统计的变量（变量数目不限），比如，我们选择“月收入”变量，放入右边的空白中（见图 14-8，可同时放入多个变量）；再点击对话框右上角的选项按钮，出现图 14-9。如图 14-9 所示，选定所需要的统计参数，如均值、标准差、最小值、最大值等，然后点击继续按钮，返回到上一层对话框，再点击确定，即可得到图 14-10 的结果。

图 14-7

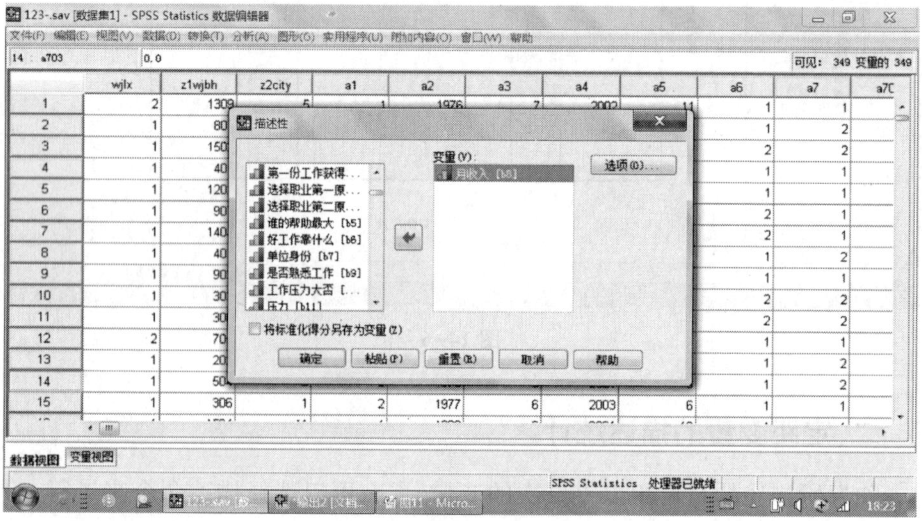

图 14-8

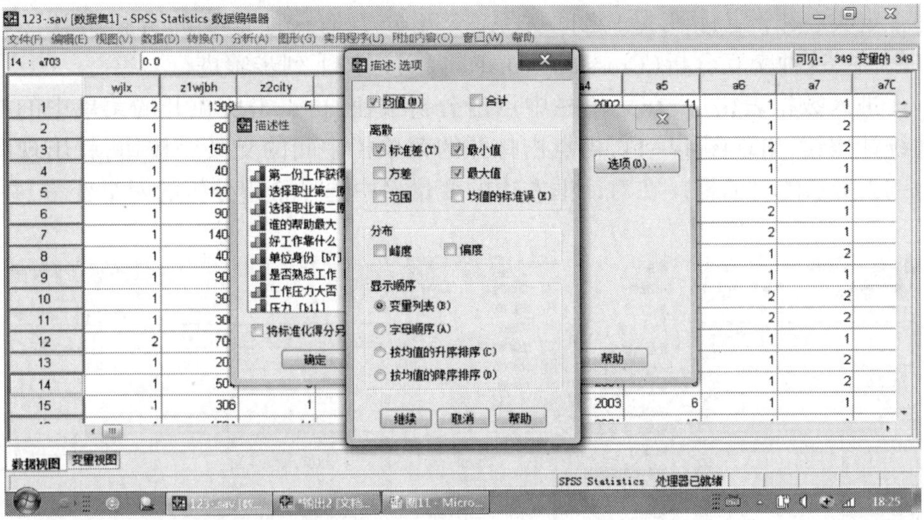

图 14-9

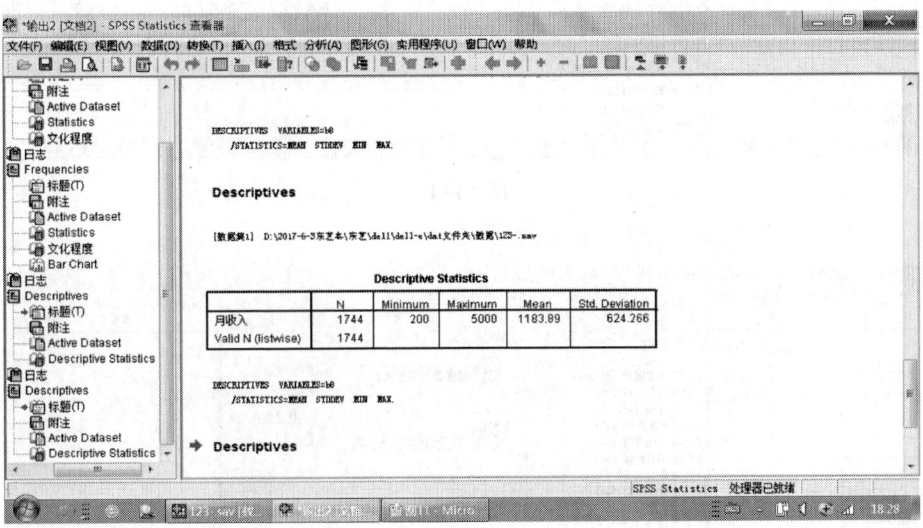

图 14-10

第二节　双变量交互分类统计与检验

我们在第九章中指出，探索变量之间的相互关系，是社会调查研究者的一项重要任务。同时，我们还指出，根据变量的不同层次，统计中有各种不同的相关系数来描述这种相关关系。对于社会调查中最为常见的两个定类变量(或者一个定类、一个定序变量)之间关系,交互分类是一种重要的分析方法。在SPSS中,这种交互分析(Crosstabs Analysis)可以按下列步骤进行。

进入数据表格后,在菜单栏中点击分析按钮,再点击所拉开的菜单中的描述统计按钮,出现图14-11,再点击打开的菜单栏中间的交叉表按钮,就出现图14-12所示的对话框。在对话框左边的变量栏中选择希望分析的两个变量,并

图 14-11

图 14-12

且把作为自变量或原因变量的那个变量放入中间标有列的方框中，而把作为因变量或被影响的变量放在上面标有行的方框中。然后点击对话框右上角的统计量按钮，得到图 14-13 所示的对话框。

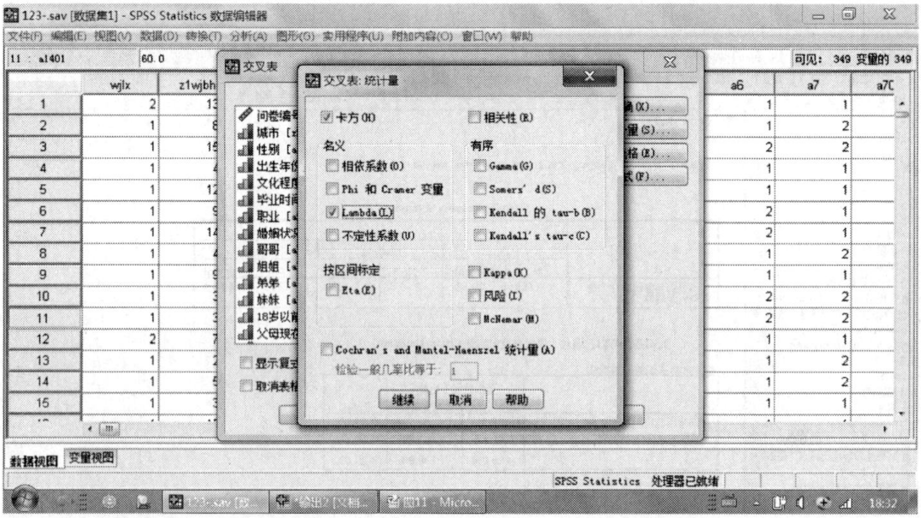

图 14-13

在对话框中选择卡方，这是对两个定类变量之间关系进行显著性检验的参数，十分重要，通常都必须选择；如果需要，还可以选择两个变量之间相关关系的统计量 **lambda**。然后点击继续按钮，返回图 14-12；再点击对话框右上角的单元格按钮，得到图 14-14。

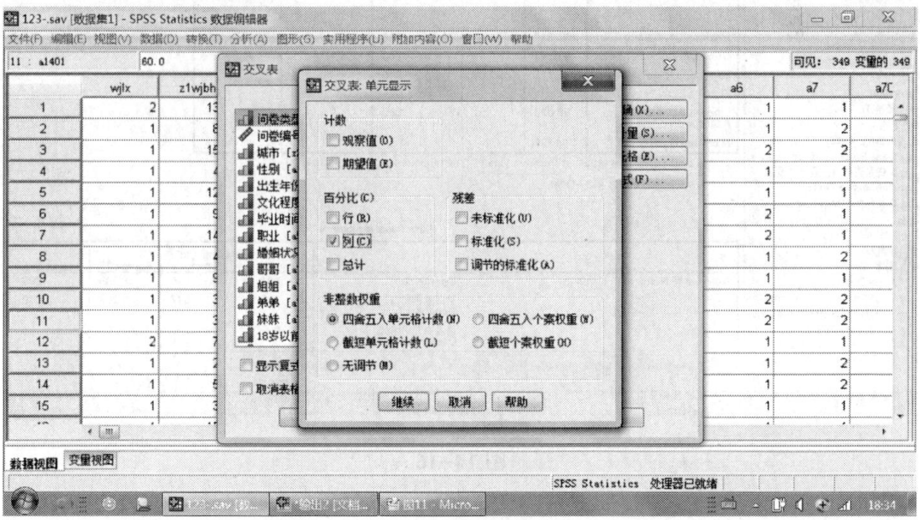

图 14-14

在图 14-14 中,可根据研究的目标决定是否需要显示观察值和期望值。一般情况下,可去掉上面计数方框中计算机默认的选项(即按观察频数统计),改为在下面百分比方框中的列项上打“√”(即按栏百分比统计)。然后点击继续按钮,返回图 14-12;再点击确定按钮,得到图 14-15 和图 14-16 所示的结果。

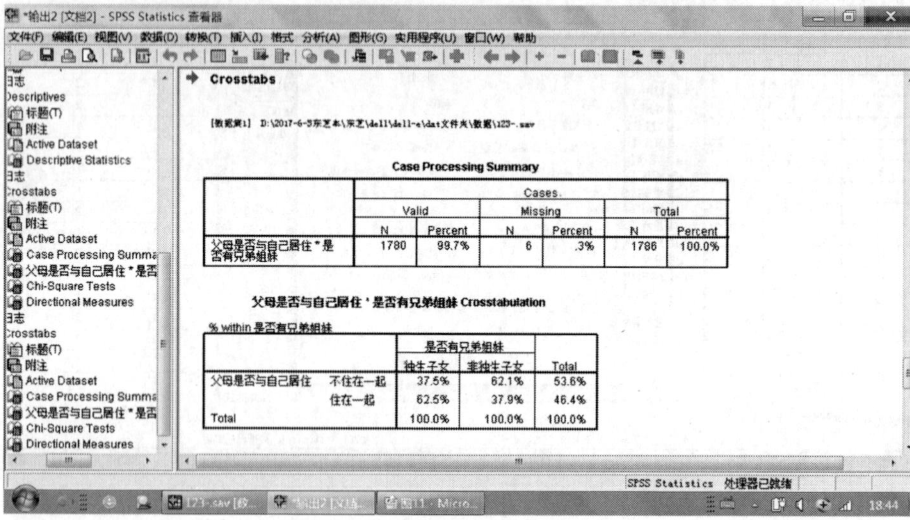

图 14-15

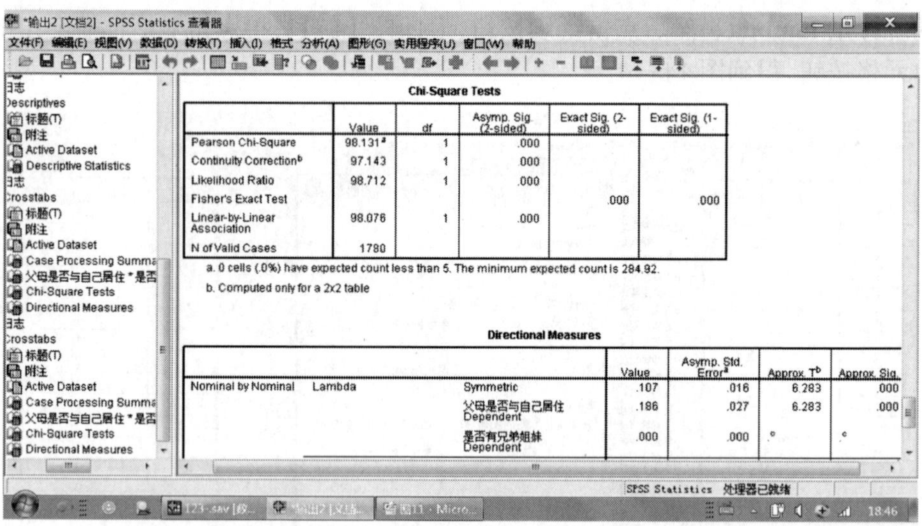

图 14-16

有时，研究者需要控制第三个变量来进一步考察两个变量之间关系的真伪，此时，只要在图 14-12 中，将所选择的控制变量（比如婚姻状况）放入对话框下面的方框中即可，见图 14-17。然后点击确定按钮，得到图 14-18 和图 14-19 的结果。

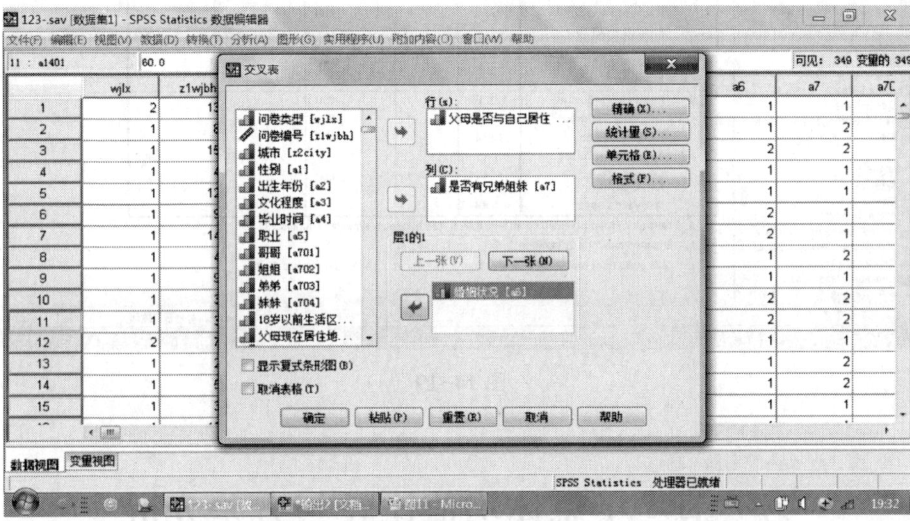

图 14-17

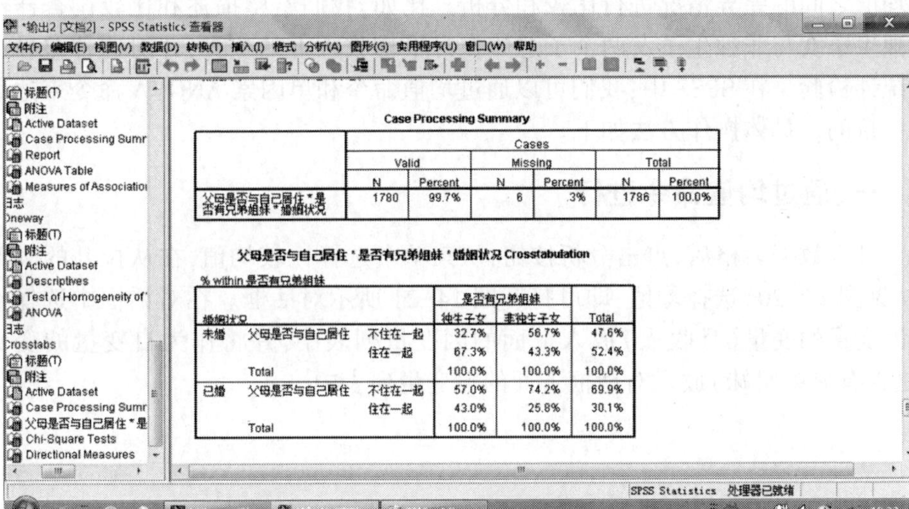

图 14-18

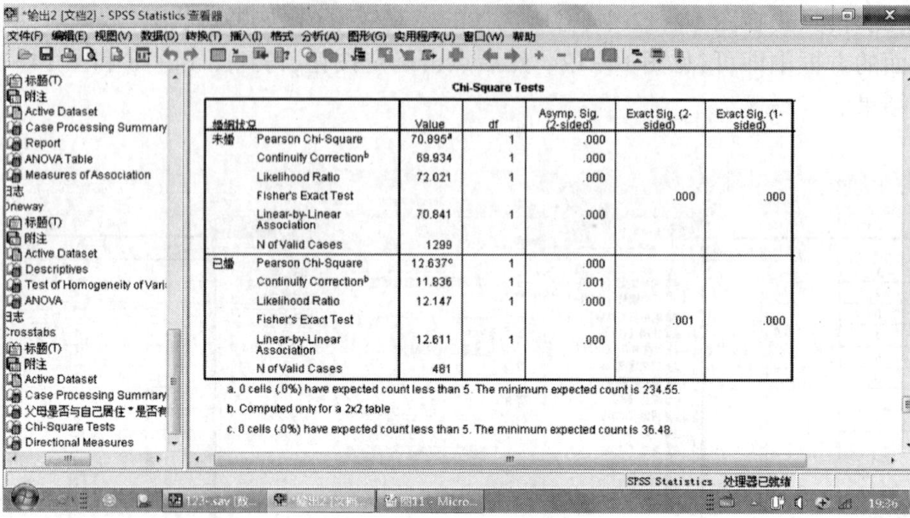

Chi-Square Tests

婚姻状况		Value	df	Asymp. Sig. (2-sided)	Exact Sig. (2-sided)	Exact Sig. (1-sided)
未婚	Pearson Chi-Square	70.895[a]	1	.000		
	Continuity Correction[b]	69.934	1	.000		
	Likelihood Ratio	72.021	1	.000		
	Fisher's Exact Test				.000	.000
	Linear-by-Linear Association	70.841	1	.000		
	N of Valid Cases	1299				
已婚	Pearson Chi-Square	12.637[c]	1	.000		
	Continuity Correction[b]	11.836	1	.001		
	Likelihood Ratio	12.147	1	.000		
	Fisher's Exact Test				.001	.000
	Linear-by-Linear Association	12.611	1	.000		
	N of Valid Cases	481				

a. 0 cells (.0%) have expected count less than 5. The minimum expected count is 234.55.

b. Computed only for a 2x2 table

c. 0 cells (.0%) have expected count less than 5. The minimum expected count is 36.48.

图 14-19

第三节　子总体均值比较与方差分析

在社会调查中,我们常常希望对调查样本中不同的子总体在某些变量上的平均值之间的差异情况进行比较和分析。比如,我们希望描述和比较调查样本中独生子女与非独生子女两个子总体在月平均收入上的差异,并对这种差异进行统计检验。在 SPSS 中,我们可以通过均值命令和单因素 ANOVA 命令来达到这一目的。具体操作方法如下。

一、通过均值命令进行

进入数据表格后,点击分析按钮,从菜单中选择比较均值,在从拉开的菜单中(见图 14-20)选择均值,即可打开图 14-21 所示对话框。在对话框中选择作为因变量的变量(月收入)放入上面的因变量列表中,并将作为自变量的变量(是否有兄弟姐妹)放入对话框下面的自变量列表中。

图 14-20

图 14-21

然后,点开对话框右上角的选项按钮,出现图 14-22 所示的对话框。从左边的方框中选择所需要的统计量到右边方框中,同时在对话框下端的第一层的统计量中,选择 **Anova** 表和 **eta** 打"√",然后点击继续,回到图 14-21,再点击确定即可得到图 14-23 形式的子总体平均值比较以及检验结果。

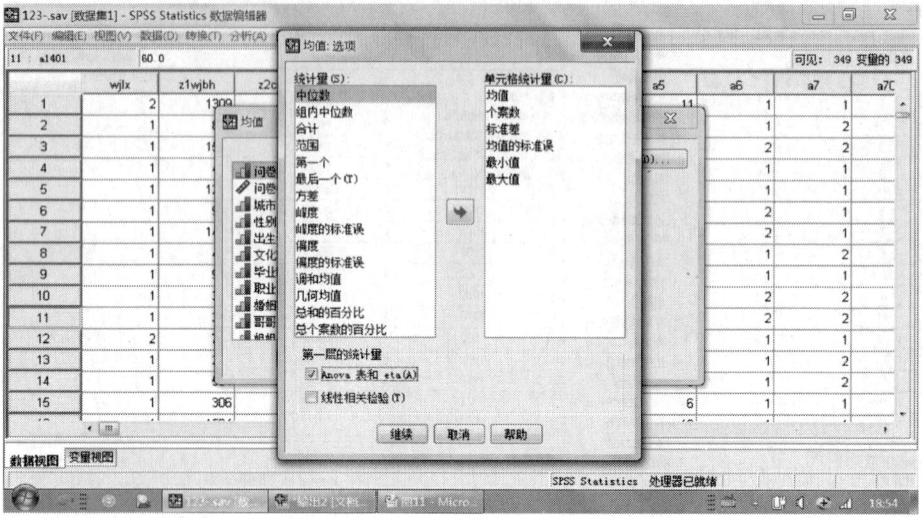

图 14-22

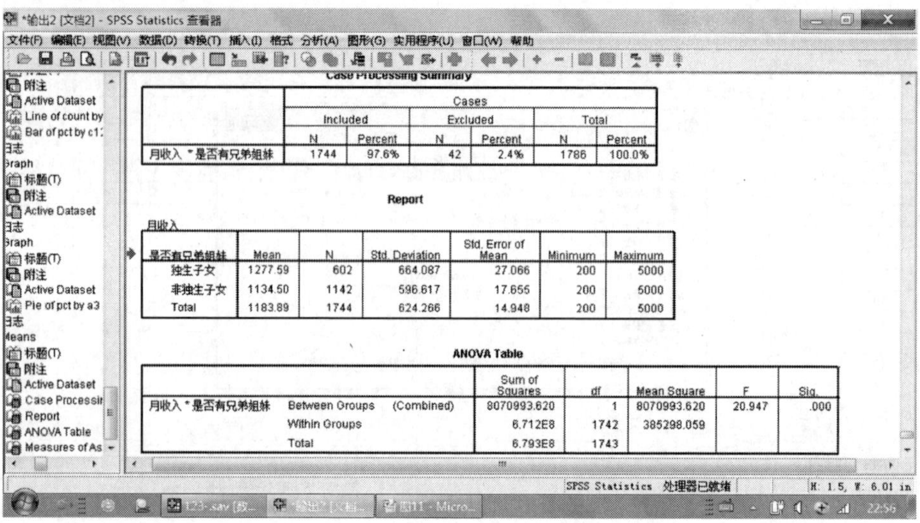

图 14-23

二、通过 One-Way ANOVA(单因方差分析)命令进行

进入数据表格后,点击分析按钮,从菜单中选择比较均值,在从拉开的菜单中选择最下面的单因素 ANOVA(见图 14-24),即可打开图 14-25 所示对话框。在对话框中选择作为因变量的变量(月收入)放入上面的因变量列表中,并将作为自变量的变量(是否有兄弟姐妹)放入对话框下面的因子中。

图 14-24

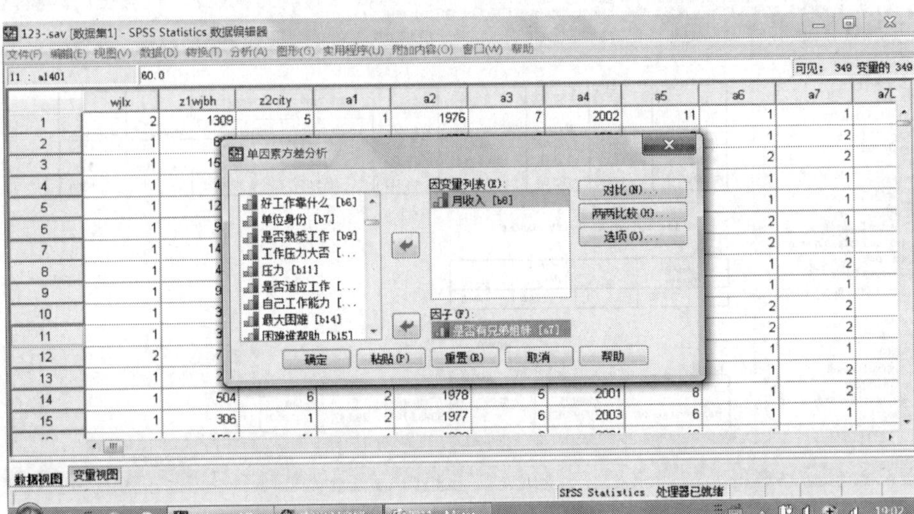

图 14-25

然后，点开对话框右上角的选项按钮，出现图 14-26 所示的对话框。从中选择所需要的统计量，然后点击继续，回到图 14-25，再点击确定即可得到图 14-27形式的子总体平均值比较与检验结果。

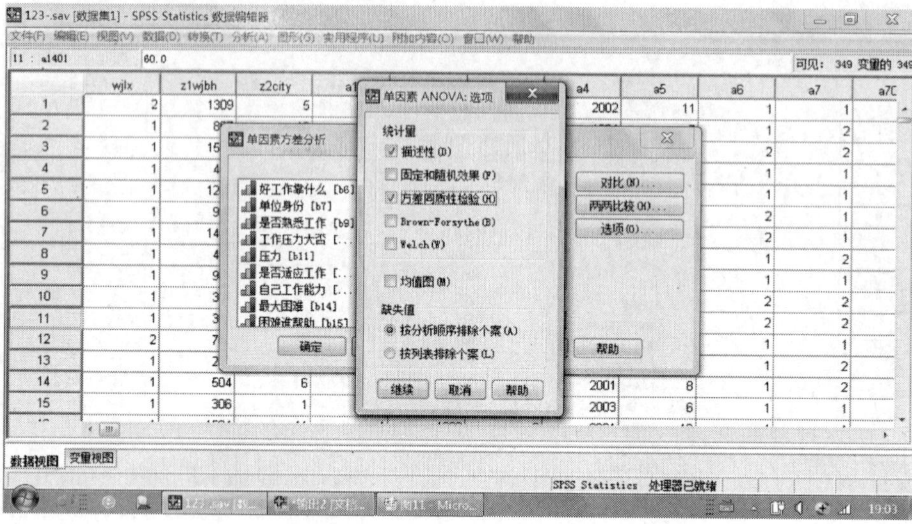

图 14-26

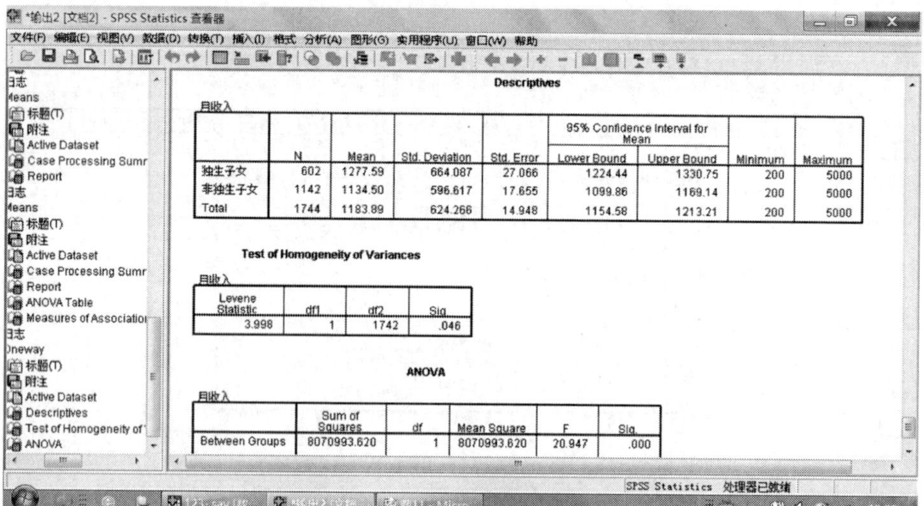

图 14-27

第四节 数据调整与转化

一、数据再编码(Recode)

在对问卷调查数据进行计算机统计分析的过程中,特别是在进行交互分析时,常常需要对原始数据进行一些转化和调整的工作,才能达到更好的分析效果。比如,一项调查的原始问卷中,变量"学生就读的年级"原来有6个答案,即初一、初二、初三、高一、高二和高三。在分析中,研究者需要将初中的3个年级的学生合起来,构成"初中生"这个子总体;同时,还要将高中3个年级的学生合起来,构成"高中生"这个子总体。类似地,许多调查中,研究者往往需要将年龄、收入这样的数值变量进行分段,转化为定类、定序变量来分析。比如,将总的年龄范围(18~70岁)分为35岁以下、36~55岁、56岁以上3组,分别代表青年、中年和老年;又如,将总的收入范围(假设是200~3 000元)划分为500元以下、501~1 000元、1 001~1 500元、1 501~2 000元、2 001元以上的组别等。为此,研究者需要利用计算机来完成这一工作。在SPSS中,我们可以通过数据再编码(Recode)命令来进行这种转化,具体的操作程序如下。

进入数据表格后,点击转换按钮,从打开的菜单中选择重新编码为不同变量(见图14-28)。即可得到重新编码为不同变量对话框,如图14-29所示。之所以选取重新编码为不同变量,而不是选取重新编码为相同变量是因为这样做可以使原始数据得到保留。下次因其他需要再用原始数据时,还可以从中选用。

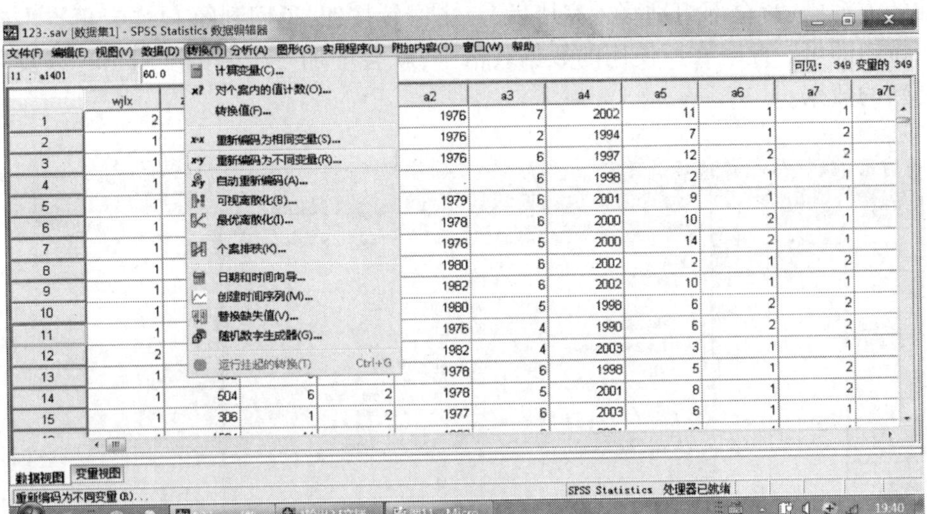

图 14-28

在对话框中,将准备进行再编码的变量,比如b8,放入中间的方框中;然后在输出变量空格中敲入新的变量名,比如B8(见图14-29)。然后点击更改按钮;再点开下面的旧值和新值按钮,就会出现图14-30那样的对话框。

在此对话框中,先选择左边旧值合适的分类方式,填写数据分组范围,并在

图 14-29

右边新值空格中填写对应的新答案号码；然后点添加按钮，将分组结果写入下面的方框中；待全部组别写入完毕后，点击继续按钮，返回到图 14-29，再点击确定按钮即可。此时在所使用的数据表格中，就会增加一个新的变量 B8，以及一列新的数据。

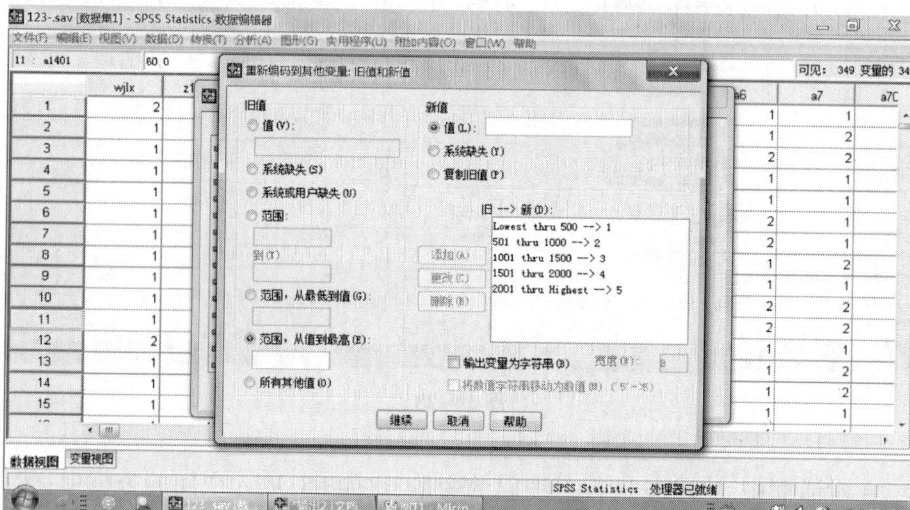

图 14-30

二、生成新变量

原始数据转化的另一个常见方式是利用两个(或多个)原始变量创造出一个新的变量。比如,利用"家庭总收入"和"家庭人口",创造出"家庭人均收入"这一新变量;利用"家庭住房面积"和"家庭人口",创造出"家庭人均居住面积"这一新变量等。在 SPSS 中,我们可以用计算变量命令来完成这一工作。具体操作方法如下。

进入数据表格,从菜单中选择转换,打开菜单,选择第一行计算变量按钮(见图 14-28),即可打开计算变量对话框,如图 14-31 所示。

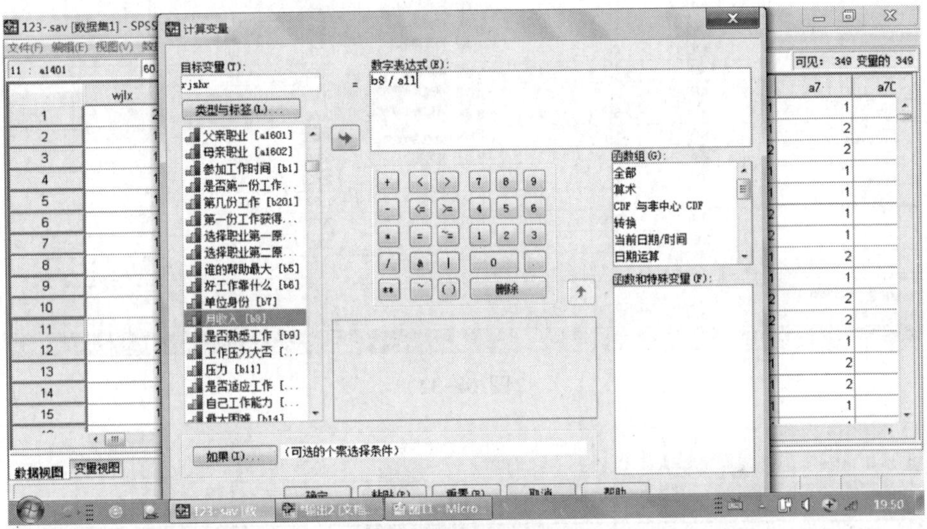

图 14-31

先在图 14-31 上面的目标变量方框中,填写新变量的名字,如 rjshr(人均收入);然后在左下方框的变量名单中,选择原变量,同时在右边中间的方框中选择各种数学运算符号,并将这些变量及其数学运算符号一起写入右上方的数字表达式空格中(如图 14-31 所示,b8 为家庭月收入,/为除号,a11 为家庭人口)。然后点确定按钮即可。这一新生成的变量也会自动加到原始数据表格的结尾。

第五节　统计图制作

在前面第十章中,我们介绍了几种主要的统计表和统计图。在本章的前面几节中,我们对各种统计表的软件操作方法进行了介绍。这里,我们再对几种常见的统计图的计算机生成方法作一说明。

一、条形图

利用SPSS生成条形图的操作方法是：进入数据表格后，选择菜单栏上的图形按钮，就可以打开菜单（见图14-32），点击条形图即可得到图形选择对话框（见图14-33）。

图 14-32

图 14-33

在该对话框中，根据需要选择条形图的具体形式：若只是希望用图形表示某一个变量的分布情况，则选择简单图形；选择后点击下面的定义按钮，得到如图 14–34 那样的对话框。

从对话框左边变量表中选择希望描述的变量，放入中间的类别轴的空格中，并在对话框左上角中选择个案数的%（见图 14–34），然后点击确定按钮，即可得到如图 14–6 那样的简单条形图。

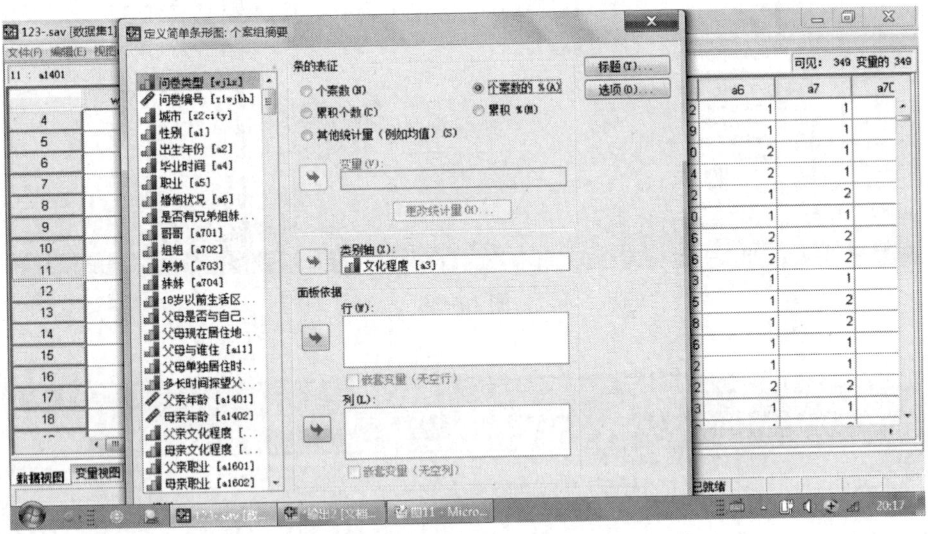

图 14–34

若希望用条形图来表示两个变量的交互分布情况，则在图 14–33 中选择复式条形图按钮，并得到如图 14–35 那样的对话框。将需要分类的变量放入类别轴空格中，而将用来比较的变量放入定义聚类空格中。然后点确定按钮，即可得到如图 14–36 那样的复式条形图。

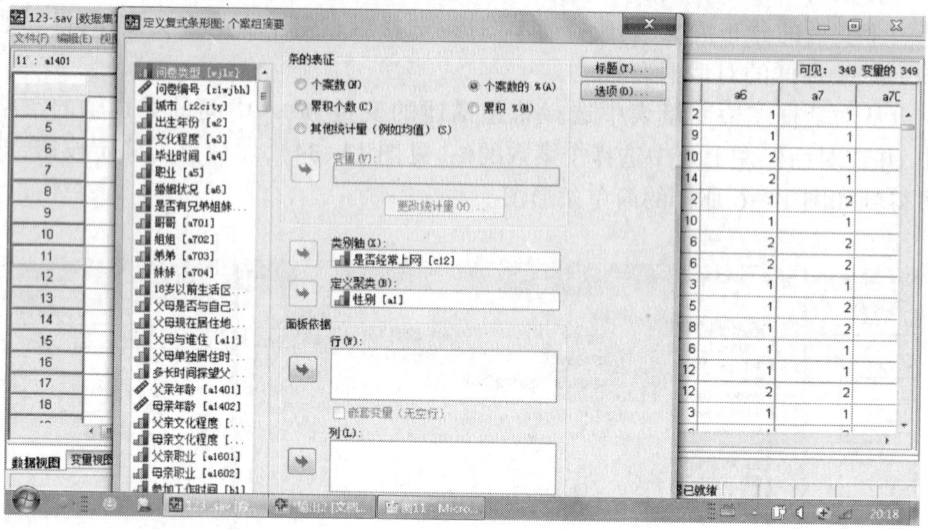

图 14-35

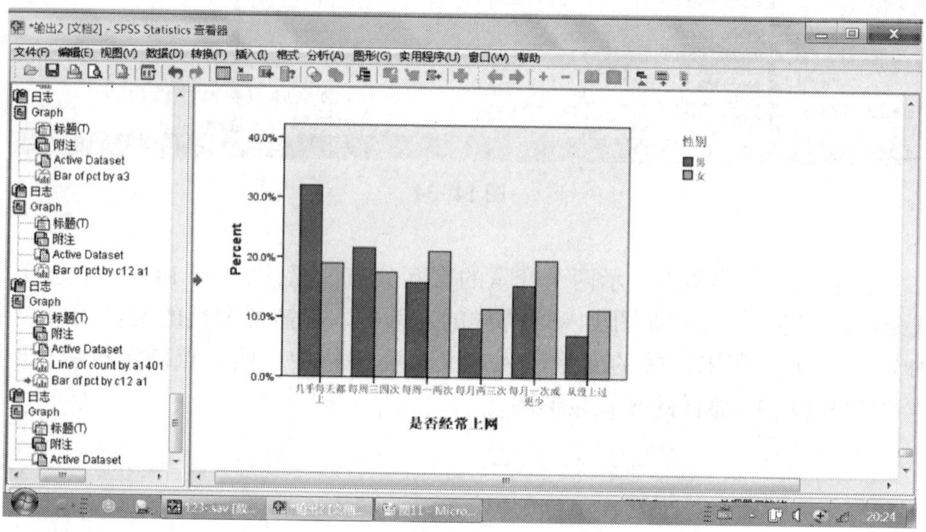

图 14-36

二、线形图

利用 SPSS 生成线形图的操作方法是：进入数据表格后，选择菜单栏上的图形按钮（见图 14-32），打开线形图，即可得到线形图对话框（见图 14-37）。线形图对话框中的选择方式和选择后所对应出现的对话框，与上面条形图的选择方式和对话框几乎完全一样(见图 14-38)。可按条形图的方法操作。将变量(比如父亲年龄)放入类别轴中,点击确定,即可得到图 14-39 那样的线形图。

图 14-37

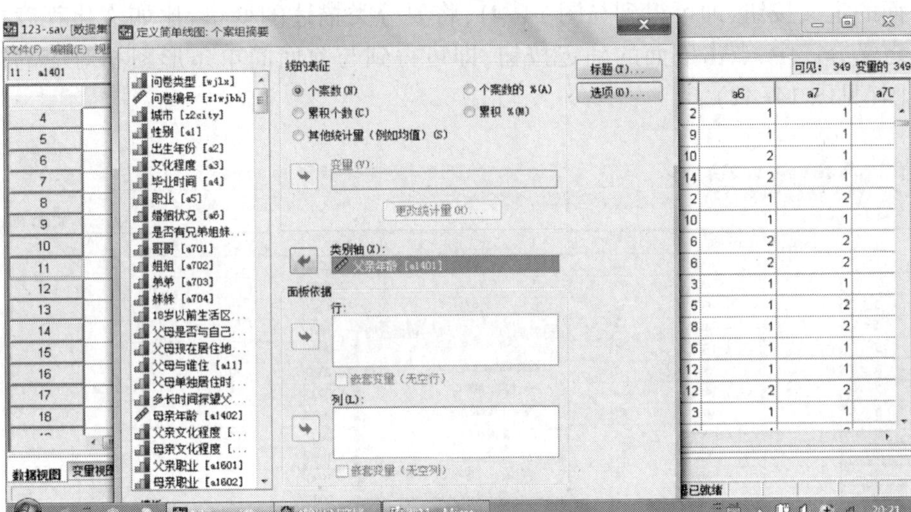

图 14-38

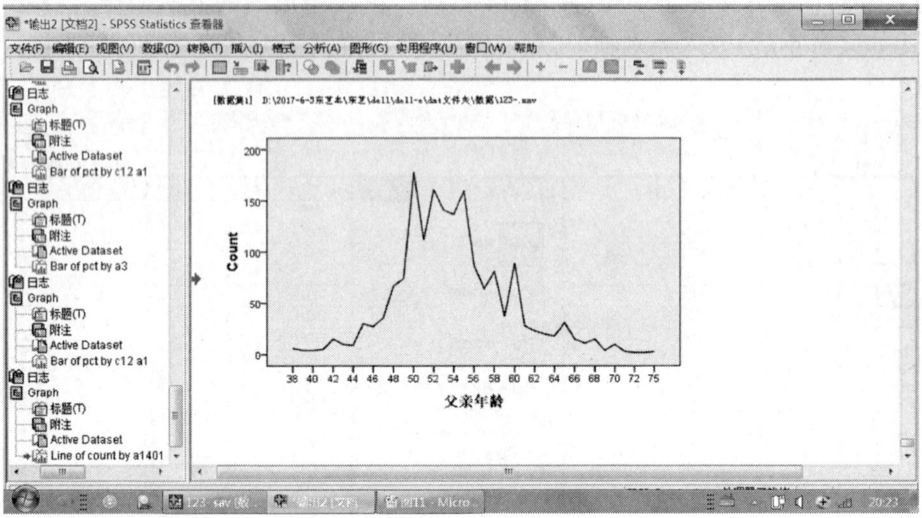

图 14-39

三、饼形图

利用 SPSS 生成饼形图的操作方法是:进入数据表格后,选择菜单栏上的图形按钮,得到图 14-32,点击饼图,即可得到饼形图对话框(见图 14-40)。点击下面的定义按钮,即可得到与图 14-41,将要分类描述的变量,比如文化程度放入定义分区中,点击下面的确定按钮,即可得到与前面简单条形图相对应的饼形图(见图 14-42)。

图 14-40

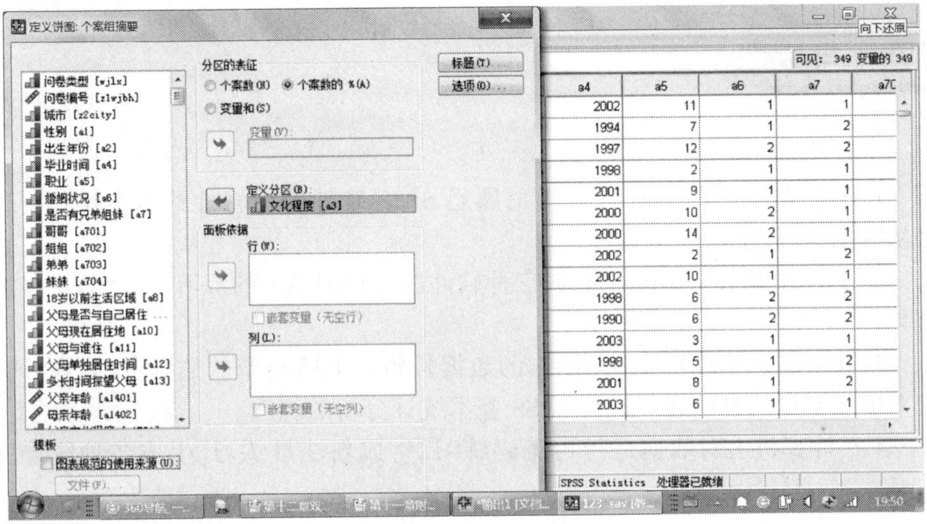
定义饼图：个案组摘要
分区的表征
个案数(N)
个案数的 %(A)
变量和(S)
变量(V):
定义分区(B):
文化程度 [a3]
面板依据
行(W):
嵌套变量（无空行）
列(L):
嵌套变量（无空列）
标题(T)...
选项(O)...
模板
图表规范的使用来源(U):
文件(F)...
问卷类型 [wjlx]
问卷编号 [zlwjbh]
城市 [z2city]
性别 [a1]
出生年份 [a2]
毕业时间 [a4]
职业 [a5]
婚姻状况 [a6]
是否有兄弟姐妹 [a7]
哥哥 [a701]
姐姐 [a702]
弟弟 [a703]
妹妹 [a704]
18岁以前生活区域 [a8]
父母现在居住地 [a10]
父母与谁住 [a11]
父母单独居住时间 [a12]
多长时间探望父母 [a13]
父亲年龄 [a1401]
母亲年龄 [a1402]
向下还原
可见：349 变量的 349
SPSS Statistics 处理器已就绪

图 14-41

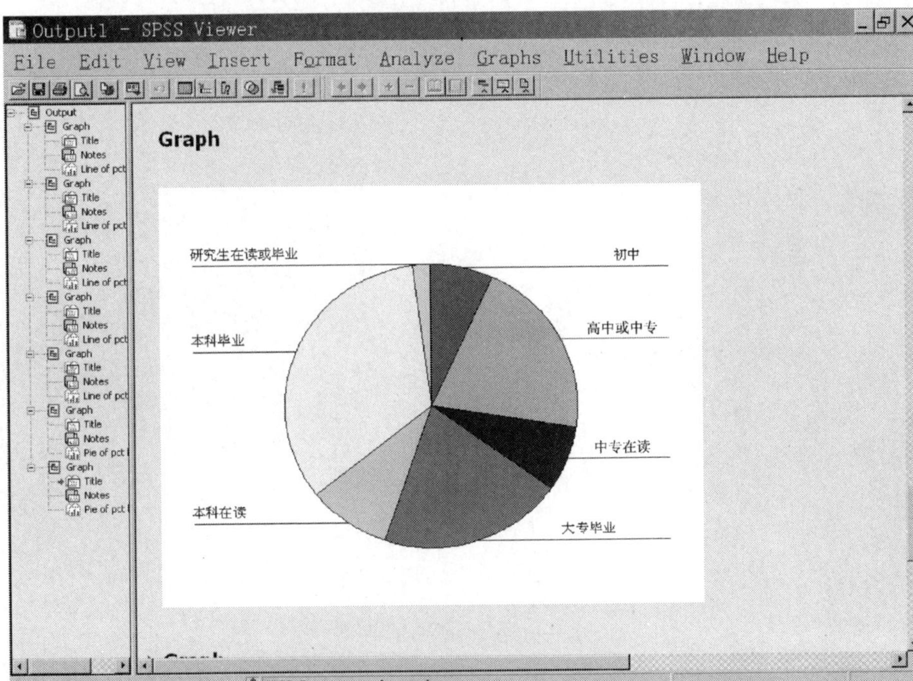
Output1 - SPSS Viewer
File Edit View Insert Format Analyze Graphs Utilities Window Help
Output
Graph
Title
Notes
Line of pct
Pie of pct
研究生在读或毕业
初中
高中或中专
本科毕业
中专在读
本科在读
大专毕业
SPSS Processor is ready

图 14-42

思考与实践

1.在老师的指导下,在计算机上熟悉 SPSS 统计分析软件的基本操作。最好从数据编码、录入开始练习。

2.分别用 Word,Foxpro,SPSS 三种软件进行数据输入的练习,并比较三者的利弊。

3.用你在上一题练习中所制作的数据资料或老师给予的数据资料,在计算机上按照本章的方法逐一进行 SPSS 基本统计分析的练习。

4.在计算机上对数据进行再编码练习、生成新变量练习、生成各种统计图练习。

第十五章

调查报告的撰写

将回收的调查资料输入计算机利用统计软件进行分析之后,就可着手撰写调查报告。撰写调查报告是整个社会调查活动的最后环节,它的作用就是把我们调查研究的结果以文字数字、图表等形式传达给他人,同其他人进行交流。调查报告是一项社会调查研究成果的集中体现,其撰写的好坏将直接影响到整个社会调查研究工作的成果质量和社会作用。因此,我们必须高度重视社会调查报告的写作。

第一节　调查报告的类型与特点

调查报告是对整个社会调查研究过程的全面总结,它是反映社会调查研究成果的书面报告,它以文字数字、图表等形式将调查研究的方法、过程、结果和结论表现出来。其目的是要告诉有关读者,对于所调查研究的社会现象或问题是如何开展调查的,采用了哪些方法,取得了哪些成果,发现了哪些规律,揭露了哪些矛盾,形成了哪些结论,有什么理论意义和现实意义,等等。

一、调查报告的类型

由于社会调查研究课题的性质多样、内容广泛,调查的目的和作用又有较大的不同,因而形成的调查报告有多种类型。根据调查报告的性质、内容、用途、读者对象等方面的不同,可将调查报告分为以下几种类型。

(一)应用性调查报告与学术性调查报告

根据调查报告的主要目的和读者对象,可将其分为应用性调查报告和学术性调查报告。这两类报告在读者对象、目的、撰写要求等方面都存在较大的差异。

1.读者对象不同,应用性调查报告往往以各级政府部门、各类实际工作部门的领导和有关工作人员为读者对象,而学术性调查报告则主要以专业研究人员尤其是与研究者相同或相近的专业研究人员为读者对象。

2.目的不同,应用性调查报告以了解和描述社会现实情况、提供社会决策参考、解决实际社会问题为主要目的,对于各级政府决策和实践部门了解社会情况、分析社会问题、制定社会政策、开展社会工作有着重要的参考作用,对社会舆论的形成和引导也具有较大影响。学术性调查报告则着重于对社会现象的理论探讨,即分析各种社会现象之间的相关关系和因果关系,以及通过对实地调查资料的分析或归纳,达到检验理论或建构理论的目的。

3.撰写要求不同,应用性调查报告更强调对调查结果的描述、说明和应用,而对调查的方法、过程及使用的工具往往介绍不多。同时,应用性调查报告的语言往往更加大众化,对社会现象的描述和分析没有十分固定的格式,更多地采取直观的方式进行说明。学术性调查报告则往往需要运用各个学科的有关理论和概念,并且要对相关理论和概念作明确的说明和界定;要求详细地描述研究过程与方法,如选题的背景、样本的抽取、变量的测量、资料的收集等方面都要做详细介绍;在形式上有比较固定、比较严格的格式,结构更加严谨;在论述的语言上要求更加客观、更加严密。

(二)描述性调查报告与解释性调查报告

根据调查报告的主要功能,可将其分为描述性调查报告和解释性调查报告。

1.功能不同,描述性调查报告的功能在于对所调查的社会现象或社会问题进行系统、全面、准确的描述,其主要目的是通过对调查资料和结果的详细描述,向读者展示某一社会现象或社会问题的基本状况、发展过程和主要特点。对于那些以弄清现状、找出特点为目的的社会调查来说,描述性调查报告是其表达结果的最适当的形式。

解释性调查报告的功能在于用调查所得资料来解释和说明某类社会现象或社会问题产生的原因,或说明不同社会现象之间的关系。这类报告中虽然对社会现象有一定的描述,但一方面这种描述不像描述性报告那样全面,那样详细;另一方面,这种描述也仅仅是作为合理解释和说明现象原因及关系的必要基础或前提而存在,即为了解释和说明而作必要的描述。

2.撰写要求不同,描述性调查报告强调内容广泛和详细,要求面面俱到,同时十分注重描述的清晰性、全面性和系统性,力求对某种社会现象或社会问题进行一次全面的“清查”和系统的反映,形成有关某种社会现象或社会问题的“整体照片”。解释性调查报告则强调内容的集中与深入,注重解释的实证性和针对性,力求给人以合理且深刻的说明。

(三)综合性调查报告和专题性调查报告

根据调查报告的主题范围,可以将其划分为综合性调查报告与专题性调查报告。

1. 主题范围不同。综合性调查报告有时又称为概况性调查报告,是指对某一社会现象或社会问题的基本情况、发展过程、主要特点作比较全面、系统、完整、具体的介绍的调查报告。当一项调查涉及某一社会现象各方面的内容、状况、特点、规律时,其报告往往采取综合性调查报告的形式。综合性调查报告一般有这样两个特点:一是描述的完整性。综合性调查报告往往要对调查对象做完整的描述,它的内容所涉及的范围比较广泛,比如,一项社区概况调查就需要用综合性调查报告来全面反映该社区的政治、经济、文化、环境、社会结构、社会心理、生活质量等各方面的情况。二是杂而不乱。综合性调查报告往往需要以一条主线来串联庞杂的具体材料,使整篇报告形神合一,达到清楚地说明调查问题的目的。

专题性调查报告是指围绕某一特定社会问题或社会现象的某些侧面而撰写的调查报告。当一项调查主要涉及调查对象某一方面的情况时,往往采取专题性调查报告的形式。这类调查报告的特点是内容比较专一,问题比较集中,分析比较深入。

2. 撰写要求不同。综合性调查报告所依据的资料广泛但往往比较表面,专题性调查报告所依据的资料深入但往往比较狭窄;综合性调查报告力求全面,篇幅往往比较大,而专题性调查报告力求鲜明突出,针对性强,篇幅相对要小一些;从功能上看,综合性调查报告主要是描述性的,而专题性调查报告则既要描述,又要进行解释。

二、调查报告的特点

调查报告在内容、结构、表述等方面与工作汇报、报告文学、论说文等其他写作方式相比较,具有自己的鲜明特点。

(一)实证性

实证性是指调查报告必须建立在大量事实材料的基础上,以事实为依据,用事实说话。这既是调查报告最基本的表现手法,也是它的一大特点。调查报告的实证性主要表现在两个方面:其一是真实性,即调查报告要真实地反映社会现象或社会问题的本来面目,绝不能歪曲事实、杜撰事实、埋没事实真相。调查报告是在详尽、全面、系统地占有经验材料,特别是在掌握"第一手"材料的基础之上,用客观真实的经验材料来描述社会现象或社会问题的状况,或阐明其原因,或检验某种理论假设。其二是准确性,即调查报告是在对经验材料进行量化分析的基础之上，对社会现象或社会问题作出准确的描述或解释。调查报告往往都是以数字说话，而且这些数字都是经过研究者认真核对、细心鉴别的。因此，一份科学的调查报告，它不用抒情的描写去感染人，也不用纯理论的思辨去说服人，而是在大量收集客观、真实的第一手资料，输入计算机利用统计软件进行准确分析的基础上，将客观事物的本来面目呈现给读者。

（二）针对性

调查报告的针对性，主要体现为目的的针对性和读者对象的针对性。首先，调查报告要有明确的目的，做到有的放矢。任何调查研究都以解决一定的问题为目的，它们或者是现实问题，或者是理论问题，或者是两者兼而有之。所以作为调查研究结果呈现形式的调查报告，也必须紧紧围绕这个中心，不能泛泛而谈，要针对调查目的，回答所要解决的问题。目的的针对性越强，调查报告的质量越高，发挥的作用也就越大。其次，调查报告的针对性也表现在它必须有明确的读者群体。针对的读者群体不同，则调查报告的整体结构、表现手法、写作风格等方面都有比较大的差别。如果调查报告针对的是专业研究人员，则对调查报告的学术性要求较高，既要求结构严谨，同时还希望在理论上有所创新，他们感兴趣的往往是对社会现实问题作出理论上的回答。如果调查报告针对的是各级政府决策部门等，则对调查报告的应用性要求高，他们感兴趣的是对社会现实问题的解决对策，能为他们作决策提供依据。如果调查报告针对的是一般群众，则对调查报告的可读性要求较高，他们关心的往往是与自己切身利益有关的问题，希望得到有说服力的解释。

（三）时效性

调查报告中所反映的通常都是现实生活中的社会现象或社会问题，而这些现象或问题又都是特定历史时期的产物，随着时间的推移，这些现象或问题往往会发生或多或少的变化，所以，调查报告就必须讲求时效性。在撰写调查报告的过程中，不仅要交代收集资料的时间，而且资料收集与报告发布的时间间隔不能太长，否则会“今非昔比”，“时过境迁”，成为“马后炮”，那样，调查报告也就失去了它应有的社会价值与意义。

第二节　调查报告的撰写步骤

当我们根据调查的目的、内容、用途、读者对象等因素确定了所撰写报告的类型之后，就可以进行调查报告的撰写工作。调查报告的写作，一般要经过确立与提炼主题、拟定提纲、选择材料、撰写报告初稿、修改报告五个阶段。现将这五个阶段的有关写作方法和注意事项做一介绍。

一、确立和提炼主题

调查报告的主题就是调查报告所要表达的中心思想,它是整个调查报告的灵魂和"统帅"。一篇调查报告能否吸引读者,能否引起人们的重视,能引起多大程度的社会反响,在很大程度上取决于调查报告的主题。主题的确定和提炼,既是整个调查报告撰写过程顺利开展的前提,也对写好调查报告起着决定性作用。确立和提炼调查报告主题的方法主要有以下两种。

其一,根据调查主题确立调查报告的主题。由于每一项社会调查在调查实施之前,都已经确立了明确的主题,而资料的收集也是紧紧围绕这一主题展开的,因此,在此项调查基础上写出的调查报告的主题,就应该与调查前确定的整个调查的主题保持一致。比如,进行一项以大学毕业生择业倾向为主题的社会调查,其调查报告的主题就是大学生择业倾向的现状、特点及问题。按照这种方法确立调查报告的主题是比较容易的。

其二,根据调查内容与资料确立调查报告的主题。虽然一般来说,一项调查主题与调查报告主题是一致的、统一的,但在有些时候,可能由于种种原因,使得调查报告的主题不能与调查的主题统一起来,这时候就要根据调查内容和资料来确立调查报告的主题。这种不一致的情况通常有两种。一种情况是,当一项社会调查的内容很多,涉及的范围和领域很广,一份调查报告难以容纳全部内容时,就需要从中选择部分内容形成调查报告,并确立相应的调查报告主题。显然,这时的调查报告主题比起调查的主题来,范围就缩小了。另外一种情况是,由于某些因素的影响,使得调查所得的资料与调查最初的目标之间存在一定的差距,无法说明事先预定的调查主题,此时,也要根据实际的资料和结果重新确立调查报告的主题。

二、拟定提纲

确立了调查报告的主题之后,还不能立即动手撰写报告,而应先构思好报告的整体框架,并将这一整体框架转变为具体的写作提纲。如果说主题是调查报告的灵魂,那么,提纲就是调查报告的骨架。

拟定调查报告提纲的主要作用是帮助我们理清报告思路,弄清报告前后之间的逻辑联系,明确报告内容,安排好报告的总体结构,为实际撰写报告打下基础。拟定报告提纲就是对调查的结果进行分解,或者对调查发现进行分类,并将分解的每一部分或每一个类别进一步具体化。具体来说,调查报告提纲的拟定方法有两种:一是以条目形式拟定写作提纲,即从层次上列出调查报告的章、节、目。比如,我们以大学生人际关系质量调查为例,可先将"大学生人际关系质量调查"这一主题分解为"宿舍人际关系质量""班级人际关系质量""师生人际关系质量”“社团人际关系质量”“网络人际关系质量”“家庭人际关系质量”六章，在每一章下面又分节，例如，“宿舍人际关系质量”这一章下面又可以分为“宿舍交往”“宿舍沟通”“宿舍冲突”“主观感受”“宿舍人际关系满意度”等节，在每一节下面还可以根据需要继续细分。条目形式比较简明扼要，一目了然，但不够具体。二是以观点形式拟定提纲，就是将调查发现或结果分解成若干个具体观点。这种形式比较具体、明确，有吸引力，但不能一目了然，写起来难度也更大一些。

三、选择材料

当我们拟定了调查报告的提纲之后，就要选择恰当的材料去填充。调查报告所用的材料与一项社会调查所收集到的资料是不同的。调查资料往往都与调查主题有关，但不一定都与即将撰写的调查报告有关。也就是说，并非所有的调查资料都能成为撰写调查报告时所用的材料。材料的选择从三个方面进行，首先，我们应该按照调查报告的主题，对材料进行一次初步的筛选，将与调查报告主题无关的材料舍弃。其次，要以写作提纲的范围和要求为依据，即按照调查报告的“骨架”进行再次筛选，这样既可以保证所选取的材料与调查报告的主题密切相关，还可以给不同的材料找到对应的“位置”。最后，还要坚持精练、典型、全面的原则，做到既不漏掉一些重要的材料，又使所用的材料具有最大的代表性和最强的说服力。

调查报告所用的材料通常包括两方面的内容：一是从调查中得到的各种数据、表格、事例等客观材料，二是通过对这些客观材料的分析、综合、概括所形成的观点、认识、建议等主观材料。两者相互联系、互相依赖，共同构成填充调查报告“骨架”的“血肉”。

四、撰写调查报告初稿

在确立好主题，拟定好提纲，选择好材料之后，我们头脑中就有了一个逻辑清晰、结构分明、材料充实的调查报告雏形，下一步工作就是用适当的文字、图表把它们流畅地组织在一起，这就是撰写调查报告的初稿。在撰写过程中，通常要从头到尾一气呵成，而不要经常地在一些小的环节上停下来推敲修改，以免耽误过多时间。这样做的好处是便于整个调查报告紧紧围绕所确立的主题展开，使得调查报告在整体思想、体系结构、内容形式、行文风格等方面都前后一致，浑然一体。

五、调查报告的修改

调查报告的修改是撰写调查报告必不可少的重要一环，是提高调查报告质量的重要措施之一。调查报告的修改尤其要注意以下几个方面:第一调查报告的主题是否符合时代的要求;第二,调查报告的整体结构是否完整,各部分的安排是否符合一定的逻辑顺序;第三,观点是否明确,表达是否准确;第四,引用的材料是否恰当,是否有说服力;第五,通读全篇报告,检查语言是否流畅,图表的制作是否清晰美观。

第三节　应用性调查报告的结构与写作

由于应用性调查报告与学术性调查报告在目的、形式及读者对象诸方面存在较大差别,因此,在撰写格式和要求上也不完全一样。通常情况下,应用性调查报告中往往更强调对调查结果的描述、说明和应用,而对调查的方法、过程及调查结论的解释等就不大关心。同时,应用性调查报告的语言更加大众化,对社会现象的描述和分析更多地采取直观的方式进行说明。

应用性调查报告虽然没有固定不变的格式,但一般来说,应用性调查报告在结构上都可分成标题、导言、主体和结尾几个部分。下面,结合具体例子对这几个不同部分的写作方法和要求作一些说明。

一、标题

任何调查报告都应该有一个标题。标题是能否引起读者注意的关键因素之一。标题生动、明确、针对性强,就能打动读者,吸引读者;标题平平常常,往往难以引起读者的兴趣。一个好的标题有两个标准:其一是要概括调查研究的内容;其二是要新颖、生动,能够吸引读者。目前从大量社会调查报告的标题来看,用得较多的标题形式主要有下列几类。

(一)陈述式标题

陈述式标题,即直接在标题中陈述调查的对象和调查的问题,如《关于大学生择业倾向的调查》《城市居民社会心态调查》《成都市青少年犯罪状况调查》等。这种标题形式的最大优点是明确、客观,从标题中就知道调查的内容和调查的对象,有利于读者根据需要来选择是否阅读。其缺点是千篇一律,太一般化,也显得比较呆板,难以吸引读者的阅读兴趣。因此,发表在各种非专业报刊上的调查报告很少用这类标题,而学术性调查报告用此类标题的则比较多。

(二)结论式标题

结论式标题,即用某种结论式的语言、判断句等作标题,如《家庭不和是青少年犯罪的重要原因》《家庭养老面临挑战》等。这种标题形式的优点是,在标题中既揭示了主题,又表明了作者的观点,具有较强的针对性,且十分醒目,有一定的影响力。其缺点是显得有些呆板,且理论色彩较浓。这种标题同样在专业刊物上用得较多,而在非专业刊物上用得较少。或者说用于学术性调查报告较多,用于应用性调查报告较少。

(三)问题式标题

问题式标题,即以一个问题作为标题,如《他们为什么选择离婚》《21 世纪的爱情是什么味道》《当今青年农民在追求什么》等。这类标题的突出特点是十分吸引人们的注意力,有利于调动读者进一步阅读的欲望,应用性调查报告更经常地采用这类标题。非专业刊物上发表的调查报告,也较多地采用这类标题。

(四)双标题式标题

双标题式标题,即由主标题和副标题共同构成调查报告的标题。在这种形式中,主标题多以提问式和结论式表达,而副标题则以陈述式表达,如《他们也有爱的权利——对北京市老年人婚姻问题调查》《独生子女都是小皇帝吗——对武汉市1 000名小学生的调查》《她们也曾经美丽过——对 200 名“失足”少女的调查》等。这种形式的标题具有上述各种优点,无论是应用性调查报告还是学术性调查报告,都可采用这种形式的标题,因而这也是各类报刊发表的调查报告中十分常见的一种标题形式。

标题的写法虽然灵活多样,但有一点要十分注意,这就是“文要对题”,即调查报告的标题要与调查报告的内容相符,不能为了引起读者的注意而使用超出调查报告内容的标题。在突出报告主题的原则上,可以适当注意标题的新颖、活泼。

二、导言部分

导言又可称为前言,是调查报告的第一部分,它的主要任务是向读者对已经完成的调查作一个简单的介绍,使他们获得一个较全面的印象,以期引起他们的注意和兴趣。最主要的内容包括调查的背景、目的、内容、对象、时间、地点、方法等。导言部分一般文字较少,简明扼要。只有在学术性调查报告中,导言才比较具体,内容也比较多。应用性调查报告导言的具体写法有下列几种常见的方式。

(一)直述宗旨式

直述宗旨式,即开门见山,平铺直叙,直接把调查的目的、内容、对象、范围等一一写出。它的优点是有利于读者把握调查报告的主要宗旨和基本精神。例如:

为了全面了解下岗职工的生活状况,加强下岗职工的就业和再就业工作,华中科技大学社会学系于2000 年 9~10 月,在湖北省武汉市调查了 900 位下岗职工的生活与工作情况,下面是这次调查的方法及主要结果。

（二）提问设悬式

提问设悬式，即先描述某种社会现象和社会问题，然后对这种社会现象和问题产生的原因、影响等提出一系列疑问，最后介绍调查的基本情况。这种写法的优点在于能引人入胜，增强读者阅读报告的兴趣。例如：

随着社会的发展和人们物质生活水平的提高，中学生早恋已成为一种较为普遍的现象。无论是上学、放学的路上，还是街上，都可以看到学生情侣公然手牵手、肩并肩，有的甚至在公共场合旁若无人地亲热；而男生为女生打架，女生为男生殉情的事情也时有发生；因早恋而使成绩下降者更是比比皆是。甚至有报道说，目前中学生谈恋爱的比例已高达80%。真的有这么多中学生早恋吗？促使中学生早恋的原因是什么？早恋对学生的成长会带来哪些影响？学校如何进行中学生的青春期教育？为了弄清这些问题，南京大学社会学系于2007年10~11月，对南京市和成都市400多名班主任进行了调查。

（三）给出结论式

给出结论式，即在描述现象、提出问题的同时，直接写出结论。比如：

中学生早恋已不是偶然现象。无论是上学、放学的路上，还是街上，都可以看到学生情侣公然手牵手、肩并肩，有的甚至在公共场合旁若无人地亲热。这么多的中学生为什么会早恋呢？通过我们对南京市和成都市400多名班主任老师的调查发现，生理心理早熟、家庭性教育不当、社会文化的负面影响是导致中学生早恋的主要原因。

三、调查报告的主体

调查报告的主体部分，是整篇调查报告的最主要部分，所占的篇幅最大、内容也最多。我们在调查过程中所收集到的大量材料，通过对材料的分析而得到的一些重要发现，都集中在这一部分。在主体结构上必须精心地安排。一般来说，应用性调查报告主体部分的结构有下列几种常见的形式。

（一）纵向结构式

纵向结构式，即按照调查现象本身所具有的时间顺序，从纵向的角度来描述和分析，以突出某一现象或问题的发展过程，或者反映在不同时间点上的变化与差别。比如，一项反映新中国成立60多年来中国人择偶标准变化的调查报告，就可按纵向结构来安排，将主体分为三部分：①新中国成立到十年动乱前的中国人择偶标准；②十年动乱期间中国人的择偶标准；③改革开放以来中国人的择偶标准。

（二）横向结构式

横向结构式，即根据调查现象或问题本身所包含的各种不同特征或不同侧面，从横向的角度来逐一描述、分析和比较，以突出某一社会现象或问题的各个方面的内容与特点。比如,一项关于当前中国人择偶标准的调查报告,就可将其主体分为:①政治社会条件;②生理条件;③经济物质条件;④个人品性条件等几个部分。

(三)纵横结合式

纵横结合式,即将上述两种方式相结合,以一种方式为主,常用于较大规模调查的调查报告中,以便于反映出比较复杂的内容。比如,在总体结构上按时间顺序,但在每一时期,又分别从不同的方面进行描述与分析;或在总体上按横向结构安排,而在每一个具体方面的描述中又采取纵向的结构。

四、结尾

结尾部分的中心内容是小结调查的过程和主要结果,陈述调查结论,并在阐明所调查现象产生或形成的原因、所具有的影响的基础上,提出若干解决的办法或政策建议。结尾部分在写作上的具体要求是:语言要精练,陈述要明确,可以简明扼要地列出几点,清晰地表明调查研究的主要结果,以及研究者的看法和观点。

总的来说,导言部分以介绍情况、说明目的为主;主体部分则以详细描述社会现象的实况、报告实地调查的结果为主;结尾部分则以对这一社会现象的讨论以及解决问题的建议为主,以引起社会的重视,或供有关部门参考。

第四节　学术性调查报告的结构与写作

学术性调查报告所针对的读者对象主要是各具体学科的专业研究人员,主要在学术刊物上发表或在学术会议上进行交流。因此,学术性调查报告的撰写往往比应用性调查报告更加严格,它有比较固定的格式。一般来说,学术性调查报告在结构上通常包括下述内容。

(1)导言,说明调查研究的问题及其意义;

(2)文献回顾,即介绍以往的相关研究及存在的问题或不足;

(3)结果与分析,说明调查的主要发现;

(4)小结与讨论,即对研究结果的简要总结,以及说明所发现的结果具有哪些意义,如何从理论上解释所发现的结果,从这一结果出发,还能得到什么或还能继续做些什么,这一项调查所存在的问题或不足;

(5)小结,对主要调查背景、结果、结论的简要总结;

(6)参考文献,调查报告中所涉及的书籍和文章目录;

(7)附录,列出调查过程中所用的问卷、量表及某些计算公式的推导、数据计算方法等。

下面,我们按照上述的顺序和内容,逐一详细介绍具体的写作要求和方法。

一、导言部分

虽然同是导言,但学术性调查报告的导言却与应用性调查报告的导言不同。它通常更为详细,所包括的内容更多。从大的方面看,它一般包括以下三个方面的内容。

(一)介绍本项调查研究背景

任何一个调查研究问题,都不会是研究者一时兴起,随意挑选出来的。它一定有某种社会现实背景或学科理论背景。因此,作者在导言中,应该告诉读者这篇报告提出研究问题的大的背景,说明这一问题是处在一个什么样的社会现实背景或学科理论背景中。在具体写法上,应该采取沙漏式的写作手法,即从广阔的社会背景开始,逐渐缩小到自己调查研究的问题上来。例如,一篇有关城市在职青年的婚姻期望与婚姻实践的论文是这样介绍其研究背景的:

结婚成家是青年继续社会化道路上最为重大的任务之一,也是青年从出身家庭进入定位家庭的分水岭。长期以来,青年的婚姻期望与婚姻实践一直是理论工作者和实际工作者普遍关注的问题。青年的婚姻期望是青年在继续社会化过程中所形成的、对将要付诸实践的恋爱与婚姻行为及其结果的一种心理预期。而青年的婚姻实践则可以看作是青年在与社会结构、社会文化背景的不断互动中,逐步实施和调整自己的婚姻期望的行为及结果。目前,由于伴随着中国改革开放成长起来的新一代青年已经开始进入婚育期,巨大的社会变革自然会在这一代青年的身上留下深深的烙印,对其各个方面的状况产生重大的影响。因此,探讨这一代青年的婚姻期望与婚姻实践,有着十分重要的意义。①

(二)介绍调查研究的具体问题是什么

这是导言部分最重要的内容。无论是理论性的调查研究,还是应用性的调查研究,在报告中都必须清楚地说明研究的问题。在对研究问题的具体表述方式上,可以先直截了当地表明研究的核心问题或主要目标,同时进一步说明围绕这个核心问题的若干小的具体问题。例如,一篇探讨"城市一孩育龄夫妇在二孩生育中的从众行为"的论文中,是这样来介绍其研究问题的:

本研究所关注的中心问题是:在城市现有一孩育龄夫妇中,因他人二孩生育行为的影响而使自己原有生育意愿发生改变的现象是否存在?或者说,现有一孩育龄夫妇在生或是不生第二个孩子的问题上,是否存在着某种从众现象?如果存在从众现象,其比例有多大?这种二孩生育中的从众现象呈现出什么样的特征?特别是,这种从众现象的比例和特征对于预测和估计"全面二孩"政策

① 风笑天.城市在职青年的婚姻期望与婚姻实践[J].青年研究,2006(2).

实施效果来说，又具有什么样的现实意义？弄清楚这些问题，既可以帮助我们更好地估计和预测“全面二孩”政策的可能效果，同时也可以为更好地落实这一政策提供有价值的参考。①

（三）简要介绍这一问题所具有的意义

即要在导言的叙述中向读者表明，这一问题为什么值得探索、值得研究。既包括理论意义，也包括现实意义。例如，一篇探讨城市育龄人群二孩生育意愿影响因素的论文中，作者在说明了研究所关注的问题后，进一步提出这种关注所具有的意义：

对于在年龄结构上有着如此明显不同的两类育龄群体来说，影响他们二孩生育意愿的各种因素是否也会有所不同呢？特别是目前社会舆论中比较普遍的经济条件因素、祖辈帮助因素、一孩性别因素等，是否会对两类不同的育龄人群有着不同的影响呢？本研究的目标，正是希望利用 2015 年对全国 12 个城市不同类型一孩育龄夫妇的调查数据，对上述问题进行探讨，以便弄清楚年龄结构明显不同的两类育龄群体在二孩生育意愿上的影响因素。从而为更好地认识“单独二孩”“全面二孩”政策的实施效果及其相关的影响因素，为建立促进二孩生育的政策配套措施，以及为下一步生育政策调整方向的制定提供参考。②

二、文献回顾部分

当陈述了所研究的问题及背景后，接下来的工作就是要对这一问题领域中已有的研究及其结果进行综述和评论。科学研究是一种知识积累的过程，严格地说，任何一项调查研究，都是在前人已有成果的基础上进行的。每位研究者都应该尽量全面地了解与自己所研究的问题有关的理论和方法，掌握最新的资料、动态和结果。

在文献评论这一部分中，研究者应该考虑这样一些问题：第一，对于这一特定现象或问题，前人做了些什么研究工作；第二，对于这一特定的现象或问题，是否存在着相关的理论解释，有哪些不同的理论解释；第三，前人采取了哪些方法研究了这一现象或问题，已得到了哪些有价值的结果；第四，已有的研究还存在着哪些缺陷或不足；等等。当然，通常在进行调查研究之前，研究者往往就已进行了广泛的阅读，即已经熟悉和了解了这一领域已有的研究，现在的工作只不过是根据需要对这些研究进行一番小结和评论罢了。

文献评论的方法是既要介绍，又要评论，即既要简要地、重点地介绍每一文献的主要结果和结论，又要对这些结果和结论的优劣长短作出自己的评价。介

① 风笑天.二孩生育中的从众行为：可能性及其影响[J].社会科学研究，2018(3).

② 风笑天.城市两类育龄人群二孩生育意愿的影响因素研究[J].东南大学学报（哲学社会科学版），2017(3).

绍和评论的重点要集中在与自己的研究有关的内容上,其他无关的内容则完全略去。文献评论的目的与作用,在于帮助读者了解这一领域中已有的研究成果和结论,同时,也为他们阅读和评价自己的研究打下基础。

对于初学者来说,可以先按照"谁——在何时何处——针对什么对象——围绕什么问题——采取什么方法——进行了什么样的研究——得到什么结果——还存在什么局限或不足"的格式,来对相关文献进行综述和写作。下面就是这种写作模式的一个例子。

关于育龄人群不愿生育二孩的主要原因,影响比较大的研究结论是 2017 年国家卫计委通过正式的例行新闻发布会所公布的 2015 年生育意愿调查的结果。在例行新闻发布会上,国家卫计委计划生育指导司司长杨文庄指出,根据国家卫计委 2015 年生育意愿调查的结果,育龄人口中,"因为经济负担、太费精力和无人看护而不愿生育第二个子女的分别占到 74.5%、61.1%、60.5%"(国家卫计委,2017)。其言下之意是:这三个方面是一孩育龄人群不愿意生育二孩的主要原因。在 2018 年 3 月"两会"期间接受记者采访时,他再次强调了这一点,"很多家庭生二孩积极性不高,面临'生不敢生'的问题,其主要原因,一是经济负担重;二是没有精力照顾孩子"(侯黎强,2018)。

由于国家卫计委新闻发布会所公布的这一研究结果并没有具体的原始报告,笔者只能根据新闻发布会上的结果进行分析。从其结果的表达方式来看,74.5%、61.1%、60.5%的比例的确都非常高,很容易给人一种印象,即这三种因素是人们不生育二孩的最主要原因。但实际上,由于发言人并未对这三项百分比的具体含义和统计方法作必要的解释及说明(即没有说明这三项百分比是不是调查结果中百分比最高的),因此并不能完全依据这三个百分比就得出它们是人们不生育二孩最重要原因的这一结论。

学术界的调查研究结果又如何呢?笔者对中国知网(CNKI)2014—2018 年核心刊物的检索结果表明,目前学术界所发表的对育龄人群不生育二孩原因的直接调查结果仅有以下 4 篇:

姜玉等利用国家卫计委 2015 年全国城乡 5 425 位育龄人群(其中农业户口近 70%)生育意愿追踪调查的数据,对"单独两孩"政策出台后中国城乡居民的生育意愿变化情况进行了研究。其中专门对单独家庭和普通家庭育龄人群不生育二孩的原因作了描述和分析。其研究结果表明:"无论是单独还是普通一孩家庭,'经济压力大'都是放弃生育二孩的首要原因。"影响单独家庭生育二孩的次要原因是"没人帮忙照顾小孩";而影响普通家庭生育二孩的次要原因则是"高龄生育风险大"(姜玉,等,2017)。

张晓青等利用 2015 年对山东省城乡 15 679 个"单独"家庭和"双非"家庭的育龄夫妇所作的生育意愿调查数据,探讨了两类家庭不愿意生育二孩的最主要原因。其研究结果表明,“对‘单独’家庭而言,排在前四位的依次为‘家庭经济情况不允许’‘怀孕、生孩子、养孩子很麻烦’‘生一个孩子有利于孩子培养’‘影响工作和事业发展’,分别占 27.8%、14.7%、14.2%和 13.1%;对‘双非’家庭而言,排在前四位的依次为‘身体原因’‘家庭经济情况不允许’‘生一个孩子有利于孩子培养’‘怀孕、生孩子、养孩子很麻烦’,分别占 49.8%、17.4%、9.9%和 6.4%”(张晓青,等,2016)。

石智雷等利用 2014 年对湖北省城乡 10 030 个符合当时二孩政策(包括双独二孩、单独二孩、农村一孩半及少数民族)家庭的调查数据,描述了育龄人群不想生育二孩的主要原因。其研究结果表明,50%左右的城乡家庭是由于“经济压力”;20%左右的家庭是因为“一个孩子就挺好”;12%左右的家庭是因为“工作太忙”;8%左右的家庭是由于“无人照料小孩”。(石智雷,等,2014)

韩雷等 2014 年对湖南湘潭市 602 名城乡育龄妇女的调查结果表明,育龄妇女“不想生二孩的主要原因是成本太高,占比达到 56.3%,次要原因是不想对孩子分心和工作事业太忙,分别占 13.1%和 10.2%”;另外还有 20.4%的人选择的是其他原因(韩雷,等,2016)。

从上述几项研究的结果来看,最为一致的结论是:经济压力大,是城乡育龄人群不想生育二孩的最主要原因。此外,比较重要、但有所差别的原因还包括养孩子费精力、无人帮忙照料、妻子高龄身体不好以及一个孩子就很好或有利于孩子成长等。然而,笔者注意到,上述五项研究中都还存在一些不足或错误,影响到其研究结论的正确性或准确性。

首先,现有的五项研究有一个共同特征:即都是以城乡育龄人群整体为对象,而没有一项是单独以城市育龄人群为对象的。由于城乡育龄人群在所面临的生育政策以及在具有的生育观念、生育文化等方面差别明显,因此,这种将城乡两部分对象合在一起所作的调查研究,不仅难以突出了解和测评城市育龄人群不愿生育二孩的原因,同时还会因为不同调查样本中城乡两部分对象比例的不同而导致调查结果的互不相同。

其次,虽然从调查范围和样本规模上看,最有代表性的应该是国家卫计委的两项调查。但十分遗憾的是,不仅前述的国家卫计委新闻发布会的调查结果存在着百分比含义不清的问题,在姜玉等利用国家卫计委 2015 年全国城乡育龄人群生育意愿电话追踪调查数据所得出的“不生育二孩原因”的统计结果(即原文表 3 的统计结果)中,同样存在着类似的错误。因为根据其表 3 中所列出的数字,三类家庭各项百分比之和均超过了 100%。例如,第一列“单独一孩家庭”的各项百分比之和为 132.3%;第二列“普通一孩家庭”的各项百分比之和为 133.7%;第三列“全部一孩家庭”的各项百分比之和为 137.7%。这显然是不对的。究竟每一种原因的实际比例是多少?从表 3 中无法判断。因此,其研究所得结论的准确性也相应地受到影响。

再者,湖北调查和山东调查的质量虽然较好,但二者均只是对一个省域的调查,其结果对于反映全国的状况来说具有一定局限性。同时,由于这两项研究都是在“全面二孩”政策实施之前所作的调查,所以,对于当时不符合二孩政策的“双非”家庭来说,其调查结果还缺乏一定的现实性。至于韩雷等的调查,由于其只是对一个市的调查结果,涉及的范围更小;另一方面其在问卷中所提供的“不生育二孩原因”的答案数量仅有三项,对于现实中人们不生育二孩的各种各样的具体原因来说,三种答案显然太少(因而导致回答“其他原因”的比例达到 20%),且该项调查的质量总体上也相对较差。因而其结果更难以反映全国的一般情况。

上述文献回顾的结果表明,对于城市一孩育龄人群为什么不想生育二孩的问题,现有的五项研究还没有提供相对准确、相对全面的答案。因此,本研究希望利用近两年中所作的两项抽样调查的数据,从四个方面来弥补上述研究的不足:一是在调查对象上集中聚焦于城市一孩育龄人群,以提高研究的针对性;二是在调查范围上尽可能涵盖全国不同地区、不同城市类型,以增强调查结果对城市育龄人群的代表性;三是在时间上充分利用 2016 年“全面二孩”政策实施后进行的一项调查的结果,来加强对“双非”育龄人群不愿生育二孩原因的认识;四是在调查问卷中尽可能多地列出反映不同原因的答案类型,以增强对育龄人群不想生育二孩原因的全面反映①。

三、方法部分

对方法的详细介绍,是学术性调查报告区别于应用性调查报告的又一个突出标志。在应用性调查报告中,读者往往只关心调查的结果,而不会对调查方法感兴趣,因此,对方法只需做简单的介绍。方法的可靠性如何关系到调查结果的可信度。只有知道了所采取的方法,明白了调查的具体操作步骤,读者才能评价该调查是否具有科学性、调查结果是否有可信度。因此,学术性调查报告中,必须对使用的方法、研究的过程做较为详细的介绍。必要的时候,还要对调查方法可能存在的局限性给予必要的说明。

当然,由于不同的调查所采取的方法不会完全相同,所以在调查报告中各自介绍的内容也不会完全一样。但是,一般来说,大多数调查报告的方法部分都包括以下几个方面的内容。

(一)对抽样方法的介绍

社会调查绝大多数情况下属于抽样调查,它的基本逻辑是从一个样本那里

① 风笑天.为什么不生二孩:对城市一孩育龄人群的调查与分析[J].河北学刊,2018(6).

收集资料，并通过对资料的分析，来推论总体的情况。所以，在调查报告中，必须对所调查的总体、采用的抽样方法、抽样过程做一个比较详细的介绍，对样本的代表性进行客观的评估。这是方法部分重点介绍的内容。

在介绍时，首先，要说明调查总体的情况，即说明调查所希望了解的、所希望描述的是由哪些人所构成的总体。如果总体不明确，就难以确定样本的性质，无法评价调查结果的推论范围及适用性。其次，要对调查的样本及抽样方法、抽样程序进行说明。最后，要对样本的构成、样本的质量做一个详细的介绍和客观的评估。下面是一个抽样方法介绍的例子。

本文所用数据来自笔者2004年对全国12个城市1 786名在职青年的抽样调查。该调查的样本设计考虑到不同地区、不同类型、不同规模、不同发达程度的城市，以及具有不同职业的青年等因素。具体抽样过程分为三个阶段。

首先是城市的抽取。为了尽可能增加样本代表性，抽样设计中考虑到两种标准。一是空间上分为东部、中部、西部三类发达程度不同的地区。二是从城市性质和规模上分为直辖市、省会城市、大城市、中小城市。由于直辖市较少，直接选取上海、北京、重庆；然后分别从东部、中部和西部（未抽取西藏、新疆）地区中按简单随机方式各抽三个省（自治区）；然后从每一地区三个省会城市中简单随机抽取一个城市；再从剩下两个省（区）的所有大城市中简单随机抽取一个城市；最后从剩下的（即省会城市、大城市均没抽到的）那个省（区）的中小城市中简单随机抽一个城市。最终抽取的12个城市见表15-1。

表15-1 调查城市的类型

	东部	中部	西部
直辖市	上海市	北京市	重庆市
省会城市（100万人以上）	南京市（江苏）	长春市（吉林）	兰州市（甘肃）
大城市（50万~100万人）	厦门市（福建）	新乡市（河南）	桂林市（广西）
中小城市（50万人以下）	金华市（浙江）	鄂州市（湖北）	安顺市（贵州）

其次是单位的抽取。调查单位的抽取采用系统抽样方法，根据目前城市中主要职业的分布状况，调查选取了教育、卫生、商业、服务业、交通、建筑、邮电、金融、大众传媒、公检法、市政等15类单位。抽样方法是：从本市的电话黄页中，按照15种职业类型，从每一职业类型的全部单位名单中等距抽取3个单位；先从抽到的第一个单位中抽取调查对象，如果人数不够，再从后两个单位中补充抽取。

最后是调查对象的抽取。调查对象的抽取由调查单位协助完成。联系时告知被调查单位：所进行的是“全国12城市青年发展状况调查”，“需抽取10名年龄在1976年及以后出生的青年职工，尽可能兼顾到性别平衡”。由于取样要求中仅提出年龄与性别的要求,而没有涉及任何与研究内容和主题相关的信息(比如,是否独生子女等)。因此,如果不存在某些系统偏差情况的话,可以把单位在不知调查意图的情况下提供对象的方式近似地看作随机抽样。各地调查均由社会学专业的教师和经过培训的学生实施。资料收集采取"集中填答问卷,当场完成,当场检查,当场回收"的方式进行。填答问卷的时间为20~30分钟。不能集中填答的单位,则分别进行,但都在同一个半天内完成。本次调查共发出问卷1 860份,收回有效问卷1 786份。有效回收率为96%。样本基本构成情况见表15-2。①

表15-2 调查样本基本情况(n=1 786)

性别	男	46.9	婚姻状况	未婚	73.0
	女	53.9		已婚	27.0
出生顺序	老大	24.7	文化程度	初中	7.0
	中间	9.0		高中及中专	27.9
	老幺	31.2		大专	29.6
	独生	34.6		本科及以上	35.5
年龄	18~22岁	19.9	城市分布	直辖市	25.1
	23~24岁	23.0		省会城市	25.3
	25~26岁	29.2		大城市	25.4
	27~28岁	27.9		中小城市	24.2

(二)对研究的主要变量的说明

对研究的主要变量的说明包括研究的主要变量是什么,这些变量的操作定义是什么,是通过哪些具体的指标来测量的。如果某一个变量较为复杂,调查中采用量表测量,那么,在这里还要清楚地说明是运用现有的比较成熟的量表,还是自编量表。如果是自编量表,还需要对量表的编制过程、具体指标、计分方法、信度与效度等进行说明。

(三)介绍资料收集方法和过程

在一项社会调查工作中,除了样本抽取、变量测量外,调查资料的收集工作也是十分重要的环节。因此,在调查报告中,还要对资料收集的方法与过程进行比较详细的说明。在这一部分,研究者要告诉读者所采取的是哪种资料收集方式,是自填式问卷还是结构式访谈。无论采用哪种方法,都需要对调查员的来源、组成及培训等进行说明。还要详细说明发放多少份问卷,回收多少份问卷,问卷的回收率和有效回收率是多少,拒答与无效回答的原因是什么。

① 风笑天.第一代独生子女婚后居住方式:一项12城市的调查分析[J].人口研究,2006:(5).

(四)说明资料的分析方法

由于调查方式的不同、样本规模的不同、资料收集方法的不同等,使得每一项具体的调查所采取的分析方法也不完全一样。是进行了一般性的描述分析,还是进行了较深入的相关分析、因果分析,所有这些都要向读者介绍。此外,对于资料的处理、整理过程也应作必要的说明,例如,资料是手工整理或统计的,还是在计算机上完成的;如果采用计算机进行分析,所使用的分析软件(如SPSS,SAS)等,也要向读者交代。

以上,我们介绍了方法部分所包含的内容。虽然在一项具体的研究中不一定需要对上述每一个方面都进行详细介绍,但是有一条是应该遵循的,那就是要让读者知道研究者采用了哪些方法、程序和工具,在实际调查中研究者又是如何做的。

四、结果与分析部分

结果部分是学术性调查报告的主体部分。一篇学术性调查报告质量的高低和价值的大小,主要取决于这一部分写得如何。结果部分的撰写原则是:先总体,后个别;先一般,后具体。即先给出总体性的、一般性的结果,然后才是个别的、具体细节的一些结果。不管是在对整个研究结果的陈述中,还是在对各个部分结果的陈述中,都应该遵循这一原则。在具体写法上往往也是先给出答案,再展示证据。每一个方面的结果陈述完毕后,应进行简要小结,然后再开始下一个方面内容的陈述。在结果的表达上,要做到层次分明,条理清楚。此外,还有以下两个方面的问题需要注意。

(一)结果与讨论的关系

一般来说,任何一篇调查报告的结果部分总是或多或少地包含着对这些结果的解释、分析和讨论,两者完全分开、毫不相关的情况是没有的。通常的写法是,当调查报告的内容较少时,结果与讨论两部分合在一起,即成为"结果与讨论"部分;而当调查报告的内容较多、较复杂时,则将两部分分开。此时,在结果部分,侧重表达和分析各个分支的结果,而在讨论部分,则侧重表达和分析研究的整体结果;或者在结果部分侧重讨论各结果的直接内涵,在讨论部分则侧重讨论结果的更深入的内涵和对结果的推广等。

(二)关于数据、资料、图表的处理问题

在结果部分,要用数据、图形、表格来向读者展示详细的、具体的证据和结果,并对这些数字、图形、表格进行必要的说明和解释。这里的基本原则是,既能使读者通过阅读研究者的说明和解释来获得这一研究的主要结果,又能使他们通过查看图形或表格来做到这一点。为了达到这一目标,对数据、资料、图表的处理必须注意以下三个方面:第一,从浩繁的材料中抽取最能说明结论的证据。学术性调查报告绝不仅仅是一大堆具体事实和统计数据的简单罗列，使读者看了不得要领，分不清主次，抓不住中心。面对一大堆收集来的资料和统计数据，我们不能舍不得“割爱”，要在分析、加工、提炼资料和证据上多动脑筋，多下功夫，从浩繁的材料中抽取最能说明结论的证据。第二，要提高图表的内涵和质量。对于初学者，往往片面地认为统计数据和图表越多越好，尤其是在当前强调定量研究的形势下，这一想法更为突出。似乎只有列出大量的统计图表，才是调查具有科学性、具有说服力的表现。其实这是一种误解，或者说是对定量研究的一种肤浅的认识。一篇调查报告是否具有科学性，是否具有说服力，绝不是看图表的多少，而是看图表的内涵和质量。实际上，许多经验丰富的研究人员在调查报告中对图表的设计是相当谨慎、颇费心思的，他们往往注重的并不是图表的数量，而是它们的说服力和质量。第三，深刻揭示数字、图表所代表的内涵。有些学术性调查报告对图表和数据的说明太肤浅，有的仅仅是逐项、逐格地把统计数字重新用文字叙述一遍，而没有去揭示这些数字所代表的意义和内涵，没有起到文字说明的效果。

五、结论与讨论部分

结论与讨论部分要明确地回答导言部分所提出的问题，或者以明确的叙述说明研究的假设是否得到证实。但是要注意，不要简单地再次解释和重复在结果部分已经总结了的观点和结论，而是要在结果部分的基础上，挖掘新的、更深层次的东西。讨论部分的每一句陈述，都应该增加读者对该研究问题的理解。

因此，在撰写研究报告的讨论部分时，应该思考这样一些问题：从我们的调查研究结果中，能够得出一些什么样的推论？这些推论中，哪些同研究的数据资料结合得相当紧密，哪些在较抽象的层次上同理论更加相关？我们的研究结果在理论方面或实践方面具备什么样的价值和意义？

在讨论部分，可以把自己的研究结果同文献评论中列举的那些研究结果进行比较，看看是否又一次验证了它们的结论。当我们得到某些相反的结果或未料到的结果时，我们要如实地陈述和深入地讨论它们，而不能用曲意迎合来解释它们。

在讨论部分，我们还可以在下列一些方面提醒读者注意：比如，调查样本的特点，所有这些特点对调查结果可能会产生什么样的影响，如果想将自己的结论进行推广，还应考虑必须具备的条件及其所受到的限制。

除了上述内容外，讨论部分还应该包括下述内容：对自己的研究仍未能回答的那些问题的讨论，对于那些在研究过程中新出现的问题的讨论，对探讨和解决这些新的问题有所帮助的研究建议等。

最后要注意，讨论部分不宜写得太长，因为除了研究者自己的研究结果外，其他内容都是次要的。有的学者甚至认为,讨论部分的长短与研究结果的清晰度之间往往存在着一种负的相关关系,即讨论部分越长,读者对研究者的研究结果越不清晰。这也许有一定的道理。

六、摘要

摘要是一种更加简明扼要的小结,它通常不超过200个字,放在报告的前面,并且是单独作为一个部分与原报告隔开。摘要的这些特点,使得专业刊物的广大读者能很快地对这一研究的主要内容、方法、结果和结论有一个总的了解,从而便于他们决定是否继续阅读整个报告的细节内容。摘要非常不容易写好,因为它的篇幅十分有限,其中的每一个字、每一句话,都要十分明确和恰当。正是由于不可能把各方面的情况都写进摘要里,所以我们必须仔细考虑,作出选择,主要突出哪些内容,略去哪些内容。下面是摘要的一个例子。

本文运用5次大规模调查所得的资料,以同龄非独生子女作为参照对象,将青少年问卷与家长问卷相互对比,从性格特征、生活技能、社会交往、社会规范、生活目标、成人角色、自我认识等方面,描述和分析了中国城市第一代独生子女青少年的社会化过程及其结果。研究表明,从总体上看,城市独生子女青少年的社会化发展是正常的,他们与同龄非独生子女之间在社会化各个方面的相同点远多于相异点。文章还根据研究发现,提出了"消磨—趋同""变异关键年龄""社会交往补偿"等理论解释。①

七、参考文献

与应用性调查报告所不同的是,学术性调查报告通常要在报告的末尾列出参考文献。这些文献是研究者在从事这项研究过程中所阅读、参考、评论、引证过的文献。这样做一方面体现了科学的、实事求是的研究态度;另一方面,也为同一领域的研究者提供了一个参考的文献索引。我们应对中文和英文文献的写法、格式等有所了解,以下列举了几个例子,以供参考。

①费孝通.生育制度.天津:天津人民出版社,1981

②〔美〕K.贝利.现代社会研究方法.许真译.上海:上海人民出版社,1986

英文著作的写法如下:

① Whyte W F.Street Cornet Society.Chicago:University of Chicago Press,1943

② Moster C A & Kalton G.Survey Methods in Social Investtigation(2nd ed.).New York:Basic Books,1972

中文文章的写法如下:

---

① 风笑天.独生子女青少年的社会化过程及其结果[J].中国社会科学,2000:(6).

①张兆高.城市老年人的社会保障问题.城市研究.1984(5):35-48

②王林.论我国家庭结构的演变.婚姻与家庭.1982(3):46-54

英文文章的写法如下：

Bem S L & Poston D. Dose advertising aid and abet sex discrim - ination? Journal of social Psychology.1973(3):6-8

八、附录

附录部分是将一些可以帮助读者更好地了解研究细节的资料编排在一起，作为正文的补充。这些资料主要有：收集数据资料所使用的调查问卷、测量量表等；计算某些指标或数据的数学公式介绍；某些统计和测量指标的计算方法介绍；某些调查工具、测量仪器以及计算机软件介绍等。由于这些材料占有较大的篇幅，故在学术刊物发表时常略去这一部分，而在以学位论文形式出现的研究报告中，则必须有附录部分。

第五节　调查报告撰写中应注意的问题

一、行文要则

无论是应用性调查报告，还是学术性调查报告，行文的基本要求是准确、朴实、谦逊。

准确是指在行文时，对事实的陈述要真实可靠，数字要正确无误，议论要把握分寸，不能任意拔高或贬低。在行文中要尽量少用或不用“可能”“估计”“差不多”“大概”之类的不确定的词语。

朴实是指调查报告应该用简单平实的语言写作。调查报告与新闻报道和文学作品不同，它的写作不像文学作品那样强调和注重文学性、趣味性等，而是十分强调报告的客观性、准确性、严密性、简洁性。所以，在行文时，不要随便运用夸张的手法和奇特的比喻，不要过多使用华丽的辞藻，而应该尽量用平实的语言写作，以简单明了、科学严谨为标准，清楚明确地表达调查的结果。

谦逊是指在行文时，应以一种向读者报告的口气撰写，而不要表现出力图说服读者同意某种观点或看法的倾向，更不能把自己的观点强加于人。叙述中最好使用第三人称或非人称代词，尽量不用第一人称。比如，用“作者发现……”“笔者以为……”或者用“这一结果表明……”“这些数据说明……”，等等。而不用“我认为……”“我们发现……”，等等。

二、引用与注释要规范

调查报告中有时需要援引别人的论述、结果、资料或数据，来支持、佐证或说明自己的某种观点或结论。需要注意的是,报告中凡是引用别人的资料一定要注明来源,而不能将别人的工作和成果不加注明地在自己的报告中使用。引用的具体方式主要有两种:一是引用别人的原话、原文时,要用引号引起来,再作上记号注明;二是只援引别人的观点、结论但并非别人的原话、原文时,则不用引号,只需在其后做上记号注明即可。

引用的内容也可以分为两种①:一种是引用他人的理论观点、研究结论等理论结果,用来支持或佐证自己的观点或结论;另一种是引用他人的数据、实例等等经验结果,将其作为支持自己研究结论或观点的经验证据。对于前一种引用,其作用相当于列举"某专家是这么认为的",以此来支持自己的观点。在行文中,这种引用的常见文字表述是"正如某专家所指出的"。但对于后一种引用,即引用经验结果时,其作用就不同了。这种引用在很大程度上相当于表明"客观现实是这样的"。在行文中,这种引用的常见文字表述则是"现有的研究结果表明"。

引用他人研究结果或结论时,一定要认真考究其研究结果或结论的可靠性。尽可能避免引用错误的结果或结论。减少和降低引用错误的研究结果或结论的方法主要有两种②:一是在引用时,首先应该认真阅读原文,审核原文得出研究结果和结论的证据与方法。特别是要注意了解原文的研究方式、研究对象,资料收集方法等。对于定量研究结果,则要进一步了解其调查样本、数据来源、测量指标、统计方法等。二是要尽可能客观地分析和评价原文的研究结果和结论,判断其质量的优劣。特别是要通过客观地分析,认识和了解原文所存在的局限性。对于其结论是否成立、在多大范围有效等要做到心中有数。

对于报告中引用的别人的资料,以及某些不易理解的内容或概念,常常通过加注释来进行说明。注释的作用主要是:指出所引用资料的来源,供读者参考查证;表明作者遵守学术道德,不把别人的成果掠为己有;既可向读者解释报告中的疑难问题,又不使报告中断和过于冗长。

注释的形式主要有三种,即夹注、脚注和尾注。夹注即直接在所引资料之后,用括号将其来源或有关说明括起来,对引文进行注释或提示。比如:

"使用某一特定的数学模型要以已达到的某一量度层次为前提。"(布莱洛克,1960)

"我国15~24岁青年中,有82.3%的人已经就业。"(中国青年报,1986.4.10)

---

① 风笑天."姐弟恋"婚姻数量猛增了吗?——一个错误研究结果被媒介追捧的启示[J].东南学术,2019(1):57.

② 风笑天."姐弟恋"婚姻数量猛增了吗?——一个错误研究结果被媒介追捧的启示[J].东南学术,2019(1):57.

夹注形式要与报告最后的“参考文献”相呼应。在参考文献中，一定要列出一条与此夹注相一致的文献，例如：

[美]布莱洛克.社会统计学.北京：中国社会科学出版社，1988

脚注即在所引的资料处只注明一个注释号，比如，在该资料后的右上角用①、②、③等来标明，然后在该页的最下端，用小一号的字体分别说明引文的出处、时间等情况，或作出有关的解释。

尾注则是在所有引用的资料处按顺序注明注释号，最后在文尾用小一号字体全部按注释顺序排出，分别说明引用资料的出处、时间等情况，或作出有关解释，并冠以“注释”的标题，而不是分别排在各页之下。目前在学术刊物上所发表的研究报告中，三种注释形式都在使用，不过不同的刊物要求往往不同。

思考与实践

1.调查报告可以分哪些类型？

2.普通社会调查报告与学术性调查报告有什么区别？

3.调查报告的标题形式有哪几种？它们各有什么优缺点？

4.学术性调查报告在结构上通常包括哪几部分？

5.为什么说方法部分是学术性调查报告区别于普通社会调查报告的一个突出标志？

6.调查报告的写作与新闻写作、文学作品写作有何不同？

7.从社会科学刊物上找几篇调查报告，看看它们的结构是怎样的。再找几篇通俗刊物或报纸上的调查报告，看看它们与学术刊物上的调查报告有何不同？

附录一　常用统计数表

1.随机数表

10 09 73 25 33	76 52 01 35 86	34 67 35 48 76	80 95 90 91 17	39 29 27 49 45
37 54 20 48 05	64 89 47 42 96	24 80 52 40 37	20 63 61 04 02	00 82 29 16 65
08 42 26 89 53	19 64 50 93 03	23 20 90 25 60	15 95 33 47 64	35 08 03 36 06
90 01 90 25 29	09 37 67 07 15	38 31 13 11 65	88 67 67 43 97	04 43 62 76 59
12 80 79 99 70	80 15 73 61 47	64 03 23 66 53	98 95 11 68 77	12 17 17 68 33
06 06 57 47 17	34 07 27 68 50	36 69 73 61 70	65 81 33 98 85	11 19 92 91 70
31 06 01 08 05	45 57 18 24 06	35 30 34 26 14	86 79 99 74 39	23 40 30 97 32
85 26 97 76 02	02 05 16 56 92	68 66 57 48 18	73 05 38 52 47	18 62 38 85 79
68 57 33 21 35	05 32 54 70 48	90 55 35 75 48	28 46 82 87 09	83 49 12 56 24
73 79 64 57 53	03 52 96 47 78	35 80 83 42 82	60 93 52 03 44	35 27 38 84 35
98 52 01 77 67	14 90 56 86 07	22 10 94 05 58	60 97 09 34 33	50 50 07 39 98
11 80 50 54 31	39 80 82 77 32	50 72 56 32 48	29 40 52 42 01	52 77 56 78 51
83 45 29 96 34	06 28 89 80 83	13 74 67 00 78	18 47 54 06 10	68 71 17 78 17
88 68 54 02 00	86 50 75 34 01	36 76 66 79 51	90 36 47 64 93	29 60 91 10 62
99 59 46 73 48	37 51 76 49 69	91 82 60 89 28	93 78 56 13 68	23 47 83 41 13
65 48 11 76 74	17 46 85 09 50	58 04 77 69 74	73 03 95 71 86	40 21 81 65 44
80 12 43 56 35	17 72 70 80 15	45 31 32 23 74	21 11 57 82 53	14 38 55 37 63
74 35 09 98 17	77 40 27 72 14	43 23 60 02 10	45 52 16 42 37	96 28 60 26 55
69 91 62 68 03	66 25 22 91 48	36 93 68 72 03	76 62 11 39 90	94 40 05 64 18
09 89 32 05 05	14 22 56 85 14	46 42 75 67 88	96 29 77 88 22	54 38 21 45 98
91 49 91 45 23	68 47 92 76 86	46 16 23 35 54	94 75 08 99 23	37 03 92 00 48
80 33 69 45 98	26 94 03 63 58	70 29 73 41 35	53 14 03 33 40	42 05 08 23 41
44 10 48 19 49	85 15 74 79 54	32 97 92 65 75	57 60 04 08 81	22 22 20 64 13
12 55 07 37 42	11 10 00 20 40	12 86 07 69 97	96 64 48 94 39	28 70 72 58 15
63 60 64 93 29	16 50 53 44 84	40 21 95 25 63	43 65 17 70 82	07 20 73 17 90
07 63 87 79 29	03 06 11 80 72	96 20 74 41 56	23 32 19 95 38	04 71 36 69 94
60 52 88 34 41	07 95 41 98 14	59 17 52 06 95	05 53 35 21 39	61 21 20 64 55

83 59 63 56 55	06 95 89 29 83	05 12 80 97 19	77 43 35 37 83	92 30 15 04 98
10 85 06 27 46	99 59 91 05 07	13 49 90 63 19	53 07 57 18 39	06 41 01 93 62
39 82 09 89 52	43 62 26 31 47	64 42 18 08 14	43 80 00 93 51	31 02 47 31 67
59 58 00 64 78	75 56 97 88 00	88 83 55 44 86	23 76 80 61 56	04 11 10 84 08
38 50 80 73 41	23 79 34 87 63	90 82 29 70 22	17 71 90 42 07	95 95 44 99 53
30 69 27 06 68	94 68 81 61 27	56 19 68 00 91	82 06 76 34 00	05 46 26 92 00
65 44 39 56 59	18 28 82 74 37	49 63 22 40 41	08 33 76 56 76	96 29 99 08 36
27 26 75 02 64	13 19 27 22 94	07 47 74 45 06	17 98 54 89 11	97 34 13 03 58
91 30 70 69 91	19 07 22 42 10	36 69 95 37 28	28 82 53 57 93	28 97 66 62 52
68 43 49 46 88	84 47 31 36 22	62 12 69 84 08	12 84 38 25 90	09 81 59 31 46
48 90 81 58 77	54 74 52 45 91	35 70 00 47 54	83 82 45 26 92	54 13 05 51 60
06 91 34 51 97	42 67 27 86 01	11 88 30 95 28	63 01 19 89 01	14 97 44 03 44
10 45 51 60 19	14 21 03 37 12	91 34 23 78 21	88 32 58 08 51	43 66 77 08 83
12 88 39 73 43	65 02 76 11 84	04 28 50 13 92	17 97 41 50 77	90 71 22 67 69
21 77 83 09 76	38 80 73 69 61	31 64 94 20 96	63 28 10 20 23	08 81 64 74 49
19 52 35 95 15	65 12 25 96 99	86 28 36 82 58	69 57 21 37 98	16 43 59 15 29
67 24 55 26 70	35 58 31 65 63	79 24 68 66 86	76 46 33 42 22	26 65 59 08 02
60 58 44 73 77	07 50 03 79 92	45 13 42 65 29	26 76 08 36 37	41 32 64 43 44
53 85 34 13 77	36 06 69 48 50	58 83 87 38 59	49 36 47 33 31	96 24 04 36 42
24 63 73 87 36	74 38 48 93 42	52 62 30 79 92	12 36 91 86 01	03 74 28 38 73
83 08 01 24 51	38 99 22 28 15	07 75 95 17 77	97 37 72 75 85	51 97 23 78 67
16 44 42 43 34	36 15 19 90 73	27 49 37 09 39	85 13 03 25 52	54 84 65 47 59
60 79 01 81 57	57 17 86 57 62	11 16 17 85 76	45 81 95 29 79	65 13 00 48 60
03 99 11 04 61	93 71 61 68 94	66 08 32 46 53	84 60 95 82 32	88 61 81 91 61
38 55 59 55 54	32 88 65 97 80	08 35 56 08 60	29 73 54 77 62	71 29 92 38 53
17 54 67 37 04	92 05 24 62 15	55 12 12 92 81	59 07 60 79 36	27 95 45 89 09
32 64 35 28 61	95 81 90 68 31	00 91 19 89 36	76 35 59 37 79	80 86 30 05 14
69 57 26 87 77	39 51 03 59 05	14 06 04 06 19	29 54 96 96 16	33 56 46 07 80
24 12 26 65 91	27 69 90 64 94	14 84 54 66 72	61 95 87 71 00	90 89 97 57 54
61 19 63 02 31	92 96 26 17 73	41 83 95 53 82	17 26 77 09 43	78 03 87 02 67
30 53 22 17 04	10 27 41 22 02	39 68 52 03 09	10 06 16 88 29	55 98 66 64 85
03 78 89 75 99	75 86 72 07 17	74 41 65 31 66	35 20 83 33 74	87 53 90 88 23
48 22 86 33 79	85 78 34 76 19	53 15 26 74 33	35 66 35 29 72	16 81 86 03 11

60 36 59 46 53	35 07 53 39 49	42 61 42 92 97	01 91 82 83 16	98 95 37 32 31
83 79 94 24 02	56 62 33 44 42	34 99 44 13 74	70 07 11 47 36	09 95 81 80 65
32 96 00 74 05	36 40 98 32 32	99 38 54 16 00	11 13 30 75 86	15 91 70 62 53
19 32 25 38 45	57 62 05 26 06	66 49 76 86 46	78 13 86 65 59	19 64 09 94 13
11 22 09 47 47	07 39 93 74 08	48 50 92 39 29	27 48 24 54 76	85 24 43 51 59
31 75 15 72 60	68 98 00 53 39	15 47 04 83 55	88 65 12 25 96	03 15 21 92 21
88 49 29 93 82	14 45 40 45 04	20 09 49 89 77	74 84 39 34 13	22 10 97 85 08
30 93 44 77 44	07 48 18 38 28	73 78 80 65 33	28 59 72 04 05	94 20 52 03 80
22 88 84 88 93	27 49 99 87 48	60 53 04 51 28	74 02 28 46 17	82 03 71 02 68
78 21 21 69 93	35 90 29 13 86	44 37 21 54 86	65 74 11 40 14	87 48 13 72 20
41 84 98 45 47	46 85 05 23 26	34 67 75 83 00	74 91 06 43 45	19 32 58 15 49
46 35 23 30 49	69 24 89 34 60	45 30 50 75 21	61 31 83 18 55	14 41 34 09 51
11 08 79 62 64	14 01 33 17 92	59 74 76 72 77	76 50 33 45 13	39 66 37 75 44
52 70 10 83 37	56 30 38 73 15	16 52 06 96 76	11 65 49 98 93	02 18 16 81 61
57 27 53 68 98	81 30 44 85 85	68 65 22 73 76	92 85 25 58 66	88 44 80 35 84
20 85 77 31 56	70 28 42 43 26	79 37 59 52 20	01 15 96 32 67	10 62 24 83 91
15 63 39 49 24	90 41 59 36 14	33 52 12 66 65	55 82 34 76 41	86 22 53 17 04
92 69 44 82 97	39 90 40 21 15	59 58 94 90 67	66 82 14 15 75	49 76 70 40 37
77 61 31 90 19	88 15 20 00 80	20 55 49 14 09	96 27 74 82 57	50 81 69 76 16
38 68 34 24 86	45 13 46 35 45	59 40 37 20 59	43 94 75 16 80	43 85 25 96 93
25 16 30 18 89	70 01 41 50 21	41 29 06 73 12	71 85 71 59 57	68 97 11 14 03
65 25 10 76 29	37 23 93 32 95	05 87 00 11 19	92 78 42 63 40	18 47 76 56 22
36 81 54 36 25	18 63 73 75 09	82 44 49 90 05	04 92 17 37 01	14 70 79 39 97
64 39 71 16 92	05 32 78 21 62	20 24 79 17 59	45 19 72 53 32	83 74 52 25 67
04 51 52 56 24	95 09 66 79 46	48 46 08 55 58	15 19 11 87 82	16 93 03 33 61
83 76 16 08 73	43 25 38 41 45	60 83 32 59 83	01 29 14 13 49	20 36 80 71 26
14 38 70 63 45	80 85 40 92 79	43 52 90 63 18	38 38 47 47 61	41 19 63 74 80
51 32 19 22 46	80 08 87 70 74	88 72 25 67 36	66 16 44 94 31	66 91 93 16 78
72 47 20 00 08	80 89 01 80 02	94 81 33 19 00	54 15 58 34 36	35 35 25 41 31
05 46 65 53 06	93 12 81 84 64	74 45 79 05 61	72 84 81 18 34	79 98 26 84 16
39 52 87 24 84	82 47 42 55 93	48 54 53 52 47	18 61 91 36 74	18 61 11 92 41
81 61 61 87 11	53 34 24 42 76	75 12 21 17 24	74 62 77 37 07	58 31 91 59 97
07 58 61 61 20	82 64 12 28 20	92 90 41 31 41	32 39 21 97 63	61 19 96 79 40

90 76 70 42 35　13 57 41 72 00　69 90 26 37 42　78 26 42 25 01　18 62 79 08 72
40 18 82 81 93　29 59 38 86 27　94 97 21 15 98　62 09 53 67 87　00 44 15 89 97

34 41 48 21 57　86 88 75 50 87　19 15 20 00 23　12 30 28 07 83　32 62 46 86 91
63 43 97 53 63　44 98 91 68 22　36 02 40 09 67　76 37 84 16 05　65 96 17 34 88
67 04 90 90 70　93 39 94 55 47　94 45 87 42 84　05 04 14 98 07　20 28 83 40 60
79 49 50 41 46　52 16 29 02 86　54 15 83 42 43　46 97 83 54 82　59 36 29 59 38
91 70 43 05 52　04 73 72 10 31　75 05 19 30 29　47 66 56 43 82　99 78 29 34 78

转引自:The RAND Corporation.A Million Random Digits[J].Glencoe:Free Press,1955.

2.Z 检验表

$p \leqslant$	$\lvert Z \rvert \geqslant$	
	一端	二端
0.10	1.29	1.65
0.05	1.65	1.96
0.02	2.06	2.33
0.01	2.33	2.58
0.005	2.58	2.81
0.001	3.09	3.30

转引自:李沛良.社会研究的统计分析[M].武汉:湖北人民出版社,1987:326.

3.X^2分布表

df	$p=0.30$	0.20	0.10	0.05	0.02	0.01	0.001
1	1.074	1.642	2.706	3.841	5.412	6.635	10.827
2	2.408	3.219	4.605	5.991	7.824	9.210	13.815
3	3.665	4.642	6.251	7.815	9.837	11.345	16.268
4	4.878	5.989	7.779	9.488	11.668	13.277	18.465
5	6.064	7.289	9.236	11.070	13.388	15.086	20.517
6	7.231	8.558	10.645	12.592	15.033	16.812	22.457
7	8.383	9.803	12.017	14.067	16.622	18.475	24.322
8	9.524	11.030	13.362	15.507	18.168	20.090	26.125
9	10.656	12.242	14.684	16.919	19.679	21.666	27.877
10	11.781	13.442	15.987	18.307	21.161	23.209	29.588
11	12.899	14.631	17.275	19.675	22.618	24.725	31.264
12	14.011	15.812	18.549	21.026	24.054	26.217	32.909
13	15.119	16.985	19.812	22.362	25.472	27.688	34.528
14	16.222	18.151	21.064	23.685	26.873	29.141	36.123
15	17.322	19.311	22.307	24.996	28.259	30.578	37.697
16	18.418	20.465	23.542	26.296	29.633	32.000	39.252
17	19.511	21.615	24.769	27.587	30.995	33.409	40.790
18	20.601	22.760	25.989	28.869	32.346	34.805	42.312
19	21.689	23.900	27.204	30.144	33.687	36.191	42.820
20	27.775	25.038	28.412	31.410	35.020	37.566	45.315
21	23.858	26.171	29.615	32.671	36.343	38.932	46.797
22	24.939	27.301	30.813	33.924	37.659	40.289	48.268
23	26.018	28.419	32.007	35.172	38.968	41.638	49.728
24	27.096	29.553	33.196	36.415	40.270	42.980	51.179
25	28.172	30.675	34.382	37.652	41.566	44.314	52.620
26	29.246	31.795	35.563	38.885	42.856	45.642	54.052
27	30.319	32.912	36.741	40.113	44.140	46.963	55.476
28	31.391	34.027	37.916	41.337	45.419	48.278	56.893
29	32.461	35.139	39.087	42.557	46.693	49.588	58.302
30	33.530	36.250	40.256	43.773	47.962	50.892	59.703

转引自:Fisher R A, Yates F.Statistical Tables for biological[J]. Agricultural and Medical Research,1948.

4.F 分布表

$p=0.05$

df_2 \ df_1	1	2	3	4	5	6	8	12	24	∞
1	161.4	199.5	215.7	224.6	230.2	234.0	238.9	243.9	249.0	254.3
2	18.51	19.00	19.16	19.25	19.30	19.33	19.37	19.41	19.45	19.50
3	10.13	9.55	9.28	9.12	9.01	8.94	8.84	8.74	8.64	8.53
4	7.71	6.94	6.59	6.39	6.26	6.16	6.04	5.91	5.77	5.63
5	6.61	5.79	5.41	5.19	5.05	4.95	4.82	4.68	4.53	4.36
6	5.99	5.14	4.76	4.53	4.39	4.28	4.15	4.00	3.84	3.67
7	5.59	4.74	4.35	4.12	3.97	3.87	3.73	3.57	3.41	3.23
8	5.32	4.46	4.07	3.84	3.69	3.58	3.44	3.28	3.12	2.93
9	5.12	4.26	3.86	3.63	3.48	3.37	3.23	3.07	2.90	2.71
10	4.96	4.10	3.71	3.48	3.33	3.22	3.07	2.90	2.74	2.54
11	4.84	3.98	3.59	3.36	3.20	3.09	2.95	2.79	2.61	2.40
12	4.75	3.88	3.49	3.26	3.11	3.00	2.85	2.69	2.50	2.30
13	4.67	3.80	3.41	3.18	3.02	2.92	2.77	2.60	2.42	2.21
14	4.60	3.74	3.34	3.11	2.96	2.85	2.70	2.53	2.35	2.13
15	4.54	3.68	3.29	3.06	2.90	2.79	2.64	2.48	2.29	2.07
16	4.49	3.63	3.24	3.01	2.85	2.74	2.59	2.42	2.24	2.01
17	4.45	3.59	3.20	2.96	2.81	2.70	2.55	2.38	2.19	1.96
18	4.41	3.55	3.16	2.93	2.77	2.66	2.51	2.34	2.15	1.92
19	4.38	3.52	3.13	2.90	2.74	2.63	2.48	2.31	2.11	1.88
20	4.35	3.49	3.10	2.87	2.71	2.60	2.45	2.28	2.08	1.84
21	4.32	3.47	3.07	2.84	2.68	2.57	2.42	2.25	2.05	1.81
22	4.30	3.44	3.05	2.82	2.66	2.55	2.40	2.23	2.03	1.78
23	4.28	3.42	3.03	2.80	2.64	2.53	2.38	2.20	2.00	1.76
24	4.26	3.40	3.01	2.78	2.62	2.51	2.36	2.18	1.98	1.73
25	4.24	3.38	2.99	2.76	2.60	2.49	2.34	2.16	1.96	1.71
26	4.22	3.37	2.98	2.74	2.59	2.47	2.32	2.15	1.95	1.69
27	4.21	3.35	2.96	2.73	2.57	2.46	2.30	2.13	1.93	1.67
28	4.20	3.34	2.95	2.71	2.56	2.44	2.29	2.12	1.91	1.65
29	4.18	3.33	2.93	2.70	2.54	2.43	2.28	2.10	1.90	1.64
30	4.17	3.32	2.92	2.69	2.53	2.42	2.27	2.09	1.89	1.62
40	4.08	3.23	2.84	2.61	2.45	2.34	2.18	2.00	1.79	1.51
60	4.00	3.15	2.76	2.52	2.37	2.25	2.10	1.92	1.70	1.39
120	3.92	3.07	2.68	2.45	2.29	2.17	2.02	1.83	1.61	1.25
∞	3.84	2.99	2.60	2.37	2.21	2.09	1.94	1.75	1.52	1.00

续表

$p=0.01$

df_2 \ df_1	1	2	3	4	5	6	8	12	24	∞
1	4052	4999	5403	5625	5764	5859	5981	6106	6234	6366
2	98.49	99.01	99.17	99.25	99.30	99.33	99.36	99.42	99.46	99.50
3	34.12	30.81	29.46	28.71	28.24	27.91	27.49	27.05	26.60	26.12
4	21.20	18.00	16.69	15.98	15.24	15.52	14.80	14.37	13.93	13.46
5	16.26	13.27	12.06	11.39	10.97	10.27	10.27	9.89	9.47	9.02
6	13.74	10.92	9.79	9.15	8.75	8.47	8.10	7.72	7.31	6.88
7	12.25	9.55	8.45	7.85	7.46	7.19	6.84	6.47	6.07	5.65
8	11.26	8.65	7.59	7.01	6.63	6.37	6.03	5.67	5.28	4.86
9	10.56	8.02	6.99	6.42	6.06	5.80	5.47	5.11	4.73	4.31
10	10.04	7.56	6.55	5.99	5.64	5.39	5.06	4.71	4.33	3.91
11	9.65	7.20	6.22	5.67	5.32	5.07	4.74	4.40	4.02	3.60
12	9.33	6.93	5.95	5.41	5.06	4.82	4.50	4.16	3.78	3.36
13	9.07	6.70	5.74	5.20	4.86	4.62	4.30	3.96	3.59	3.16
14	8.86	6.51	5.56	5.03	4.69	4.46	4.14	3.80	3.43	3.00
15	8.68	6.36	5.42	4.89	4.56	4.32	4.00	3.67	3.29	2.87
16	8.53	6.23	5.29	4.77	4.44	4.20	3.89	3.55	3.18	2.75
17	8.40	6.11	5.18	4.67	4.34	4.10	3.79	3.45	3.08	2.65
18	8.28	6.01	5.09	4.58	4.25	4.01	3.71	3.37	3.00	2.57
19	8.18	5.93	5.01	4.50	4.17	3.94	3.63	3.30	2.92	2.49
20	8.10	5.85	4.94	4.43	4.10	3.87	3.56	3.23	2.86	2.42
21	8.02	5.78	4.87	4.37	4.04	3.81	3.51	3.17	2.80	2.36
22	7.94	5.72	4.82	4.31	3.99	3.76	3.45	3.12	2.75	2.31
23	7.88	5.66	4.76	4.26	3.94	3.71	3.41	3.07	2.70	2.26
24	7.82	5.61	4.72	4.22	3.90	3.67	3.36	3.03	2.66	2.21
25	7.77	5.57	4.68	4.18	3.86	3.63	3.32	2.99	2.62	2.17
26	7.72	5.53	4.64	4.14	3.82	3.59	3.29	2.96	2.58	2.19
27	7.68	5.49	4.60	4.11	3.78	3.56	3.26	2.93	2.55	2.10
28	7.64	5.45	4.47	4.07	3.75	3.53	3.23	2.90	2.52	2.00
29	7.60	5.42	4.54	4.04	3.73	3.50	3.20	2.87	2.49	2.03
30	7.56	5.39	4.51	4.02	3.70	3.47	3.17	2.84	2.47	2.01
40	7.31	5.18	4.31	3.83	3.51	3.29	2.99	2.66	2.29	1.80
60	7.08	4.98	4.13	3.65	3.34	3.12	2.82	2.50	2.12	1.60
120	6.85	4.79	3.95	3.48	3.17	2.96	2.66	2.34	1.95	1.38
∞	6.64	4.60	3.78	3.32	3.02	2.80	2.51	2.18	1.79	1.00

续表

$p = 0.001$

df_1 / df_2	1	2	3	4	5	6	8	12	24	∞
1	405284	500000	540379	562500	576405	585937	598144	610667	623497	636619
2	998.5	999.0	999.2	999.2	999.3	999.3	999.4	999.4	999.5	999.5
3	167.5	148.5	141.1	137.1	134.6	132.8	130.6	128.3	125.9	123.5
4	74.14	61.25	56.18	53.44	51.71	50.53	49.00	47.41	45.77	44.05
5	47.04	36.61	33.20	31.09	29.75	28.84	27.64	26.42	25.14	23.78
6	35.51	27.00	23.70	21.90	20.81	20.03	19.03	17.99	16.89	15.75
7	29.22	21.69	18.77	17.19	16.21	15.52	14.63	13.71	12.73	11.69
8	25.42	18.49	15.83	14.39	13.49	12.86	12.04	11.19	10.30	9.34
9	22.86	16.39	13.90	12.56	11.71	11.13	10.37	9.57	8.72	7.81
10	21.04	14.91	12.55	11.28	10.48	9.92	9.20	8.45	7.64	6.76
11	19.69	13.81	11.56	10.35	9.58	9.05	8.35	7.63	6.85	6.00
12	18.64	12.97	10.80	9.63	8.89	8.38	7.71	7.00	6.25	5.42
13	17.81	12.31	10.21	9.07	8.35	7.86	7.21	6.52	5.78	4.97
14	17.14	11.78	9.73	8.62	7.92	7.43	6.80	6.13	5.41	4.60
15	16.59	11.34	9.34	8.25	7.57	7.09	6.47	5.81	5.10	4.31
16	16.12	10.97	9.00	7.94	7.27	6.81	6.19	5.55	4.85	4.06
17	15.72	10.66	8.73	7.68	7.02	6.56	5.96	5.32	4.63	3.85
18	15.38	10.39	8.49	7.46	6.81	6.35	5.76	5.13	4.45	3.67
19	15.08	10.16	8.28	7.26	6.61	6.18	5.59	4.97	4.29	3.52
20	14.82	9.95	8.10	7.10	6.46	6.02	5.44	4.82	4.15	3.38
21	14.59	9.77	7.94	6.95	6.32	5.88	5.31	4.70	4.03	3.26
22	14.38	9.61	7.80	6.81	6.19	5.76	5.19	5.48	3.92	3.15
23	14.19	9.47	7.67	6.69	6.08	5.65	5.09	4.48	3.82	3.05
24	14.03	9.34	7.55	6.59	5.98	5.55	4.99	4.39	3.74	2.97
25	13.88	9.22	7.45	6.49	5.88	5.46	4.91	4.31	3.66	2.89
26	13.74	9.12	7.36	6.41	5.80	5.38	4.83	4.24	3.59	2.82
27	13.61	9.02	7.27	6.33	5.73	5.31	4.76	4.17	3.52	2.75
28	13.50	8.93	7.19	6.25	5.66	5.24	4.69	4.11	3.46	2.70
29	13.39	8.85	7.12	6.19	5.59	5.18	4.64	4.05	3.41	2.64
30	13.29	8.77	7.05	6.12	5.58	5.12	4.58	4.00	3.36	2.59
40	12.61	8.25	6.60	5.70	5.13	4.73	4.21	3.64	3.01	2.23
60	11.97	7.76	6.17	5.31	4.76	4.37	3.87	3.31	2.69	1.90
102	11.38	7.31	5.79	4.95	4.42	4.04	3.55	3.02	2.40	1.56
∞	10.83	6.91	5.42	4.62	4.10	3.74	3.27	2.74	2.13	1.00

转引自：Fisher R A, Yates F.Statistical Tables for Biological[J]. Agricultural and Medical Research, 1948.

5.*t* 分布表

df	p(一端检验)					
	0.01	0.05	0.025	0.01	0.005	0.0005
	p(二端检验)					
	0.20	0.10	0.05	0.02	0.01	0.001
1	3.078	6.314	12.706	31.821	63.657	636.619
2	1.886	2.920	4.303	6.965	6.925	31.598
3	1.638	2.353	3.182	4.541	5.841	12.941
4	1.533	2.132	2.776	3.747	4.604	8.610
5	1.476	2.015	2.571	3.365	4.032	6.850
6	1.440	1.943	2.447	3.143	3.707	5.950
7	1.415	1.895	2.365	2.998	3.449	5.405
8	1.397	1.860	2.306	2.896	3.355	5.041
9	1.383	1.833	2.262	2.821	3.250	4.781
10	1.372	1.812	2.228	2.764	3.169	4.587
11	1.363	1.796	2.201	2.718	3.106	4.437
12	1.356	1.782	2.179	2.681	3.055	4.318
13	1.350	1.771	2.160	2.650	3.012	4.221
14	1.345	1.761	2.145	2.624	2.977	4.140
15	1.341	1.753	2.131	2.602	2.947	4.073
16	1.337	1.746	2.120	2.583	2.921	4.010
17	1.333	1.740	2.110	2.567	2.898	3.900
18	1.330	1.734	2.101	2.552	2.878	3.880
19	1.328	1.729	2.093	2.539	2.861	3.850
20	1.325	1.725	2.086	2.528	2.845	3.810
21	1.323	1.721	2.080	2.518	2.831	3.709
22	1.321	1.717	2.074	2.508	2.819	3.708
23	1.319	1.714	2.069	2.500	2.807	3.707
24	1.318	1.711	2.064	2.492	2.797	3.745
25	1.316	1.708	2.060	2.485	2.787	3.725
26	1.315	1.706	2.056	2.479	2.779	3.707
27	1.314	1.703	2.052	2.473	2.771	3.690
28	1.313	1.701	2.048	2.467	2.763	3.674
29	1.311	1.699	2.045	2.462	2.756	3.650
30	1.310	1.697	2.042	2.457	2.750	3.649
40	1.303	1.684	2.021	2.423	2.704	3.640
60	1.296	1.671	2.000	2.390	2.660	3.551
120	1.289	1.658	1.980	2.358	2.617	3.400
∞	1.282	1.645	1.860	2.326	2.576	3.373

转引自：Fisher R A，Yates F.Statistical Tables for Biological[J]. Agricultural and Medical Research，1948.

6.正态曲线下的面积

（Z=标准值）

Z	0.00	0.01	0.02	0.03	0.04	0.05	0.06	0.07	0.08	0.09
0.0	0.0000	0.0040	0.0080	0.0120	0.0159	0.0199	0.0239	0.0279	0.0319	0.0359
0.1	0.0398	0.0438	0.0478	0.0517	0.0557	0.0596	0.0636	0.0675	0.0714	0.0753
0.2	0.0793	0.0832	0.0871	0.0910	0.0948	0.0987	0.1026	0.1064	0.1103	0.1141
0.3	0.1179	0.1217	0.1255	0.1293	0.1331	0.1368	0.1406	0.1443	0.1480	0.1517
0.4	0.1554	0.1591	0.1628	0.1664	0.1700	0.1736	0.1772	0.1808	0.1844	0.1879
0.5	0.1915	0.1950	0.1985	0.2019	0.2054	0.2088	0.2123	0.2157	0.2190	0.2224
0.6	0.2257	0.2291	0.2324	0.2357	0.2389	0.2422	0.2454	0.2486	0.2518	0.2549
0.7	0.2580	0.2612	0.2642	0.2673	0.2704	0.2734	0.2764	0.2794	0.2823	0.2852
0.8	0.2831	0.2910	0.2939	0.2967	0.2995	0.3023	0.3051	0.3078	0.3106	0.3133
0.9	0.3159	0.3186	0.3212	0.3238	0.3264	0.3289	0.3315	0.3340	0.3365	0.3389
1.0	0.3413	0.3438	0.3461	0.3485	0.3508	0.3531	0.3554	0.3577	0.3599	0.3621
1.1	0.3643	0.3665	0.3686	0.3718	0.3729	0.3749	0.3770	0.3790	0.3810	0.3830
1.2	0.3849	0.3869	0.3888	0.3907	0.3925	0.3944	0.3962	0.3980	0.3997	0.4015
1.3	0.4032	0.4049	0.4066	0.4083	0.4099	0.4115	0.4131	0.4147	0.4162	0.4177
1.4	0.4192	0.4207	0.4222	0.4236	0.4251	0.4265	0.4279	0.4292	0.4306	0.4319
1.5	0.4332	0.4345	0.4357	0.4370	0.4382	0.4394	0.4406	0.4418	0.4430	0.4441
1.6	0.4452	0.4463	0.4474	0.4485	0.4495	0.4505	0.4515	0.4525	0.4535	0.4545
1.7	0.4554	0.4564	0.4573	0.4582	0.4591	0.4599	0.4608	0.4616	0.4625	0.4633
1.8	0.4641	0.4649	0.4656	0.4664	0.4671	0.4678	0.4686	0.4693	0.4699	0.4706
1.9	0.4713	0.4719	0.4726	0.4732	0.4738	0.4744	0.4750	0.4758	0.4762	0.4767
2.0	0.4772	0.4778	0.4783	0.4788	0.4793	0.4798	0.4803	0.4808	0.4812	0.4817
2.1	0.4821	0.4826	0.4830	0.4834	0.4838	0.4842	0.4846	0.4850	0.4854	0.4857
2.2	0.4861	0.4865	0.4868	0.4871	0.4875	0.4878	0.4881	0.4884	0.4887	0.4890
2.3	0.4893	0.4896	0.4898	0.4901	0.4904	0.4906	0.4909	0.4911	0.4913	0.4916
2.4	0.4918	0.4920	0.4922	0.4925	0.4927	0.4929	0.4931	0.4932	0.4934	0.4936
2.5	0.4938	0.4940	0.4941	0.4943	0.4945	0.4946	0.4948	0.4949	0.4951	0.4952
2.6	0.4953	0.4955	0.4956	0.4957	0.4959	0.4960	0.4961	0.4962	0.4963	0.4964
2.7	0.4965	0.4966	0.4967	0.4968	0.4969	0.4970	0.4971	0.4972	0.4973	0.4974
2.8	0.4974	0.4975	0.4976	0.4977	0.4977	0.4978	0.4979	0.4980	0.4980	0.4981
2.9	0.4981	0.4982	0.4983	0.4984	0.4984	0.4984	0.4985	0.4985	0.4986	0.4986
3.0	0.49865	0.4987	0.4987	0.4988	0.4988	0.4988	0.4989	0.4989	0.4989	0.4990
3.1	0.49903	0.4991	0.4991	0.4991	0.4992	0.4992	0.4992	0.4992	0.4993	0.4993
4.0	0.49997									

转引自：Arkin H，Colton R R. Tables for Statisticians[J]，Harper & Row，1963(2).

附录二

问卷编号:________ 城市编号:________

青年发展状况调查问卷

亲爱的青年朋友:你好!

为了了解新世纪青年的工作和生活情况,探索青年成长和发展的有效途径,我们在全国12个城市开展了这项调查。本调查不用填写单位和姓名,大约只会耽误你15分钟的时间。请根据自己的实际情况填写。你的回答将代表众多与你一样的青年朋友,相信你会认真完成。

送给你一件小小的礼物,以感谢你的支持与合作!

全国12城市"青年发展状况"调查组

2004年3月30日

总负责人:南京大学社会学系 风笑天教授

联系电话:025-83595711 E-mail:xtfeng54@163.com

说明:请在每题的答案中选择一个打"√",或者直接在 ____ 中填写。

一、基本情况

1.你的性别: ①男 ②女 _

2.你是哪一年出生的? ________ 年 _ _ _ _

3.你的文化程度: _

①初中毕业 ②高中或中专毕业 ③大专在读

④大专毕业 ⑤本科在读 ⑥本科毕业

⑦研究生在读或毕业

4.你是哪一年从学校毕业的? ________ 年 _ _ _ _

5.你现在的职业是: _

①企业人员 ②行政机关人员 ③服务业人员

④商业人员 ⑤中学教师 ⑥小学教师

⑦交通运输人员 ⑧医护人员 ⑨银行人员

⑩公检法人员 ⑪媒体工作人员 ⑫公司人员

⑬建筑业人员　　⑭邮电行业人员　　⑮市政部门人员

6.你的婚姻状况：　__

①未婚　　②已婚

7.你有兄弟姐妹吗？　__

①没有，我是独生子女

②有，我有____个哥哥_____个姐姐_____个弟弟_____个妹妹　__ __ __ __

8.你18岁以前主要生活在哪里？　__

①本市市区　　②本市郊县城镇　　③本市郊县农村

④本省其他城市市区　　⑤本省其他城镇　　⑥本省其他农村

⑦外省城市市区　　⑧外省县、镇　　⑨外省农村

9.你的父母现在与你住在一起吗？　__

①不住在一起　　②住在一起（跳到第14题）

10.你父母现在居住在哪里？　__

①本市郊县县城　　②本市郊县农村　　③本省其他城市市区

④本省其他县城　　⑤本省其他农村　　⑥外省城市市区

⑦外省县城　　⑧外省农村　　⑨其他（请写明）____

11.他们现在和谁住在一起？（请在合适的空格中打"√"）　__

和我的已婚的兄弟住在一起	和我的未婚的兄弟住在一起	和我的已婚的姐妹住在一起	和我的未婚的姐妹住在一起	二老单独居住	其他情况

12.如果是二老单独居住，请问他们是从哪一年开始单独居住的？_____年

__ __ __ __

13.你大约多长时间会去父母家一次？　__

①每周一两次　　②每月两三次　　③每月一次

④两三个月一次　　⑤半年一次　　⑥一年或更长时间一次

14.你父母的年龄：父亲 _____ 岁　母亲 _____ 岁　__ __ __ __

15.你父母的文化程度：（将答案号码填在横线上）　__ __

父亲：____　母亲：____

①小学及以下　②初中　③高中或中专　④大专　⑤本科以上

16.你父母的职业？（将答案号码填入横线中，若父母退休或下岗，填退休或下岗前的职业）父亲：____　母亲：____　__ __

①企业人员　　②行政机关人员　　③教育部门人员

④卫生部门人员　　⑤交通运输业人员　　⑥商业人员

⑦服务业人员　　⑧军人及公检法人员　　⑨个体经营者

⑩建筑业人员　⑪金融业人员　⑫农林牧渔业人员
⑬科学文化艺术人员　⑭邮电通信业人员　⑮其他职业人员

二、工作情况

1.请问你是哪一年参加工作的？_______年　_ _ _ _

2.这是你的第一份工作吗？　_

①是的　②不是的，这是我的第 ____ 份工作

3.你的第一份工作是通过什么方式得到的？　_

①学校毕业直接分配的　②单位招工自己应聘的
③父母和家人帮助联系的④亲戚帮助联系的
⑤同学朋友帮助联系的　⑥其他方式（请写明）______

4.你之所以选择这份工作，主要是因为：（请将答案号码填到横线上）　_ _

第一原因 ______　第二原因 ______　_ _ _ _

①符合自己的兴趣爱好　②能发挥自己的特长　③与所学的专业对口
④该工作的社会地位高　⑤该工作的收入高　⑥该工作比较稳定
⑦该工作比较轻松　⑧工作单位离家近　⑨该工作发展前途大
⑩该工作的工作环境好　⑪没有其他工作好找　⑫其他（请写明）___

5.在你找到第一份工作的整个过程中，谁对你的帮助最大？　_

①父母　②家里亲戚　③父母的熟人朋友
④老师和学校　⑤兄弟姐妹
⑥兄弟姐妹的熟人朋友　⑦邻居　⑧自己的同学朋友
⑨没人帮助，完全是自己找的

6.你认为找一个好的工作主要依靠什么？　_

①个人能力强、素质高　②有文凭、学历高　③懂外语、会计算机
④有一定的工作经验　⑤有关系、熟人、路子　⑥靠机遇、运气
⑦所学的专业热门　⑧其他（请写明）______

7.你目前在单位的身份是：　_

①正式工　②合同工　③临时工　④其他（请写明）____

8.你每月的收入（包括各种奖金、补贴）在下列哪个范围内？　_ _ _ _

①400 元以下　②401~500 元　③501~600 元
④601~700 元　⑤701~800 元　⑥801~900 元
⑦901~1 000 元　⑧1 001~1 100 元　⑨1 101~1 200 元
⑩1 201~1 300 元　⑪ 1 301~1 400 元　⑫ 1 401~1 500 元
⑬ 1 501~1 600 元　⑭ 1 601~1 700 元　⑮ 1 701 元以上

9.你对目前的工作是否熟悉？　_

①非常熟悉　②比较熟悉　③一般　④不太熟悉　⑤很不熟悉

10.你在工作中感到压力大吗？ ___

①非常大　②比较大　③一般

④不太大　⑤不大（跳到第 12 题）

11.这种压力主要来自哪一个方面？ ___

①业务不熟悉　②专业知识不够　③不会处理和领导的关系

④身体吃不消　⑤工作责任大　⑥不会处理和同事的关系

⑦工作要求高　⑧领导要求严　⑨其他方面（请写明）______

12.你是否已经适应目前的工作？ ___

①已经完全适应　②大部分适应　③一半适应

④小部分适应　⑤完全没有适应

13.和周围的同事相比，你觉得自己的工作能力怎么样？ ___

①非常强　②比较强　③一般　④比较弱　⑤非常弱

14.参加工作以来，你遇到的最大困难在哪方面？ ___

①掌握生产技能，适应本职工作　②解决住房问题

③处理各种复杂的人际关系　④谈恋爱找对象

⑤一边上班一边参加成人教育的学习　⑥增加经济收入

⑦其他方面（请写明）______

15.你遇到上述困难时，主要找谁帮忙？ ___

①父母　②兄弟姐妹　③单位领导　④单位同事

⑤原来同学　⑥好朋友　⑦配偶或对象　⑧其他人（请写明）___

16.总的来说，你现在是否能够胜任目前的工作？ ___

①完全能胜任　②大部分能胜任　③一半能胜任

④小部分能胜任　⑤完全不能胜任

17.如果把你们单位工作最优秀的同志打 10 分，你觉得自己的工作可以打几分？_____分 ___

18.你对自己目前所从事的工作是否满意？ ___

①非常满意　②比较满意　③一般　④不太满意　⑤很不满意

19.你是否安心目前的工作？ ___

①很安心　②比较安心　③一般　④不太安心　⑤很不安心

20.参加工作以来，你最大的收获是哪一个方面？ ___

①学会了处理人际关系　②掌握了生产技能　③思想上更加成熟

④提高了解决问题的能力　⑤结识了新的朋友　⑥增强了责任感

⑦学习了更多的实用知识　⑧其他方面（请写明）____

21.与原来在学校的时候相比，你觉得参加工作后在下列几个方面，变化最

大的是什么？变化最小的又是什么？（请将答案号码填在横线上面） __ __

变化最大的方面______ 变化最小的方面______

①办事能力 ②性格特点 ③思想观念 ④行为方式

⑤责任感 ⑥吃苦精神 ⑦成人意识 ⑧生活目标

22.在下列认识看法上，你参加工作后有什么变化？（ 每行选择一格打“√”）

	①很大变化	②较大变化	③较小变化	④没有变化
①对人生的看法				
②对社会的认识				
③对人际关系的认识				
④对工作的认识				
⑤对家庭的认识				
⑥对自我的认识				
⑦对感情的认识				
⑧对学习知识的认识				
⑨对友谊的看法				

三、学习与闲暇

1.你参加过成人教育的学习（包括业余培训）吗？ __

①没有参加 ②参加过（跳到第 3 题）

2.今后你是否会参加成人教育学习？ __

①肯定会 ②可能会 ③说不好

④可能不会 ⑤肯定不会（跳到第 8 题）

3.你参加成人教育学习的主要方式是： __

①自学考试 ②函授教育 ③夜大学

④广播电视大学 ⑤短期培训班 ⑥其他（请注明）______

4.你参加成人教育学习的最主要动机是什么？ __

①获得更高的学历和文凭 ②更好地胜任工作

③让家长高兴、满意 ④可以获得更多的知识和技能

⑤便于将来找到更合适的工作 ⑥身边的同事、朋友都在学习

⑦获得工作中的升迁机会 ⑧其他（请写明）__________

5.你学习的费用主要由谁来支付？ __

①自己　②父母

③自己支付,父母给予帮助　④单位

⑤自己和单位共同支付　⑥其他(请写明)____

6.你在学习中遇到的最大困难是：　—

①经济紧张　②工作忙,没有时间　③基础差,学习吃力

④家务事多,安不下心　⑤其他(请写明)_______

7.你希望通过成人教育获得哪一级文凭?　—

①大专　②本科　③硕士及以上

8.父母对你的教育期望是什么?　—

①没有什么期望　②高中或中专　③大专

④本科　⑤硕士及以上　⑥出国深造

9.日常生活中你经常看电视吗?　—

①基本每天都看　②一周有三四天看

③一周有一两天看　④每月有两三天看

⑤基本不看

10.你经常看报纸杂志吗?　—

①经常看　②有时看

③很少看　④从不看(跳到第12题)

11.你看的报纸杂志主要是订阅的,还是临时在街上买的?　—

①单位订的　②家里订的

③临时在街上买　④有订的,有临时买的

12.你经常上网吗?　—

①几乎每天都上　②每周三四次　③每周一两次

④每月两三次　⑤每月一次或更少　⑥从没上过

13.你上网最经常做什么?(选两项)　— —

①聊天　②浏览时事新闻　③了解教育、科技知识

④玩游戏　⑤浏览娱乐体育新闻　⑥查找职业、财经信息

⑦收发邮件　⑧获得生活常识　⑨其他(请写明)____

14.你家里有电脑吗?　—

①有　②没有

15.一般情况下,你一个月各个方面总的花费大约是多少?_______元

— — — —

16.你在日常生活中与下列情况是否相似?(每行选择一格打"√")

	非常相似	比较相似	不太相似	很不相似
①饮食起居没有规律				
②家里衣物杂乱很少收拾				
③很少自己动手做饭吃				
④用钱消费方面没有计划性				
⑤生活方面事情经常依赖父母				

四、婚姻恋爱

已婚者请从第 8 题开始填答

1.你现在有男(女)朋友了吗? __

(1)没有——→你以前谈过朋友吗?　①谈过 ___ 次 __

②没谈过(跳到第 4 题)

(2)有了——→你与你现在的朋友谈了多长时间? __

①不到半年　②半年到一年

③一年到两年　④两年以上

2.你第一次谈朋友大约是在哪一年? ________年　— — — —

3.你和你的第一个男(女)朋友是如何认识的? __

①在一个单位里工作　②偶然的机会相识　③原来的同学

④同事或朋友介绍的　⑤父母或家人介绍的

⑥工作关系认识的　⑦住在一起的邻居

⑧其他方式认识的(请写明)________

4.你觉得找对象是否困难? __

①十分困难　②比较困难　③不太困难　④不困难(跳到第 6 题)

5.困难的原因主要是: __

①周围年龄相当的异性比较少　②自己不善于与异性交往

③年龄相当的人虽不少,但合适的不多　④其他原因(请写明)_____

6.你希望多大年龄结婚? _______ 岁　— —

7.你希望将来结婚成家后如何居住? __

①与男方父母住在一起　②单独居住

③与女方父母住在一起　④单独居住,但至少与一方父母在同一城市

未婚者请跳过 8~12 题,直接从第 13 题填答。

8.请问你是哪一年结婚的? _________ 年　— — — —

9.你和你爱人是如何认识的? __

①在一个单位里工作　②偶然的机会相识　③原来的同学

④同事或朋友介绍的 ⑤父母或家人介绍的 ⑥工作关系认识的
⑦住在一起的邻居 ⑧其他方式认识的(请写明)______

10.你爱人是哪年出生的?__________年 ____

11.你爱人是独生子女吗?
①是的 ②不是的 __

12.你们目前是如何居住的? __
①自己的小家单独居住 ②小家与男方父母同住
③小家与女方父母同住 ④其他(请写明)______

13.人们选择结婚对象时会考虑下列因素,你认为最重要的是哪两条?(选两项) __
①家庭背景 ②思想品德 ③相貌身材 ④职业单位
⑤两人感情 ⑥经济收入 ⑦身体健康 ⑧性格脾气
⑨能力才干 ⑩年龄合适 ⑪气质修养 ⑫文化程度
⑬生活习惯 ⑭城乡户口 ⑮其他(请写明)______

14.你认为男女青年多大年龄谈恋爱比较合适? 男____岁 女____岁 ____

15.你认为男女青年多大年龄结婚比较合适?男____岁 女____岁 ____

16.你觉得找对象时男女双方的年龄差距最好多大? __
①男比女大___岁 ②女比男大___岁
③男女年龄相同 ④无所谓

17.如果完全按个人意愿,你希望生几个孩子?_______个 __
孩子的性别如何? ①性别随便 ②____个男孩 ____个女孩 ___

五、家庭关系

1.你与父亲的关系怎样? __
①非常好 ②比较好 ③一般 ④不太好 ⑤很不好

2.你与母亲的关系怎么样? __
①非常好 ②比较好 ③一般 ④不太好 ⑤很不好

3.平常生活中你与父亲交谈的情况如何? __
①经常交谈 ②有时交谈
③偶尔交谈 ④从不交谈(跳到第5题)

4.你与父亲谈得最多的方面是什么? __
①工作方面的事 ②家里的事 ③单位的事
④自己的前途、未来发展 ⑤个人心情

⑥自己的婚姻问题　　⑦社会新闻、时事消息

⑧文艺体育　　⑨其他______

5.平常生活中你与母亲交谈的情况如何？ __

①经常交谈　②有时交谈　③偶尔交谈

④从不交谈(跳到第7题)

6.你与母亲谈得最多的方面是什么？ __

①工作方面的事　②家里的事　③单位的事

④自己的前途、未来发展　⑤个人心情

⑥自己的婚姻问题　⑦社会新闻、时事消息

⑧文艺体育　⑨其他______

7.平时你父母最关注你的哪个方面？(将答案号码填在横线上)

父亲:____　母亲:____ __ __

①工作情况　②结交朋友、待人处事　③婚姻恋爱

④身体健康和安全　⑤将来的前途和发展　⑥其他方面______

8.你是否觉得父母对你管得太多？ __

①是的　②不是的

9.你与父母相互理解的情况如何？(每行选一个空格打"√")

	非常理解	比较理解	一般	不太理解	很不理解
①父亲是否理解你					
②母亲是否理解你					
③你是否理解父亲					
④你是否理解母亲					

10.日常生活中,你遇到烦恼或心情不好时,通常会与父亲交谈吗？ __

①每次都会　②多数情况下会　③一半的情况下会

④少数情况下会　⑤基本不会

11.日常生活中,你遇到烦恼或心情不好时,通常会与母亲交谈吗？ __

①每次都会　②多数情况下会　③一半的情况下会

④少数情况下会　⑤基本不会

12.最近两个月中,你与父亲之间发生过争吵吗？ __

①没有发生过　②发生过一两次　③发生过三四次　④发生过五次以上

13.你与母亲之间发生过争吵吗？ __

①没有发生过　②发生过一两次　③发生过三四次　④发生过五次以上

14.你在家里通常做哪些家务？(做几项就选几项)

①抹桌扫地　②洗碗　③换煤气、买煤　④做饭　__ __ __ __
⑤打扫卫生　⑥买菜　⑦摘菜、洗菜　⑧洗衣服　__ __ __ __
⑨收拾房间　⑩倒垃圾　__ __

15.你想过父母年老时如何照顾的问题吗？　__
①想过　②没有想过(跳到第17题)

16.你是否担心将来父母的养老问题？　__
①非常担心　②比较担心　③不太担心　④完全不担心

17.如果将来你的父母年纪大了,需要有人照顾他们的日常生活,而你又有工作和自己的小家,你是否会考虑将父母送到老年公寓(养老院)？　__
①肯定会　②可能会　③可能不会　④肯定不会

六、人际交往

1.日常休闲时间你是否经常与同事或朋友一起从事下列活动？(每行选一个空格子打"√")

	几乎每天	每周两三次	每月两三次	几个月一次	从不
①一起聊天					
②一起逛街					
③一起吃饭					
④一起娱乐					

2.你最要好的朋友有几个？____个,其中男性____个,女性____个。
__ __ __

3.你的这几个好朋友主要是下列哪一类人？　__
①原来的同学　②单位的同事　③有共同爱好的人
④街坊邻居　⑤网友
⑥其他人(请写明)______

4.与你接触最多的好朋友多长时间联系一次？　__
①几乎每天　②每隔三、四天　③每隔一周
④每隔十天半月　⑤每隔一两个月　⑥每隔三个月或更长

5.平时你与你的好朋友谈得最多的内容是什么？　__
①工作方面的事　②自己的婚姻问题　③单位的事
④个人心情　⑤自己的前途、未来发展　⑥家里的事
⑦文艺体育新闻　⑧社会新闻、时事消息　⑨其他______

6.你觉得好朋友对你最重要的帮助是在哪一个方面？　__

①工作方面　　②生活方面　　③人际关系方面
④精神方面　　⑤经济方面　　⑥心情方面
⑦学习方面　　⑧其他方面(请写明)______

7.你与你的直接领导(顶头上司)的关系如何?　__
①非常好　②比较好　③一般　④不太好　⑤很不好

8.你与单位中大多数同事之间的关系如何?　__
①非常好　②比较好　③一般　④不太好　⑤很不好

9.平时生活里你遇到不愉快的事,常常是闷在心里,还是向旁人诉说?　__
①对别人说　②闷在心里(跳到第11题)

10.你的心里话通常最愿意对谁说?　__
①父亲　②母亲　③兄弟姐妹　④(外)祖父母
⑤单位同事　⑥好朋友　⑦配偶或对象
⑧其他人(请写明)______

11.你生活中是否出现过下列情形?(每行选择一个空格打"√")

	经常发生	有时发生	很少发生	从没发生
①感到周围的人不理解我				
②很难与周围的人相处好				
③有时感到有些孤独				
④很容易与别人发生矛盾				

12.以下各项是否符合你的情况?(每行选择一个空格打"√")

	非常符合	比较符合	不太符合	很不符合
①在单位里,同事们都愿意和我合作				
②我与周围同事之间关系十分融洽				
③只要我需要,周围的同事都会助我一臂之力				
④遇到不懂的问题,我经常向单位的同事请教				
⑤单位的同事遇到困难时经常找我帮忙				
⑥生活中如果有需要,顶头上司会找我帮忙				
⑦顶头上司和我经常谈论工作以外的话题				
⑧工作之余我和顶头上司经常在一起活动聊天				
⑨如果有晋升机会,顶头上司会极力举荐我				
⑩我和顶头上司之间经常开玩笑				

13.遇到下列情况,你首先会去找谁?(每行选择一个空格打"√")

	朋友	同事	配偶或对象	父母	兄弟姐妹	其他人
①需要对生活的重大事件进行咨询(如买房等)						
②要想办法增加家庭经济收入						
③需要借一笔钱						
④心情不好,想找人谈谈						
⑤家庭闹矛盾或纠纷,想找人诉说						

七、自我评价

1.你觉得自己在领导眼里的印象怎么样? ＿

①很好　②比较好　③一般　④比较差　⑤很差

2.你觉得自己在同事眼里的印象怎么样? ＿

①很好　②比较好　③一般　④比较差　⑤很差

3.在各种人对你的评价中,你比较注重谁的评价? ＿

①父母和家人的　②单位领导的　③自己的对象或配偶的

④单位同事的　⑤自己的好朋友的

⑥其他人的(请写明)________

4.在下述方面,你比较多地听取谁的意见?(在每一行中选择一格打"√")

	父亲	母亲	兄弟姐妹	配偶/对象	同事	朋友	其他人	自己
①选择朋友、与人交往								
②选择对象、建立家庭								
③兴趣爱好、生活方式								
④工作事业、前途发展								

5.怎样才叫"成人",人们的看法各不相同。你认为成人的最主要标志是什么? ＿

①满了18岁　②参加了工作　③结了婚　④有了孩子

⑤与父母分开住　⑥有了责任感　⑦经济上独立　⑧其他

6.总体上看,你觉得自己的言行像个成年人了吗? ＿

①完全像　②较多像　③一半像　④较少像　⑤完全不像

7.你觉得自己是否已经具备了成年人的素质? ＿

①完全具备　②大半具备　③一半具备　④小半具备　⑤完全不具备

8.你觉得自己在下列方面的特点如何?(在每一行中选择一格打"√")

	很强	比较强	一般	比较弱	很弱
①独立性					
②上进心					
③责任心					
④工作能力					
⑤交往能力					

9.你对自己下列各方面满意吗?(每行选择一格打"√")

	很满意	比较满意	不大满意	很不满意
①工作状况				
②人际关系				
③性格习惯				
④恋爱婚姻				

10.以下各项是否符合你个人的情况:(每行选择一格打"√")

	非常符合	比较符合	不太符合	完全不符
①喜欢处于指挥者的地位				
②有时嫉妒别人				
③很多事总是自己说了算				
④和同事的关系很不好				
⑤有时不太愿意帮助别人				
⑥不容易听进别人的意见				
⑦有时不太注意为别人着想				

11.下列各种特征中,哪些比较符合你的情况?(每行选择一个空格打"√")

	非常符合	比较符合	不太符合	很不符合
①懒惰				
②合群				
③责任心不强				

续表

	非常符合	比较符合	不太符合	很不符合
④自理能力强				
⑤善于与人合作				
⑥会体贴人				
⑦无主见				
⑧有协作精神				
⑨孤僻				
⑩不自私				
⑪娇气				
⑫任性				

我们的调查结束了,你辛苦了！再次向你表示感谢！你有什么建议和要求,欢迎写在下面：

附录三

城市在职青年的婚姻期望与婚姻实践

风笑天

内容提要：本研究结果表明：未婚青年实际的恋爱年龄普遍早于他们期望的恋爱年龄；已婚青年实际的结婚年龄也普遍早于未婚青年的期望婚龄；在年龄上，男大于女始终是主流的期望与实践，女青年比男青年更看重这一点，已婚青年比未婚青年更坚持这一点；各类青年最为一致、同时也是最为看重的择偶条件是两人之间的感情。

结婚成家是青年社会化道路上最为重大的任务之一，也是青年从出身家庭进入定位家庭的分水岭。长期以来，青年的婚姻期望与婚姻实践一直是理论工作者和实际工作者普遍关注的问题。青年的婚姻期望是青年在社会化过程中所形成的、对将要付诸实践的恋爱与婚姻行为及其结果的一种心理预期。青年的婚姻实践则可以看作是青年在与社会结构、社会文化背景的不断互动中，逐步实施和调整自己的婚姻期望的行为及其结果。目前，由于伴随着中国改革开放成长起来的新一代青年已经开始进入婚育期，巨大的社会变革自然会在这一代青年的身上留下深深的烙印，对其各个方面的状况产生重大的影响。因此，探讨这一代青年的婚姻期望与婚姻实践，有着十分重要的意义。

本项研究所关注的主要问题是：在我国改革开放的背景中成长起来的这一代青年的婚姻期望是怎样的？他们的婚姻实践又是如何？他们的婚姻期望与其婚姻实践之间具有什么样的联系，两者之间是否存在着明显的差别，以及存在什么样的差别？这一代青年在婚姻期望与婚姻实践上的这种关系及其调适过程具有什么样的特点？

本研究通过利用2004年在全国12个城市对1 786名18~28岁的在职青年（包括未婚和已婚）进行的同一项大规模调查所得到的资料，来同时探讨青年的婚姻期望与婚姻实践两方面的内容，在将青年的主观期望与他们的实际行为两相对照中，发现青年在这些方面的特点与规律，以增强人们对这一问题的深入了解和认识。

一、样本与资料

（一）样本设计

2004年调查的样本设计考虑到不同地区、不同类型、不同规模、不同发达程

度的城市,以及具有不同职业的青年等因素。具体抽样过程分为三个阶段:

首先,是城市的抽取。为了尽可能增加样本代表性,抽样设计中考虑到两种标准。一是空间上分为东部、中部、西部三类发达程度不同的地区。二是从城市性质和规模上分为直辖市、省会城市、大城市、中小城市。由于直辖市较少,直接选取上海、北京、重庆;然后分别从东部、中部和西部(未抽取西藏和新疆)地区中按简单随机方式各抽三个省(自治区);然后从每一地区三个省会城市中简单随机抽取一个城市;再从剩下两个省(区)的所有大城市中简单随机抽取一个城市;最后从剩下的(即省会城市、大城市均没抽到的)那个省(区)的中小城市中简单随机抽一个城市。最终抽取的12个城市见表1。

表1　调查城市的类型

	东部	中部	西部
直辖市	上海市	北京市	重庆市
省会城市(100万人以上)	南京市(江苏)	长春市(吉林)	兰州市(甘肃)
大城市(50万~100万人)	厦门市(福建)	新乡市(河南)	桂林市(广西)
中小城市(50万人以下)	金华市(浙江)	鄂州市(湖北)	安顺市(贵州)

其次,是单位的抽取。调查单位的抽取采用系统抽样方法,根据目前城市中主要职业的分布状况,调查选取了企业、行政机关、教育、卫生、商业、服务业、交通、建筑、邮电、金融、大众传媒、公司、公检法、市政等15类单位。抽样方法是:从本市的电话黄页中,按照15种职业类型,从每一职业类型的全部单位名单中等距抽取3个单位(调查第一个单位,后两个单位作候补)。

最后,是调查对象的抽取。调查对象的抽取由调查单位协助完成。联系时告知被调查单位:所进行的是"全国12城市青年发展状况调查","需抽取10名年龄在1976年及其以后出生的青年职工,尽可能兼顾到性别平衡"。由于取样要求中仅提出年龄与性别的要求,而没有涉及任何与研究内容和主题相关的信息(比如是否结婚等)。因此,如果不存在某些系统偏差情况的话,可以把单位在不知调查意图的情况下提供对象的方式近似地看作随机抽样。

(二)变量测量

本研究中将青年的婚姻期望界定为青年对恋爱、结婚的合适年龄、男女双方的年龄差、选择对象的条件、婚后居住方式等方面的主观愿望;而将青年的婚姻实践对应地界定为青年在婚姻期望的各个方面的客观行为及其结果。调查中,将青年的婚姻期望操作化为下五个变量:①认为合适的恋爱年龄;②期望的结婚年龄;③期望的双方年龄差别;④选择对象的条件;⑤期望的婚后住居方式。青年的婚姻实践则相对应地操作化为以下列四个变量:①实际的恋爱年龄；②实际的结婚年龄；③双方实际的年龄差；④婚后实际的住居方式。对于择偶条件，则采用已婚青年的看法来近似地代替对其实践的测量。

（三）资料收集与分析

各地调查均由社会学专业的教师和经过培训的学生实施。资料收集采取"集中填答问卷，当场完成，当场检查，当场回收"的方式进行。填答问卷的时间为20~30分钟。不能集中填答的单位，则分别进行，但都在同一个半天内完成。本次调查共发出问卷1 860份，收回有效问卷1 786份。有效回收率为96%。样本基本构成情况见表2。

表2 调查样本基本情况（n=1 786） %

性别	男	46.9	婚姻状况	未婚	73.0
	女	53.1		已婚	27.0
出生顺序	老大	24.7	文化程度	初中	7.0
	中间	9.0		高中及中专	27.9
	老幺	31.2		大专	29.6
	独生	34.6		本科及以上	35.4

二、结果与分析

（一）期望的与实际的恋爱年龄

调查中，我们对所有青年都询问了下列问题：你认为男女青年多大年龄谈恋爱比较合适？对于未婚青年来说，我们将这一问题理解成他们所期望的恋爱年龄。而对于已婚青年来说，则理解成他们所建议的恋爱年龄；实际恋爱年龄则是用青年第一次谈恋爱的年份减去其出生年份得到的。分析中，我们分别按青年的性别进行了统计，下面是统计的结果，见表3。

首先，从均值来看，男女青年中都呈现出这样的特点：已婚青年认为合适的恋爱年龄往往比未婚青年期望的恋爱年龄晚，在女青年中平均晚0.66岁，在男青年中则晚近1岁。但是，未婚青年实际的恋年年龄却普遍比其所期望的年龄更早。未婚女青年实际的恋爱年龄比其期望的恋爱年龄平均早1.35岁，未婚男青年则更是早了2.53岁。

其次，从表中方框部分的频率所占百分比（即括号中的数字）统计来看，上述特点也十分明显。接近80%的未婚女青年的期望恋爱年龄在20~24岁之间；已婚女青年中75%的人则认为女青年的恋爱年龄应该在21~25岁之间（比前者晚1岁），而实际上大约77%的未婚女青年则是在18~23岁之间恋爱的（比前者还要早2岁）。同样的，77%的未婚男青年的期望恋爱年龄在20~25岁之

表 3　青年分性别的期望恋爱年龄与实际恋爱年龄　　累计百分比

	未婚女青年期望的恋爱年龄	已婚女青年建议的恋爱年龄	未婚女青年实际的恋爱年龄	未婚男青年期望的恋爱年龄	已婚男青年建议的恋爱年龄	未婚男青年实际的恋爱年龄
14-			1.8			4.5
15			4.3			8.0
16	1.8	0.4	8.3	1.4	1.1	13.4
17	1.8	0.4	13.7	2.2	1.1	22.8
18	9.3	4.7	24.9	10.1	2.6	33.1
19	12.0	5.0	40.4	12.2	3.2	44.8
20	42.3	23.4	57.0	35.0	18.4	57.5
21	48.9	30.9	72.9（77）	38.4	23.2	71.8（76）
22	67.3（79）	55.0	83.2	52.0	37.9	80.8
23	83.0	81.3（75）	90.8	60.7（77）	50.5（72）	89.2
24	91.4	91.7	95.7	73.6	64.2	95.1
25	98.2	98.2	98.2	91.1	83.7	97.4
26	99.5	99.6	100.0	95.4	90.0	99.5
27	99.8	99.6		97.4	92.1	99.8
28	100.0	100.0		99.0	97.4	100.0
29				99.0	97.9	
30				100.0	100.0	
均值	21.44	22.10	20.09	22.32	23.26	19.79
n	440	278	446	417	190	426

注：表中括号里的数字表示方框部分的频率所占百分比之和。下列表同。

间；已婚男青年中则有 72% 的人认为男青年的恋爱年龄应该在 21～26 岁之间（比前者晚 1 岁），而实际上大约 76% 的未婚男青年则是在 17～23 岁之间恋爱的（比前者还要早 2 岁多）。

从这些结果中，我们可以看出，青年期望的恋爱年龄与他们实际的恋爱年龄之间存在着明显的差距。青年的实际恋爱年龄普遍比他们期望的恋爱年龄早 2 年左右。这是一个耐人寻味的结果。同样值得注意的是，未婚男青年实际的恋爱年龄比未婚女青年还要早。

（二）期望的与实际的结婚年龄

问卷中，我们向未婚青年询问了他们期望的结婚年龄；对已婚青年则只询问了他们结婚的年份，然后用结婚的年份减去他们出生的年份得到他们的结婚年龄。未婚青年的期望婚龄与已婚青年的实际婚龄统计结果见表 4。

表 4　青年分性别的期望婚龄与实际婚龄

	未婚女青年期望结婚年龄		已婚女青年实际结婚年龄		未婚男青年期望结婚年龄		已婚男青年实际结婚年龄	
	%	累计%	%	累计%	%	累计%	%	累计%
20	1.7	1.7	1.5	1.5	0.3	0.3	3.1	3.1
21	0.2	1.9	5.8	7.3	0.2	0.5	4.2	7.3
22	0.8	2.6	11.3	18.5	1.5	2.0	7.9	15.2
23	4.2	6.8	16.4	34.9	1.2	3.1	11.5	26.7
24	11.0	17.8	21.5	56.4 (87)	2.5	5.6	16.2	42.9
25	26.0	43.9	23.6	80.0	12.3	17.9	20.4	63.4 (92)
26	21.4	65.3 (88)	14.2	94.2	8.9	26.8	23.6	86.9
27	7.8	73.0	4.4	98.5	6.9	33.7	12.0	99.0
28	21.6	94.6	1.5	100.0	30.3	64.0 (91)	1.0	100.0
29	1.2	95.8			3.0	66.9		
30	3.9	99.7			29.4	96.4		
31+	0.3	100.0			3.6	100.0		
均值	25.98		24.08		27.96		24.56	
n	645		275		608		191	

表 4 的均值结果表明,未婚女青年期望的结婚年龄的均值为 26 岁,应该说是相当高的了。然而,已婚女青年实际的结婚年龄的均值为 24 岁,远远低于这一期望值(整整提前了 2 岁)。完全相似的,未婚男青年期望的结婚年龄的均值为 28 岁,而已婚男青年实际的结婚年龄的均值却只有 24.6 岁,不仅大大低于未婚男青年的期望婚龄均值(低了3.4岁),也低于未婚女青年的期望婚龄均值(低了 1.5 岁)。就是与已婚女青年实际的婚龄均值相比,也只是略高出半岁左右。可以说,青年的期望婚龄与实际婚龄之间的差距相当明显。这一结果给我们的启示是,虽然青年在主观愿望上可能希望晚点结婚,可当他们一旦进入到恋爱婚姻的进程中,实际的结果往往会比他们原来的期望要早。也可以认为,未婚青年的期望婚龄多少有些不现实,往往只是一种理想状态。

从表 4 的四组百分比分布中同样可以看出,无论男女,未婚者的期望婚龄都明显高于已婚者的实际婚龄。未婚女青年中近 90%(累计百分比栏中方框部分)的人期望在 24~28 岁结婚,未婚男青年中则有 90%的人期望在 25~30 岁结婚。但实际上,已婚女青年中近90%的人是在22~26岁结的婚,已婚男青年中超过90%的人是在22~27岁结的婚。实际上分别都比期望婚龄提前2岁和3岁。同时,从百分比的分布中还可以看出,青年期望婚龄的分布具有人为的、跳跃性的特点。比如,女性期望在25,26,28岁这三个年龄结婚的比例就达到70左右,未婚男性期望在25,28,30岁这三个年龄结婚的比例也超过了70%。而与此明显不同的是,青年实际婚龄的分布则具有很好的、相对稳定的正态分布的特征。已婚女性中90%的人非常均匀、也非常集中地排列在22~26岁这5年中,已婚男性同样有超过90%的人均匀集中地排列在22~27岁这6年中。

(三)期望的与实际的双方年龄差别

夫妻双方的年龄大小与差距,是未婚青年在择偶时所会遇到和考虑的一个问题,也是已婚青年婚姻实践的一种结果。传统的文化观念已经形成了一种男大于女的主流趋势。对于这一代青年来说,他们在考虑双方之间的年龄大小以及差距问题上的观点如何,他们在婚姻实践上所表现出来的特点又是怎样的呢?本项调查的结果见表5。

表5 青年期望的和实际的双方年龄大小 %

	未婚女青年期望	未婚男青年期望	已婚女青年建议	已婚男青年建议	未婚青年总体期望	已婚青年实际状况
男大于女	66.7	56.3	72.8	66.5	61.5	65.0
男女一样大	2.9	4.2	3.2	5.2	3.5	22.1
女大于男	1.4	2.9	1.4	2.1	2.1	12.9
无所谓	29.0	36.6	22.6	26.3	32.8	
N	649	618	279	194	1 269	466

表5的结果表明,首先,无论是未婚青年还是已婚青年,也无论是男青年还是女青年,男大于女始终是主流的期望与实践;但是,相对来说,女青年比男青年更看重这一点,已婚青年比未婚青年更坚持这一点。将未婚青年总体期望与已婚青年实际状况比较,可以看到,主要的差别在于,未婚青年中有接近1/3的人选择了无所谓。但在已婚青年中,这一部分比例基本上分布到了男女一样大(约20%)和女大于男(约10%)两类中。或许正是因为有了1/3的青年不在意双方年龄的大小差别,所以才会出现青年实际婚姻状况中,1/3左右的人并没有遵从男大于女这一传统规范的现实。我们也可以认为,在关于双方年龄大小的问题上,青年的期望与实践之间没有很大的差别。

通过对已婚青年中男大于女和女大于男的年龄差别的统计,我们发现,女大于男的范围只在4岁之内,而男大于女的范围则为12岁。可见男大于女的范围比女大于男的范围要大得多。在那些女大于男的夫妻中,55%的大1岁,

28%大2岁,大3岁和大4岁的都只占8%左右;而在那些男大于女的夫妻中,大1~3岁的占61%,大4~5岁的占26%,大6~8岁的占8%,大9~12岁的占4%。两者的这种范围大小及其分布,可以在一定程度上帮助我们分析和认识男女两性的婚姻市场。

(四)择偶标准

青年的择偶标准更多反映的是青年婚姻期待中的一个方面内容,因此,本研究中只是将未婚青年的择偶标准与已婚青年的择偶标准进行比较,而没有测量已婚青年对配偶的评价。由于已婚青年在经历了"婚姻生活实践后,可能有新的感悟并对原先的择偶标准进行反思、修正,变得更加切合实际"(徐安琪等,2004),因而,比较"围城"内外两部分青年的择偶标准,可以在一定程度上反映出青年婚姻期望与婚姻实践的内容。具体调查结果见表6。

表6 未婚与已婚青年的择偶条件

	未婚女青年 %……排序	已婚女青年 %……排序	未婚男青年 %……排序	已婚男青年 %……排序
两人感情	47.1 ………… 1	50.2 ………… 1	50.9 ………… 1	53.8 ………… 1
能力才干	31.7 ………… 2	25.6 ………… 4	8.3	10.2
性格脾气	29.3 ………… 3	26.0 ………… 3	30.2 ………… 2	27.4 ………… 2
思想品德	27.3 ………… 4	32.6 ………… 2	25.7 ………… 3	20.8 ………… 4
气质修养	16.9 ………… 5	15.8 ………… 5	24.6 ………… 4	21.3 ………… 3
经济收入	14.0 ………… 6	13.7 ………… 6	9.4 ………… 6	10.0
相貌身材	2.3	1.8	11.7 ………… 5	11.7 ………… 6
身体健康	9.5	7.4	8.3	12.7 ………… 5
文化程度	4.7	8.1	6.4	8.6
职业单位	4.7	6.3	3.3	3.0
家庭背景	3.2	4.9	3.8	4.1
生活习惯	2.9	1.1	5.3	3.6
年龄合适	2.7	1.8	4.4	6.6
其他	0.3	0	1.1	0.5
N	663	285	639	197

表6的结果表明,在调查所列出的14项选择对象的条件中,各类青年最为一致、同时也是最为看重的条件是两人之间的感情。此外,性格脾气、思想品德、气质修养以及经济收入也是他们共同看重的几个重要条件。总的来说,我们可以看到这样的规律:个人的、内在的因素占据了青年择偶标准的主要地位;

外在的、客观的因素中，除经济收入仍具有一定影响外，其他因素已经相对不重要了。

同时，我们可以看到的是，“郎才女貌”的思想依然存在；男女青年选择标准中最大的差别就在于此。“能力才干”的条件无论是对于未婚女青年来说，还是对于已婚女青年来说，都是非常重要的、不能忽视的因素；而在男青年中，这一条件的重要性就大大降低了。与之相对，在男青年中十分看重的“相貌身材”的条件，在女青年中已经排到最不重要的位置了。此我，“门当户对”的传统观念在青年中早已没有了踪影；20 世纪 80 年代初期特别吃香的文凭条件也不再吃香。特别是年龄大小也已不再具有决定性的影响。这对前面论述的夫妻双方年龄差的结果也是一个很好的说明。从上述这些特点和变化中，我们可以看到改革开放环境中成长起来的一代新人在择偶条件方面所具有的突出特点和明显特征。

（五）期望的与实际的婚后居住方式

青年婚后如何居住，不仅涉及青年小家庭的生活方式，同时还涉及不同代与代之间的关系，涉及子女抚育、老人赡养等多方面的生活内容。表 7 是两类青年在这方面的调查结果。

表 7　青年期望的和实际的婚后居住方式　　%

	未婚女青年期望	未婚男青年期望	已婚女青年实际	已婚男青年实际	未婚青年总体期望	已婚青年总体实际
1.与男方父母住	5.3	16.1	24.5	29.9	10.5	26.7
2.与女方父母住	3.0	1.3	7.6	5.3	2.2	6.7
3.小家单独居住	43.8	44.8	65.7	59.9	44.4	63.4
4.小家单独住但与一方父母在同一城市	47.9	37.8			42.9	
5.其他			2.2	4.8		3.2
N	641	601	279	194	1 244	464
卡方检验结果	$P=0.000$		$P=0.167$			

第一，未婚男女青年的期望有较大的差别，这种差别主要体现在：男青年中希望婚后与自己父母共同居住的比例高于女青年的这一比例 10%以上；而女青年中则有较多的人希望小家单独居住但又与一方父母在同一个城市。这一结果或许可以理解成未婚男青年受传统文化影响较大，而未婚女青年关于婚后居住的考虑则更加面向小家庭的现实——日常生活中既可以经常得到长辈的帮助，又不会因为住在一起而发生矛盾。

第二，已婚男女青年婚后实际居住的状况之间不存在显著的差别。因此，将未婚青年总体的情况与已婚青年总体的情况两相比较,可以看出,未婚者中希望小家单独居住的比例明显高于已婚青年实际比例20%左右。这一结果可以给我们两方面的预示:一方面,如果我们认为,将来更为年轻的未婚青年在观念上、行为上会更现代、更独立,那么,他们与长辈共同居住的比例则可能会进一步下降;另一方面,我们更愿意相信,这一结果则是在一定程度上预示着,未婚青年结婚后,原来希望小家单独居住的人中,大约有15%的人最终会因为这样或那样的原因而成为同男方父母共同居住,大约5%的人则会最终成为同女方父母共同居住。特别是考虑到未婚青年中独生子女的比例大大高于目前已婚青年的情况,与父母共同居住的比例提高的可能性就可能会更大。

三、小结与讨论

通过对1 786名城市在职青年调查资料的统计分析,本文从恋爱年龄、结婚年龄、双方年龄差、选择对象的条件、婚后居住方式等方面,比较了未婚青年的婚姻期望与已婚青年的婚姻实践。研究结果表明:

在恋爱年龄上,未婚青年实际的恋爱年龄普遍早于他们期望的恋爱年龄。其中,未婚女青年平均早1.35岁,未婚男青年则更是早了2.53岁,未婚男青年的实际恋爱年龄甚至比未婚女青年的实际恋爱年龄还要早,而已婚青年认为合适的恋爱年龄则比未婚青年期望的恋爱年龄要更晚一些。

在结婚年龄方面,无论男女,未婚青年的期望婚龄都明显高于已婚青年的实际婚龄。90%的未婚女青年期望在24~28岁结婚,90%的未婚男青年期望在25~30岁结婚。但实际上,已婚女青年中近90%的人是在22~26岁结的婚,已婚男青年中超过90%的人是在22~27岁结的婚。分别都比期望婚龄提前2岁和3岁。

在夫妻双方年龄差别上,男大于女始终是主流的期望与实践;但是,相对来说,女青年比男青年更看重这一点,已婚青年比未婚青年更坚持这一点。男女双方年龄差距的统计结果表明,女大于男的范围只在4岁之内,而男大于女的范围则为12岁。男大于女的范围比女大于男的范围要大得多。

在择偶条件方面,各类青年最为一致、同时也是最为看重的条件是两人之间的感情。此外,性格脾气、思想品德、气质修养以及经济收入也是他们共同看重的几个重要条件。总的来说,我们可以看到这样的规律:个人的、内在的因素占据了青年择偶标准的主要地位;外在的、客观的因素中,除经济收入仍具有一定影响外,其他因素已经相对不重要了。

在婚后居住方式上,未婚男女青年的期望有较大的差别:男青年中希望婚后与自己父母共同居住的比例高于女青年的这一比例10%以上;而女青年中则有较多的人希望小家单独居住但又与一方父母在同一城市。同时,未婚青年中希望小家单独居住的比例也明显高于已婚青年的实际比例20%左右。

总的结果表现出这样的特征：未婚青年的婚姻期望中，理想化的成分相对更多一些，而已婚青年的实践结果则相对现实一些。实际上，我们可以这样认为：未婚青年的期望与已婚青年的实践结果在很大程度上正是这一代青年在恋爱婚姻方面自由表现的两极，他们将会在这样一个范围中完成他们的恋爱婚姻进程。

研究的结果也给我们带来一些新的启示，值得进一步探讨：

第一，青年恋爱婚姻发展的客观规律性。比如，虽然未婚青年主观上都希望晚一点谈恋爱，晚一点结婚，但是，客观现实却并不以人们自己的主观意志为转移。实际生活中，青年们往往会“不由自主地”“不知不觉地”提前进入恋爱和婚姻的进程中。同样的，尽管未婚青年中85%以上的人都期望在建立小家后单独居住，但客观现实却将这一比例限制在65%以下。又如，无论未婚青年的期望婚龄的分布具有何种人为的、跳跃性的特点，但已婚青年最终形成的实际婚龄的分布却依然具有很好的、相对稳定的正态分布的特征。探索这些现象背后的规律性，正是研究者的重要任务。

第二，男青年恋爱婚姻进程的相对提前。研究结果表明，与通常人们所认为的“女性由于生理发育和性意识觉醒都普遍早于男性，因而进入恋爱婚姻过程也早于男性”的普遍认识有所不同的是，总体上，已婚男青年的实际婚龄与已婚女青年已经相差无几，而未婚男青年的实际恋爱年龄甚至比未婚女青年还要早。这一结果究竟是一种例外，还是一种普遍的发展趋势？如果是普遍的趋势，引发这一现象的原因又是什么？这些都是值得今后进一步深入探讨的问题。

第三，男大女小的婚配模式虽然仍旧是主流，但应该看到这一代青年中所存在的超出传统模式的模式。无论是从未婚青年回答双方年龄大小问题时选择无所谓答案的比例看，还是从已婚青年中实际的婚配实践结果来看，1/3左右的男(女)青年将会选择和自己同年的、甚至大(小)于自己的女(男)青年恋爱结婚组成家庭。这种趋势将成为这一代青年在婚姻恋爱方面不同于以往青年的一个特点。

第四，未婚青年与已婚青年在择偶条件方面相对一致的结果，则给我们这样的启示：作为青年建立家庭方面的一种相对精神化的内容，择偶条件具有某种“代际”的特点：生长于不同时代的人，具有不同的精神标准，而同一个时代的人，则共同拥有某种共同的标准。从这里我们也可以看到，社会历史的巨大影响力，总是会顽强地将某一特定时空中所具有的价值取向、社会规范，以及社会心理深深地烙在生活于这个时代的人们身上，而不管其愿意或不愿意、意识得到或意识不到。

第五,最后需要说明的是,虽然本研究样本中,两类青年总体(未婚与已婚)的年龄范围都是18~28岁,因而我们有理由将他们看作同一代人。但是,由于两部分青年总体实际的年龄分布仍然存在2.5岁左右的差别(未婚青年总体年龄均值为23.97岁,已婚青年总体年龄均值为26.66岁),所以,在看待和分析两类青年的结果时,应注意到这一因素的可能影响。

参考文献:

风笑天:《城市青年的职业适应:独生子女与非独生子女的比较研究》,《江苏社会科学》,2003年第5期。

管雷:《1978年以来我国青年择偶研究述评》,《中国青年研究》,2004年第11期。

徐安琪,李煜:《青年择偶过程:转型期的嬗变》,《青年研究》,2004年第1期。

李煜,徐安琪:《择偶模式和性别偏好——西方理论和本土经验资料的解释》,《青年研究》,2004年第10期。

杜承尧:《浙江青年婚恋观的现状》,《青年研究》,1995年第5期。

朴宣泠:《辽宁沈阳地区部分大学生的婚姻观念调查》,《青年研究》,1995年第12期。

黎洪伟等:《渐变中的家庭观念,重塑中的婚恋道德——上海职业青年婚恋状况调查报告》,《当代青年研究》,1995年第2期。

参考文献

[1] 风笑天. 现代社会调查方法[M]. 5 版. 武汉: 华中科技大学出版社,2014.

[2] 风笑天.社会研究方法[M].5 版.北京:中国人民大学出版社,2018.

[3] 风笑天.社会调查中的问卷设计[M].3 版.北京:中国人民大学出版社,2014.

[4] 袁方.社会研究方法教程[M].北京:北京大学出版社,1997.

[5] 李沛良. 社会研究的统计应用[M].北京:社会科学文献出版社,2001.

[6] 丘海雄. 社会统计学—附社会科学统计软件应用[M].广州:中山大学出版社, 1993.

[7] 边燕杰,李路路,蔡禾.社会调查方法与技术:中国实践[M].北京:社会科学文献出版社,2006.

[8] 卢淑华.社会统计学[M].3 版.北京:北京大学出版社,2005.

[9] 贾俊平.描述统计[M].北京:中国人民大学出版社,2003.

[10] 翁定军.社会统计[M].上海:上海大学出版社,2006.

[11] 郝大海.社会调查研究方法 [M].北京:中国人民大学出版社,2005.

[12] 杨孝 ,李明政,赵碧华.社会统计学[M].台北:黎明文化事业公司,1983.

[13] 罗伯特・约翰逊,帕特里夏・库贝.基础统计学[M].屠俊如,洪再吉,译.北京:科学出版社,2003.

[14] 布莱洛克.社会统计学[M]. 傅正元,译.北京:中国社会科学出版社, 1988.

[15] 艾尔・巴比.社会研究方法基础[M].8 版.邱泽奇,译.北京:华夏出版社,2002.

[16] 韦克难.社会调查研究方法[M].成都:四川人民出版社,2002.

[17] 福勒.调查研究方法[M].3 版.孙振东,译.重庆:重庆大学出版社,2004.

[18] 拉弗拉卡斯.电话调查方法:抽样、选择和督导[M].沈崇麟,译.重庆:重庆大学出版社,2005.

[19] R Mark Sirkin. Statistics for the social sciences[M]. Thousand Oaks,

Calif: Sage Publications, 2006.

[20] Joseph F Healey. Statistic: a tool for social research[M]. Belmont, CA : Wadsworth Pub., 1996.

[21] Biemer, Paul P, Lars E Lyberg. Introduction to survey quality Imprint Hoboken[M]. N. J. : John Wiley & Sons, 2003.

[22] Hyman, Herbert H. Interviewing in Social Research[M]. Chicago: University of Chicago Press, 1954.

后　记

社会调查是社会学、政治学、管理学、教育学、传播学等社会科学中使用最多的研究方式，也是人们认识社会现象、探索社会问题的有力工具。根据公共管理与行政管理本科专业教学计划的要求，我们编写了这本社会调查方法的教材。本书以社会调查过程为主线，将社会调查方法的基本原理和基本概念、具体操作方法和操作技巧等恰当地组织到各个具体章节中，并结合编写者多次组织和开展社会调查研究的实际经验进行编写。本书较好地体现了理论与实践相结合的特点，适合作为高等院校公共管理与行政管理专业本科生的教材，也可作为相关专业大学生和相关行业从业人员学习参考书。

本教材由主编提出编写大纲，编写者讨论后分工撰写。各章编写人员是（以编写顺序为序）：

风笑天（南京大学社会学系教授、博士生导师）第一章、第三章、第四章、第六章、第十四章；

童宗斌（南京大学社会学系博士生、南京工业大学教师）第二章；

唐美玲（社会学博士、厦门大学社会学系讲师）第五章、第九章、第十二章、第十三章；

许传新（南京大学社会学系博士生、成都理工大学讲师）第七章、第十五章；

唐利平（社会学博士、苏州科技学院社会学系讲师）第八章、第十章、第十一章。

由于编者水平所限，加之编写时间较紧，书中可能存在疏漏之处，欢迎读者批评指正。

风笑天

2007 年 12 月 31 日于南京

第四版后记

又一个四年过去了！又到了修订教材的时候了。四年来,这本教材几次加印,反映出它一如既往地受到了行政管理专业广大教师和学生的欢迎。这对教材的编写者来说,无疑是一个很大的鼓励。

这次教材修订工作,主要集中于各章中存在的大大小小的疏漏和错误。编写者在不改变全书总体框架和章节内容的前提下,对书中的细节进行了认真的修订和补充,更换了许多新的材料和实例。相对较多的修订主要出现在第五章、第七章、第八章、第九章、第十二章、第十三章、第十四章和第十五章。特别是第十四章,笔者依据 SPSS 相对较新的版本对全章中的示例图片进行了更换,同时对所有操作说明也依据 SPSS 的新版本进行了相应的修改。希望修订后的教材能更好地为行政管理专业的“社会调查方法”课程教学服务,同时也为相关专业的大学生和实际工作部门的研究人员提供一定的参考。

参加本次修订的编者依旧是:

风笑天(北京大学社会学博士、南京大学教授、博士生导师)撰写第一章、第三章、第四章、第六章、第十四章;

童宗斌(南京大学社会学博士、南京工业大学副教授)撰写第二章;

唐美玲(南京大学社会学博士、厦门大学副教授)撰写第五章、第九章、第十二章、第十三章;

许传新(南京大学社会学博士、成都理工大学教授)撰写第七章、第十五章;

唐利平(南京大学社会学博士、苏州科技大学副教授)撰写第八章、第十章、第十一章。

风笑天

2019 年 6 月 23 日于南京